beck'sche reihe

W0175325

b^{sr}

Helmut Gollwitzer (1908–1993) wurde mit der meisterhaften Schilderung seiner Kriegsgefangenschaft in Sibirien weltbekannt. Auch in den Briefen, die er von der Front an seine Verlobte richtete, erweist er sich als prägnanter Erzähler. Als junger Pfarrer der Bekennenden Kirche und Vertreter des verhafteten Martin Niemöller in Berlin-Dahlem lernte Gollwitzer 1940 die Schauspielerin Eva Bildt (1916–1945) kennen. Das Paar verlobte sich Anfang 1941, durfte aber wegen der jüdischen Abstammung Eva Bildts nicht heiraten. Während sie ihrem Geliebten ihr Leben im bombardierten Berlin schildert, berichtet er von der immer chaotischeren Lage an der Front. Der hier erstmals veröffentlichte Briefwechsel dokumentiert – wie die «Brautbriefe» Dietrich Bonhoeffers und Maria von Wedemeyers – eine Liebesgeschichte in den Zeiten von Krieg und Gewaltherrschaft, die von Widerstand und Zuversicht getragen ist, aber kurz vor Kriegsende doch tragisch endet. In einem Nachwort blickt Antje Vollmer auf den kritischen Zeitgenossen Helmut Gollwitzer zurück und zeigt, daß der zeit seines Lebens politisch engagierte Theologe gerade heute wiederzuentdecken ist.

Friedrich Künzel, geb. 1948, studierte Geschichte und Archivwissenschaft und wurde in Wissenschaftsgeschichte promoviert. Er war bis 2006 im Evangelischen Zentralarchiv in Berlin tätig und ist seitdem mit der Erschließung des schriftlichen Nachlasses von Helmut Gollwitzer beschäftigt.

Ruth Pabst, geb. 1947, studierte Theologie, Germanistik und Geschichte. Sie ist Archivarin im Evangelischen Zentralarchiv in Berlin und schreibt an einer Biographie über Eva Bildt.

Ich will Dir schnell sagen,
daß ich lebe, Liebster

Helmut Gollwitzer
Eva Bildt

Briefe aus dem Krieg
1940–1945

Herausgegeben von
Friedrich Künzel und Ruth Pabst

Mit einem Nachwort von
Antje Vollmer

Verlag C. H. Beck

Die Publikation der Briefe Eva Bildts an Helmut Gollwitzer erfolgt
mit freundlicher Genehmigung des Deutschen Theatermuseums in München.
Die Briefe Helmut Gollwitzers an Eva Bildt werden mit freundlicher
Genehmigung von Christiane, Uwe und Rohtraut Gollwitzer publiziert.

Dieser Band ist eine Veröffentlichung des
Evangelischen Zentralarchivs in Berlin.

Mit 22 Abbildungen

Originalausgabe

© Verlag C. H. Beck oHG, München 2008
Gesamtherstellung: Druckerei C. H. Beck, Nördlingen
Umschlagentwurf: malsyteufel, willich
Umschlagabbildungen: *vorne:* Helmut Gollwitzer und Eva Bildt im Jahr 1941;
hinten: Postkarte 1944; Photos: Evangelisches Zentralarchiv in Berlin
Printed in Germany
ISBN 978 3 406 57381 1

www.beck.de

Inhalt

Vorwort

Vor hundert Jahren, am 29. Dezember 1908, wurde Helmut Gollwitzer geboren. Das Jubiläum war ein willkommener Anlaß, mit einer Veröffentlichung an diesen evangelischen Theologen zu erinnern, der zu seinen Lebzeiten von vielen verehrt und bewundert wurde, der aber auch auf harte Kritik und Ablehnung stieß, vor allem wegen seiner Sympathie für die «Achtundsechziger» und seiner kompromißlosen Ablehnung von Atombewaffnung, Wettrüsten und militärischer Abschreckung. In diesem Buch soll allerdings ein unbekannter Gollwitzer vorgestellt werden. In seinem schriftlichen Nachlaß, der im Evangelischen Zentralarchiv in Berlin verwahrt wird, tauchte während Verzeichnungsarbeiten ein ganz besonderes historisches Zeugnis auf, der Briefwechsel zwischen Helmut Gollwitzer und seiner Verlobten, der 1945 verstorbenen Schauspielerin Eva Bildt, aus den Jahren 1940 bis 1945. Es war den beiden nur wenig Zeit des Zusammenseins gegönnt. Daher unterhielten sie sich in zahlreichen Briefen. So ist ein eindrucksvolles Gespräch entstanden, das auch die Nachgeborenen ergreift und unmittelbar in das Schicksal dieser beiden Menschen hineinzieht, darüber hinaus eine Ahnung von Leben und Leiden so vieler ihrer Zeitgenossen vermittelt.

Ich danke der Familie Gollwitzer und dem Deutschen Theatermuseum in München, daß sie die Veröffentlichung dieses bemerkenswerten Briefwechsels ermöglicht haben. Mein Dank gilt Antje Vollmer, die mit ihren Erinnerungen an Helmut Gollwitzer diese Ausgabe bereichert hat. Nicht zuletzt aber danke ich den beiden Herausgebern, Ruth Pabst und Friedrich Künzel, daß sie sich der mühevollen Arbeit unterzogen haben, die Briefe zu transkribieren, durch Erläuterungen und Kommentare die vielen Anspielungen und Zitate, die sich dem heutigen Leser nicht mehr unmittelbar erschließen, verständlich zu machen und die Ereignisse in den zeitgeschichtlichen Kontext einzubinden.

Berlin, im Mai 2008
Christa Stache, Leiterin des Evangelischen Zentralarchivs in Berlin

Zu dieser Ausgabe

Eva Bildt und Helmut Gollwitzer in ihrer Zeit

«Sie soll jodeln und gut kochen können.» Der achtundzwanzigjährige Pfarrer Helmut Gollwitzer aus Bayern hatte klare Vorstellungen von seiner zukünftigen Ehefrau. Vier Jahre später, im Januar 1941, verlobte er sich mit der schönen Berliner Schauspielerin Eva Bildt. Sie konnte weder jodeln noch kochen.

Eva Bildt und Helmut Gollwitzer lernten sich am 25. August 1940 im Haus des Schriftstellers Jochen Klepper kennen. Klepper, ein Freund ihrer Familie, meinte nach dem Gottesdienst in der evangelischen Kirche in Berlin-Nikolassee zu Eva Bildt: «Kommen Sie doch noch mit zu uns, Pastor Gollwitzer kommt auch mit.»

Helmut Gollwitzer lebte seit 1937 in Berlin und übernahm nach der Verhaftung von Pfarrer Martin Niemöller dessen Vertretung in der Kirchengemeinde Berlin-Dahlem. Schnell wurde er über Dahlem hinaus als Prediger und Seelsorger beliebt.

In seinem Studium war Helmut Gollwitzer von seinem Lehrer und Doktorvater Karl Barth theologisch und auch gesellschaftspolitisch geprägt worden – jenem Schweizer Theologen, der 1934 als konsequenter Gegner des Nationalsozialismus die Bekennende Kirche mitbegründete und maßgeblicher Autor ihres theologischen Grundsatzdokumentes, der Barmer Erklärung, war. Die Bekennende Kirche, eine Bewegung von Pfarrern und Laien innerhalb der evangelischen Kirche in Deutschland, entstand als Reaktion auf die staatlichen Eingriffe in das kirchliche Leben und die nationalsozialistische Verfälschung des Evangeliums. Während für die Bekennende Kirche insgesamt das Thema der Judenverfolgung nicht im Mittelpunkt stand, trat Gollwitzer nicht nur mit deutlichen Worten für die Verfolgten ein, sondern leistete auch mit einem Kreis von Dahlemer Gemeindegliedern konkrete Hilfe. Nach dem Krieg setzte er dieses Engagement theologisch und auch praktisch in christlich-jüdischen

Arbeitskreisen und in seinem konsequenten Eintreten für das Existenzrecht des Staates Israel fort.

Nach seiner Rückkehr aus sowjetischer Kriegsgefangenschaft lehrte Gollwitzer ab 1950 als Professor für Evangelische Theologie zunächst in Bonn und von 1957 bis 1975 an der Freien Universität Berlin. Daneben blieb er bis zu seinem Tod 1993 aber auch ein engagierter Bürger und Zeitgenosse, der sich immer wieder in den politischen Alltag einmischte. Er verfaßte Streitschriften gegen die Atombewaffnung, trat gegen die Wiederbewaffnung und Notstandsgesetzgebung in der Bundesrepublik auf, marschierte auf Friedensdemonstrationen mit, protestierte gegen den Vietnamkrieg und war 1983 bei der Sitzblockade eines Raketendepots in Mutlangen dabei. Seine Position gegenüber dem Marxismus und dem kapitalistischen Gesellschaftssystem beschrieb er mit der These «Sozialisten können Christen, Christen müssen Sozialisten sein» und zeigte großes Verständnis für den Unmut der Studenten gegenüber den politischen und gesellschaftlichen Strukturen in der Bundesrepublik Deutschland.

Für die linksliberale und weltoffene Familie des populären Schauspielers Paul Bildt bedeutete das Jahr 1933 einen tiefen Einschnitt. Bis dahin hatte Religiöses für sie keine Rolle gespielt. Angesichts des Nationalsozialismus suchten die Bildts nach neuen Werten und fanden diese in der christlichen Botschaft. Die Frömmigkeit der Berliner Stadtmissionsgemeinde Neukölln sprach sie besonders an. Ihr Singkreis, die Evangelische Singgemeinde Berlin-Süd, war für Eva Bildt der Ort, an dem sie ihre Liebe zur Musik mit einem ausgeprägten geistlichen Leben verbinden konnte.

Paul Bildt war seit 1926 am Preußischen Staatstheater am Berliner Gendarmenmarkt engagiert. Seine Frau war Jüdin. Deshalb galt er nach der NS-Ideologie als «jüdisch versippt» und mußte jederzeit mit Berufsverbot rechnen. Charlotte Bildt war durch ihre Ehe, eine «privilegierte Mischehe», vor den schlimmsten Schikanen und vor Deportation geschützt. Sie starb am Ende des Krieges, geschwächt durch die ständige Bedrohung, an Krebs. Paul Bildt konnte nach dem Krieg seine Schauspielerlaufbahn in Berlin und in München fortsetzen.

Die Tochter Eva wollte Sängerin werden. Als «Mischling 1. Grades» wurde sie 1935 jedoch aus der Reichsmusikkammer ausgeschlossen und durfte nicht mehr öffentlich auftreten. Dem prominenten und von Gustaf Gründgens protegierten Vater gelang es, für seine Tochter eine Sondergenehmigung der Reichstheaterkammer zu erhalten. Damit konnte sie eine Schauspielausbildung absolvieren. Im Februar 1939 wurde die Sondergenehmigung jedoch wieder zurückgezogen. Nach diesem Berufsverbot lernte Eva Bildt Stenografie und Schreibmaschine und arbeitete anschließend in einem kirchlichen Büro. Seit 1938 hatte sie sich um ein Engagement am Zürcher Schauspielhaus bemüht. Doch durch den Kriegsausbruch im September 1939 waren diese Pläne vereitelt worden.

Der Weg in den Glauben führte die Familie Bildt auch zur Bekennenden Gemeinde, die sich innerhalb der Kirchengemeinde Berlin-Dahlem herausgebildet hatte. Es war eine der wenigen Gemeinden in Berlin, in denen sich viele «nichtarische» Christen sammelten. Sie waren getauft und gehörten der Kirche an. Nach den NS-Rassengesetzen galten sie als Juden und wurden oft in ihren Kirchengemeinden diskriminiert. In die Bekennende Gemeinde kamen aber auch Menschen, die den Verfolgungen nicht tatenlos zusehen, sondern helfen wollten. In Pfarrer Helmut Gollwitzer hatte die Gemeinde ihren charismatischen Mittelpunkt. Eng verbunden blieb er ihr auch nach seiner Ausweisung und während seines Kriegseinsatzes.

Eine Woche nach der Begegnung bei Kleppers erreichten Helmut Gollwitzer die ersten Zeilen von Eva Bildt. Es war der Tag, an dem er aus Berlin ausgewiesen wurde und «Reichsredeverbot» erhielt. An einem der folgenden Sonntage besuchte sie ihn in Klein-Machnow bei Berlin. Die gemeinsame Begeisterung für den Dichter Matthias Claudius verband beide sofort. Gollwitzers äußere Lage war in diesem Herbst völlig unsicher. Vertrautheit und Nähe, schließlich Liebe entwickelten sich in dem Klima der ständigen Bedrohung wie im Zeitraffer. Vier Monate nach ihrer ersten Begegnung wurden Eva Bildt und Helmut Gollwitzer ein heimliches Paar. Bis dahin hatten sie sich viermal gesehen. Drei Wochen später, im Januar 1941, verlobten sie sich offiziell.

Helmut Gollwitzer war zu diesem Zeitpunkt bereits zur Wehrmacht eingezogen und zunächst in Potsdam stationiert, bevor er zum Einsatz nach Frankreich kam. Er bemühte sich schon bald um eine Ausbildung zum Sanitäter und übte diese Tätigkeit bis zum Ende des Krieges aus.

Um heiraten zu dürfen, mußte Eva Bildt ein «Gesuch um Heiratsgenehmigung» stellen. «Mischlinge 1. Grades» hatten laut Gesetz die

Möglichkeit zu einem solchen Antrag, wenn sie einen «deutschblütigen Menschen» heiraten wollten. Im Juni 1941 hatte sie die nötigen Papiere vollständig zusammen. Die Vorfreude auf die Hochzeit schuf ein starkes Band der Hoffnung zwischen den Liebenden, obwohl Schicksalsschläge die Familien erschütterten: Helmut Gollwitzers Bruder fiel in den ersten Tagen des Überfalls auf die Sowjetunion; eine mit Bildts befreundete Schauspielerfamilie beging Selbstmord. Der Ehemann hatte sich geweigert, sich von seiner jüdischen Frau scheiden zu lassen. Zudem verschärfte die «Sternverordnung», der Zwang, einen gelben Stern deutlich sichtbar auf der linken Brustseite der Kleidung zu tragen, ab September 1941 das Gefühl der unmittelbaren Bedrohung.

Während der monatelangen Trennung wurden die Briefe für Helmut Gollwitzer und Eva Bildt Lebensmittelpunkt und Halt. Sie wurden aber auch zum Ersatz für eine Liebe, deren Erfüllung ihnen versagt blieb. Daraus mag sich die Intensität der Gefühle erklären. Bis 1945 haben sie sich Hunderte von Briefen geschrieben. «Schreib mir immer alles, nichts aus Rücksicht verschweigen», stand immer wieder in Gollwitzers Briefen. Er fühlte sich geistig isoliert und fremd unter seinen Kriegskameraden. Und seine Verlobte befriedigte gerne seine Neugier: Sie hielt ihn über familiäre Neuigkeiten sowie kulturelle und kirchliche Ereignisse in Berlin auf dem laufenden und spickte ihre Berichte mit Anekdoten aus Künstlerkreisen.

Der Ton in Eva Bildts Briefen änderte sich Ende 1942 grundlegend. Die Leichtigkeit verschwand, während Verzweiflung und Ängste immer stärker wurden. Im Herbst war ihr Antrag auf Heiratsgenehmigung abgelehnt worden. Im Dezember 1942 begingen die «Dichterfreunde», die Familie Klepper, gemeinschaftlichen Selbstmord. Das Ehepaar Klepper hatte, ebenso wie die Eltern Bildt, in einer «privilegierten Mischehe» gelebt. Die jüdische Ehefrau Johanna Klepper war dadurch vor Deportation geschützt gewesen, nicht aber ihre Tochter aus erster Ehe, Renate Stein. Diese mußte Zwangsarbeit leisten und mit dem Transport in ein Lager im Osten rechnen.

Nach Helmut Gollwitzers Verlegung an die Ostfront Anfang 1943 kam es immer wieder zu längeren Postunterbrechungen. Dadurch geriet Eva Bildt bisweilen in Panik, denn seine Briefe waren ihr Überlebensmittel im direkten Wortsinn geworden. Ebenso wurden für den Frontsoldaten die Briefe seiner Liebsten unentbehrlich. Die Situation hatte sich auch für ihn dramatisch verändert. Die Ostfront befand sich im chaotischen Zurückweichen vor der Roten Armee, und die Sorgen um Eva Bildt bedrückten ihn sehr. Immer häufiger fielen Bomben auf Berlin, und die Verfolgung der letzten, lange Zeit geschützten Juden setzte ein.

Bei der Bewältigung des Lebens unter diesen Bedingungen spielte für Helmut Gollwitzer und Eva Bildt der Glaube an einen liebenden Gott eine immer größere Rolle und wirkte unmittelbar tröstend und ermahnend. Mit den täglichen Losungen, Lehrtexten und Liedversen aus dem Andachtsbuch der Herrnhuter Brüdergemeine stellte sich über die Entfernung eine noch engere Verbundenheit ein. In manchen Briefen wurden die Worte und Verse vollständig zitiert, in anderen die Bibelstellen nur benannt.

Aus Angst vor Zensur häuften sich in den Briefen Andeutungen und Anspielungen. So entwickelten beide eine Art Geheimsprache, die sich aus der Bibel und der Literatur speiste und in der sie sich relativ gefahrlos sogar über politische Ereignisse austauschen konnten.

Anfang 1944 brannte die Wohnung der Familie Bildt nach einem Bombenangriff vollständig aus. Im Laufe des Jahres wurden die Eltern zudem schwer krank. Nur die Hoffnung auf ein baldiges Ende des NS-Regimes hielt nun – wie so viele andere Menschen auch – die Bildts aufrecht, galt es doch, nur noch eine kleine Weile durchzuhalten. Mit dieser Zuversicht gingen auch die beiden Liebenden in das Jahr 1945, Helmut Gollwitzer im gefahrvollen Rückzug an der Front und Eva Bildt im zerstörten Berlin. Aber im Februar brach der Briefkontakt zwischen beiden vollständig ab. «Von Helmut bin ich lange ohne Post», schrieb sie Anfang April an eine befreundete Familie.

Die Beziehung zwischen Eva Bildt und Helmut Gollwitzer endete tragisch. Als die Rote Armee am 26. April 1945 in ihren letzten Zufluchtsort bei Berlin einmarschierte, wurde Eva Bildt Zeugin von Vergewaltigungen. Am Ende ihrer Kraft, nahm sie sich einen Tag später das Leben. Helmut Gollwitzer erfuhr davon erst ein Jahr später in sowjetischer Kriegsgefangenschaft. Nach seiner Rückkehr aus Sibirien schilderte er seine Erlebnisse in dem Buch ... *und führen wohin Du nicht willst* (München 1951). Er widmete es «dem Gedächtnis von Eva und Lotte Bildt im Herzen derer, die sie liebten».

Rund 750 Briefe umfaßt der Briefwechsel zwischen Eva Bildt und Helmut Gollwitzer in dessen Nachlaß im Evangelischen Zentralarchiv in Berlin. Die Überlieferungslage ist aber sehr ungleich – von Helmut Gollwitzer gibt es rund 90 und von Eva Bildt über 650 Briefe. Im Januar 1944 verbrannte ein Großteil der Briefe von Helmut Gollwitzer in der Wohnung der Familie Bildt in Berlin-Tempelhof. Lediglich viele der späteren Briefe und einige, die Eva Bildt in ihrem Luftschutzkoffer verwahrte, sowie die in Auszügen von ihr abgetippten und weitergeschickten Nachrichten ihres Verlobten überstanden den Krieg. Dagegen blieb die Mehrheit der Post von Eva Bildt erhalten. Es gab hier vor allem Verluste beim Rückzug von Gollwitzers Truppe an der Ostfront. Ihre und auch Briefe anderer wurden wie Gollwitzers Bücher und Materialsammlungen zunächst in seinem Zimmer in einer Dahlemer Villa untergebracht und später bei seiner Mutter und bei Freunden aufbewahrt. Nach seiner Rückkehr aus sowjetischer Kriegsgefangenschaft schenkten ihm Paul Bildt bzw. dessen zweite Frau fast alle geretteten Unterlagen seiner Verlobten – darunter auch seine Briefe.

Für die vorliegende Edition haben die Herausgeber 78 Briefe von Eva Bildt und 41 Briefe von Helmut Gollwitzer aus den Jahren 1940 bis 1945 ausgewählt, die für die Lebensumstände der beiden und für die Entwicklung ihrer Beziehung besonders eindrucksvoll und typisch sind. Zwischentexte mit Hinweisen auf die Einbettung ihres Schicksals in das allgemeine Geschehen des NS-Staates und mit Erklärungen zu Personen und Sachverhalten in den Briefen sollen es dem Leser ermöglichen, den chronologisch edierten Briefwechsel besser zu verstehen. Auch sollen an dieser Stelle überlieferte Auszüge aus Briefen der beiden und Zitate aus anderen Briefen die Lücken ihrer Korrespondenz ergänzen und ihre Geschichte weitererzählen.

Alle ausgewählten Briefe und Postkarten für das Buch mußten transkribiert werden. Verfaßt waren sie überwiegend in deutscher Schreibschrift. Ab 1943 ging Eva Bildt zur lateinischen Schrift über. Einige Texte wurden von ihr im Dienst auf der Schreibmaschine getippt. Sie ergänzte diese Schriftstücke in der Regel aber handschriftlich und mit ihrer Unterschrift. Hervorhebungen der Briefschreiber durch Unterstreichungen und Sperrungen werden in der Edition kursiv wiedergegeben. An Eva Bildts Schrift ist bemerkenswert, daß man deutlich erkennen kann, wann sie sich in einer verzweifelten Situation befand. Ihre Schrift wirkt dann sehr gehetzt und flüchtig.

Da alle edierten und in Auszügen zitierten Briefe aus dem Gollwitzer-Nachlaß des Evangelischen Zentralarchivs in Berlin (EZA) stammen, haben sich die Herausgeber entschlossen, die Quellenangaben wegzulassen. Die Schriftstücke wurden im EZA mit einem üblichen Archivverzeichnungsprogramm erfaßt und können problemlos ermittelt werden. Die Herkunft eines Dokuments ist deshalb nur dann in den Fußnoten vermerkt, wenn es nicht im EZA liegt. Ebenfalls findet man in den Fußnoten neben Erklärungen zu Textstellen und Personen auch Zitate aus der Bibel, wenn im Brief nur die entsprechende Stelle angegeben wurde, der Bibeltext aber für das Lesen und das Verständnis notwendig ist. Für das Zitieren dieser Bibelstellen und auch der angeführten Bibellese der Losungen der Herrnhuter Brüdergemeine haben wir die Lutherbibel in der Ausgabe von 1912 benutzt.

Da beide Briefschreiber ihre Freunde oder Verwandten nur mit Vornamen oder Spitznamen erwähnen, wurden in den Briefen die Nachnamen, die sich nicht aus dem Kontext erschließen, in eckigen Klammern ergänzt. Dem leichteren Lesen der Briefe dienen auch die Ergänzungen in eckigen Klammern zu Abkürzungen. Evang., kath., u., Frl. und z. Zt. wurden als bekannt vorausgesetzt und nicht ergänzt.

Offensichtlich falsche Datumsangaben wurden stillschweigend korrigiert und Angaben wie Frühlingsanfang oder 1. Weihnachtsfeiertag mit den entsprechenden Datumsangaben in eckigen Klammern ergänzt. Weiter erlaubten sich die Herausgeber vorsichtige Korrekturen und zusätzliche Absätze, wenn zum Beispiel in Briefen von Eva Bildt durch mäandernde Nebensätze und eine große Ansammlung von Gedankenstrichen die Lesbarkeit des Textes erschwert ist.

Dank

Unser herzlicher Dank geht an alle, die zum Gelingen dieses Buches beigetragen haben. Auf vielfältige Weise und mit großer Bereitschaft haben uns Auskünfte gegeben und uns durch großzügige Unterstützung bei organisatorischen Angelegenheiten geholfen: Geertje Andresen (Berlin), Michael Bachmann (Siegen), Peter Beier (Berlin), Jan Brüning (Berlin), Petra Brunne (Königs Wusterhausen), Christoph Dehn sen. (Rheinbreitbach), Irmgard Denstaedt (Berlin), Christian Deutschmann (Berlin), Hans-Anton Drewes (Basel), Peter Eidam (Prerow), Marlies Flesch-Thebesius (Frankfurt am Main), Jutta Frost (Berlin), Christiane Gollwitzer (Stuttgart), Rohtraut Gollwitzer (Braunschweig), Bettina Goltz (Berlin), Friedemann Groß (Berlin), Henner Grundhoff (Berlin), Martin Hackemann (Waldzbachtal), Arie Hartog (Bremen), Ute Heller (Berlin), Karl Henssel (Berlin), Karoline Hille (Ludwigshafen), Christiane Hinz (Berlin), Gesa Kuhn (Berlin), Barbara Lehmann (Berlin), Marlis Lorz (Zeesen), Dorothee Marquardt (Berlin), Birgit Pargner (München), Halina Pichit (Zürich), Eckhardt Pleß (Bad Bramstedt), Dirk Reimann (Berlin), Hans-Rainer Sandvoß (Berlin), Renate Schindler (Berlin), Christa Stache (Berlin), Jürgen Stenzel (Berlin), Walter Sylten (Berlin), Ursula Unterumsberger (Berlin), Stefan Urlbauer (Berlin), Rudolf Weckerling (Berlin), Dieter Wendland (Berlin), Ortrud Wohlwend (Berlin), Hans-Peter Wolny (Berlin), Torsten Zarwel (Berlin).

Ein besonders herzliches Dankeschön gilt Elsie Steck (Frankfurt am Main). Sie hat uns als enge Freundin von Eva Bildt und Helmut Gollwitzer im persönlichen Gespräch an ihren Erinnerungen teilhaben lassen und uns damit Zeit und Stimmung vermittelt.

Berlin, im Mai 2008

Friedrich Künzel
Ruth Pabst

Briefe aus dem Krieg
1940–1945

Briefe 1940

Am Sonntag, dem 25. August 1940, nach einem Gottesdienst in der evangelischen Kirche in Berlin-Nikolassee begegneten sich Eva Bildt und Helmut Gollwitzer im Haus der Familie Klepper zum ersten Mal. Eva Bildt hatte zwar seit längerer Zeit Gottesdienste von Gollwitzer besucht, aber ihn nie näher kennengelernt. Jochen Klepper (1903–1942), der damals vor allem durch seinen Roman «Der Vater» über den preußischen Soldatenkönig und als evangelischer Kirchenlieddichter bekannt war, hatte wie schon mehrmals zuvor den Gastprediger, an diesem Tag Gollwitzer, und einige Gottesdienstbesucher zu einem Beisammensein eingeladen. Für die Familie Bildt waren die Kleppers ihre «Dichterfreunde». Eva Bildt begann wenige Tage nach dem Zusammentreffen eine Tätigkeit als Bürohilfskraft im Burckhardthaus, einem Zentrum für evangelische Frauen- und Mädchenbildung. In ihrer Freizeit sang sie in der Evangelischen Singgemeinde (Singkreis) Berlin-Süd bei der Stadtmissionsgemeinde in Berlin-Neukölln. Helmut Gollwitzer war seit 1937 als Pfarrer der Bekennenden Kirche unter anderem in der Kirchengemeinde Berlin-Dahlem in Vertretung für den verhafteten Martin Niemöller (1892–1984) tätig.

Pfarrer Helmut Gollwitzer 1939 in Berlin-Dahlem

Eva Bildt beginnt mit der Korrespondenz und schickt Helmut Gollwitzer eine Kunstpostkarte mit der Abbildung «Christus wandelt auf dem Meere» aus einem Mainzer Evangeliar.

Sehr verehrter Herr Pastor Gollwitzer,   3. September 1940

nach den Gesprächen bei Herrn Klepper denke ich, daß Sie vielleicht Freude daran hätten: Wir singen am kommenden Sonntag, den 8. September, um ½ 8 h abends, in der Markus-Kirche in Steglitz – mit einigen modernen Werken zusammen – den wunderschönen 23. Psalm von Heinrich Schütz.[1]

Ich hoffe, Sie sind nicht böse, daß ich Ihnen so einfach schreibe.

Morgen fange ich im Burckhardthaus an, hoffentlich benehme ich mich nicht allzu töricht bei der mir ganz fremden Büroarbeit. Aber ich bin herzlich froh, überhaupt etwas tun zu dürfen.

    Mit ergebenen Grüßen

                    Eva Bildt

Mehr als eine Woche später antwortete ihr Helmut Gollwitzer ebenfalls mit einer Kunstpostkarte, auf der das Eichhörnchen aus Lorenzo Ghibertis (um 1378–1455) Paradiestür am Baptisterium in Florenz abgebildet ist. Wegen seiner kritischen Predigten hatte er inzwischen «Reichsredeverbot» erhalten und mußte auf Anweisung der Gestapo am 3. September 1940 innerhalb von 24 Stunden das Stadtgebiet von Berlin verlassen. Zunächst zog er für einige Tage auf das Laubengrundstück von Günther Dehn (1882–1970), einem Freund und Dozenten an der Kirchlichen Hochschule in Berlin-Dahlem, und nahm danach ein Zimmer in Klein-Machnow, das jenseits der südwestlichen Stadtgrenze lag. Schließlich besuchte er im November und Anfang Dezember seinen Freund Ernst Wolf (1902–1971), der Theologieprofessor in Halle war.

Die im folgenden Brief erwähnte Frau Staewen ist Gertrud Staewen, geb. Ordemann (1894–1987). Sie war eine enge Vertraute von Gollwitzer und arbeitete damals als Lektorin im Burckhardthaus-Verlag. Sie gehörte zur Leitung der Bekennenden Gemeinde Berlin-Dahlem und hielt während des Krieges Verbindung in die Schweiz und zu Karl Barth (1886–1968). Auch half sie auf vielfältige Weise zusammen mit anderen Mitgliedern der Dahlemer Gemeinde Juden,

---

[1] Kantate «Der Herr ist mein Hirt» von Heinrich Schütz (1585–1672).

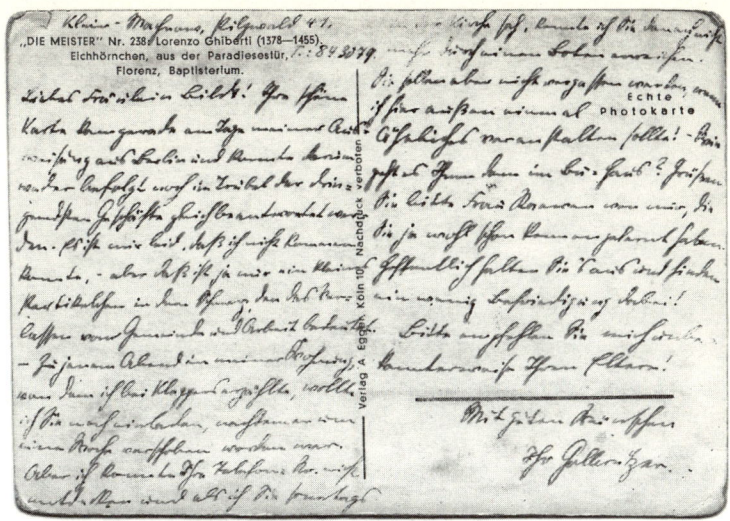

Die erste Postkarte von Helmut Gollwitzer an Eva Bildt vom September 1940
überstand alle Katastrophen des Krieges. Eva Bildt hatte sie zusammen mit
anderen wichtigen Dokumenten sorgfältig in einem Umschlag mit in den Luftschutzkeller genommen.

die deportiert werden sollten oder untergetaucht waren. Nach dem
Krieg war Gertrud Staewen als Fürsorgerin im Männergefängnis in
Berlin-Tegel tätig.

Liebes Fräulein Bildt! [um 15. September 1940]

Ihre schöne Karte kam gerade am Tage meiner Ausweisung aus Berlin und konnte darum weder befolgt noch im Trubel der dringendsten
Geschäfte gleich beantwortet werden. Es ist mir leid, daß ich nicht
kommen konnte, – aber das ist ja nur ein kleines Partikelchen in dem
Schmerz, der das Verlassen von Gemeinde und Arbeit bedeutet.

Zu jenem Abend in meiner Wohnung, von dem ich bei Kleppers
erzählte, wollte ich Sie noch einladen, nachdem er um eine Woche
verschoben worden war. Aber ich konnte ihre Telefon-Nr. nicht ent-
decken, und als ich Sie sonntags [1. September 1940] in der Kirche
sah, konnte ich Sie danach nicht mehr durch einen Boten erreichen.

Eva Bildt um 1940

Sie sollen aber nicht vergessen werden, wenn ich hier außen einmal Ähnliches veranstalten sollte!

Wie geht es Ihnen denn im Bu[rckhardt]-Haus? Grüßen Sie bitte Frau Staewen von mir, die Sie ja wohl schon kennen gelernt haben. Hoffentlich halten Sie's aus und finden ein wenig Befriedigung dabei! Bitte empfehlen Sie mich unbekannterweise Ihren Eltern!

Mit guten Wünschen
Ihr Gollwitzer

Lieber, verehrter Herr Pastor Gollwitzer,   16. September 1940

seit mir Frau Staewen von Ihrer Ausweisung erzählte, hatte ich die Absicht, Ihnen einen sehr herzlichen Gruß zu schicken – und heute vormittag – während ich irgendeinen Herrn Müller in der Kartothek verewigte, fühlte ich ganz plötzlich, daß ich es ganz bestimmt tun sollte und würde, und war ordentlich fröhlich, zu diesem Entschluß gekommen zu sein. Dann kam am Nachmittag das paradiesische Eichhörnchen von Ihnen angesprungen – nun, und jetzt ist es so weit, daß ich Ihnen zunächst sehr, sehr für Ihre Karte danke. – Wie ja überhaupt dieser Brief nichts werden kann als ein Dank – den Abendmahlsgottesdienst in der kleinen Kirche in Saarow, Pfingsten 1939, der erste von Ihnen, den ich erlebte, wie sehr ist er mir gegenwärtig![1]

Ich weiß noch, wie all das Schöne der damit beschlossenen Freizeit zusammen strömte und zu Dank wurde in dieser Stunde und wie dann die Verwandlung geschah, die für mich immer das große Wunder ist; wie aus Gewußtem und aus Erlebtem ein Stück neues Dasein wird, etwas, was von nun an ist und sich auswirkt, jenseits von Wollen, Beglückung und Begeisterung.

Ich weiß, wir sangen damals den Schütz-Satz von: «Kommt her, des Königs Aufgebot», und mir ist von dem Tag an der sehr schöne letzte Vers dieses Liedes so sehr Ausdruck dessen geworden, was Ihre Gottesdienste mir aufgeschlossen haben, daß ich ihn hierher schreiben muß:

Er mache uns im Glauben kühn
Und in der Liebe reine.
Er lasse Herz und Zunge glühn,
Zu wecken die Gemeine.
Und ob auch unser Auge nicht
In seinen Plan mag dringen:
Er führt durch Dunkel uns zum Licht,
Läßt Schloß und Riegel springen.
Des wollen wir fröhlich singen.[2]

Die Kühnheit des Glaubens: Ich denke an Ihre Predigt über die Osterbotschaft: «Was sucht ihr den Lebendigen bei den Toten?»[3] Dieser herrliche, kühne Sprung über den Abgrund von Angst vor den Mächten, von Feigheit vor den Menschen in das Reich dessen hinein, der die Herrschaft hat über all das, was uns bange macht, der nicht helfen «könnte», sondern der hilft, indem er lebendig macht zum wahren Leben in Ihm, in der Liebe.

Ich lese gerade «Die Fischer von Lissau» und war ganz erschüttert über die Sätze, die Kramp den Baron sprechen läßt:

---

[1] Pfingsten 1939 hatten sich in Bad Saarow südöstlich von Berlin im Hospiz «Zur Furche» die Neuköllner Singgemeinde und evangelische Studentinnen und Studenten der Bekennenden Kirche zu einer Freizeit getroffen.

[2] Text von Friedrich Spitta (1852–1924).

[3] Predigt von Helmut Gollwitzer über Lukas 24,1–12 am Ostermontag, dem 25. März 1940, in der St.-Annen-Kirche in Berlin-Dahlem.

«Merk es dir, Probandt, das ist ein grausames Geheimnis, ob ein Mensch ... das Leben hat oder nicht.»[1] Ich verließ an diesem Ostertag die Kirche ganz neu lebendig gemacht, und wenn ich jetzt diesem Osterwort begegne, dann fällt viel Totes, Scheinbares von mir ab, und das Fenster zum Leben wird zumindest wieder klar.

Und die reine Liebe; eben die Liebe, die wir nicht zu leisten imstande sind, die aber so das Wesen Christi ist, daß ich meine, wenn Johannes von «der Macht, Gottes Kinder zu werden!» spricht, so könnte man auch sagen, daß Er im Heiligen Geist uns Anteil geben kann und will an dieser Seiner Wesensart und daß eben darin die Neue Kreatur sich zeigt: Diese Liebe, uns geschenkt, um sie weiterleuchten zu lassen, war nicht davon in Ihren letzten Predigten so die Rede, daß mir die Psalmworte wie mit einem geheimen Schlüssel dafür aufgeschlossen sind?

Gewiß, es mag manchem Christen ein heimlicher Trost sein, daß Gott jeden Menschen liebend erreicht, der Ihn anruft, gleichgültig wo und auf welcher Seite der Welt dieser Mensch lebt, daß Gott die Wunden zu heilen vermag, die wir dem Bruder schlugen ... aber daß Sie da waren und davon Botschaft gaben, daß Christus uns, die wir uns nach Ihm nennen dürfen, das Gebot der Liebe gab, das wir unbedingt ernst zu nehmen haben, wenn wir nicht zu den «Gottlosen» gehören wollen, daß wir nicht in Gehorsam gegen die Welt verachten, hassen und Böses tun dürfen und dafür kluge Entschuldigungen und Rechtfertigungen finden ... Dafür möchte ich Ihnen ganz besonders danken.

Es ging mir zuweilen im Luftschutzkeller so, daß mir das Wort, über das Sie gepredigt hatten so mächtig gewiß wurde, daß die Wirklichkeit Gottes und die Wirklichkeit des Krieges, von der Rilke so wahr sagte: «Die Welt ist in die Hände des Menschen gefallen»,[2] unmerklich ihre Rollen zu tauschen begannen: Und ich wurde ganz froh.

Wie viele Worte der Schrift, deren Wahrheit und Leben Sie predigend gekündet haben, sind nun verflochten in das Leben von Menschen, denen Gott Sie in den Weg stellen wird zu immer tieferer und

---

[1] Willy Kramp: Die Fischer von Lissau. Berlin 1939.
[2] Aus einem Brief von Rainer Maria Rilke (1875–1926) an Erica Hauptmann, geb. von Scheel (Schwiegertochter von Gerhart Hauptmann), vom 22. August 1915.

entscheidender Begegnung? Gott wird Ihrer Gemeinde helfen, daß dies Sein Leben wächst und stark wird. Er möge Sie behüten und segnen.

Ihre Eva Bildt

Von meinen Eltern herzlich ergebene Grüße und Wünsche.

In den Nachmittagsstunden des 10. November 1940 fand im Hause von Elise Gräfin von Pfeil in Klein-Machnow eine Matthias Claudius (1740–1815) gewidmete Veranstaltung statt, auf der Helmut Gollwitzer einen Vortrag über den von ihm so geliebten Dichter hielt. Dazu hatte er Eva Bildt eingeladen. In der verkehrsgünstig gelegenen Wohnung der Gräfin von Pfeil, die wie ihr Ehemann der Bekennenden Gemeinde Berlin-Dahlem angehörte, führte er in dieser Zeit auch die in Dahlem begonnenen Konfirmandenstunden fort. Für den Nachmittag bedankte sich Eva Bildt mit einer Kunstpostkarte mit dem Porträt von Matthias Claudius und bedauerte, daß Gollwitzer zu ihrer Lesung am 17. November wegen seines Besuchs in Halle nicht kommen konnte. Oder sollte er doch in diesen Stunden durch Matthias Claudius mit ihr verbunden gewesen sein, fragt sie und zitiert dazu das Kunstwort «Timsch». Es stammt aus der «Nachricht von meiner Audienz beim Kaiser von Japan» von Claudius und heißt dort übersetzt: «Ich meine eigentlich sehr nahe.»

Lieber Herr Pastor Gollwitzer,   17. November 1940

nun haben wir heute bei mir den Matthias Claudius in die Mitte gestellt, und ich glaube, daß wieder ein paar Menschen in ihm den wahren und weisen Freund gefunden haben, nach dem wir ja alle Sehnsucht haben in unseren Tagen. Und das ist schön – und ich bin froh. – Nur daß Sie nicht dabei waren! Oder waren Sie's doch? Ob der Matthias Claudius nicht vielleicht so weit und groß ist, daß er Sie in Halle an der einen Hand nimmt und mich hier in Berlin an der anderen? Timsch?

Ich danke Ihnen für die Stunden am vorigen Sonntag. – Möge ein Wort des Boten, das Ihnen in den Sinn kommt oder an das ich gerade denke, die Brücke schlagen über die böse Trennung. Leben Sie wohl, leben Sie recht, recht wohl.

Ihre Eva Bildt

Am 5. Dezember 1940 wurde Helmut Gollwitzer als Infanterist zur Wehrmacht nach Potsdam einberufen. Eva Bildt begann schon in den letzten Wochen des Jahres 1940 als Sekretärin im Büro des General-sekretärs des Lutherischen Weltkonvents, Hanns Lilje (1899–1977), nach 1945 Landesbischof in Hannover, in Berlin-Lichterfelde zu arbeiten.

Vom Dezember 1940 sind keine Briefe überliefert, aber über das, was inzwischen geschah, schrieb Gollwitzer in einem Brief vom 4. Mai 1941 an seinen Freund, den späteren Theologieprofessor Karl Gerhard Steck (1908–1983): «Als ich am 28.12. in Neujahrsurlaub fuhr nach Berlin, sagte mir Gertrud [Staewen] beim Empfang, wir beide sollten nun gleich zu Eva Bildt gehen, die mir einiges vorlesen wolle (sie ist eine hervorragende Rezitatorin). Wir gingen hin, – was wir hörten war außerordentlich schön, – und nachdem Gertrud vorzeitig wieder wegmußte, wurden wir rasch miteinander einig!»

Briefe 1941

Im Januar 1941 begann ein intensiver Briefwechsel zweier Liebender. Fast alle noch erhaltenen Briefe aus diesem Jahr sind von Eva Bildt.

Helmut, Liebster! 7. Januar 1941

Wenn Du schon keine Zeit hast, dann sollst Du wenigstens jeden Tag von mir Post bekommen. – Wie schön, Dich gesprochen zu haben, wie schön, zu wissen, daß Du da bist und mir gut bist!

Ich hatte einen ganz verzauberten Nachmittag, an dem Du mir innig nah warst (wie schade, daß Du nicht leibhaftig neben mir sein konntest), Du hättest bestimmt auch eine große Freude gehabt: Im Kunstdienst in der Matthaeikirchstraße ist eine Marionettenausstellung, und dort – umgeben von all den geheimnisvoll lebendigen Kasperles, Prinzessinnen, Krokodilen und Zauberern – erzählte eine Hamburger Rezitatorin Märchen und spielten drei Mädchen alte Musik. Ich sah dabei gerade dem Doktor Faust ins Gesicht: Wie der zuhören konnte, ich sage Dir! Ich habe gar nicht wieder fort wollen, bin dann aber schnell durch den Schnee gelaufen, Dir geradewegs durchs Telefon in die Arme.

Eben rief Renate Klepper[1] bei mir an, ich glaube, der Jochen hat sich richtig gefreut über unsere Karte. Ich freue mich ja so sehr auf den Sonntag, daß ich jetzt schon am liebsten gar nichts mehr schreiben mag, weil erzählen doch viel besser geht. Nur Du sollst wissen, daß ich alles Schöne für Dich miterlebe und immer dabei an Dich denke.

Daß ich Dich gesprochen habe – und daß wir uns sehen werden. Laß mich nochmal sagen, wie froh ich bin!

Eva

[1] Renate Stein (1922–1942), Stieftochter von Jochen Klepper.

Da Helmut Gollwitzer nicht nach Berlin fahren konnte, besuchte Eva
Bildt ihn in Potsdam.

Mein Liebster!   10. Januar 1941

Fandst Du es auch so schön gestern? – Die Bahn fuhr mir vor der
Nase fort, und ich ging noch bis zum Wilhelmplatz zu Fuß durch das
ganz stille, mondbeschienene Potsdam, das so lächerlich friedlich da
lag, und dachte an Dich, der Du in diesem komischen Kasten von
Kaserne verschluckt warst, die ein bißchen so aussieht wie in ameri-
kanischen Filmlustspielen die romantischen deutschen Burgen, in denen die Geister umgehen. Aber wahrscheinlich machte das gestern
nur der Mondschein, denn das preußische Potsdamer Militär und –
Romantik, das ist ja doch wohl zumindest nicht beabsichtigt.

Weißt Du, das Schreckliche und Quälende, das darin liegt, daß wir
so ohne Zukunft leben müssen, daß wir doch eigentlich nie vom
kommenden Tag sprechen können, ohne argwöhnen zu müssen, daß
dieser Tag uns schon in einer zum Schlimmen veränderten Lage vorfinden könnte – hat dann plötzlich ein anderes Gesicht: Plötzlich
wird eine Stunde der Gegenwart so schön und kostbar und absolut,
wie sie es sonst wieder kaum empfunden würde. – Und außerdem ist
ja auch das, diese grundsätzliche Unsicherheit, nur ein Aufdecken des
eigentlichen Zustandes unseres Lebens – und wenn es uns dann daran
geschenkt wird, alle Sorge auf Gott werfen zu lernen, so ist das ja
doch viel mehr als alle Scheinsicherheit eines ruhigen Lebens.

Was schreibe ich Dir da wieder zusammen? Aber ich mußte denken, ob das etwas zum Traurigsein ist, daß Du gesagt hast, die Wünsche hätten Dir Deine Gelassenheit verdrängt. Ich weiß es nicht, aber
vielleicht gibt es dann doch wieder ein Vertrauen, das alle Wünsche in
sich aufnimmt und doch noch mehr ist als eine wunschlose Gelassenheit? Mir geht es da ganz so wie Dir. Es ist nicht immer leicht, aber
Gott ist ja doch größer als unser Herz und hat uns lieb.

Auf die letzte Seite will ich Dir noch ein Gedicht schreiben, von
den schönen Sonetten der Barrett-Browning,[1] von denen ich ja auch
eins in das kleine Buch geschrieben habe. Du wirst gleich merken,
warum ich es schreibe. (Wenn Du die Sonette nicht kennst, muß ich

---

[1] Elizabeth Barrett-Browning (1806–1891), englische Dichterin.

sie Dir mal vorlesen, viele von ihnen jedenfalls. Wann und wo mag das sein?)

Mit Gertrud Stae[wen] habe ich heute telefoniert, an den Feldwebel das Päckchen will sie gleich abschicken, und was sie zur Fertigstellung des Lukas gesagt hat, sage ich Dir am Sonntag.[1] Sie ist sehr müde und ab, habe ich das Gefühl; ich möchte ihr gerne was von meiner Freude abgeben.

Lieber! Sei nicht traurig, sondern fröhlich; ich bin Dir gut!

Eva

Wenn du mich lieben mußt, so soll es nur
der Liebe wegen sein. Sag nicht im stillen:
Ich liebe sie um ihres Lächelns willen,
für ihren Blick, ihr Mildsein, für die Spur,

Die ihres Denkens leichter Griff in mir
zurückläßt, solche Tage zu umrändern!
Denn diese Dinge wechseln leicht in dir,
Geliebter, wenn sie sich nicht selbst verändern.

Wer also näht, der weiß auch, wie man trennt.
Leg auch dein Mitleid nicht zu Grund, womit
Du meine Wangen trocknest; wer den Schritt

aus deinem Trost heraus nicht tut, verkennt
die Tränen schließlich und verliert mit ihnen
der Liebe Ewigkeit: ihr sollst du dienen.

Am Abend des 25. Januar 1941 verlobten sich Eva Bildt und Helmut Gollwitzer in der Wohnung der Brauteltern und besuchten am nächsten Tag einen Gottesdienst mit Abendmahl im Neuköllner Haus der Berliner Stadtmission. Auf ihrer Verlobungsanzeige steht: «Du bist mein's Gottes Gab!»[2]

Für viele Freunde und Bekannte kam diese Verlobung überraschend. Im Nachlaß von Helmut Gollwitzer sind zahlreiche Glück-

---

[1] Helmut Gollwitzer: Die Freude Gottes. Einführung in das Lukas-Evangelium. Berlin 1940.
[2] Aus einem Kirchenlied von Ludwig Helmbold (1532–1598).

wunschbriefe an ihn überliefert. Antonie Prinzessin von Reuß, für deren Familie Gollwitzer auf Schloß Ernstbrunn bei Wien und in Thüringen von 1934 bis 1936 als Pfarrer und Prinzenerzieher tätig war, stellte fest: «Nun ist also doch die Richtige gekommen ... Unter diesen äußeren Umständen ... geht es doch nur, wenn man sicher weiß, daß Gott Einen nun so geführt hat u. daß es das einzig Richtige ist.» Sein ehemaliger Thüringer Pfarrbruder Werner Sylten gratulierte mit der Frage, ob er seine «früher mal in Gotha geäußerten Grundsätze für die Wahl» der Braut – «sie müsse jodeln u. gut kochen können» – eingehalten habe. Die Schriftstellerin Ricarda Huch, eine gute Bekannte aus seiner Thüringer Zeit, wünschte, daß «das persönliche Glück Ihnen nichts von dem Feuer rauben [möge], mit dem Sie bisher für Ihre Gemeinde» gekämpft haben. Else Niemöller, die Ehefrau von Martin Niemöller, meinte: «... so glaube ich, daß Sie gut gewählt haben. Ihre Braut gefällt mir gut ...» Der Kunstkritiker Karl Scheffler schrieb: «Ihr Bruder berichtete uns, wie der soldatische Mut nun ganz von Ihnen Besitz ergriffen hat und daß Sie sich verlobt haben – als Heimloser und mitten im Krieg: Das imponiert uns sehr.» Sein Freund Georg Merz, der damals Pfarrer in Bethel und Leiter des Katechetischen Amtes der westfälischen Bekennenden Kirche war, erinnerte sich in seinem Glückwunsch daran, daß er «im Burckhardthaus die ganze Bewegung und die große Freude miterleben durfte», die die Nachricht von der Verlobung hervorrief.

Einen Tag später berichtet Eva Bildt auch selbst von dem Trubel im Burckhardthaus.

Du mein liebster Helmut, 27. Januar 1941

ich sitze bei Gertrud im Büro und bin so vollgepackt mit Liebe und Freude von Menschen, die sich tief, tief darüber freun, daß wir so «kühne Leute» sind, wie Gerhard [Gollwitzer] sagt, daß es nun ganz fürchterlich ist, daß Du nicht dabei bist – denn dies alles gehört doch uns, Dir und mir ganz zusammen. Und es ist so seltsam und schön, daß hier im Bu[rckhardt]haus einiges Volk in den Ruf ausbrach: «Ich hab's geahnt», ist ja kein bißchen verwunderlich bei meiner strahlenden Nasenspitze in der letzten Zeit. – Aber, daß die Menschen, die nicht gewußt haben, daß wir uns kennen, gesagt haben, als sie gehört haben, Du hast Dich verlobt: «Es sollte die Eva sein» – und

*Die von Gerhard Gollwitzer gestaltete Verlobungsanzeige vom Januar 1941
(Klappkarte, Außen- und Innenseite)*

umgekehrt: Das ist doch ein kleines schönes Stückchen Wunder. Und
so war das bei Dalichow und Höfle,[1] die ich dafür tiefer als bisher ins
Herz schließe. – Aber was über all die ganz große und ehrliche Freude
hinaus (Frau Oberin[2] sagte nur immer wieder: «Bei zwei Menschen,
die einem so nahe stehn, da weiß man einfach nicht, für wen man sich
mehr freuen soll») mich tief bewegte, war, was mir Lilje sagte, der
Dich grüßen läßt, ganz von Herzen, und was Fräulein Thiele[3] mit
anderen Worten sagte. – Lilje sagte mir, nachdem er sich mühsam und
unter Ausrufen wie: «Das hat er recht gemacht, das ist eine schöne
Sache» gefaßt hatte: «Wissen Sie, es gibt so eine Sorte von Freude, da
kann man gar nicht mehr viel sagen. Aber, wenn so etwas geschieht,
das doch jeder menschlichen Hand entzogen ist, dann ist das nicht
nur für die Beteiligten, sondern auch für die Fernerstehenden ein Zeichen, wie gütig Gott ist.» Und Fräulein Thiele sagte: «So etwas
scheinbar Kleines ist doch eigentlich viel wichtiger und wesentlicher
als Kanonen und Heere. Und daran sehen wir, daß Gott siegt.» Helmut, ist das nicht schön??

[1] Erika Dalichow und Friederike Höfle, Mitarbeiterinnen des Burckhardthauses.
[2] Hulda Zarnack (1883–1977), Oberin des Burckhardthauses.
[3] Barbara Thiele (gest. 1983), Mitarbeiterin im Burckhardthaus und Mitglied
des Prüfungsausschusses der Bekennenden Kirche Berlin-Brandenburgs.

Na und von Indianergeheul und rauschendem Wellenschlagen ganz zu schweigen (es ist ja doch furchtbar, einen so berühmten Mann zu haben!!!). Und daß die mir zutraun, daß ich Dir eine gute Frau werde, ist ja wieder für mich ganz unfaßlich. Oder nein, es ist nicht wahr, es ist eben das Schönste, daß sie es empfinden, jenseits von gut und glücklich: Als etwas, das sein soll, und als gut, weil es ein Geschenk von Gott ist.

Liebster, eigentlich wollte ich Dir noch gestern berichten, daß ich wundervoll (wenn auch mit Pausen) nach Hause gekommen bin. – Aber da habe ich mir mit dem Brotmesser einen viertel Daumen abgeschnitten und sah schlimmer aus als Lady Macbeth mit bluttriefenden Händen.

Ach ja, lieber, lieber Helmut (daß ich Dir vor Freude ein H[1] anhänge, ist ja auch komisch), nun habe ich Dir erzählt, wie froh die anderen Leute sind – – wie glücklich ich bin, ja muß ich Dir davon was sagen?

Übrigens hat mein Chef mich um 12 h von hinnen ziehen lassen, damit ich meinem Glücke leben könne, was [ich] ja nun auch ausgiebig getan habe. Nun aber stürze ich zu der Freundin mit dem Holzschnittmann [Gertrud und Werner Göritz],[2] dann noch mal ins Bu[rckhardt]haus – na ja und morgen bekommst Du wieder einen Brief.

Ich möchte ganz dicht bei Dir sein, Dich lieb haben und von Dir lieb gehabt werden.

Deine Eva

Schon am 31. Januar sahen sich die Verlobten in Potsdam wieder. Zwei Tage zuvor, zu Eva Bildts Geburtstag am 29. Januar, hatte ihr Helmut Gollwitzer einen Verlobungsring geschenkt. In der Erinnerung daran begann sie am 2. Februar ihren Brief. Danach erwähnte sie ihr «Dahlem-Problem». Sie fühlte sich von der Dahlemer Gemeinde nicht anerkannt und als künftige Pfarrfrau nicht akzeptiert. Bei der Überwindung der Schwierigkeiten stand ihr unter anderem die Ge-

---

[1] Eva Bildt hatte zunächst «Helmuth» geschrieben.
[2] Gertrud Göritz war Sängerin der Neuköllner Singgemeinde (Singkreis) und Ehefrau des Grafikers Werner Göritz.

Das Burckhardthaus in Berlin-Dahlem, ein Zentrum für evangelische Frauen-
und Mädchenbildung, um 1935

meindehelferin Elsie von Stryk (geb. 1912) bei, die auch wichtige
Sekretärinnendienste für Gollwitzer erledigte und im Juni 1942 seinen Freund Karl Gerhard Steck heiratete. Ein weiterer lebenslang
enger Freund Helmut Gollwitzers war der im Brief erwähnte Theologe Hellmut Traub (1905–1994). Er und Elsie von Stryk gehörten zu
einer Gruppe, die nach dem Beginn der Deportationen in Berlin untergetauchten Juden mit Lebensmitteln, mit Papieren und durch die
Vermittlung von Quartieren sowie auch seelsorgerisch half zu über-
leben. Zu Eva Bildts Freundeskreis gehörten ferner die Familie von
Helmut Gollwitzers Bruder Gerhard (1906–1973). Er war zu dieser
Zeit künstlerischer Leiter der Staatlichen Porzellan-Manufaktur Berlin (vor 1918 und nach 1988: Königlich Preußische Porzellan-Manufaktur Berlin, KPM). Seine Frau Lalita («Lali») Gollwitzer, geb.
Schrader (1913–1998), hatte wie Eva Bildt eine Schauspielausbildung.
Häufig hütete Eva Bildt ihre Kinder Michael und Christiane.

ob Du wohl immer an mich gedacht hast und denkst, wenn ich an meinem Ring drehe? Der Gedanke, daß wir vorgestern um diese Zeit noch beieinander waren, geht gar nicht in mich hinein, und ich weiß kaum, wovon ich Dir zuerst erzählen soll, soviel ist zu schreiben.

Augenblicklich ist es sehr gemütlich: Ich liege (durch meinen dollen Schnupfen gerechtfertigt) im Bett meiner Mutter, und mein Vater (ohne Schnupfen, nur aus Faulheit) liegt in seinem Bett daneben, draußen schneit's, und ich habe nichts vor mir, als schreibend an Dich zu denken – – – wüßte ich nur erst, wohin meine Gedanken gehen!!![1]

Ich werde nun versuchen, der Reihe nach zu erzählen, wie es war, als Du fort warst. Im Zug merkte ich den einschneidenden Unterschied zu meinem bisherigen Leben daran, daß ich mir als Winterhilfsabzeichen nun nicht mehr mein, sondern Dein Sternbild kaufte, und war im übrigen unzufrieden mit mir (wozu ich ja eine nicht geringe Begabung habe), daß ich so lange mit Dir über meine «Dahlem»-Probleme gesprochen habe. – Aber jetzt denke ich und hoffe, daß Du so etwas bei mir recht verstehen kannst: Die Hineinverwandlung in das Leben des anderen Menschen ist halt voller Fragen. Und die sind dann nicht bedrohlich mehr, wenn Du sie weißt, wenn Du sie mitlebst und mir hilfst. Und das ist mir das Schwere an unserer Trennung jetzt, viel schwerer als die Sehnsucht an sich (denn die immer gewisser werdende Gewißheit bewährt sich wie ein Wunder durch das Fernsein hindurch), daß ich das mir völlig verwandelt entgegenkommende Leben allein bewältigen soll, wo doch eben seine Verwandlung daher rührt, daß Du nun da bist! Ach Lieber – und die Sehnsucht an sich ist ja auch so eine Sache! Geht es Dir auch so, daß Du so ganz plötzlich Sehnsucht hast, ganz unerwartet? Ja, aber ich wollte ja wohl der Reihe nach erzählen.

Zuerst habe ich ein paar Sachen von Dir weggeschickt (Bücher und die Pralinen an Elsie), und dann fuhr ich arbeiten; sah noch vorher einen glühend schönen Sonnenuntergang, der in dem Grau der Dämmerung wie ein Schrei aus großer Traurigkeit wirkte. – (Eben ist die Post vorbei – und nichts von Dir.) Als ich zurückkam nach Hause, wartete ich doch sehr auf einen Anruf von Dir, weil ich ziemlich sicher war, daß Ihr am Sonnabend erst fortkämt, und las Deinen lie-

---

[1] Helmut Gollwitzers militärische Einheit wurde vorübergehend verlegt.

ben Brief mit dem Gedanken, daß ein nicht nur einseitiges Briefe-schreiben ja doch viel für sich hat. Lieber!! Denke ja immer an mich am Abend, dann werden sich unsere Gedanken begegnen und uns wohl tun. – Und was Du schreibst von dem Erstaunt-Sein darüber, daß man uns für «kühn und mutig» hält, das geht mir gerade so. Das empfinden wir wohl ganz gleich, daß da weder die Welt noch unsere Kraft entscheidend ist, sondern daß es gilt, daß Gott nicht zurück-geht, und wenn gleich alle Teufel widerstehen wollten! Aber das Ge-schenk, wie es nun ist, wie wir's vollziehen dürfen – das bleibt dabei ganz bestehen. Ach, lieber Helmut, – wenn es doch möglich wäre, daß ich in der nächsten Woche (in der mein Chef mich ausdrücklich nicht haben will) ein paar Tage zu Dir könnte. Ich brauche viel Kraft von Dir und Deiner Liebe, und ich hoffe sehr – Du brauchst mich auch!

Aber ich wollte ja erzählen. – Als Du nicht angerufen hattest und ich ein wenig den Schwanz hängen ließ, riefen Neugebauers[1] bei mir an, und ich war kindlich froh, jemanden von «Deinen» Menschen zu sprechen. Dazu war der Inhalt des Gespräches sehr erfreulich: Der Graf Pfeil hat in diesen Tagen den Auftrag, in Pritzwalk ein neues Bataillon zusammenzustellen, und möchte so umgehend wie möglich Deine neue Anschrift oder Feldpostnummer haben. Daher warte ich nun auch noch doppelt auf Nachricht von Dir; ich habe dann noch mit Elsie telefoniert (weil ich dachte, Du hättest vielleicht bei ihr angerufen) und gestern mit der Gräfin Pfeil, die schrecklich nett war und meinte, ihr Mann würde Dich auch so auskundschaften. – Ich möchte zunächst nur mal wissen, wie es Dir geht, Lieber, ob sie Dir genug zu essen geben und Du nicht frierst, ob Du noch mit Werner Bader zusammen bist (grüß ihn sehr schön!). Du schreibst mir doch unbedingt immer, wenn Dir etwas fehlt, wo ich Dir helfen kann; ganz bestimmt?!

Gestern habe ich dann morgens (da ich erst etwas später zu L[ilje] mußte) den ersten Teil Deiner Predigt getippt (Bitte, schreibe mir ganz schnell den Rist-Vers, den Du nach dem ersten Absatz haben willst. Ist es «O große Not, Gott's Sohn ist tot»?[2] – Dann mußt Du mir ihn wörtlich schreiben, da Du nachher zitierst: «Gott selbst

---

[1] Karl Anton und Erna Neugebauer, Mitglieder der Bekennenden Gemeinde in Berlin-Dahlem.
[2] Kirchenlied von Johann Rist (1607–1667).

ist tot», eine Fassung, die ich nirgends finden kann.) und dann bei L[ilje] bis sechs doll geschuftet, was mir aber wohl tat. – Und dann kam meine Nachgeburtstagsfeier, bei der es außer mir allen sehr gut gefallen hat und ich selber, gar nicht unglücklich, sondern fast belustigt, daneben saß und dachte, wie da für die andern alle das Leben so weiter läuft, während es bei mir durcheinandergeschüttelt wird wie die Wolken von Frau Holle. Und ich fühlte, wie meine innere Beziehung zu allen Freunden ganz unverändert ist, aber die Stellung in meinem Leben zur Zeit so ganz vor der Tür, daß es schon ein wenig unheimlich ist. Nun wäre es natürlich ganz ganz anders, wenn du dagewesen wärst. – Aber so. – – – Nun habe ich wieder so schöne Blumen, die Du nicht sehen kannst (kann man sie sich in der Kaserne überhaupt vorstellen?), und so, so viel, das auf Dich wartet.

So, jetzt erwarte ich von Dir auch einen ganz ganz ausführlichen Brief, ich will alles wissen, hörst Du, alles!

Denke an den Schluß vom Lukas, ja ich glaube wirklich, daß Gertrud sich besser erholt, wenn sie ihn hat, und fülle die Formulare schnell aus (zu denen ich einen rührenden Brief von Fräulein Klingmüller bekam).[1] Und fühle bei alldem den Ring an Deinem Finger, der Dir sagt, daß ich da bin und Dir gut bin.

Deine Eva

Lieber, lieber Helmut! 3. Februar, 5 h

Jetzt ist Dein lieber, lieber Brief bei mir, und der meine soll schnell fort, um Dir zu sagen, daß ich Dich so lieb habe! Nun muß ich doch nur noch ganz schnell berichten, daß es gestern bei Gerhard und Lali wieder ganz wunderschön war (wir haben uns mit Träubchen [Hellmut Traub] sehr schön unterhalten und dann später Rose Bernd (Frau-Flamm-Szenen)[2] und Minna von Barnhelm (Franziska)[3] ge-

---

[1] 1941 erschien von Helmut Gollwitzer die Schrift «Jesu Tod und Auferstehung nach dem Bericht des Lukas» im Chr. Kaiser Verlag in München.

[2] Figur aus dem Trauerspiel «Rose Bernd» von Gerhart Hauptmann (1862–1946).

[3] Figur aus dem Lustspiel «Minna von Barnhelm oder das Soldatenglück» von Gotthold Ephraim Lessing (1729–1781).

lesen – und «unsere» Karte mit vereinten Kräften entworfen). Lali war strahlend, weil Träubchen so war, «wie er sicher bei der Renate Zinn ist», also Betragen lobenswert und alles höchst friedlich und freundschaftlich. – Nur daß Du nicht da warst! Und am Abend habe ich nach München geschrieben.

Heute hab’ ich dann Deine Predigt fertiggemacht (bis auf den Rist-Vers) und die Lukasse, die ich jetzt, mit Deinem richtigen Absender versehen, abschicken werde. Und heute abend lese ich bei Lic. Anna [Paulsen] Claudius ganz für Dich und so, daß Du’s merken mußt! Heute telefonierte meine Mutter mit Frau Klepper; der Jochen ist fort mit dem einzigen Wissen, daß ihnen gesagt ist, vor vier Wochen könne man zu Hause mit keiner Nachricht rechnen![1]

Ich bin so dankbar, daß ich noch nicht Heldenfrau sein muß, ganz im Ernst, daß ich nicht klagen will, wenn ich nun nicht zu Dir kommen kann. Nun werde ich statt dessen (statt dessen gibt es ja eigentlich nicht – aber es ist ein schöner Trost) Uwe [Gollwitzer] kennenlernen und einen Abend mal Michael und Christiane hüten, damit Gerhard und Lali «ausgehen» können, wenn möglich ins Staatstheater, den Vater anschaun.

Wüßte ich nur, daß es Dir einigermaßen gut geht! Wie sind denn Eure Bauersleute? Daß Du mit den zwei nettesten Kameraden zusammen bist, ist schon schön (vor allem für die!). Grüß den Bader sehr, natürlich kann er kommen; ich freue mich. Ich schicke Dir jetzt ganz schnell, damit es noch wegkommt, ein paar Schuhe und Zigarren, hoffentlich kommen sie schnell an! Ich bin froh, die Schuhe bei mir gefunden zu haben!

Denke viel an mich, Liebe, sagt man glaube ich, wärmt. – Ich weiß nicht, aber ich bin sehr getrost, daß alles gut wird! Ich gebe Dir einen ganz zärtlichen Kuß.

Deine Eva

Die Verlobung Helmut Gollwitzers mit Eva Bildt erweckte zunächst nicht bei allen Bekannten und Verwandten ungeteilte Freude. Seine

---

[1] Jochen Klepper war vom Dezember 1940 bis zu seiner Entlassung Anfang Oktober 1941 Soldat der Wehrmacht.

Eva Bildt mit ihrem Vater Paul Bildt, 1928

Mutter[1] und seine Schwester Gerda[2] in München äußerten einige Be-
denken. So schrieb ihm unter anderem seine Mutter, daß es «noch
nicht sicher [ist], ob Ihr Euch angehören dürft». Eva Bildt, die davon
erfuhr, fühlte sich sehr getroffen und besprach die Situation mit Hel-
mut Gollwitzers Bruder Gerhard und dessen Frau Lalita, die sie von
Anfang an sehr herzlich in ihre Familie aufgenommen hatten. Am
nächsten Tag gab es erneut Aufregung. Im Büro erhielt sie von ihrer
Mutter die Mitteilung, daß sie zur Polizei vorgeladen ist.

Liebster Helmut, 12. Februar 1941

das ist heute ein so seltsamer Tag, verzeih mir, wenn dieser Brief es
auch werden wird. Schon gestern war es eigenartig; bevor ich zu Gerhard und Lali ging, tobte ich (mit ein bißchen klopfendem Herzen)

[1] Barbara Gollwitzer, geb. Löffler (1883–1977).
[2] Gerda Gollwitzer (1907–1996), Gartenarchitektin.

Die Familie Gollwitzer im Jahr 1933: stehend (v. l. n. r.) die Geschwister Gerda, Uwe, Gerhard und Inge; sitzend (v. l. n. r.) Bruder Herbert, Vater Wilhelm, Helmut sowie Mutter Barbara Gollwitzer

zum Lehrter Bahnhof, um meinen Koffer abzuholen, den ich – ja, wirklich – in Pr[itzwalk] im Wartesaal habe stehen lassen. Als ich in Dein liebes Gesicht nicht mehr sah, merkte ich erstens, daß ich ohne Koffer und zweitens fälschlich im 2. Klasse Abteil war, die sehr netten Bahnbeamten ließen aber gleich telefonieren, und ich gab auf der nächsten Station meine Adresse ab und konnte weiterfahren – und war viel zu glücklich, um mich auch nur zu ärgern. – Nun, gestern war der Koffer wohlbehalten da, und der dicke, gemütliche Beamte an der Gepäckausgabe blinzelte mich an, drückte mir die Hand und sagte: «Na, da war man wohl in Gedanken!» Was ich nur bejahen konnte.

Ich hatte dann ein schönes Gespräch mit Gerhard, die Lali war zuerst nicht da, war sehr glücklich – und wurde, als Gerhard von den Karten von der Gerda über das Bedrücktsein der Mama sprach, so jäh traurig, daß ich mich auch heute noch nicht gefaßt hatte. Weil ich einerseits ihre Sorgen so gut verstehe – aber andererseits es mir unmöglich ist, auch nur einen Augenblick lang von der Seite der Schwierigkeiten her zu fühlen oder zu denken (denn dann hätte ich Dir doch sagen müssen, aus Liebe: Geh von mir fort). Aber weil doch

Gott uns einander gegeben hat, wäre das doch Flucht und Unglauben. Nun kann ich nur so fühlen, daß alles, was geschieht, nicht die Menschen aus ihrer Macht tun, sondern Gott dahinter steht, – und, wie auch immer es geht, er uns in dem Aneinanderbleiben bewahren wird.

Jedenfalls war das alles doch lastend in mir, als meine Mutter mich anrief, ich müsse mich für morgen früh entschuldigen bei meinem Chef, ein Brief sei für mich da (ich dachte zuerst an die vom Vater eingeleitete Sache[1] und war froh, als ich an ihrer Stimme merkte, um was für eine «Einladung» es sich handelte). Ich habe nun keine Ahnung, worum es sich handelt, hoffe, nicht um uns. Ich meinte erst, Dir nicht davon schreiben zu sollen, tue es aber, um Dir damit das Versprechen abzunehmen, daß Du mich auch immer an allem Anteil nehmen läßt, was schwierig ist – und Dir, während ich im Ungewissen stehe, sagen zu dürfen, daß ich im Hören auf die heutige Losung ganz ruhig und getrost bin.[2]

Ich bin nur traurig, nicht so ganz glücklich sein zu können, wie ich es, ohne diesen Morgen vor mir zu haben, wäre. Denn ein Brief von Dir ist da – und der Peter Anemont![3]

Lieber Liebster, habe innigen Dank! Ich freue mich so sehr damit und darauf und – wie schön: bei 432 Seiten zu wissen, daß ich sie von Dir geschenkt bekam.

Dazu schickten mir die «Schwiegereltern» Fechter-Molzahn[4] eine Schale mit sechs Hyazinthen, und schöne Post war da (Frau Loewenberg-Feller[5] schrieb mir noch extra eine ganz herzliche Karte, ist das nicht lieb?). Ob bei Euch immer noch alles unter Wasser steht und dies den Dienst mildert? Grüße mir alles Bekannte aus Deiner Umgebung, und führt Euch alle trefflich, von wegen dem Sonntagsurlaub.

---

[1] Paul Bildt hatte sich wegen der Heiratsgenehmigung für seine Tochter und Helmut Gollwitzer an die Ehefrau von Hermann Göring, Emmy Göring, geb. Sonnemann, gewandt, die vor ihrer Heirat mehrmals Bühnenpartnerin von ihm gewesen war. Vgl. auch den Brief von Eva Bildt vom 25. Februar 1941.

[2] 1. Mose 21,22: «Gott ist mit Dir in allem, das du tust.»

[3] Rüdiger Syberberg: Peter Anemont. München, Freiburg i. B. 1939.

[4] Weshalb Eva Bildt ihre Freunde, den Publizisten Paul Fechter (1880–1958) und die Schriftstellerin Ilse Molzahn (1896–1981), als «Schwiegereltern» bezeichnete, konnte nicht ermittelt werden.

[5] Stephanie Loewenberg, geb. Feller, war Helmut Gollwitzers Vermieterin in Klein-Machnow.

Ach, es wäre soviel zu sagen – und ich will Dich wieder ansehen können und bei Dir sein! Lieber, ich soll doch bei Dir bleiben, nicht wahr?! Wenn ich an Trennung denke, ist mir schon der Gedanke, als ob man mich mitten durch schneidet, nicht schmerzlich, sondern unmöglich.

Das Geschenk der Losung heute. Wie eine Welle von Zuversicht und Gutem spült sie all das hinweg, was bedrohlich ist – und wird siegen!

Du bist meins Gottes Gab! Ich küsse Dich ganz innig.

Deine Eva

Einen Tag später folgten beruhigende Mitteilungen. Der Grund für die Vorladung bei der Polizei war eine «süße Denunziation». Das ist sicherlich verharmlosend umschrieben. Nach den Nürnberger Gesetzen waren Beziehungen zwischen Juden und sogenannten «Deutschblütigen» verboten und galten als «Rassenschande». Eva Bildt als «jüdischer Mischling 1. Grades» fiel zwar vorläufig nicht unter diese Regelungen, mußte aber immer Demütigungen und bösartigen Klatsch in dieser Hinsicht befürchten.

Lieber! 13. Februar 1941

Soeben komme ich von meinem «Besuch», wo es sich um eine ganz süße Denunziation handelte (natürlich uns betreffend) und ich sicher annehme, daß nach Klarstellung der wahren Tatsachen alles in Ordnung ist. Die Beamten waren sehr freundlich und selbst nicht erbaut davon, daß ein Mädchen es für nötig gehalten hatte, auf Dinge hinzuweisen, von denen sie völlig ununterrichtet war.

So, jetzt atme ich tief aus – und alles ist vorbei. Und freue mich, daß die Sonne scheint und Du nun wohl zufrieden bist, weil's weder zu kalt noch zu naß ist. Und mit großer Freude und Dank weiß ich wieder neu davon zu sagen, wie greifbar nah uns Gott ist, wenn wir ihn in Not anrufen. Nicht um der Hilfe willen, die er leistet, sondern zuerst nur, weil er da ist und wirklicher als alles, was wir sehen.

Lieber – es ist herrlich, daß schon Donnerstag ist. Ich freue mich so auf den Sonntag!

Deine Eva

Nach der «Ersten Verordnung zum Blutschutzgesetz», einem der Nürnberger Gesetze, war es «Mischlingen 1. Grades» nur mit Genehmigung erlaubt, «Deutschblütige» zu ehelichen. Offiziell waren sowohl Staatsbehörden als auch Parteiämter am Genehmigungsverfahren beteiligt. Aber auch persönliche Beziehungen konnten helfen.

Mein Liebster,   25. Februar 1941

Heute, am 25. Februar, genau ein halbes Jahr also nach dem Tag, an dem wir uns kennen lernten, rief Frau Emmy [Göring] bei meinem Vater an, um zu sagen, daß, wenn bei «dem Mann alles in Ordnung sei» – ihr Mann seine Zustimmung geben will!!!

Morgen werden ihr noch Daten und Angaben zugestellt. Der Vater erlaubt mir noch nicht, mich zu freuen, ehe wir's schwarz auf weiß besitzen – – – aber – ahnst Du, wie es in mir aussieht?? Und ich sehe Dich nicht, während Du dies liest – das ist auch gemein. –

Zu was übrigem bin ich nicht fähig. Ich habe Dich lieb

Deine Eva

Nach einem weiteren Besuch bei Helmut Gollwitzer in Pritzwalk konnte Eva Bildt von einem wichtigen Brief in der Heiratsangelegenheit berichten.

Liebster Helmut,   11. März 1941

war das nun wirklich gestern, daß du an der «Grenze» von mir Abschied nahmst? Noch ist es ganz nah – schon ist es wieder lange her: wie seltsam. Ich kam ganz überpünktlich sowohl zunächst in P[otsdam] – wie auch dann im verregneten Berlin an (während ich auf der Fahrt war, las ich den «Gasmann»[1]).

Mein Chef fand mich «blühend» aussehend, was beweist, daß die Seele über den Körper siegt, denn ich hatte eine dolle Migräne (eine Sache, von der ich früher überzeugt war, daß es eine Erfindung von unbefriedigten Plutokratinnen sei, was doch aber bei mir weder – noch der Fall sein dürfte). Ich hatte aber den Ehrgeiz, nun gerade noch ein bißchen mehr zu tun, als er verlangte, und kam auch so kurz vor acht Uhr zu Hause an, wo ich erst mal mein Kopfweh sich austoben ließ und dann (das Gefühl danach ist phantastisch: ganz leicht, als ob einer durch den Kopf durchgepustet hätte) einen schönen Abend mit den Eltern hatte, mit Erzählen und den neu erworbenen Platten vom Forellenquintett.[2] Von Dietrichs und von Elsie soll ich Dich doll grüßen, es waren so nette Gespräche, daß ich nicht mal das Telefon beschimpft habe. Der Lukas gewinnt bereits – ich hatte schöne Post (von der Inge[3] Deine Rede am Grabe vom Hans[4]), von meinem geliebten Taufpfarrer [Wilhelm Pleß] in Prerow und von Freunden, die uns eine herrliche Decke geschenkt haben.

Heute kam ein Brief von G[öring] – wir sollen ein offizielles Gesuch einreichen, das er befürwortend weiterleiten wird. Also: Er befürwortet! Aber: Entscheiden tut eine andere Stelle. Welche? – Ich nehm's von der guten Seite und habe Vertrauen, finde schon das bis hierher höchst wunderbar – und halte mich daran, daß Gott sagt, daß ihm alle Gewalt gegeben ist. Liebster, ich arbeite heute erst wieder nachmittags, will aber jetzt noch einiges erledigen. Daher Schluß.

Ganz in Liebe

Deine Eva

In mehreren Briefen Anfang 1941 ging Eva Bildt auf das «Katholizismus-Problem» in der Dahlemer Gemeinde ein. Es war damals bekannt geworden, daß Martin Niemöller die Absicht geäußert habe,

[1] Heinrich Spoerl: Der Gasmann. Berlin 1940.
[2] Musikstück von Franz Schubert (1797–1828).
[3] Inge Meyer, geb. Gollwitzer (1905–1951), Gymnasiallehrerin und Schwester von Helmut Gollwitzer.
[4] Hans Meyer, der Ehemann von Helmut Gollwitzers Schwester Inge, war 51jährig Anfang 1941 gestorben.

zur katholischen Kirche zu konvertieren. Nach Niemöllers theologischer Argumentation sei die katholische Kirche die von Jesus Christus eingesetzte Kirche und habe aufgrund ihrer Gründung durch die Apostel das einzig legitime Amt der Leitung und Lehre. Neben dieser von Christus eingesetzten Kirche könne es keine anderen Einrichtungen, das heißt protestantische Kirchen, mit gleichem Anspruch geben.[1] Martin Niemöller vollzog die von ihm beabsichtigte Konversion allerdings nie und fand noch 1941 nach seiner Verlegung in das Konzentrationslager Dachau zu seiner protestantischen Haltung zurück. Lapidar kommentierte Elsie von Stryk diese Wandlung später in einem Brief an Helmut Gollwitzer: «Martin hat inzwischen eingesehen, daß die ev. Kirche als notwendiges Korrigens für den Katholizismus ihre Aufgabe noch nicht erfüllt hat.» Ab Mitte 1941 ebbte in der Dahlemer Gemeinde die konfessionelle Diskussion ab. Davor war es aber in der Gemeinde noch zu heftigen Diskussionen gekommen, und viele hatten eine Spaltung befürchtet. Eva Bildts Berichte und verschiedene Briefe Dahlemer Gemeindeglieder hatten deshalb Helmut Gollwitzer gedrängt, noch im März in einem Rundbrief auf «Martin Niemöllers Hinwendung zum Katholizismus» einzugehen. Gollwitzer sah hier zwar auch die «innere Not unserer Kirche», doch verteidigte er die protestantischen Positionen und bat: «Keiner darf sich zu gering halten, hier zu prüfen.»

Liebster Helmut,   20. März 1941

wenn bloß diese scheußliche, anstrengende Woche für Dich erst vorbei wäre. Deine Karte heute hat zwischen den Zeilen so viel Soldatendienst und innerliches Tot-Geschlagen-Sein geatmet, daß sich der schöne Bergengruen-Text[2] ganz seltsam dazu ausnahm. Und der schöne Brief von Traubs Vater[3] hat mich sehnsüchtig gemacht nach dem Sich-Freuen-Können an «Krokus und Himmelschlüssel», nach Stille und Schönem: Wie ich das Tempo unserer Zeit hasse, kann ich

---

[1] Gerhard Schäberle-Königs: Und sie waren täglich einmütig beieinander. Der Weg der Bekennenden Gemeinde in Berlin/Dahlem 1937–1943 mit Helmut Gollwitzer. Gütersloh 1998, S. 253.

[2] Werner Bergengruen (1892–1964), deutschbaltischer Schriftsteller.

[3] Gottfried Traub (Vater Traub, 1869–1956), nationalkonservativer protestantischer Theologe und Vater von Hellmut Traub.

überhaupt nicht sagen, oder mehr noch, als ich es hasse, leide ich darunter, weil ich weiß, daß so vieles nicht auf den Grund kommen kann und fruchtbar werden, weil schon das nächste da ist. Und so ist es mit allem, mit Menschen und mit Büchern, mit Natur und mit Arbeit. Du bist vielleicht zu anders, um das zu verstehen – aber ich weiß, daß ich nur ich selbst bleiben kann, wenn ich noch aus einem letzten stillen Punkt in mir heraus den Dingen begegnen kann und nicht sie es sind, die die Macht bekommen, mich zu überwältigen, denn dann gerate ich in einen Strudel von so dauernden Verwandelt- und Beeindruckt-Werden, daß ich ganz hilflos werde.

Frau Beckmann rief heute bei mir an, sie ist (es war fast erschrekkend) ganz erschüttert und in Frage gestellt von dem Katholizismus-Problem und dessen Wirkung auf die Gemeinde und hat so das Gefühl, Du müßtest kommen und die Antwort darauf geben. Und doch ging es mir so, daß gerade während ich dachte und sagte, wie traurig und schlimm es ist, daß Du gerade jetzt nicht da bist («der Hirte» fehle, wie sie meinte), mir gerade an diesem Gespräch auch deutlich wurde, daß vielleicht ein tiefer Sinn darin liegt, daß jeder ganz allein mit der Frage fertig werden muß. Und in Christus seinen einzigen Hirten hat. Bitte, verstehe mich nicht falsch. Wie wichtig es wäre, daß ein Mensch wie Du da wäre, der zunächst einmal vieles klarstellt, richtig stellt und viele wirre Gedankengänge ordnet – – ist mir ganz bewußt. Aber daß nun nicht viele Menschen Deine Erkenntnisse in ihr Denken aufnehmen und darin – mehr oder weniger – ruhig werden, ja «Partei», die wieder gar zu gut weiß, was «richtig» ist – das ist doch vielleicht sehr gut.

Mit geht es ja so, daß, so brennend mir das dort aufgeworfene Gespräch ist, es an das Letzte, den Leben gebenden Glauben an den dreieinigen Gott, nicht herankommt. Alles, was darin «in Frage-gestellt» wird, könnte zu Betrübnis, Klage und Mutlosigkeit führen – aber nicht zur Ver-Zweiflung, denn all das, was darin bezweifelt wird, ist der Mensch, seine Erkenntnis, seine Fähigkeit, Gott zu antworten und Gott zu dienen – aber, wie mir scheint, nicht Gott. Ich möchte fast sagen, daß die Wirkung dieses tatsächlich quälenden Gesprächs, dieser neue «Turm zu Babel», Gott nur immer größer werden läßt, Christus immer not-wendiger, den Heiligen Geist ersehnter.

Und mir scheint, daß die Fragestellung Was ist richtig, was ist falsch? eines Tages einer Besinnung weichen wird darauf, daß solches Fragen eigentlich nicht möglich ist, zumindest nicht den wesentlichen Ansatzpunkt trifft. Unsere Erkenntnis, die Stückwerk ist, weist uns nicht den Weg, wenn sie sich die Dinge von außen ansieht und abschätzt. Und (insofern glaube ich, hatte Frau Blanck[1] damals recht) eine vom Glauben ergriffene Gemeinde kommt gar nicht zum Fragen, ob sie zu der «anderen Kirche» übertreten soll; sie weiß sich durch die Gegenwart Christi Kirche und will es immer mehr werden. Und wenn ihr auf diesem Wege die Frage begegnet, ob die «andere Kirche» Formen der Anbetung oder der Lebensgestaltung habe, die auch für sie Ausdruck des Glaubens sein oder werden könnten – dann wäre das ein Gespräch, das schön und fruchtbar wäre. Aber so ist es nicht.

Nun aber genug davon. Wenn Du Dich bei mir von der Theologie erholen willst, mußt Du's sagen, dann halte ich, wenigstens schriftlich, den Mund (diesen Satz habe ich nur geschrieben, um Dich zu ärgern!). Frau Neubaur[2] schicke ich doch erst mal die Taufpredigt hin, weil ich für diese und kommende Woche nichts verabreden kann. Ich hoffe, Du frißt mich nicht deshalb.

Von den Eltern soll ich Dich grüßen, von Perels und schließlich von mir!

Deine Eva

Eva Bildt hatte erfahren, daß das offizielle Heiratsgesuch an Julius Lippert, den Oberbürgermeister und Stadtpräsidenten von Berlin, gerichtet werden muß.[3] Sie wollte dazu den schon im Brief vom 20. März erwähnten Justus Perels (1910–1945) konsultieren, der damals Justitiar und Rechtsberater der Bekennenden Kirche der altpreußischen Union war und nach dem 20. Juli 1944 verhaftet und 1945 hingerichtet wurde. Bevor Helmut Gollwitzer «loszieht», das heißt seine Kompanie verlegt wird (ab Mai ist er in Paris), schreibt Eva Bildt ihm von den neuesten Entwicklungen.

[1] Ottonie Blanck, geb. Lubarsch (1899–1976), Gemeindehelferin in Berlin-Dahlem.
[2] Helmut Gollwitzer hatte bei einem Urlaub die Tochter von Gertrud Neubaur getauft. Frau Neubaur war die Tochter von General Ludwig Beck (1860–1944), einem Widerstandskämpfer des 20. Juli.
[3] Julius Lippert war zu dieser Zeit schon nicht mehr im Amt. Sein Name galt aber als Synonym für seine Behörde.

damit Du doch noch einmal, bevor Ihr loszieht, einen Gruß von mir hast, schreibe ich jetzt – noch bevor ich von Dir Post habe, auf die ich schon sehr warte, vor allem, um zu hören, wie es Dir geht. Eben hat mich ein Anruf von Hamburger wieder einmal beinah vollends seelisch aus den Angeln gehoben, da er nicht nur fand, daß Du schrecklich schlecht aussähst, sondern auch, daß Du zum ersten Mal nicht strahlend wie sonst immer, sondern sehr ernst geschienen wärst. Ach, Lieber, wenn ich schon den Gedanken wegtun kann, daß ich daran schuld bin – so bleibt doch der, daß meine Kraft nicht ausreicht, Dich – gegen all das, was Dich belastet – mit meiner Gegenwart froh zu machen. Und das ist sehr schlimm. Ich schicke Dir ganz liebevolle Gedanken!

Gestern hatte ich einen schönen friedlichen Abend mit den Eltern, an dem ich Dich besonders vermißt habe. Ich habe nun beiden die Schaumann-Novelle[1] vorgelesen (was ich gern einmal für einen kleinen Kreis von Menschen täte, zumindest aber für Dich, denn sie ist mir ganz sonderlich lieb), und der Vater hat Gedichte von der Droste[2] vorgelesen. Wie im Frieden – diese quälende zerstörende Spannung wird doch immer spürbarer: Daß Krieg ist, der alle Werte und Ordnungen entwertet und verschiebt – und ist scheinbar Frieden und das äußere Leben läuft weiter (die heftigsten Zusammenstöße gibt es da ja noch nicht einmal in der Wirklichkeit, sondern in Gedanken und Wünschen, wo das: wenn Frieden ... und wenn ... schier alles lahmlegt, aber eben doch nicht totschlagen kann).

Heute bekamen wir die Nachricht, daß das Gesuch an Lippert gehen muß (über's Berliner Rathaus), und sicher scheint zu sein, daß wir dem Gesuch alle Papiere (bis zu den Großeltern beziehungsweise Ahnenpaß) hinzufügen müssen sowie, daß das Gesuch frei abgefaßt werden kann, nicht auf vorgedruckten Formularen. Also wird es gut sein, bald zu Perels zu gehen, ich will ihn heute mal anrufen. (Und eben auch fragen, ob die uns jetzt genannte die einzige Stelle ist, die in Frage kommt.) Und Du schreibst mir am besten, wie es mit Deinen Papieren ist (hat Gerhard nicht überhaupt Deinen Ahnenpaß?). Bei mir wird's wesentlich schwieriger, ich habe

[1] Ruth Schaumann (1899–1975), Schriftstellerin und Bildhauerin.
[2] Annette von Droste-Hülshoff (1797–1848).

noch nie so was gebraucht und muß sehen, wie ich's zusammen kriege.

Ach, Liebster, mit so technischem und unerfreulichem Krempel muß man nun das schöne weiße Papier beschreiben, statt lieber Worte und guter Gedanken. Aber sie laufen überall zwischen den Zeilen herum, siehst Du sie? In der nächsten Woche soll der zweite Lukas-Band herauskommen!![1] Und der dritte soll in Druck sein, was ja die Hauptsache ist. (Liljes danken sehr, ich habe ihnen gestern Dein Werk mitgenommen.)

Heute abend gehe ich in Preciosa,[2] wo ich so gerne mit Dir hingehen möchte, aber die Eltern freuen sich halt sehr, es mit mir zu sehen. Vielleicht gehen wir doch noch mal zusammen hin.

Wenn ich aber ganz kühn bin, träume ich von einer Fahrt nach München.

Mein Lieber, wenn Du von Ort zu Ort ziehst, denke an das zu Hause, das Du in meinem Herzen hast, und komm in Gedanken da hinein, wo alle guten Kräfte, die mir geschenkt sind, Dir gehören sollen.

Deine Eva

Immer wieder mußte Eva Bildt mitteilen, wie sehr Helmut Gollwitzer in der Dahlemer Gemeinde vermißt wurde. So setzten seine Pfarrbrüder Günther Dehn, bis zu seiner Verhaftung im Mai 1941 Dozent der Kirchlichen Hochschule in Berlin-Dahlem, und Wilhelm Rott (1908–1967), bis 1943 Mitglied der Vorläufigen Leitung der Deutschen Evangelischen Kirche (DEK), seinen Konfirmandenunterricht fort und hielten die Konfirmandenprüfung ab. Helmut Gollwitzer konnte die Gruppe nur mit einem Konfirmandenbrief aus der Ferne begleiten.

---

[1] Helmut Gollwitzer: Jesu Tod und Auferstehung nach dem Bericht des Lukas. München 1941.
[2] «Preciosa»: Schauspiel mit Gesang und Tanz von Pius Alexander Wolff (1782–1828) und Musik von Carl Maria von Weber (1786–1826).

Eben habe ich Frau Pfarrer [Niemöller] angerufen und soll schnell
noch auf eine Stunde hin kommen, daher nur ein kurzer Gruß! Ich
freue mich so sehr – heute war mir's arg unorganisch, nicht in Dahlem zu bleiben, und ich war schon ein bißchen traurig. – Die Konfir-
mation war *sehr* schön. Über Joh[annes] 6,66–69[1] und Dehns gute
Illusionslosigkeit ließ die Kostbarkeit des «Du hast Worte des ewigen
Lebens» besonders hell leuchten. Zumal ging alles so zusammen
mit dem, was Du den Kindern geschrieben hast. Als Dehn von dem
«von euch geliebten Pfarrer Gollwitzer» sprach, wurde mir ja doch
komisch um die Herzgegend. (Er erzählte dann, er habe zwischen
den Vokabeln «lieb», «verehrt» und «geliebt» geschwankt und sich
für letzteres entschieden, aber «mit Recht» habe er dann doch weggelassen. Deinen Brief hatte er höchst feierlich jedem Kind überreicht.)
Er läßt Dich sehr grüßen, wie alle, alle.

Wie Du fehlst, wie Du mir fehlst, Lieber! Ich meine, daß das heute
für die Kinder so war, daß es ihnen ihr Leben lang nachgehn wird,
mehr als nur von Menschen war diese Stunde durch ganz deutliche
Gegenwart von Christus in seinem Wort durchstrahlt: Du kannst
sehr froh sein, der Segen war fühlbar und hält uns alle miteinander
umschlossen. So fest auch Dich und mich, wie wir es wohl in diesen
Tagen brauchen, die so voller Ernst sind.

Lebe wohl!

Deine Eva

*Im folgenden Brief äußerte sich Eva Bildt zum ersten Mal zu ihrem
Selbstverständnis als Frau und Künstlerin. Zur Bekräftigung ihrer Position führte sie aus dem Neuen Testament den 1. Brief des Petrus, Ka-
pitel 3, Verse 1–6 an: «Desgleichen sollen die Weiber ihren Männern
untertan sein, auf daß auch die, so nicht glauben an das Wort, durch
der Weiber Wandel ohne Wort gewonnen werden, wenn sie ansehen*

[1] «Von dem an gingen seiner Jünger viele hinter sich und wandelten hinfort
nicht mehr mit ihm. Da sprach Jesus zu den Zwölfen: Wollt ihr auch weggehen? Da antwortete ihm Simon Petrus: HERR, wohin sollen wir gehen? Du
hast Worte des ewigen Lebens; und wir haben geglaubt und erkannt, daß du
bist Christus, der Sohn des lebendigen Gottes.»

euren keuschen Wandel in der Furcht. Ihr Schmuck soll nicht aufwendig sein mit Haarflechten und Goldumhängen oder Kleideranlegen, sondern der verborgene Mensch des Herzens unverrückt mit sanftem und stillem Geiste; das ist köstlich vor Gott. Denn also haben sich auch vorzeiten die heiligen Weiber geschmückt, die ihre Hoffnung auf Gott setzten und ihren Männern untertan waren, wie die Sara Abraham gehorsam war und hieß ihn Herr; deren Töchter ihr geworden seid, so ihr wohltut und euch nicht laßt schüchtern machen.»

Liebster Helmut,   22. April 1941

mit Schrecken entdeckte ich, Dir zwei Tage nicht geschrieben zu haben – aber wir haben uns ja am Sonntag gesprochen, was viel schöner ist (trotz Telefonabscheu), und ich habe auch so innerlich ein bißchen das Bedürfnis, das viele, was sich so in mir bewegt, festzuhalten und nicht gleich redend oder schreibend herauszulassen. Weil ich doch inmitten der vielen lebhaften Diskussionen immer wieder fühle, daß mein Teil da nicht liegt, sondern im Leben und Da-Sein (oder im künstlerischen Vermitteln von dem, was andere Leute gesagt haben), und ich will mich da auch gar nicht in was anderes hineinzwingen lassen, sondern halte mich an meine geliebte Petrusbriefstelle 3,1–6.

Ich habe von Dir noch keine Post wieder bekommen, was mich deshalb bekümmert, weil ich fürchte, daß der Brief, in dem Du von der tieftraurigen Sache Deines Nicht-Kommen-Könnens schreibst, verloren gegangen ist. Aber vielleicht kommt er auch noch.

Liebster – gestern hatte ich so ganz beglückend schönen Besuch von zwei Mädchen aus dem Bu[rckhardt]haus, die dort als Stenotypistinnen sind, beide in meiner Situation, die eine in ihrem eigentlichen Beruf Photographin, die andere wollte Malerin werden. Und bei beiden dies unumstößliche (und so gar nicht zur Schau getragene) Glauben, der sie ihr schweres und verqueres Leben tragen läßt. Ich fand da soviel von meinem eigenen Weg wieder. Jede steht inmitten einer Welt, die völlig fern von Christus lebt, und alles «missionierende» Wirken (nach dem sie Sehnsucht haben, wie jeder Mensch, der diesen Reichtum geschenkt bekam, abgeben möchte) beginnt, wie sie erzählen, damit: daß die andern merken, «wir leben äußerlich wie sie, aber haben etwas, was sie nicht haben, was ihr Staunen erregt, was sie gern hätten, weil sie ahnen, daß es ihnen fehlt.» – Wie ich all das kenne!! Ich habe ja immer meinen Lebensweg sehr so gesehen, daß ich in dieser Weise den Fernerstehenden mit und ohne Worten zurufen darf: Kommt und seht!

Nun stehe ich vor der vollen Umstellung auf die «Gemeinde», die mich vor lauter Fragen stellt – – die ich aber (siehe Anfang) jetzt nicht heraus-sagen will, auch nicht zergrübeln.

Ich ermahne mich selbst mit dem herrlichen Goethe-Wort: «Mehr als je muß ich alles Polemische an mir vorübergehen lassen. Der Mensch hat wirklich viel zu tun, wenn er sein eigenes Positive bis ans Ende durchführen will.»[1]

Lieber Helmut – es ist für mich doch ganz schön, Dich jetzt wieder «zu Hause» zu wissen.[2] Habt ihr denn jetzt mal ein wenig Ruhe? Und was wird sein und werden? Das Zusammensein mit Frau Beckmann und Herrn Wehrhahn ist aufgeschoben,[3] bis Gertrud zurück ist (aus Buckow von der Sittlichkeit).[4] Heute gehe ich vielleicht zu Gigli[5] in die italienische Oper, das wäre herrlich.

Grüße alle, die ich kenne.

Viel Liebes

Deine Eva

In vielen Briefen berichtete Eva Bildt über kulturelle Ereignisse in Berlin. Helmut Gollwitzer, der in einer völlig anderen Welt lebte und ein ziviles Umfeld sehr vermißte, war an allen Ereignissen in Berlin sehr interessiert und fragte sie wohl öfters auch danach. Im folgenden Brief geht es um ein Karajan-Konzert.

[1] Aus einem Brief von Johann Wolfgang von Goethe an den Grafen Karl Friedrich von Reinhard vom 12. Mai 1826.
[2] Bevor Gollwitzers Einheit nach Paris verlegt wurde, war er noch einige Tage in Potsdam.
[3] Mitglieder der Bekennenden Gemeinde in Berlin-Dahlem.
[4] Über einen Vortrag von Gertrud Staewen in dem Berliner Ausflugsort Bukkow hatte Eva Bildt schon im April berichtet: Sie müsse «bei einem Lehrgang etwas über ‹Sittlichkeit› tönen».
[5] Beniamino Gigli (1890–1957), italienischer Tenor und Filmschauspieler.

ich komme gerade von etwas so Wunderschönem nach Hause – das soll gleich weiter zu Dir (habe ich doch bei den besonders herrlichen Stellen eifrig meinen Zauberring gedreht, daß Du kommen mögest!): Ich komme vom letzten Karajan-Konzert dieser Saison mit der VIII. Sinfonie von Bruckner. Sehr widerwillig ging ich hin: Ich will gar nichts anderes noch sehen als Dich und mich an Deine Stimme erinnern: Menschen ängsten mich, sofern sie nicht etwas von mir wollen: Dann bin ich dankbar für Auftrag und Arbeit. Und dann kam nach der feierlich schönen Alkestis-Ouverture von Gluck (wundervoll wie bei Karajan das Steigen der Akkorde er-hebend war) der Bruckner. Ich hatte noch nie was von ihm gehört und hatte Bange, es würde mir mit ihm so gehen wie mit den anderen seiner Zeit, daß ich mit Traurigkeit denken muß, wie alles entweder sich in psychologischen Stimmungen und Einfällen auflöst oder krampfhaft «gemacht» ist und nicht gewachsen.

Und nun kam dieser erste Satz: Wie da die Stimme einer lebendigen (lebendig, weil glaubend: *Wie* deutlich ist das in dieser Musik, unüberhörbar!) Seele umworben, betört, zerrissen, vergewaltigt, eingeschläfert und gefangen wird von Dämonen aller Art, den lauten wie den leisen, denen, die wie Feuer entzünden wollen, denen, die wie ein unheimliches Meer in lockender Monotonie in ihren Bann zu ziehen versuchen, denen, die in stumpfer Erdhaftigkeit sich in dumpf hämmernden Rhythmen anbieten: Und alles Musik, gestaltet! Und immer wieder wehrt sich die Stimme, ringt sich los, kämpft um ihre Freiheit – – um neu verstrickt zu werden. Und das, was in all dem Aufregenden beglückend ist, ist, daß der Sieg – von wo anders her – entschieden scheint.

Der zweite Satz dann füllig und satt, voll Vertrauen zum Guten dieser Erde und ihrer Kräfte, die wachsen lassen, voll süßer irdischer Träume. Und dann das Adagio! Ach Lieber, wirklich, immer sah ich die Bilder aus der Offenbarung vom himmlischen Jerusalem. Ich fühlte das Wort, das mir Lilje als Widmung heute schrieb: Hilares in Gratia Dei[1] – und hatte nur immer das Empfinden: Glauben! Glauben! Dann hören die Dämonen auf, mächtig zu sein. (Und, Lieber,

---

[1] Heiterkeit in der Gnade Gottes.

ich habe selten so erlebt, wie die Dämonen lauern, uns anzufallen, wenn sie uns schwach wissen. Wie sie aus allen Ecken hervorschießen und wie die Mücken leise summend ihre Botschaften ausrichten: Sorge, Zweifel, Traurigkeit und viel Selbstzerstörerisches, Mißtrauisches, Böses.) Aber jetzt, während ich dies schreibe und noch ganz erfüllt bin von der herrlichen Bruckner-Musik (das Finale ist dann ein großer kämpferisch-siegreicher Gesang), ist nur in mir: «Wo aber die Sünde mächtig geworden ist, da ist doch die Gnade viel mächtiger geworden.»[1] Und ich muß mit blöden lahmen Worten davon schreiben, statt das Hand in Hand mit dir zu erleben. Und weiß nicht mal, ob und wann Du es kriegst.

Heute habe ich nur immer gehofft, daß Du schon sehr weit von mir weg sein sollst, denn hier war bei heftigem Schneegestöber und ekligem Regen solche Kälte, daß ich nur wünschte, Ihr mögt schon in wesentlich wärmeren Zonen angelangt sein. Ansonsten war der Tag ruhig, ich habe heute Vormittag meinen Kampf mit der Abziehmaschine mit bis in den Hals klopfendem Herzen und mit Oel- und Farbflecken geschwärzten Händen, Armen und Gesicht siegreich geschlagen und habe das Gefühl, nun wieder was «für's Leben» gelernt zu haben. Frau Grüner hat mir eine herzlich gute Karte auf meinen Brief hin geschrieben, und mit Frau Grützner hatte ich ein längeres Telefongespräch, sie alle (auch Anna Helene von Bodenhausen)[2] lassen Dich doll grüßen. Morgen hält Lilje in der Stadtmission den Gottesdienst, ich wünschte so, daß er am Wort bleibt. (Wie viel ist doch der Gemeinde damit gegeben, daß in ihrer Liturgie es heißen darf: «Und mit Deinem Geiste». Das nehmen wir auch nicht wahr.) Wir singen – und ich bin dankbar, daß es auf alle Fälle ein Sonntag werden wird, der Tag des Herrn Christus. Ich habe Dich so lieb!

Deine Eva

Ab Anfang Mai war Helmut Gollwitzer in Paris stationiert. In einer der ersten freien Stunden traf er Pastor Pierre Maury (1890–1956),

---

[1] Römer 5,20.
[2] Anna Helene von Bodenhausen (1902–1976), Mitarbeiterin im Burckhardthaus und später Pastorin in Brandenburg.

den er von einem Besuch im August 1939 bei Karl Barth in der Schweiz her kannte. *Maury war ein Freund Barths und Anhänger seiner Theologie, Herausgeber der Zeitschrift des jungen französischen Protestantismus «Foi et Vie» (Glauben und Leben) und gehörte später, im Oktober 1945, der Delegation des Ökumenischen Rates an, die die Erklärung des Rates der Evangelischen Kirche in Deutschland über das Verhalten der evangelischen Kirche in der NS-Zeit («Stuttgarter Schulderklärung») entgegennahm. In dem folgenden Brief, der nur in Auszügen in einem Rundbrief von Eva Bildt an die Familie Gollwitzer erhalten ist und der wohl zunächst nicht für seine Verlobte bestimmt war, berichtet er konspirativ von seinem Besuch:*

13. Mai 1941

… Von da dann zu Peter [Pierre Maury], wie verabredet. Er sieht schmäler aus, aber sonst frisch und ist ganz der Alte. «Wir hungern nicht, aber wir sind immer hungrig», sagte er zur Begründung, warum er mir nichts vorsetzen könne. Ich sei der erste von unserer Familie, den zu sehen er sich wieder freuen könne – so war er denn auch sehr herzlich, und es war eben die *Kirche* da zwischen uns beiden. Denn was sonst dazwischen steht (von ihm und seiner Lage aus), ist wohl so schwer und tief, daß weder die persönliche Freundschaft noch auch selbst Übereinstimmung in den Ansichten genügen würde, es zu überbrücken.

Es war vorerst ein vorläufiges Gespräch, dies und das berührend, worüber noch mehr gesprochen werden muß. Entscheidend war, daß er von Karls [Barth] Ansichten und Hoffnungen keineswegs zu differieren scheint, daß er auch gar nicht den Eindruck eines nur gebrochenen und resignierten Mannes macht, den wir gefürchtet hatten. Freilich betont er mehr, als Karl es wohl tut, wie *verdient* das Schicksal ist, das die Seinen getroffen hat. Auch er habe nicht geahnt, wie wenig Realität hinter allen großen Worten gestanden habe, weder sittliche noch äußere Realität. Dafür gab er erschütternde Beispiele. Diese Einsicht hat aber bei ihm nicht etwa zur Folge, daß er nun eine Einordnung seiner Firma in die unsrige, von der man bei uns doch so viel hört, bejahte. Er denkt darin vielmehr ebenso unbedingt wie Karl. Dadurch wird aber nur umso dunkler, wie eigentlich in Zukunft das Verhältnis zwischen den beiden Firmen, seiner und unserer, werden soll, vor allem aber zwischen den beiderseitigen Familienmitgliedern selbst. Nachdem es anfangs ganz hoffnungsvoll ausgesehen habe (*nach* dem Bankerott), sei es nun durch große Dummheiten auf lange hinaus hoffnungslos.

Quer durch diese geschäftlichen Erwägungen zogen sich die kirchlichen, – aber da werden wir beide noch mehr voneinander hören müssen. Ergebnis dieses 1. Zusammenseins: Ich ging sehr dankbar und sehr bedrückt hinweg, dankbar für die unmittelbare Herzlichkeit, mit der ich über alles hinweg von diesem herrlichen Mann aufgenommen wurde (das mag von Berlin aus als selbstverständlich erscheinen, *hier* ist es auch unter den besten Voraussetzungen nicht selbstverständlich!), – bedrückt, weil Not, Zwietracht, Elend, das Dunkel der Zukunft, die Bedrohung selbst der unerschütterlich erscheinenden Brücken zwischen den beiden Ufern zu sehr im Mittelpunkt des Gesprächs gestanden hatten …

Nach einem Ausflug in die nördliche Umgebung von Berlin mit den Dahlemer Freundinnen Elsie von Stryk, Renate Zinn und Annemarie Schöne berichtet Eva Bildt auf einer Kunstpostkarte von einer merkwürdigen Begebenheit.

Liebster Helmut,   18. Mai 1941

nach einem sommerlichen sonnendurchströmten Sonntag draußen im Briesetal mit Elsie, Renate Zinn und Annemarie Schöne ist nun der Abend so erfüllt von sehnsüchtigen Gedanken an Dich, daß mein Herz Dir es sagen will.

So zwischen Elsie und Renate dachte ich immer nur: «Wie kann es nur sein, daß er wirklich mich will?! Aber, lieber Gott, nun nimm ihn mir nicht wieder fort!»

Du mein Lieber, Liebster – und ich konnte nur bei all dem Gefühl der «Unverdientheit» mir ein bißchen helfen durch das Gefühl, das die Barrett-Browning so schön in die Worte gefaßt hat, die ich Dir dazu schreiben will.

Ich habe sehr Sehnsucht nach Dir. – Hast Du auch manchmal Sehnsucht nach mir?

Eva Bildt und ihre Freundinnen Annemarie Schöne und Renate Zinn schreiben, photographiert von ihrer Freundin Elsie von Stryk, im Briesetal nördlich von Berlin eine Karte an Helmut Gollwitzer, 18. Mai 1941.

Ist das nicht komisch: Annemarie sagte plötzlich zu mir: Eben haben Sie genau wie Brigitte Freudenberg[1] ausgesehen, ganz genau. Elsie sagte nur, das ist sehr ehrenvoll für Dich (fand ich auch).

Etwas Vernünftiges bringe ich heute doch nicht zustande. Nur, falls Du es nicht wissen solltest:

Ich hab Dich lieb!

Deine Eva

Vom gleichen Tag, dem 18. Mai 1941, stammt Helmut Gollwitzers Rundbrief an Verwandte und Freunde über seine Spaziergänge in Paris. Begeistert schildert er, nachdem er in der Nähe der Sorbonne in einem Café haltgemacht und einen Aperitif getrunken hat, seinen Weg an den Seinekais mit den darauf gestellten Bücherkästen der Antiquare:

… Nirgend so wie in dieser Gegend wird mir bewußt, was das Großartige dieser Stadt ist: die Weite der abendländischen Geschichte, die sie umspannt und die in ihr lebendig ist; es ist die ganze Linie des Abendlandes hier, von Cäsar bis heute, und keine Epoche fehlt, alles ist von dieser Stadt in lebendiger Teilnahme repräsentiert … Denkt Euch: Da sind diese alten Zeugnisse der Römerzeit, dann die Sorbonne, *die* Universität des Abendlandes, Abälard, die Scholastiker, Luthers und Melanchthons heftige Angriffe gegen ihren Richterthron kommen einem in den Sinn. Und dann die französische Renaissance, – und Coligny –, und Richelieu und die Enzyklopädisten, – und die Revolution – und Kleist, Heine, Leibl, Rilke und alle die Deutschen hier in Paris, – und die Impressionisten … und dies alles, alles ist *gegenwärtig*, eines aus dem anderen gewachsen und alles miteinander verbunden und jedes reich bezeugt …

Dieser insgesamt 36 Seiten lange, handschriftliche Bericht ging zunächst an Eva Bildt. Sie tippte ihn danach mit der Maschine ab und

---

[1] Brigitte Freudenberg (1922–1986), Konfirmandin von Martin Niemöller in Berlin-Dahlem und nach Emigration und Rückkehr nach Deutschland ab 1951 Ehefrau von Helmut Gollwitzer.

verbreitete ihn. Noch elf Jahre später, 1952, schwärmte Martha Kling-
müller aus dem Burckhardthaus in einem Brief an Helmut Gollwit-
zer: «Es war ja Evas besondere Gabe – durch ihr eigenes Glück an-
dere mitzubeglücken. Wie gern habe ich zugehört, wenn sie von Ihnen
sprach. Sie hatten ihr Paris so wunderschön geschildert. Wenn ich
heute etwas über Paris höre, dann erlebe ich es immer mit Ihrer Schil-
derung im Sinn ...»

Anfang Mai wurden Dozenten und Mitarbeiter der illegalen Kirch-
lichen Hochschule und Mitglieder des Prüfungsausschusses der Be-
kennenden Kirche Berlin-Brandenburgs verhaftet, später mit weite-
ren Mitgliedern der Bekennenden Kirche wegen ihrer schon seit
Jahren verbotenen Ausbildung und Prüfung von Vikaren angeklagt
und im Dezember 1941 verurteilt. Die Bekennende Gemeinde in
Berlin-Dahlem war davon besonders betroffen. Mehrere Gemeinde-
glieder und Gastprediger gehörten zu den Verhafteten. Gertrud
Staewen, die auch in diesem Fall vielen zurückgebliebenen Angehöri-
gen eine Stütze war, informierte Helmut Gollwitzer in ihren Briefen
über die Vorgänge. Eva Bildt hoffte, Gertrud Staewen mit einem
Theaterabend, «Julius Cäsar» von William Shakespeare, Kraft für
ihre Arbeit geben zu können. Deren Biographin Marlies Flesch-The-
besius stellte dazu 2004 fest: «Der Abend hatte sie glücklich gemacht.
In diesem Stück ging es um Tyrannenmord.»[1] Weiter berichtete Eva
Bildt, daß sie einen Brief von Helmut Ammann (1907–2001) gelesen
habe. Der mit Helmut Gollwitzer befreundete Grafiker und Bild-
hauer hatte seinen Brief, in dem er zur Verlobung gratulierte und von
seiner Arbeit für ein Kruzifix erzählte, zunächst an sie geschickt und
sie gebeten, ihn weiterzuleiten.

Mein lieber Liebster!   20. Mai 1941

Ich bin gewiß – und darf es ja nach Deinen lieben, schönen Briefen
sein – daß es Dir auch wie mir geschenkt ist, diese Zeit der Trennung
als eine nur andere, aber ganz innige und nahe Weise des inneren Bei-
sammenseins zu empfinden. Wenn Du sagst, Du seist mehr hier als in
P[aris], so ist es halt wohl so, daß unsere Gedanken und Gefühle un-

---

[1] Marlies Flesch-Thebesius: Zu den Außenseitern gestellt. Die Geschichte der
Gertrud Staewen 1894–1987. Berlin 2004, S. 157.

terwegs einander treffen, wenn die meinen auf der dauernden Reise zu Dir hin sind! Du mein Lieber! Hier ist nun Sommer geworden. Und ich wünschte, Dir von meinem Fenster aus unsere Kirschblüte vorführen zu können – es ist so schön – doch so schön, wie noch nie, weil ich Dich lieb habe und in Dir das Leben.

In den nächsten Tagen wird es sich entscheiden, ob ich bei Lilje bleibe. Ich fand, daß ich ihm von mir aus anbieten müßte zu gehen (denn ich kenne ihn und weiß, er würde mir nie den Abschied geben). Es bot sich eine relativ günstige Gelegenheit in einem technischen Verlag (als Privatsekretärin eines uns bekannten Herrn), und ich sprach mit ihm (mit L[ilje]). Er war aber ganz bestürzt und möchte, daß ich unbedingt bleibe (Du kannst Dir denken, wie gern ich das gehört habe!), [und] hat nun heute zur Klärung seiner Situation eine Reise gemacht, von deren Resultat meine Entscheidung abhängt. Wenn er in den nächsten Monaten noch in Berlin bleibt, bleibe ich bei ihm.[1]

Augenblicklich schreibe ich einen von ihm für eine neue Kirchengeschichte verfaßten Beitrag über Karl den Großen und habe mich beim Diktiert-Bekommen so aufgeregt, daß mir alles weh tat. Da ist ja wieder das Problem: Vorausgesetzt, es ist richtig, daß das Blutgericht von Verden unmittelbar nichts mit der Christianisierung zu tun hatte, sondern politische «Notwendigkeit» war – gibt es denn diese Trennung, die ein «Anderes» kennt, das völlig entgegengesetzten Gesetzen gehorcht? Ist es denn eine Frage, ob Christus nicht eben diese Trennung meint, wenn er von den «zwei Herren» spricht? Und ist es nicht hier die gleiche Frage wie im Las Casas[2] (der ja allerdings auch am Schluß mutig und quälend es offen läßt, wo die Wahrheit liegt) das «mit dem Schwerte dienen», das mir so zu schaffen macht. Nun ja, jedenfalls ist es ja auch wieder eine sehr interessante Arbeitszeit, denn L[ilje] weiß wirklich in der Materie gut Bescheid.

Ich habe ihm übrigens den Bericht von Deinem Besuch bei P[ierre Maury] vorgelesen. Die Wirkung war ganz erschütternd. Er hatte

---

[1] Hanns Lilje hatte am 15. Mai 1941 in einer Zeitung in Hannover eine Suchanzeige für eine Wohnung aufgegeben. Ob er dort neben seiner Arbeit als Generalsekretär des Lutherischen Weltkonvents, die ihn kriegsbedingt sicherlich nicht voll ausfüllte, auch ein Pfarramt übernehmen wollte, konnte nicht ermittelt werden (Auskunft des Landeskirchlichen Archivs Hannover vom 1. April 2008).

[2] Reinhold Schneider: Las Casas vor Karl V. Szenen aus der Konquistadorenzeit. Leipzig 1938.

Tränen in den Augen und sagte nur immer wieder: «An keinen Menschen habe ich so gedacht wie an ihn. Bitte bestellen Sie ihm Grüße von mir – wenn er sie annimmt (ich verstünde, wenn er es nicht täte).» Für Gertrud und f[ür] W.[1] habe ich die Stelle abgetippt und schon abgeschickt.

Der Vater (der sich so von Herzen über Deinen Geburtstagsgruß gefreut hat!) hat mir zu morgen abend zwei Karten für den Cäsar geschenkt, und ich gehe mit Gertrud. Ich hoffe, sie hat einen kraftgebenden schönen Abend.

Von den Freunden hören wir nichts. Die Fragen gehen bisher wohl ausschließlich um die Examen (Lok[ies][2] ist auch dabei). Briefe, die ab und zu verlesen wurden (nicht von diesen Freunden, aber von solchen in der gleichen Lage), beweisen, daß das Wort: «Gottes Kraft ist in den Schwachen mächtig»[3] in einer Art Wirklichkeit werden kann, die wir nicht ahnen. (In diesem Zusammenhang wird mir immer deutlich, was mit dem «sorget nicht für den anderen Morgen»[4] gemeint ist – wir können uns nichts vorstellen und nichts vornehmen. Nur wissen: Er ist da. Heute und morgen.)

Ansonsten bin ich ganz auf meine Vortrags-Abende hin (deren Termine jetzt verändert sind, mußt Du doch wissen, um an mich denken zu können: Sonnabend das komische Hauskonzert, Montag Carpin[5] und Dienstag Bu[rckhardt]-Haus). Ich muß daran denken, wie das war, als ich mit meiner Freundin Irene[6] in der Rheinuferbahn von Bonn nach Köln zur Vorlesung bei Bertram[7] fuhr (ich hatte damals einen Claudius-Brentano-Abend bei einer Freundin in Köln vor) und Irene mir was erzählte, sich unterbrach, mich anfunkelte und sagte: «Jetzt hast Du doch ü–ber-haupt nicht zugehört, sondern bist nur bei Deinen Gedichten!» Diese Eifersucht auf die mir Gefühle und Sinne von ihr ablenkenden Gedichte steigerte sich dann bis zum Abend

---

[1] Vermutlich Ernst Wolf in Halle.
[2] Hans Lokies (1895–1982), Direktor der Goßner Mission, Dozent an der Kirchlichen Hochschule in Berlin-Dahlem und nach 1945 Leiter der Kirchlichen Erziehungskammer der Evangelischen Kirche der Union.
[3] 2. Korinther 12,9.
[4] Matthäus 6,34.
[5] Gertrud Carp, Mitglied der Bekennenden Gemeinde in Berlin-Dahlem.
[6] Nach 1945 verheiratete Frowein. Weitere biographische Daten konnten nicht ermittelt werden.
[7] Ernst Bertram (1884–1954), Germanist.

selbst, wo sie dann «stolz war, als wenn sie mich geboren hätte», und der zärtlichen Befriedung nichts mehr im Wege stand.

Gestern war der Vater abends frei, und wir saßen mit Graf,[1] Kiehne,[2] Hermanns[3] und einer Freundin zusammen, wobei ich mir wieder seltsam nicht-dazugehörend vorkam, aber dafür für Dich mit Wein trank, damit ich immer für Dich mit dem Vater anstoßen konnte. Jetzt soll der Brief schnell in den Kasten. Der Brief von H. Ammann ist schön, schon seine Schrift ist ein Genuß. Ach Lieber, wenn wir doch miteinander leben dürften.

Gerhard hatte von Uwe einen Brief, der in einer trostlosen Ecke von P[olen] zu sitzen scheint, es aber herrlich (mit ganz offenen Augen und guter Gelassenheit) zu tragen scheint.

Von Frau Grüner soll ich Dich sehr grüßen; das ist eine liebenswerte Frau.

Ich umarme Dich!

Deine Eva

Im Juni 1941 wurde Helmut Gollwitzer mit seiner Kompanie von Paris in die Bretagne verlegt. Vorher erreichte ihn noch Eva Bildts Meinung über seinen Lehrer Karl Barth. Sie zitierte dazu aus Barths Vortrag «Unsere Kirche und die Schweiz in der heutigen Zeit» vom November 1940.

Seit 1937 verbrachte Eva Bildt zusammen mit ihren Eltern den Sommerurlaub im Badeort Nidden auf der Kurischen Nehrung, einer schmalen Landzunge nordöstlich von Königsberg in Ostpreußen, die vom Festland durch das Kurische Haff, einem Binnengewässer, getrennt ist. Auch in diesem Jahr wollte sie dorthin fahren, aber sie mußte den angekündigten Heimaturlaub von Helmut Gollwitzer berücksichtigen.

[1] Otto Graf (1896–1977), Schauspieler.
[2] Herbert (Achi) Kiehne, Regieassistent.
[3] Paul Hermann (1904–1979), Komponist und ehemaliger Lehrer von Eva Bildt an der Karl-Marx-Schule.

hoffentlich kommt nun wenigstens noch Dein Treffen mit Buchrucker[1] zustande, ehe Du Abschied nehmen mußt von Deinem Paradies. Die Carpin [Trude Carp] erzählte mir heute ganz beglückt
davon, daß er Dich morgen überfallen werde. Grad heimgekom-
men vom Gottesdienst (R[ott] hatte Konfirmandenprüfung, es war
so streng und schulmeisterlich – sicher wider Willen –, daß ich sehr
gewünscht hätte, Du wärst da gestanden!), sollst Du nun ganz
schnell meinen Gruß haben, der Dich – hoffentlich – noch in P[aris]
erreicht.

Nachmittags war ich bei Elsie, wo sich herausstellte, daß ich in
geradezu komischer Übereinstimmung mich über Bücher geäußert
habe wie Dein Freund Steck. Ach, lieber Liebster – wann kann man
wieder miteinander *reden*. Es gäbe soviel, daß ich merke, wie ich gar
nicht mehr anfange, davon zu schreiben, weil es dann kein Ende
fände und keine Form. Vor allem über eine (jetzt erschienene!) Schrift
Deines geliebten und verehrten Meisters (ja, wirklich von ihm!). Ich
verstehe so *ganz* Deine Liebe und Verehrung – daher erscheint mir
jede Kritik als anmaßend. Aber ich möchte doch sagen (Elsie freute
sich so über diese Formulierung, daß ich sie Dir wiederhole), man
müßte ihm seine eigenen Bücher zu lesen geben, wenn er hier schreibt:
«Das Böse war und ist nun einmal [immer] stärker als das Halbgute.
Dem Bösen könnte nur das Gute gewachsen und überlegen sein.»
Und dann zu diesem Guten auffordert, indem er meint, dem Aufrich-
tigen lasse es Gott auch gelingen (dies nicht im plumpen Sinne unbe-
dingten Erfolges, aber doch sichtbarer, eindeutiger Hilfe). Und doch:
Wie wohltuend, wie schön – – könnten wir es miteinander lesen!!!
Und so vieles andere (wozu auch das sehr interessante Napoleon-
Buch gehört).

Nun sind schon einige Schwünge Bücher von Dir gekommen und
die Gewürze und die Decke (die Du Dir für wen gedacht hast?). Habe
schönen Dank!

Denke Dir, der Carp-Sohn ist wieder entlobt! Ich habe selten Menschen so fremd zueinander gefunden, wie die beiden. Und ich freu

---

[1] Harald Buchrucker, Kunsthandwerker und langjähriger Freund Helmut
Gollwitzers.

mich nun für ihn, daß er nun hoffentlich noch eine so herrliche Frau kriegt, wie er in meinen Augen verdient. (Er arbeitet jetzt als militärischer Berater beim Drehbuch eines großen Films mit – ist also ein Stück Kollege von mir geworden.)

Bei Lali gestern war's schön, sie hat das Einzigartige bei Hölderlin, das ihm immerwährend gegenwärtige Dasein der Götter und damit die Lieblichkeit der geistigen Welt bei ihm, ganz wundervoll deutlich gemacht.

Gertrud schenkte mir von R. Schneider ein kleines Heft über Eichendorffs Weltgefühl, ich habe mich sehr gefreut.[1] Wenn's schön ist, schicke ich es Dir später mal, ja?

Du weißt sicher gar nicht, wie schön Du P[aris] beschrieben hast – wenn Du jetzt davon schreibst, wie Du in einem kleinen Café sitzt, kann ich mir's ganz genau vorstellen.

Ich werde nun doch wahrscheinlich nach Nidden fahren. Nachdem die Eltern sich entschlossen haben, schon jetzt am 1. Juli dorthin abzudampfen, gedenke ich, am 10. etwa zu folgen. Allerdings möchte ich erst mal wissen, wo Du hinverschlagen bist, denn bis dorthin geht die Post ja sicher 100 Jahre (und hierher in der letzten Zeit nur zwei Tage!). Und wie ist es mit Urlaub???

Wenn mich das Meer nicht so lockte, würde ich vielleicht brav hierbleiben und meinen Chef nicht im Stich lassen – aber es lockt, und wenn ich ehrlich bin, lockt alles dort, die viele freie Zeit und die Menschen, alles. Sehr getrennt werden wir aber sein, in jeder Weise. Aber nicht wahr, das ist nur dazu da, um das Gemeinsame tiefer zu erfahren? (Wenn ich auch heute traurig ungläubig den Kopf geschüttelt habe, als die rührende Elsie meinte, Du würdest P[aris] nicht so erleben, wenn Du mich nicht hättest.) Oder ist es doch so? Es wär ja schön – und ich bin Dir sehr gut und denke sehr, sehr, sehr an Dich, wenn Du jetzt wieder eine neue, hoffentlich schöne Heimat beziehst.

Deine Eva

Ich soll Dich von ganz Dahlem grüßen. Ich möchte übrigens auch nicht wegfahren, ehe die Sache mit den Photos und Lebensläufen er-

---

[1] Reinhold Schneider: Der Pilger. Eichendorffs Weltgefühl. Würzburg 1940.

ledigt ist – und die letzteren vorher Perels zeigen. (Findest Du doch richtig.)[1]

Daß Du das Geld bekommen hast, hat einen Stein von meinem armen Herzen gewälzt, Du hättest es plumpsen hören müssen, so schwer war es. Die neuen 30 RM gehen Montag an Dich ab.

Neben den eher organisatorischen Überlegungen über den Heimaturlaub von Helmut Gollwitzer und einer Fahrt nach Nidden gab es wieder einiges aus Berlin zu berichten. Eva Bildt war in einem Fürbittgottesdienst in der Dahlemer St.-Annen-Kirche. Diese täglichen Abendgottesdienste waren nach der Verhaftung von Martin Niemöller 1937 eingeführt worden, um aller verhafteten Pfarrer und Laien der Bekennenden Kirche zu gedenken. Sie boten auch Gelegenheit, Gemeindeglieder zu treffen. Mit Brunhilde Lehder, der «Hausdame von S[ylten]», hat Eva Bildt nur telefoniert. Pfarrer Werner Sylten wurde Anfang 1941 als Mitarbeiter der Betreuungsstelle für «nichtarische» Christen, dem «Büro Grüber», verhaftet, ins KZ Dachau verschleppt und 1942 ermordet. Nach den Nürnberger Gesetzen galt er als «Mischling 1. Grades» und hatte keine Genehmigung erhalten, Brunhilde Lehder zu heiraten. Später, nach dem «Bundesgesetz über die Anerkennung freier Ehen» von 1950, konnte Brunhilde Lehder die ihr versagte Eheschließung rückwirkend als rechtsgültig erklären lassen.

Mein Liebster,   12. Juli 1941

es ist wieder soviel, daß die Feder immer gleich drei Dinge auf einmal schreiben müßte, um alles aufs Papier zu bekommen. Anfangen will ich damit, daß ich heute eine Karte von der Mama hatte, daß sie Nachricht vom 30. Juni von Uwe hat, er sei vom ersten Tag an dabei gewesen. Infolgedessen sollen sie nun von der Front zurückgezogen werden (hoffentlich nicht nur für eine kurze Ruhepause). Herbert sei noch einige Wellen hinter der Front. (Daß er nun

---

[1] Einige Tage später, am 25. Juni, gab Eva Bildt die angeforderten Papiere für die Heiratsgenehmigung im Standesamt Tempelhof ab.

aber doch auch dort ist, schrieb ich wohl schon?) Jedenfalls war es
herrlich von Uwe zu hören.[1]

Dann (ich lag von der Hitze ermattet und einsam auf der Couch)
klingelte das Telefon, und ein Kamerad von Dir las mir die für mich
so völlig verwirrende Botschaft von scheinbar unbegründetem Optimismus für baldigen Urlaub (wo und von wem geäußerter Optimismus?) und Hoffnung auf August vor, daß ich mich nur stotternd
bedanken [konnte], ihm schönen Urlaub wünschte und Dich grüßen
ließ – und aufhängte. Anstatt ihn mit Fragen zu überschütten – das
sieht mir aber leider ähnlich!

Dann kam Dein Brief – – aber um erst mal bei der Urlaubsfrage zu
bleiben. Zuerst dachte ich natürlich: Da fahre ich auf keinen Fall am
24. nach Nidden. Aber bei ruhiger Überlegung wäre das wohl doch
falsch. Denn wenn ich hier säße und – vielleicht vergebens – auf Dich
wartete, würde ich mich nicht nur nicht erholen, sondern langsam
aber sicher eingehen. Und für die Eltern wär's ein Riesenschmerz,
wenn ich nicht käme. Ich denke nun so: Wenn Du einen Urlaub für
die Zeit vom 24. [Juli] – 12. Aug. in Aussicht hast, dann schreibe es
an Gerhard (denn ich bekomme Deine Post ja wahrscheinlich in Nidden nächstes Jahr, die Postverhältnisse sind dort so schon vorsünd-
flutlich), und der schickt mir halt ein Telegramm, so daß ich einen
Tag später hier sein kann. Sollte es so überraschend mit Urlaub-
bekommen gehn, daß Du auch Gerhard nicht mehr rechtzeitig in
Kenntnis setzen kannst, müßtest Du halt ein Telegramm los lassen,
sobald Du dies auf deutschem Boden tun kannst: Nidden, Hotel *Hermann* Blode (es gibt dort ein ganzes Rudel Blodes, daher mit Vornamen).

Eine ganz andere Frage (Dich nach Nidden zu locken, versuche ich
nicht, denn sicher bist Du ausgehungert nach allen Deinen Menschen
hier) ist die, wie weit es in Berlin für Dich ratsam und gemütlich ist
oder das gar so große Interesse, das man offenbar an Dir hat (man hat
schon nach Deiner Feldpostnummer gefragt, was Dich sicher *sehr* interessieren wird), es nicht besser erscheinen läßt, wir sähen uns woan-
ders. Ich fände es ja unvorstellbar schön, wenn Du nach München
kämst!! Ich werde also die letzte Augustwoche da sein, die Gerda hat

---

[1] Helmut Gollwitzers Brüder Uwe (1920–1941) und Herbert (geb. 1912, 1944
vermißt) waren ebenfalls Wehrmachtssoldaten. Ihre Einheiten gehörten zu
den Truppen, die nach dem 22. Juni 1941 in die Sowjetunion einmarschierten.

Urlaub, Gerhard und Lali mit Kindern sind da – – es wäre herrlich!! Du Lieber!!

Heute war ich bei Frau Pfarrer [Niemöller] (die mich ja bei Dir angeklagt hat, dabei habe ich immer gedacht: Es wäre so schön, wenn sie mich wiedermal einladen würde, sicher mag sie mich nicht mehr – – aber das konnte ich ihr nicht sagen, jedenfalls war es schön, wieder bei ihr zu sein). Denke Dir, ihr Mann ist gestern dahin umgezogen, wo Sylten ist!![1] Alle beurteilen diese Veränderung als sehr günstig, für seine Frau ist es natürlich nicht leicht, sich so viele weitere Flügel der Gedanken und Gefühle anschaffen zu müssen (an und für sich bleibt alles, wie es war, aber durch die Entfernung ist das nicht so einfach zu realisieren! Sie läßt Dich sehr grüßen, ebenso auch Tante Leni [Bremer] (und Elsie, die sich den Kopf zerbricht, womit sie Dein hartnäckiges Schweigen verschuldet hat – ich hoffe, das genügt …). Daß M[artin Niemöller] so getröstet durch Deine Predigten war, muß Dir doch eine tiefe, beglückende Bestätigung sein.

Ja, nun zu Deinem Brief (welchen, denkst Du jetzt sicher; ich muß bei allem, was Du von mir schreibst, jetzt mächtig nachdenken, was da eigentlich los war), also der vom Sonntag, dem 6. [Juli]. Mich hat das so bewegt, was Du von Deiner völligen Isoliertheit und Einsamkeit schreibst – und vielleicht noch mehr (denn die Erfahrung, soweit es sich um Dich handelt – ist wie jede andere – dann wertvoll, wenn man sie recht nimmt) all das, was Du von den Menschen um Dich her schreibst und der sich von da ergebenden Mauer und Unmöglichkeit, für Dich zu reden.

Mein Liebster! Abgesehen davon, daß ich gleich ganz schnell zu Dir wollte – war es mir so schwer, weil ich so gar nichts dazu sagen kann. Mir ist dies Auskommen mit der Welt, so wie sie sich jetzt zeigt (und ich denke mal an nichts als an den Krieg – alles andere sind vielleicht Wunden, die der Menge unsichtbar bleiben), so unbegreiflich, daß ich kaum etwas schwerer vorstellen kann. Es hat etwas tief Unheimliches für mich, wie es sich ja nicht darum handelt, daß die Tatsachen gedanklich verschieden beurteilt werden, sondern daß sich dem unmittelbaren Lebensempfinden offenbar dieselben Dinge hier als Äußerungen einer dem Tode verfallenen, sich blutig und verzweifelt wehrenden Welt und dort als Wehen eines schon beglückend deutlichen neuen irdischen Lebens darstellen.

---

[1] KZ Dachau.

Und ich verstehe sehr gut, wie jede Ablehnung, sei sie begründet oder nachgeplappert, fein oder grob, eine viel leichtere Möglichkeit der Berührung schüfe als jene Zufriedenheit, die offenbar gar nicht wüßte, was man von ihr will. Was ich dabei fürchte (für uns fürchte) ist, daß wir uns daran gewöhnen, die Welten so schön säuberlich zu trennen, daß es schließlich so nebeneinander zu gehen scheint. Das wäre doch furchtbar, denn dann kommt schließlich ein «mir bedeutet der Glaube noch etwas» heraus, von dem ich meine, daß wir damit nicht bestehen können.

Und ganz in diesen Gedanken ging ich zum Fürbittgottesdienst und bekam (wie mir schien, für uns) das Wort gesagt, Klagelieder 3,22–36,[1] wobei Jannasch V[ers] 28 anders als Luther übersetzte, als eine Aufforderung, geduldig zu sein, an den, der «schweigen muß». Da war Antwort. Lieber Du – fühlst Du denn wenigstens, wie sehr ich bei Dir bin? Mit der Hausdame von S[ylten] telefonierte ich heute, sie hat sich sehr über Deine Grüße gefreut und erwidert sie herzlich. Es ginge ihnen allen (auch S[ylten] wunderbarerweise) gesundheitlich gut. Sie sprach sehr traurig, und innerlich scheint es sehr schwer zu sein.

An Pf[arre]r Peters geht heut noch das Buch ab[2] – Elsie meint, Du hättest keine mehr, wenn Dir dran liegt, versuche ich aber noch welche in der Johannesstift-Buchhandlung zu bekommen, wo ich auch dies eine Exemplar bekam (mit den «Gotischen Kathedralen» ist es nun doch nix, die Dame im Buchladen hatte sich geirrt, es scheint ganz und gar vergriffen zu sein).

Heute bekam ich den neuen Carossa: «Das Jahr der schönen Täuschungen» geschickt, und das verursachte mir einige Minuten eines so reinen Glücks, daß ich mit Dankbarkeit feststellte, doch nicht ganz verlernt zu haben, mich über geistige Dinge zu freuen, die soviel ab

---

[1] «Die Güte des HERRN ist's, daß wir nicht gar aus sind; seine Barmherzigkeit hat noch kein Ende, sondern sie ist alle Morgen neu, und deine Treue ist groß. …»

[2] Es handelte sich hier wohl um Gollwitzers Schrift «Jesu Tod und Auferstehung nach dem Bericht des Lukas», die an den deutschen Standortpfarrer von Paris, Hans Helmut Peters (1896–1966), geschickt werden sollte. Helmut Gollwitzer hatte ihn in Paris getroffen und später ausführlich in seinem Bericht über die evangelische Kirche in Frankreich erwähnt. (Helmut Gollwitzer. Skizzen eines Lebens. Aus verstreuten Selbstzeugnissen gefunden und verbunden von Friedrich-Wilhelm Marquardt, Wolfgang Brinkel und Manfred Weber. Gütersloh 1998, S. 190 ff.)

vom Nützlichen und bedrängend Alltäglichen liegen.[1] Darüber wirst Du nun viel von mir hören. (Ich werde es mir morgen mitnehmen, wenn ich Michael und Christiane hüte, nehme allerdings an, daß die Unterhaltungen mit Michael mir doch noch lieber sind als selbst Carossa.) Die Eltern schreiben beseligt und ferienbefreit (bereits auf dem Schiff mußten sie sich Lobeserhebungen über Dich anhören: von einem ostpreußischen Pfarrersehepaar Link). Sie schreien nur nach ihrem Kind (was ich gern höre), und Dich soll ich innig grüßen. Gertrud geht es besser, sie fährt (wenn nicht zu Carolus,[2] was noch schwebt) nach Tirol. Nächsten Freitag, am 18.[Juli] hat sie Geburtstag. – Es ist schon sehr nächtlich, daher muß ein Ende sein.

Liebster, lebe wohl!

Deine Eva.

Ende Juli und Anfang August konnte Eva Bildt zusammen mit ihren Eltern Ferien in Nidden verbringen. Helmut Gollwitzer erhielt noch am ersten Tag einen Bericht von der Hinfahrt.

Liebster – 24. Juli 1941

in diesem Augenblick – wo das Dampferchen ins Haff einfährt und um mich her nur die leise bewegte, mattgrau schimmernde Wasserfläche ist – und in der Ferne die erste Düne auftaucht, ab und an von einem Sonnenstrahl angeleuchtet – in diesem Augenblick, wo ich schreien möchte vor Glücklichsein – mußt Du einen Gruß haben. Er soll Dir einmal sagen, wie Du in mir bei allem dabei bist, zum zweiten, wie schön es ist, jemanden zu haben, dem man seine inneren Glücksschreie zurufen kann, und drittens, wie schön und geheimnisvoll unerklärlich es doch ist, jemanden oder etwas zu lieben, sodaß man nichts mehr als glücklich wird, wenn man es sieht. Die meisten Leute um mich her schreiben (im Gegensatz zu mir, ohne aufzuschauen), lesen, trinken Kaffee und denken wahrscheinlich, na hof-

---

[1] Hans Carossa: Das Jahr der schönen Täuschungen. Leipzig 1941.
[2] Karl Barth in Basel.

fentlich ist diese graue öde Haffahrt bald vorbei. Und für mich ist's die Fülle.

So, jetzt wird wieder geschaut. – – – Das erste Schiff! Und dahinter die Düne und Sonnenstreifen, aber durch die Regenluft ganz unwirklich und wie verschleiert. Und jetzt bricht mitten aus den dick übereinanderlagernden Wolken ein breiter Lichtstrahl und schüttet Gold aufs Haff, ach Lieber, Lieber – es ist so schön! – – – Jetzt sehe ich Nidden schon liegen. Alle Wolken sind fort. Die Sonne strahlt, und eine goldene Brücke liegt zwischen den Dünen und mir. Es ist so ein Nach-Hause-Kommen, daß ich mich mahne, auch wieder neu überwältigt zu sein. Nun ist es wieder, als zählten die Jahre nach den Sommern hier oben. Aber eines ist anders: Du bist da!!

25. Juli

Jetzt sitze ich auf der Terrasse, die Morgensonne beglänzt das Haff, und die beglückten Eltern haben ein beglücktes Kind, das nur etwas betrübt ist, daß die Postverhältnisse hier so sind, daß von 10 Sachen 2 nicht ankommen. Also, alle *wichtigen* Sachen schreibe bitte doppelt (im nächsten Brief noch mal).

Lieber Liebster – und im Herbst sehen wir uns!!

Das halte aber wie ein Löwe fest!

Deine Eva

Helmut Gollwitzer kündigte zwei Päckchen an mit Briefen, Predigten und Zeitungsausschnitten zu verschiedenen Themen. So findet man heute in seinem Nachlaß eine fast vollständige Sammlung seiner Predigten und umfangreiche Mappen mit Pressemeldungen aus der Kriegszeit. Aber auch Neues von seiner Karriere in der Wehrmacht konnte er melden – einen Hilfskrankenträgerkurs.

Meine Liebste! 27. Juli 1941

Der Sonntag vergeht a.) mit Waschen und Putzen, b.) mit vielen Abschiedsgesprächen, c.) mit Aufräumen, Bücherpacken, Schreiben und Kramerledigen und Packen. Denn morgen gehe ich in die nächste Stadt für eine Woche zu einem Hilfskrankenträgerkurs. Von dort aus wirst Du dann mehr hören. – Heute nur Begleitworte zu Sendungen: Es geht an Dich ab ein Päckchen mit alten Briefen (leider auch den Deinen), ein anderes mit allerlei, darunter eine kürzlich auf der Wache gefundene Versteinerung, – dann ein Heft *Foi et Vie* und allerlei Zeitungsausschnitte. Beiliegend die Predigt von *unserem* Sonntag in Nikolassee 1940[1] und die folgende in Dahlem, die mit Erwins Tod zusammenhängt.[2] Hebe sie bitte beide gut auf. – Außerdem ein Bericht im «Reich» über die Eosander-Konzerte,[3] – bitte auch aufheben wegen des einseitigen Berichts des Lavons Erola, eines penetranten italienischen Heiden, der sicher weiß, wie sehr er hier lügt, – schon die ständig sich verschiebende Begriffswahl beweist das.

Genug mit alledem! Heute kam Dein kleines Süßigkeitenpäckchen, die Büchlein samt Zigarren und Dein letzter Brief aus Berlin.

Vielen, vielen Dank!

Dein H.

In diesen Tagen erhielt die Familie Gollwitzer die Nachricht, daß Uwe Gollwitzer im Osten gefallen war. Die Stimmung in den Briefen von Eva Bildt aus dieser Zeit schwankt zwischen Trauer und Vorfreude auf den Heimaturlaub von Helmut Gollwitzer. Sie konnte aber auch von einem wichtigen Behördengang schreiben. Es ging um den schon im Juni gestellten Antrag für eine Heiratserlaubnis. Dazu fehlten noch einige Unterlagen.

Liebster Helmut,   21. August 1941

eben komme ich vom Tempelhofer Standesamt, wo ich dem diesmal ziemlich muffeligen Beamten (was sich aber höchstwahrscheinlich nicht gegen mich richtete) alle von ihm gewünschten Papiere feierlich überreichte. Er bestätigte, daß er sie nur sammeln müsse, um sie an den Stadtpräsidenten zurückzuschicken, von wo aus dann der eigentliche Weg (Innen-Ministerium – Partei) seinen Ausgang nähme. Ehe

---

[1] 25. August 1940.
[2] Helmut Gollwitzer hatte Ende August 1940 den Sohn Erwin der Dahlemer Gemeindeglieder Erna und Karl Anton Neugebauer beerdigt.
[3] Konzerte in dem nach dem preußischen Baumeister Johann Friedrich Eosander von Göthe genannten Saal des Charlottenburger Schlosses in Berlin.

er sie schicken kann, braucht er als letztes Deine Unterschrift unter die beigelegte[1] Abstammungserklärung, die ich Dich bitte umgehend auszufüllen und direkt hinzuschicken an das Standesamt Tempelhof, Berlin–Tempelhof, Berliner Str. 136–139 (*Zimmer 37* des Rathauses Tempelhof). Schreibe doch bitte einen kurzen Begleitbrief, in dem Du sagst, daß dies nun das letzte für das Heiratsgenehmigungsgesuch Bildt/Gollwitzer erforderliche Papier ist, bevor die Papiere an den Herrn Stadtpräsidenten zurückgesandt werden, und bitte um eine kurze Bestätigung Deiner Sendung (da der Beamte es «nicht nötig» fand, mir eine aufgestellte Liste der abgegebenen Papiere zu unterschreiben, wozu mir alle dringend geraten haben, um zu bekunden, daß von uns aus alles Erforderliche geschehen ist). Außerdem sehen sie dann Deine Handschrift, was nicht unwichtig ist, weil Du vergessen hast, Deinen Lebenslauf (den ich aus dem Gedächtnis mit dem 5. Juli datiert habe) mit Deiner Unterschrift zu zieren.

Kennst Du das, wenn man tagelang voller Unruhe und Sorgen war und ganz Knecht alles dessen, was auf einen zukam – und man wacht eines morgens auf und ist wieder in Ordnung. Für mich gehört diese Erfahrung zu dem wunderbarsten, was es gibt. Ich durfte sie in den letzten Tagen und heute machen und bin voller Dankbarkeit dafür. Gestern predigte H. Traub im Abendmahlsgottesdienst über Ps[alm] 37,5 und las diesen Psalm, der mich die vergangenen Tage gehalten und getragen hatte und an dem mir deutlich wurde, was für ein Trost darin liegt, daß Gott uns doch eigentlich nicht nur den guten köstlichen Rat gibt, auf ihn zu hoffen, ihm unsere Wege zu befehlen und stille zu sein (wie Traub so sehr tief auslegte), sondern ich empfand, daß er es uns *gebietet*.[2] Und darin lag für mich recht eigentlich die Hilfe. Ich hätte nicht mehr die Kraft gehabt, einen Rat zu erwägen, nicht den Aufschwung, auf ein Angebot hin zu wagen – – aber weil er – inmitten all des Grauens (und, lieber Helmut, es ist arg, was die Mutter von zwei alten kranken Verwandten von sich für Nachrichten mitbrachte, das hielt den Nachrichten vom Kriegsschauplatz draußen die Waage) – *gebietet*, getrost und freudig zu sein – – gibt es eben nichts anderes als sich mit all dem, was einen zittern macht, Ihm

---

[1] Später von Eva Bildt am Rand des Briefes hinzugefügt: «noch nicht beigelegt».

[2] «Befiehl dem HERRN deine Wege und hoffe auf ihn; er wird's wohl machen.»

zu unterstellen. Und dann erfahren wir wieder und wieder, und ich durfte es auch wieder erfahren: So er gebeut, so steht's da.[1]

Ich bin für den Gottesdienst gestern sehr dankbar und auch, daß ich nun H. Traub noch mal sah (er war nachher bei den Mädchen mit einer Debatte über Krieg, und Elsie, Helga Zimmermann[2] und ich kamen dazu, – als ich mir heute überlegte, daß da irgendetwas gewesen sein mußte, was in mir solch Gefühl erleichterter Freude hervorgerufen hat, wurde mir klar, daß ich ihn – zum ersten Mal übrigens – in Zivil sah, in einem sanft grauen Anzug – – Du kannst Dir einfach nicht vorstellen, wie anders das ist. Ich würde sofort ein halbes Monatsgehalt auf den Tisch legen, wenn Du bei Deinem Urlaub – wann, wann? – Zivil tragen dürftest. Ich hoffe, Du kannst es ein bißchen verstehen).

Ich warte nun sehr auf Deine erste Nachricht aus der «alten Gegend» und was sie nun als Sanitäter mit Dir machen. Jetzt muß erst mal Anna Helene [von Bodenhausen] einen Brief kriegen auf drei Briefe von ihr und ein kleines Buch, das sie mir schickte, von Börries von Münchhausen: Idyllen, die mir sehr wohl taten, weil sie so schön auf den Trost der kleinen Dinge hinweisen und uns gestatten, in friedvoll-reichen Wirklichkeiten mit unserer Phantasie spazieren zu gehen.[3] – Vielleicht schreibe ich nachher noch ein bißchen weiter.

Ich wollte auch auf das nochmalige Gespräch von Kurt Reißner[4] warten, ob ich Dir auf seine Bestellung vielleicht etwas antworten könnte – aber der gute Mann hat sich trotz seines Versprechens nicht wieder gemeldet. Heut' habe ich richtig geistig im Regen gestanden und auf Dich in Form von Post und dem Reißner-Anruf gewartet. Und beides vergeblich. Nun bist Du dafür zwar Tage ohne Post, was ich sehr bedauere (aber ich wollte das Formular nicht abschicken, ohne etwas über Deine nächste Zeit zu wissen), und eine Karte zwischenzuschieben, fehlte mir leider die Zeit.

Lieber – da müssen eben meine ganz liebevollen Gedanken zu Dir laufen.

---

[1] Psalm 33,9.
[2] Helga Zimmermann, verh. Weckerling, Vikarin.
[3] Börries Freiherr von Münchhausen: Idyllen. München.
[4] Kriegskamerad von Helmut Gollwitzer.

eben kam Dein Brief vom 17 [August]. Es ist so gut, daß es möglich sein wird, daß Du kommst! Und für mich noch gar nicht vorzustellen! Ich finde es ganz richtig, daß Du noch nicht in dieser Woche kommen willst, sondern in der ersten Septemberwoche. Aber ich werde doch morgen fahren, da es für meinen Urlaub, den ich für Dein Kommen erbitten muß, ganz gleich ist: Die letzte Augustwoche ist Lilje doch nicht in Berlin, und ich glaube, daß es dann doch schöner ist, wenn ich schon in München bin, weil wir uns nun alle schon so freuen. Also ich erwarte Dich in München. Ich mag jetzt nicht mehr schreiben, sondern alles sagen und mir von Dir erzählen lassen.

Innigst Deine Eva.

Ich schicke nun das Formular doch nicht mit. Wenn Du morgen schreibst, daß Du Urlaub bekommst, nehme ich es nach München mit, und wir erledigen es von dort aus beziehungsweise in Berlin.

Auch in dem einzigen aus dieser Zeit überlieferten ausführlichen Brief von Helmut Gollwitzer geht es um die beiden Ereignisse – den Tod des Bruders Uwe und den bevorstehenden Urlaub.

Meine liebste Eva!   22. August 1941

Zu «unserem» Tag, zum heiligen, gelobten, immer zu feiernden 25. Aug.[1] kommt dieser Brief wohl kaum mehr zu recht. Die zwei vergangenen Tage waren erfüllt mit viel Denken an Dich, – aber gestern ging kein Brief ab, weil ich zu matt zum Schreiben war. Nun habe ich soeben drei Stunden Wache vor der Villa des Reg[iments-] Kommandeurs hinter mir, von früh 3 h – 6 h stand ich und hatte soviel gute Zeit, in dem milden kühlen Nacht- und Morgenwind, der ab und zu leises Regengeriesel mitbrachte, an Dich und an Uwe zu denken, daß ich froh bin, nun noch etwas freie Zeit zum Schreiben zu haben.

[1] Tag des Kennenlernens 1940 im Haus von Jochen Klepper.

Wir werden den Tag mit gleichem Gefühl erleben: mit großem Dank für die Führung, die uns zusammengeführt hat, – mit guten Vorsätzen und noch mehr mit einem Gebet um Beistand, einander das Beste zu sein, was wir nur sein können, – mit Sehnsucht und noch mehr mit dem sicheren Gefühl immer wachsenden Verbundenseins, – mit einem möglichst flüchtigen Gedanken an die noch vorhandenen Hindernisse und mit der raschen festen Hinwendung zu dem Wissen, mit dem wir «trotz allem» uns die Hand gegeben haben. Ich selbst habe mit dem Dank sehr das Gefühl des Unwerts und einige Bangnis, ob ich Dir nicht nur eine Enttäuschung sein werde; ich sehe alles Schlimme an mir im Spiegel der Verantwortung, die ich durch Dich und für Dich habe, besonders deutlich und groß. So kann ich oft nicht begreifen, daß Du mich noch magst. Wenn Du dann aber, wie in Deinem letzten Brief, von dem Gefühl der Unsicherheit schreibst, das Dir die Beschwernisse der letzten Jahre eingetragen haben, dann möchte ich nichts anderes, als rasch bei Dir sein, Dich in den Arm nehmen, nie mehr weg von Dir gehen und durch ein ungetrenntes Zusammenleben Dir bestätigen, daß keine so wie Du für mich geschaffen ist «von 100 000 Menschen» – und Du wirst sehen, daß die Dahlemer auch keine andere Meinung von dieser Sache haben (sie haben's ja auch oft genug gesagt!)!

Meine liebste Eva, Du sollst den Tag feiern wie einen Geburtstag! Ruf auch die Kleppers an und schreibe ihm, dessen [Feldpost-]Nr. und Aufenthalt ich nicht weiß, einen Gruß von uns beiden!

Du hast ja nun gesehen, wie eng wir in unserer Familie zusammenhängen; Uwes Tod (es ist – ich weiß es jetzt so sehr – *kein* Tod, es gibt den Tod durch Christus nicht mehr für einen, der zu ihm gehört, lies Röm[er] 5,12–21[1]). Uwes Weggang und Heimgehen ist uns deshalb so schmerzvoll, weil es uns so undenkbar war, daß wir nicht mehr alle hier auf Erden zusammen seien. Nun ist er uns dadurch für eine Zeitlang fremd geworden, daß er ein Wissen und eine Erfahrung hat, die uns allen erst noch bevorsteht.

Aber ich wollte sagen: Weil wir so eng zusammenhängen in unserer Familie, war es so sehr wichtig für mich, wie es zwischen Dir und

---

[1] «Derhalben, wie durch einen Menschen die Sünde ist gekommen in die Welt und der Tod durch die Sünde, und ist also der Tod zu allen Menschen durchgedrungen, dieweil sie alle gesündigt haben; denn die Sünde war wohl in der Welt bis auf das Gesetz; aber wo kein Gesetz ist, da achtet man der Sünde nicht …»

den Meinen gehen wird. Damals, am 28. Dezember, war mir das noch ganz unklar, und ich konnte es in keiner Weise voraussehen. Inzwischen ist das nun über die Maßen schön geworden (ich hab Dir nur aus Diskretion – und um Dich nicht eitel zu machen, – nicht geschickt, was Gerhard und Lalita mehrmals darüber geschrieben haben). Daß Du von den Meinen so rückhaltlos, ja begeistert aufgenommen wurdest, ist mir nichts Nebensächliches, sondern ich bin sehr froh darüber, – daß Du Dich aber so hast aufnehmen lassen, dafür bin ich Dir sehr dankbar. Wehre den Dank nicht ab! Das ist nicht so selbstverständlich, und auch dann, wenn Dir unsere Familie zusagt, ist etwas «Verdienstliches» (wie die kath. Theologen zu sagen pflegen) dabei.

So freue ich mich darauf, wenn Du nun endlich dem restlichen Teil von uns begegnen wirst. Nicht wahr, Du hast keine Angst davor! Sie kommen Dir alle schon so mit Liebe entgegen, Du wirst sehen, daß Du daheim bist. Aber wann wird das sein? Deine Briefe lassen es ganz im Unklaren. Und ich werde das Datum meiner Abfahrt von hier auch erst am Tage zuvor erfahren, und telegrafieren kann ich ja nicht. Ich rechne aber ziemlich sicher damit, daß es um den 1.9. herum sein wird. Damit wir nun keinen Tag durch unnötiges Getrenntsein verlieren, wäre es wohl das Beste, Du führest – – wenn nicht jetzt schon mit Gerhard, der aber wohl schon weg ist, dann so um den 28./29. [August] herum selbständig nach München. Die Frage ist nur, ob Dir Lilje so viel Zeit gibt, daß es Dir auf ein paar Tage mehr oder weniger in München nicht ankommt. Das eine weiß ich sicher (und wüßte es auch dann, wenn Mammia es nicht ausdrücklich gesagt hätte), daß Du für Mama auch in diesen Tagen des Schmerzes nichts «Störendes», keine «Fremde» sein wirst, sondern eine geliebte und helfende Tochter. Sonst würde ich um ihretwillen nicht diesen Vorschlag machen. Also schreib mir bitte gleich, wie Du's halten wirst.

Und bring nach München Deine Lieder von R. A. Schröder[1] usw. mit und Sonstiges, wir wollen dort singen!

Beiliegend die Lukas-Liste.[2] Hoffentlich hast Du soviel! – Meinen Patenkindern möchte ich meine Gesammelten (nicht Sämtlichen!) Werke geben. Dazu die 2. Liste. Kannst Du das, wenn Du Zeit

---

[1] Rudolf Alexander Schröder (1878–1962).
[2] Versandliste für Gollwitzers Buch «Jesu Tod und Auferstehung nach dem Bericht des Lukas».

hast, besorgen? Der blaue Himmel, der über mir ist, soll bis zu Dir reichen!

Dein Helmut

Bevor Helmut Gollwitzer reisen konnte, teilte er einen kurzen «Schrecken» mit.

Liebste,   24. August 1941

gestern oder heute gingen einige grußlose Drucksachen an Dich ab, Zeichen großer Eile; denn ich war in ziemlichem Schrecken. Gestern abend wurde ich plötzlich doch zur Teilnahme an dem 7wöchigen Unteroffiz[ier]-Lehrgang bestimmt, zu dem ich heute früh hätte wegmüssen. So mußte ich in höchster Eile packen (denn nachts hatte ich noch Wache!) und allen unnötigen Ballast abstoßen. Ich habe dann aber ziemlich protestiert und wurde im letzten Augenblick durch einen anderen ersetzt. Sonst wäre sowohl Urlaub wie Sanitäterei weggefallen. Nun bin ich froh, hier zu sein und, vor allem Mamas wegen, bald kommen zu können, vor 31.8. wohl nicht, dann aber hoffentlich recht bald.

Jetzt muß ich mich Kameraden widmen, die allerlei wissen wollen. – Deinen schönen Hieroglyphenstein möchte ich eigentlich auf dem Herzen tragen, aber in der Tasche ist zuviel drin, so trage ich ihn rechts! Ach Liebe – und Uwe geht durch alle meine Gedanken.

Innig Dein Helmut

Vom 7. bis 21. September 1941 verbrachten Eva Bildt und Helmut Gollwitzer ihren ersten gemeinsamen Urlaub in München. Eva Bildt war zusammen mit Elsie von Stryk nach München gereist. Später kam noch Gertrud Staewen hinzu. Paul und Charlotte Bildt waren ebenfalls in München. Auch hielt sich Else Niemöller zu dieser Zeit hier auf, um ihren Mann im KZ Dachau zu besuchen. Helmut Gollwitzer und die anderen begleiteten sie dahin. Von diesem Tag stammen Fotos, auf denen die beiden Verlobten gemeinsam zu sehen sind.

In einem der ersten Briefe nach dem Urlaub teilte Eva Bildt ihrem
Verlobten mit, was sie von den seit Jahren laufenden Auseinanderset-
zungen innerhalb der evangelischen Kirche, vor allem zwischen den
Vertretern der Bekennenden Kirche und der Deutschen Christen,
hält. Offenbar war sie durch Berichte von Hanns Lilje über ein Tref-
fen von Vertretern verschiedener Leitungsgremien der evangelischen
Kirche vom 14. bis 17. September 1941 in Berlin informiert worden,
auf dem über das vom württembergischen Landesbischof Theophil
Wurm (1868–1953) initiierte kirchliche Einigungswerk beraten wor-
den war. Wurms Bestrebungen, die auch Hanns Lilje unterstützte,
sollten die zerstrittenen Gruppierungen innerhalb der evangelischen
Kirche wieder zusammenführen. Überschattet wurden diese Quere-
len durch den grausamen Alltag: Ab 19. September mußten Juden in
Deutschland den gelben Stern tragen.

Mein geliebter Liebster!   25. September 1941

Wo sind unsere friedlichen Tage dahin? Wie anders hier alles – objek-
tiv – ist – – kannst Du Dir nicht denken. Aber je mehr Wirrnis und
Dunkelheit um mich hier ist, umso heller leuchtet unser Miteinander-
sein, das so gut und klar und dem Himmel so nah war. Und das Wissen innerlich immerwährend mit Dir Hand in Hand zu gehen, ist mir
umso herrlicher, als je unselbstverständlicher es angesichts dessen,
was hier um mich ist, deutlich wird. Ich erlebe bei L[ilje] den dauernden selbstzerstörerischen und mit allen unerlaubten Mitteln geführ-
ten Kampf innerhalb der Kirche, mit dem tragischen Hintergrund,
daß viele wohl wirklich nicht nur um die eigne, kleine Existenz, sondern für den Bestand der Kirche zu kämpfen meinen, indem sie die
Methoden der Welt mitmachen und sich dadurch reinigen wollen,
daß sie die anderen schwärzen. Aber was so in den «oberen Kirchen-
kreisen» geschieht, entzieht sich im Großen und Ganzen zu sehr meiner Beurteilung, hat so viel scheinbare oder wirkliche Verwandtschaft
mit Politik, daß ich – allerdings erschreckt und angewidert – die
Hände davon lasse.
    Dann war ich beim Abendmahlsgottesdienst, froh, danken zu kön-
nen und für uns und all das viele, das uns bewegt, zu Gott kommen
zu dürfen. Danach aber hatte ich mit Elsie ein Gespräch, das mich
so tief erschreckte, wie ich Dir gar nicht sagen kann. Die Kennzeich-

Eva Bildt und Helmut Gollwitzer im September 1941 in Dachau

nung der N[icht-]A[rier] hätte (abgesehen von der erregenden und ängstigenden Wirkung auf die Betroffenen, die ja mehr als begreiflich ist) auf beide Teile der Gemeinde eine zuinnerst verwirrende Wirkung geübt. Und zwar nicht von dem Problem der Sicherung oder des Gehorsams her (das ja auch gar nicht akut ist, da kein Verbot besteht), sondern von der Frage nach der Gleichberechtigung von Gott her in der Gemeinde. Die Kennzeichneten empfinden es als Schande, mit dem Zeichen der Gottesfeindschaft und Christusfeindschaft (!), die sie doch abgelegt haben (!), vor den Altar zu treten. Die anderen sind mehr aus Mitleid als aus Überzeugung für ein

Bleiben der anderen in der Gemeinde. (So waren auch denn gestern beim Abendmahl alle beieinander, und vom Pfarrer her – ich weiß nicht, wer es war – wurde die Gemeinsamkeit auch deutlich gemacht.) Überhaupt wird natürlich nach Kräften von Elsie auch in Andachten versucht, von der Bibel her Klarheit zu schaffen. Aber Liebster – daß es nötig ist?! Ich konnte es überhaupt nicht begreifen. Mir ist immer an 1. Kor[inther]1[1] so besonders deutlich geworden, wie wir alle vor Christus stehen – – aber ist denn da überhaupt ein Problem?? Ob ein Deutscher von Natur aus Gott näher steht als ein Jude? Oder wie?? Ich dachte dran, was Herbert von «Hypnose» schrieb – ich möchte es mir ja nicht zu leicht machen –, aber kann man es anders benennen? – Du Liebster, daß wir uns so gut verstehen und auch darin so eins sind, das ist uns ganz neu kostbar geworden.

Dann erzählte Elsie noch, daß K. G. [Steck] jetzt auf Urlaub kommt, zu Verhandlungen wegen der Prüfungsfrage[2] nach Frankfurt und zur Mutter nach Erlangen – – und von Hellmut Traub, daß er einen Kameraden bei Helga Z[immermann] anrufen ließ, um ihr nur zu sagen, «es ginge dem Flieger Traub gar nicht gut». Das arme Mädchen weiß nun weder, was ist, noch, was sie tun soll – eine elende Situation.

Die Fürbittliste ist auch wieder erschreckend angestiegen, viele aus Ostpreußen und Wiese, Nikolassee.[3] Es ist ein sehr dunkler Himmel, aber in all dem zu wissen, daß wir für den Morgen nicht sorgen dürfen, es nicht können und nicht nötig haben – bin ich eigentlich immer wieder voll angesammelter Dankbarkeit für das, was mir, was uns geschenkt war und geschenkt ist und was ja auch bleibt, was immer geschehen mag.

---

[1] 1. Korinther 1,10: «Ich ermahne euch aber, liebe Brüder, durch den Namen unsers Herrn Jesu Christi, daß ihr allzumal einerlei Rede führet und lasset nicht Spaltungen unter euch sein, sondern haltet fest aneinander in einem Sinne und in einerlei Meinung.»

[2] Nach der Verhaftung der Mitglieder des Prüfungsausschusses der Bekennenden Kirche Berlin-Brandenburgs sowie der Dozenten und Mitarbeiter der Kirchlichen Hochschule im Mai 1941 mußte die Prüfung von künftigen Pfarrern der Bekennenden Kirche neu geregelt werden. Karl Gerhard Steck war vor seinem Militärdienst Dozent am Predigerseminar Frankfurt am Main.

[3] Karl Wiese (1883–1974), Pfarrer in Berlin-Nikolassee.

Du mein lieber, lieber Helmut, sei fröhlich und habe mich so lieb wie ich Dich. Gott behüte Dich!

Deine Eva

Auch in den folgenden Briefen von Eva Bildt spielte das Thema «Nichtarier» und ihre Stellung in der Dahlemer Gemeinde eine große Rolle. Von Gertrud Staewen habe sie gehört, daß «man wirklich in Liebe die bestehenden Schwierigkeiten zu behandeln bereit» sei, teilte sie im Brief vom 2. Oktober 1941 mit. Aber die Ereignisse überschlugen sich. Ab Mitte Oktober wurden die ersten Juden aus Berlin deportiert. Eva Bildt vermochte über ihre Gefühle bei diesem Geschehen nur in Andeutungen zu berichten und klagte am 24. Oktober 1941: «Es ist so schwer, davon zu schreiben …» Helmut Gollwitzers Reaktion darauf war ein Abschiedsbrief an die «nichtarischen» Gemeindeglieder in Dahlem («Liebe Freunde!») vom November 1941. Diesen hatte auch Eva Bildt gelesen und später festgestellt, daß er «eine Hilfe sei, eine Hilfe nach Christi Art». Helmut Gollwitzer wollte die Gemeindeglieder nicht schweigend ziehen lassen, denn das wäre «eine Verleugnung der Kraft des Heiligen Geistes, der auch über große Trennungen hinweg und in bösesten Stunden ein in seinem Namen gesprochenes Wort vernehmbar machen kann. Der Glaube sei «die große Möglichkeit, die Euch noch geblieben ist.» Und er gab zu bedenken, «daß das Leiden der Märtyrer des Glaubens nicht nur einen Sinn für sich selbst hat, sondern eine Verkündigung des Glaubenstrostes ist, die für alles Leid gilt und Verheißung hat.» Schließlich beendete er seinen Brief mit dem Segen: «So befehlen wir Euch Gott, der wohl weiß, was Euch Not ist, wo die Grenzen Eurer Kraft liegen und was er Euch geben muß, damit Ihr am Ende der Tage einstimmen könnt in das Lob der himmlischen Gemeinde. Darum sprecht getrost beim Eingang in die neuen Verhältnisse, wie dunkel sie auch sein mögen: ‹In Gottes Namen!›»

In diesen in Berlin so aufregenden Tagen lag Helmut Gollwitzer auf einer Krankenstation und mußte das Bett hüten. Er hatte sich nach seiner Rückkehr an die Atlantikküste bei einem Sturz eine Gehirnerschütterung zugezogen. Erst am 23. und 24. Oktober gab es wieder Nachricht von ihm. Vom Krankenbett aus versuchte er seine Verlobte mit einem launigen Text auf einer Kunstpostkarte («Bildnis

einer Dame» von Friedrich Heinrich Füger, 1751–1818) auf andere
Gedanken zu bringen.

Liebstes Mädchen! 23. Oktober 1941

Ist das nicht ein tolles Mädchen? Heiraten möchte ich sie ja nicht,
dazu wäre sie mir zu schwierig für meine Bequemlichkeit. Aber
wie wärs mit einem kleinen Flirt? Aber dafür ist sie wieder zu rasant.
Ihre Augen sind ein wenig zu groß, fast Basedow, aber wat für' n
schöner Mund und Hals. – Ich unterbreite Dir das Bildnis ergebenst
zur Nahrung Deines eifersüchtigen Herzens. Ich werde das immer
ein wenig anstacheln, – dann liebste mir mehr? – Was sagst Du zu
dieser angewandten Psychologie? Wahrscheinlich sagst Du bloß: Den
Kerl sticht der Hafer, also gehts ihm wieder gut. Und da hättest Du
auch recht, wenn nicht mein Seelenzustand tief beeinträchtigt wäre
dadurch, daß mir schon wieder 2 Tage lang keine Zeile von Dir in
die Hand gekommen ist, wofür freilich Du wahrscheinlich weniger
Schuld trägst als unsere Schreibstube. Sonst weiß ich nichts zu erzählen; mein Horizont ist ja in der Horizontalen, in der ich existiere, auf
die Zimmerwände beschränkt. Nächste Woche wird das schöne Leben leider wieder ein Ende haben.

Ich denke viel an Dich und halte es für ziemlich lächerlich, wenn
Deine Torheit meint, ich könnte auch ohne Dich auskommen. Dazu
hab [ich] keinerlei Lust mehr.

Dein Helmut

*Am nächsten Tag hatte er auf seiner Kunstpostkarte mit einem Mäd-
chenbildnis des Bartolomeo da Venezia viele Fragen an Eva Bildt. Er
hatte von ihr erfahren, daß ihre Eltern eine Plastik des Bildhauers
Gerhard Marcks (1889–1981) gekauft haben. Auf seine Frage nach
dem Preis teilte sie ihm später mit: «Die Eirene zu besitzen ist auch
wirklich etwas Tolles. Eine Hausgenossin, die an Lebendigkeit hinter
niemand anderen zurücksteht, und eine tröstliche dazu. Warum interessiert Dich, was sie gekostet hat? 1800 RM. Wie lächerlich ist es,
Kunst zu bezahlen. Gerade als wenn man eine Frau kauft, ekelhaft.
Aber nicht zu ändern. – Sie steht auf dem großen Plattenschrank im*

Mittelzimmer und fühlt sich da, glaube ich, sehr wohl.» Die Statuette, ein Zinkguß, überstand alle Wirrnisse des Krieges und danach und fand später einen Platz auf der Stele von Paul Bildts Grab auf dem kommunalen Teil des Friedhofs neben der St.-Annen-Kirche in Berlin-Dahlem.

Liebste Eva!   24. Oktober 1941

Immer wenn ich die nötigsten Briefe des Tages geschrieben habe, sinke ich erschöpft von soviel Energieaufwand aufs Lager zurück und widme mich im Gefühl getaner Pflicht dem Dolce far niente. Dann denke ich mir Briefe an Dich aus, schöne lange Briefe, und Spaziergänge mit Dir: in München, Berlin, Zürich, am Bodensee. Aber das Schreiben ist so anstrengend, auch so langweilig, – es müßte da etwas Neues erfunden werden, eine raschere Übertragungsweise aufs Papier. Zudem ist wieder seit drei Tagen keine Zeile von Dir in meine Hände gelangt, wegen der Schlampe in unserer Schreibstube. Ich sehne mich so sehr danach, wieder etwas von Dir zu wissen. Ruf doch bitte mal bei Munks an und frage nach der F[eld]P[ost]Nr. von Klaus [Munk]! Er muß jetzt in Berlin sein.

Das ist ja toll, daß die Eltern die Eirene gekauft haben. Darf man wissen, was sie gekostet hat? Habt ihr sie schon? Wo wird sie denn stehen? – Ist Lalita schon zurück? Hast Du sie schon gesehen.

Ich muß aufhören, denn die Batt[erie]kameraden meutern schon. Sie wollen den spannenden franz. Kriminalroman weiter hören, den ich immer etappenweise lese und dann ihnen erzähle! Darum begnüge Dich mit diesen Zeilen und dem schönen Bild.

Dein Helmut

Fast beiläufig berichtet Eva Bildt am Ende ihres Briefes vom 7. November 1941, daß sich der damals sehr populäre Schauspieler Joachim Gottschalk zusammen mit seiner jüdischen Frau und seinem Sohn einen Tag zuvor mit Gas vergiftet hat und ihre Eltern vor dieselbe Frage gestellt seien. Denn auch in diesen Wochen wurde auf den bekannten und beliebten Schauspieler Paul Bildt unter Androhung von Berufsverbot verstärkt Druck ausgeübt, sich von seiner jüdischen

Frau zu trennen. Nach dem NS-Ehegesetz von 1938 und der im Krieg immer radikaleren antisemitischen Gerichtspraxis war eine Scheidung in seinem Fall leicht möglich. Danach hätte einer Deportation und Ermordung von Charlotte Bildt nichts mehr im Wege gestanden. Vorläufig war sie, da sie in einer sogenannten «privilegierten Mischehe» lebte, nicht von allen Maßnahmen gegen Juden betroffen. Beispielsweise mußte sie keinen gelben Stern, aber den zusätzlichen Vornamen «Sara» tragen. Charlotte und Paul Bildt waren sich in den nächsten Jahren immer der Unsicherheit ihrer Situation bewußt und mußten mit dem Schlimmsten rechnen. Zum ersten Mal schreibt Eva Bildt in einem Brief ihre Gedanken über Selbstmord nieder. Das Thema sollte sie in den nächsten Jahren immer wieder beschäftigen.

Lieber Liebster,   7. November 1941

nach einem Tag, wo ich von ½ 9 h bis 6 h bei L[ilje] war, kam ich nach Hause, fand zweimal Post von Dir vor (Deinen langen Brief vom 1. Nov. mit der Bemerkung, daß Du froh bist, nun ungehindert Lesen und Schreiben zu können, Du Schlimmer – eben das sollst Du doch nicht, noch lange nicht so pausenlos: mir zu liebe, bitte, bitte!) und die eingelegten schönen Briefe von Gerda, Steck u. s. w. und wollte Dir eigentlich noch einen richtigen Brief schreiben (über den Löscher,[1] den ich besitze, die Mutti liebt das Buch so sehr, ich dagegen empfand es als deprimierend, seltsam, eigentlich in ähnlicher Weise wie beim Anemont:[2] Das Gute ist so für sich da – und das Böse daneben bleibt so traurig unberührt davon, daß mich das Gute nicht freuen kann).

Aber nun empfing mich hier die Nachricht, daß ein berühmter und allseits geliebter Kollege vom Vater sich mit Frau und 8jährigem Kind mit Gas vergiftet hat (in derselben Situation wie die Eltern). Die Frau unseres Freundes Jochen Kl[epper] (sie war heute übrigens bei Gertrud) scheint auch in einer Zerstörtheit zu sein, die beängstigend ist. – Da ist es so zum Danken, wenn man, wie wir heut abend, beisammensitzt und innerlich fühlen darf: noch nicht. Noch sind wir nicht

---

[1] Vermutlich die 1939 erschienene Erzählung «Das befreite Herz» von Hans Löscher (1881–1946).
[2] Rüdiger Syberberg: Peter Anemont. München, Freiburg i. B. 1939.

aus des rechten Glaubens Trost entfallen, aber noch hat ja auch der Vater im Himmel unsagbar gnädig seine Hände über uns gebreitet. – Wenn man doch denken dürfte, daß die armen Toten von Gott angenommen werden! Ich muß es so primitiv sagen, weil ich es so fühle. – Theologie hilft da nicht. Der Eine, der Heiland, wird sie nicht hinausstoßen, für die die Welt keinen Platz hatte. Wenn ich das denken müßte, würde ich verzweifeln, sosehr ich hoffe, daß Gott mir Kraft schenkt, vor diesem entsetzlichen letzten Schritt zurückzustehen.

Lieber Liebster, denke gut an mich, an uns. Ich küsse Dich!

Deine Eva

Wärst Du doch bei mir und könntest mir helfen! Ich trage auch Deine Sorgen um das es dem Andern-Sagen-Können mit auf dem Herzen und ins Gebet. Mein Helmut! Laß uns dicht und innig beieinander sein.

1.) Lieber! Jetzt schreibe ich im Luftschutzkeller – nach langer Zeit und sehr früh (½ 10 h). Die Sirene tönte, nachdem Gerhard bei mir angerufen hatte. Sie fahren beide morgen nach München zu Michael, dem es sehr schlecht geht infolge einer Blutvergiftung, die dazugekommen ist. Die Gerda hat hier angerufen. Ich kann nicht denken, daß Michael von uns gehen muß!

2.) ½ 3 h. Ein zweiter heftig einsetzender Luftangriff. Dabei heult der Sturm wie auf dem Hexentanzplatz, die Wolken jagen. Der Keller noch unheizbar, unsere Wohnung infolge geplatzter Öfen ungeheizt. – Wie ist es bei Euch mit der Heizbarkeit? Ich denke an die Soldaten im Osten. – Denke an Michael. Denke an … – Herr erbarme dich.

Und ich habe Dich und habe es so gut. Mein geliebter Helmut, sei um meinetwillen achtsam mit Deiner Gesundheit.

Deine Eva

Die folgenden November-Briefe von Eva Bildt sind erfüllt von der Trauer um Helmut Gollwitzers Neffen Michael, den Sohn seines Bruders Gerhard. Er war am 8. November mit dreieinhalb Jahren an einer schweren Lungenentzündung gestorben.

so schön ist es, jeden Tag Deine Liebe spüren zu dürfen: Und gefreut hat es mich, daß mir Herr Pechmann von der Standortkommandantur sagte, daß Du zwar noch ein wenig blaß, aber richtig ausgeruht aussähst. Ich schicke nun auch gleich morgen das Geld an Dich ab. Er meinte 30 RM. Und ich wage nicht mehr, die Summe eigenmächtig zu erhöhen. Der gute Graf Pfeil rief mich auch heute am letzten Urlaubstag noch an – schön war's, auf diese Weise Dir so besonders nahe zu sein.

Heute ist ein herrlicher klarer Tag draußen, so ein Tag, wo ich mit Dir einen schönen Spaziergang machen möchte mit guten Gesprächen und wärmender Liebe. Vormittags sangen wir in Neukölln zum Bußtagsgottesdienst, der mir ganz neue Kraft geschenkt hat und die neue gewisse Erkenntnis dessen, daß Gott uns mit allem, was er uns auferlegt, «durch seine Güte zur Buße leitet»[1] und daß wir, die wir Gottes Kinder heißen dürfen, überall wohl sagen und zeigen müssen, was Gottes Gnade auch, vielleicht gerade, in den Heimsuchungen schenkt. – Und doch, ich klammere mich an alle Hoffnungen, daß es so bleiben kann, wie es ist, ja, daß alles «gut» werde, ich weiß, daß auch die Kraft solches Gottesdienstes, der es vermag, Gott wieder als das «Eine, was not ist»,[2] in die Mitte zu stellen, immer wieder schwindet. Doch will ich die bösen Geister schweigen heißen, will ganz der Liebe Gottes gewiß sein, die uns einander gegeben hat, und seinen wunderbaren Führungen vertrauen. Ich schreibe dies am Bettchen von Christiane, die nach der Impfung ein bißchen Fieber hat, was sie nicht hindert, zu jauchzen und zu flöten und innerhalb des Bettchens die unglaublichsten Entdeckungsfahrten zu machen. – Die Eltern sind mit hier (man möchte immer noch sagen: «die Kinder» hüten, und kann's nicht fassen, daß es nur noch eins ist). Lali und Gerhard sind in einer Bruckner-Messe in der Marienkirche. Wie friedlich scheint nun hier der Tag. Wir drei mit dem bezaubernden kleinen Christiane-Geschöpf und bei den Deinen.

Gestern abend war ich zur Uraufführung des neuen Hauptmann-Stücks: «Iphigenie in Delphi», ein Stück, das nach einem Goethe-

[1] Römer 2,4: «Oder verachtest du den Reichtum seiner Güte, Geduld und Langmütigkeit? Weißt du nicht, daß dich Gottes Güte zur Buße leitet?»
[2] Lukas 10,42.

schen Entwurf in der «Italienischen Reise» die Geschwister Orest, Elektra und Iphigenie sich wiederfinden – und endlich durch das Opfer Iphigeniens zum Frieden kommen läßt.[1] Neben sehr unergiebigen und undramatischen Längen langer Erzählungen, deren Inhalt ja jedem bekannt ist, und einigen mir sehr modern scheinenden Wendungen (durch Fehlings leider zum Teil unerträgliche Psychologisierung geheimnisvoll seelischer Vorgänge noch unterstützt) gibt es darin außerordentlich schöne Szenen und Gestaltungen, vor allem der unbewußten Beziehungen der Geschwister zueinander und der grauenvollen und zugleich ergreifenden Wechsel zwischen jäh ausbrechendem Haß und tiefster Liebe. Und dies alles unter dem Willen der Götter, vor allem der «gnadenlosen Artemis», deren Dienerin Iphigenie ist, die, aus dem Totenreiche kommend, sich ganz dem Dienst der Göttin weiht. Diese Iphigenie – eine schauspielerische Leistung der Körner, die unbegreiflich, geheimnisvoll und groß ist; eine Welt für sich, anziehend und schrecklich, schweigsam und gewaltig.

Und was mir an diesem Abend so fast unheimlich war, war dies: Ich vergaß kaum einige Minuten lang die eigene bedrohte Situation, das vielleicht Abschied nehmen müssen unter Menschen, die es als selbstverständlich genießen – und doch war mir das gespielte auf der Bühne wesentlicher, war dieser künstlerische Raum wirklich und bannend. Ich war darüber glücklich und bestürzt zugleich (dies vor allem auch in Gedanken an den Vater, daß ihm dies – vielleicht – bald verwehrt sein könnte).

Gerhard und Lali hier wiederzusehen war doch noch einmal ganz bewegend: Ihrer beider Gesichter sind ganz verwandelt durch den Schmerz. Wenn ich das alles überdenke, was da alles geschieht und geschah und ist, dann schwanken alle Begriffe. Glück und Besitz, Heimat und Leben, Raum und Zeit. Und unverändert bleibt wirklich nur eins, und das leuchtet heller als je: die Liebe. Und ich wünsche mir wirklich nur so sehr, daß mich der Teufel nie so verwirrt, daß ich unsere Begegnung für einen Fluch halte, weil sie Dir soviel Schweres und Kummer bringt (von mir weiß ich, daß das Glück des uns bisher Geschenkten so groß ist, daß ich es nie ungewesen wünschen kann), denn es ist ein Geschenk der Liebe Gottes, daß wir uns fanden.

---

[1] Uraufführung im Preußischen Staatstheater am Gendarmenmarkt unter der Regie von Jürgen Fehling und mit Hermine Körner als Iphigenie.

Eben kam ich vom Fenster an Christianes schön bemaltes Bettchen, wo zu lesen ist: «Es war einmal eine Jungfrau, die hieß Jorinde. Die und dann ein schöner Jüngling namens Joringel, die hatten sich zusammen versprochen.»[1] Und da ist dann die ganze schöne Geschichte von den Zweien, die sich lieb haben, in Bildern erzählt. Ich habe Dich so lieb, Du mein geliebter Liebster. Ich wünschte, daß mir viel, viel einfiele, um Dich froh zu machen, tief froh, daß Du wieder zufrieden schnurren müßtest.

Und es ist schon so, wenn wir jetzt anfangen, wieder adventliche und weihnachtliche Lieder zu singen: Diese Freude kommt mit der Botschaft immer wieder in unser Herz, quer durch alles Leid, in dem wir stehen. Und diese Botschaft verbindet, tröstet und verheißt, über alle Trennung hin: Fürchtet Euch nicht! Siehe ich verkündige Euch große Freude![2]

Große Freude, Lieber, Dir und mir, die wir uns so lieb haben nach Gottes Gnade!

Deine Eva

In einer ähnlichen Lage wie Gottschalks und Bildts befanden sich auch die «Dichterfreunde». Jochen Kleppers Ehefrau Johanna (1890– 1942) war Jüdin und ebenfalls durch ihre Ehe vorläufig geschützt. Doch ihre Tochter aus erster Ehe, Renate Stein, die auch im Haushalt lebte, hatte als Jüdin diesen Schutz nicht, mußte Zwangsarbeit leisten und mit der Deportation rechnen. Wohl nach einem Besuch von Eva Bildt schrieb Jochen Klepper am 17. November 1941 in sein Tagebuch: «Was für eine Welt, in der eine so liebevolle Tochter wie Eva B. so ruhig von dem Entschluß ihrer Eltern spricht, im Falle der gewaltsamen Trennung … zu sterben.»[3] Sie war aber alles andere als ruhig.

---

[1] «Jorinde und Joringel»: Erzählung in den Kinder- und Hausmärchen der Brüder Grimm.
[2] Lukas 2,10.
[3] Unter dem Schatten deiner Flügel. Aus den Tagebüchern der Jahre 1932 bis 1942 von Jochen Klepper. Hrsg. v. Hildegard Klepper. Berlin (Ost) 1972, S. 566.

ich komme aus dem Singkreis, das Ohr und den Mund und das Herz
voller Advents- und Weihnachtslieder (aus dem Hirtenbüchl die ganz
einfachen, klingenden Weisen, gesungen mit Flöten und Orgelbeglei-
tung, Du, das war so rein und schön, daß ich dachte, so singt vielleicht
jetzt unser Michael mit einer lieben Stimme Gott ein Loblied).[1] Das
war ein schöner Abschluß eines Tages, an dem es mich wieder arg riß
und zerrte, daß der fußbreit Boden, den wir in einer wunderbaren
Glaubenserfahrung, wie ich sie doch machen durfte, geschenkt bekommen, kaum, daß er atmend genossen wird, schon in einer neuen
unfaßbaren Welle von Dunkelheit verschlungen wird.

Manchmal denke ich, ich habe überhaupt kein Herz mehr, und
wenn ich Deine lieben Briefe lese, dann muß ich mich rütteln und mir
sagen, daß ich ja noch lebe und Du da bist und es also außer der Frage,
wie im äußersten Fall, jenseits jedes persönlichen Lebens, noch ein
Existieren möglich ist, und der [Frage], wie und wann man sterben
darf – es ja doch noch unser Leben und unsern Weg gibt. Das ist ja
meine ärgste Gefahr, der ich jetzt wieder zu erliegen drohe. Daß
es mir leichter ist, in schnellem totalem Verzicht mich einzurichten,
als um etwas zu hoffen, zu kämpfen, zu ringen. Seit Du in meinem
Leben bist, ist es ganz in der Tiefe immer lebendig: Daß ich für Dich
leben will – aber darüber und daneben ist Empfinden und Phantasie
voller anderer Stimmen.

Du lieber Liebster! Heute kamen Dein Brief, den Du nach München schicktest, und die Karte vom Sonntag. Auf den Bericht vom
Pfarrertreffen bin ich sehr gespannt, Deine Karte klang nicht sehr
froh darüber – aber ich mag mich täuschen.[2] Mir ist es jetzt so schwer,
daß Du nun die beängstigenden Briefe von mir bekommst, wo
doch zunächst eine Gefahr für die Meinen abgewendet scheint. Es
hat mir vielleicht die meiste Traurigkeit gemacht: der Konflikt, ob
ich Dir ehrlich davon schreiben soll (ehe es eine konkrete Entscheidung gab – nur liegt darin die ganze Schwierigkeit – daß es
solche konkreten definitiven Entscheidungen nicht gibt, sondern

---

[1] Kleines Hirtenbüchl auf die Weihnacht. Weihnachtslieder zum Singen und
Spielen auf Blockflöten. Kassel.
[2] Helmut Gollwitzer hatte auf einer vom Divisionspfarrer zusammengerufenen
Theologenzusammenkunft einen Vortrag gehalten.

nur Vermutungen und dann zuweilen sehr überraschendes Handeln!).

Gerhard, die Eltern und Kleppers, mit denen ich darüber in meiner Not sprach, waren alle so selbstverständlich dafür, daß man einander alles, was einen bekümmert, sagt, besonders wenn man es im Glauben miteinander tragen will, daß mich das beruhigte. Aber wenn ich jetzt denke, daß Du in den Tagen, in denen ich – über das eigene Geschick – wieder etwas beruhigt sein darf –, gerade die sorgenvollen Nachrichten bekommst, dann wird mir physisch elend in dem Gedanken, und ich wünschte, ich hätte geschwiegen.

Du mein Liebster! Dabei ist es doch so schön und ganz unfaßbar, wenn Du davon schreibst, daß es Dir in der Traurigkeit was bedeuten kann, daß ich lebe. Und ja, wie recht hast Du: Gott behütet mich – behütet uns, Du mein Liebster, nach dem ich so große Sehnsucht habe.

In der nächsten Woche ist hier Bibelwoche, da hoffe ich nach Dahlem zu kommen, wo sie von allen gemeinsam gehalten wird, was mich einfach kindlich freut (Dreß,[1] Füllkrug[2] und Mochalski[3]). Der Vater Brandenburg liegt sehr krank mit einer Angina im Krankenhaus, schreib ihm mal, dem abstoßend-anziehenden Mann.[4] Schwester Maria Bohner erschien heute bei Liljes (ich war zuerst mitten beim Diktat und dann auf einem dienstlichen Weg) und unterhielt meine arme Chefin zuerst über die gesamte Lage von Kirche und Welt, sodann über ihre innige Beziehung zu Dir und schließlich mit der Frage, wann wir denn nun endlich heirateten. Im übrigen wollte sie mich heute zum Geburtstag einladen, die gute Seele, was aber nicht ging infolge Arbeit und Singkreis. Wenn Du ihr noch eine Karte schreibst (ich habe ihr gleich geschrieben), würde sie sich sicher freuen.

Das Buch von der Görres bedeutet mir soviel wie die erste Begegnung mit Guardini:[5] Ich bin ganz glücklich, es jetzt gerade gefunden

---

[1] Walter Dreß (1904–1979), Gemeindepfarrer in Berlin-Dahlem und Dozent der Kirchlichen Hochschule in Berlin-Dahlem.

[2] Gerhard Füllkrug (1870–1948), Pfarrer und Geschäftsführender Sekretär im Central-Ausschuß für Innere Mission.

[3] Herbert (Moch) Mochalski (1910–1993), Pfarrer der Bekennenden Kirche in Berlin und nach 1945 Studentenpfarrer in Darmstadt und Politiker.

[4] Ernst Brandenburg (1883–1952), Ministerialdirektor im Reichsverkehrsministerium.

[5] Romano Guardini (1885–1968), katholischer Theologe und Religionsphilosoph.

zu haben (und offenbar das letzte Exemplar in ganz Berlin).[1] Im übrigen gibt es in Buchläden nur noch *ein* Buch auf einmal, für Weihnachten tief traurig, wenn auch völlig zu verstehen. «Trost im Sterben»[2] für Herbert habe ich bekommen und schicke es als von Dir, von mir tue ich meinen kleinen Gedichtband: «Jahreskreis»[3] hinzu, eine Sammlung von Gedichten für die Jahreszeiten. «Unsre» je 10 Gedichte an ihn sind schon fort. Ich wollte Herbert eigentlich die Idyllen von Münchhausen[4] schenken, aber sie sind alle vollkommen vergriffen.

Dich bitte ich herzlich, Dein armes Mädchen wieder mit Briefpapier zu versorgen, besonders mit Umschlägen. Die gibt es kaum noch. Ich bitte, dies als ausgesprochenen SOS Ruf aufzufassen.

Daß ich Dir zum Adventspäckchen gar nichts zum Singen dazu getan habe, geschah eigentlich schweren Herzens – aber ich wollte Dich nicht unnötig belasten und nehme an, daß Du «Deine» Lieder par coeur[5] kannst. Sonst kriegst Du gerne noch ein kleines Quempasheft!![6] Wenn Gutekunst[7] kommt (oder wenn er gerade weg ist und ihr habt nicht drüber gesprochen): Seine Braut meinte heute, wenn er zu Weihnachten keinen Urlaub bekäme, würde es sehr einsam dort, wo er ist, für ihn. Vielleicht läßt sich da via Steck was helfen?

Und nun sei innigst geküßt!

Deine Eva

Die Briefe Eva Bildts über die Situation der Eltern und vor allem ihre Gedanken über Selbstmord bereiteten Helmut Gollwitzer große Sorge. Er bat deshalb seine Vertrauten in Berlin, sich um sie zu kümmern. Elsie von Stryk konnte ihn am 23. November beruhigen: «Eva

[1] Vermutlich das Buch «Die siebenfache Flucht der Radegundis» von Ida Friederike Görres (1901–1971), das Eva Bildt in einem Brief Anfang 1942 erwähnt.

[2] Heinrich Lützeler: Trost im Sterben. Freiburg i. B. 1941.

[3] Der Jahreskreis: Gedichte. Mit Gedichten von: A. v. Droste-Hülshoff u. a., Jena 1941.

[4] Börries Freiherr von Münchhausen: Idyllen. München.

[5] Auswendig.

[6] Sammlung alter Weihnachtslieder.

[7] Georg Gutekunst, der künftige Mann von Gretel, einer Sängerin der Neuköllner Singgemeinde (Singkreis), war ebenfalls Soldat in Frankreich.

hab ich jetzt zweimal allein und in Ruhe gesprochen. Es war auch wohl gut, daß wir das konnten. Du brauchst Dich in bezug auf das Innerliche nicht zu sorgen. Um das Äußere im Augenblick auch nicht. Sei sicher, daß sie für mich ganz, nein mehr wie eine Schwester ist.» Trotzdem bleibt die Wendung «Schreib mir immer alles» eine regelmäßig wiederholte Bitte von Helmut Gollwitzer in seinen Briefen an Eva Bildt.

24. November 1941

Auch heute, Du Liebste, nur eine Karte, weil wir in Vorbereitung für eine Übung stehen und früh zu Bett müssen. Es gehen gleichzeitig 2 Päckchen an Dich ab. Eines mit einem Buch über Manets Graphik, für *Gerhard* zu Weihnachten, und mit enveloppes[1] (auf Deinen SOS Ruf!), eines mit 1 Bild, das mir Prof. Glum (Freunde von Fr. Beckmann) zu Weihnachten schickte. Ich werde alles, was ich zu Weihnachten bekomme und hier nicht brauchen kann, an Dich schicken. Du kannst's dann auf Deinen Weihnachtstisch stellen, als Zeichen, daß Dir alles mitgehört.

Kannst Du nicht aus einem alten Gesangbuch (Lilje hat vielleicht welche) die Advents- u. Weihnachtslieder herausreißen und mir schicken? – Ja, die Görres ist sehr schön. Kennst Du das andere von ihr auch?

Leb wohl, ich muß noch schrubben. Schreib mir *immer alles, nichts aus Rücksicht verschweigen!* Von Herzen Gruß und Kuß!

Dein H.

Eva Bildts «Dichterfreunde», die Kleppers, mußten trotz Bemühungen um eine Auswanderung täglich mit der Aufforderung zur Deportation ihrer Tochter rechnen. Es gab aber auch aufschiebende Zufälle. In seinem Tagebuch notierte Jochen Klepper unter dem Datum 21. November 1941, daß sie einen Brief der Jüdischen Gemeinde an seine Stieftochter Renate Stein vorgefunden haben mit dem Vermerk des Postboten «Empfänger Teutonenstr. 24 unbekannt». Familie

---

[1] Briefumschläge.

Klepper wohnte aber nebenan in der Teutonenstr. 23 in einem neu erbauten und im Mai 1939 bezogenen Haus. Diese Briefe, die die Deportation vorbereiteten, mußte die Berliner Jüdische Gemeinde im Auftrag der Gestapo auch an alle «nichtarischen» Christen schicken. Aber es dauerte nicht lange, und am 2. Dezember vermerkte Jochen Klepper in seinem Tagebuch: «Heute kam zum zweiten Mal das Schreiben der Jüdischen Gemeinde ... an Renerle. Ich war sofort bei der Gemeindestelle ...» Seine Stieftochter Renate Stein wurde danach auf Grund eines von Klepper vorgelegten Schreibens des Reichsministeriums des Innern vorläufig von den Deportationen zurückgestellt.[1]

Die Zusicherung des Schauspielers und Intendanten des Preußischen Staatstheaters Gustaf Gründgens (1899–1963) – «unser Fürsprecher» – gegenüber Paul Bildt, «daß sich bei ... [ihm] zunächst nichts ändern werde» (Brief vom 18. November 1941), konnte kaum beruhigen. Wie schon in den vorangegangenen Briefen ist auch in dem folgenden die drohende Zwangsscheidung von sogenannten Mischehen das beherrschende Thema.

Mein inniggeliebter Liebster,   26. November 1941

es ist schon so, wie Fräulein Schaeder[2] neulich mal lächelnd sagte: Zur Post hat der liebe Gott ein ganz besonderes Verhältnis. Ich erlebte das gestern, wo bei den Dichterfreunden durch einen falsch adressierten Brief möglicherweise Böses aufgeschoben ist, und dachte heute daran, als wieder eine arme Postbotin (das gute Weib muß ja blind oder geistesgestört sein) Deine klar geschriebene Adresse an mich nicht lesen konnte, sodaß Dein trauriger Brief vom 20. mit Deinem fröhlichen vom 22. [November] zusammen ankam und mir so die Betrübtheit und der Schrecken ganz gemildert waren und Deine Liebe, Liebster, die aus beiden zu mir kam, mir das ganz verwirrte Herz aufrichtete.

Denn nach einer wieder besonders guten Stunde bei den Dichterfreunden, in deren Beisammensein so viel stille gute Geister am Werk

---

[1] Unter dem Schatten deiner Flügel, a. a. O., S. 569 ff.

[2] Hildegard Schaeder (1902–1984), Slawistin, Mitglied der Leitung der Bekennenden Gemeinde in Berlin-Dahlem und von 1948 bis 1970 Referentin für die Orthodoxen Kirchen des Ostens im Außenamt der Evangelischen Kirche in Deutschland.

zu sein scheinen, wenn sie handarbeitend vor seinem riesigen Schreibtisch sitzt, hinter dem er zwischen Büchern thront, daß man den Herrn Christus als Herrn in diesem Hause und über dieser Ehe spürt, gerade, wenn man in den erschreckend gealterten und schmal gewordenen Gesichtern von den untragbar scheinenden Prüfungen liest, die durch die dauernde Bedrohtheit zunächst der Tochter und dann schließlich auch ihr selbst sich da eingezeichnet haben – war ich in der Dahlemer Bibelstunde über Ps[alm] 139.[1] (Habe ich ihn immer so falsch gelesen, daß er mir durchaus nicht *nur*, wie Moch [Mochalski] ihn auslegte, als der unheimlichste der Psalmen erschien, der die qualvolle aussichtslose Flucht des Menschen vor Gott schildert. Ich sah eigentlich immer in ihm die Flucht *zu* Gott, die überall noch möglich bleibt. Jetzt denke ich, es wird wohl beides sein.) Jedenfalls, wie dem auch sei, war es eine große richtende und aufrichtende Stunde unter Gottes Wort, die die Verzagtheit des Herzens als Sünde deutlich werden ließ und die Ängstigungen als von Gott geschickte *Folge*, nicht als *Ursache* erkennen ließ.

So kam ich eigentlich getrost und guten Mutes nach Hause. Dort aber hatte ich mit den Eltern ein Gespräch über die Situation, das ich Dir schreiben muß, Liebster, denn vielleicht kannst Du helfen, bestimmt aber beten. Und mir hilft es, wenn Du weißt, was mir ja nun wieder und wieder die Gedanken beschweren und das Herz zerreißen wird. (Heute kriegte ich bei L[ilje] eine Art Weinkrampf – danach ist mir besser gewesen.) Und nach Deinen Briefen habe ich wieder das getröstete und fröhliche Herz, das mir L[ilje] beim Abschied wünschte.

Es ist so: Als äußerste Möglichkeit (durch die Zusicherungen, die der Vater bekam, vielleicht nie eintreffend, Gott möge es schenken, oder noch zumindest nicht akut – aber in den Gefilden Käthe Himmelreichs[2] durchgeführt und hier seltsamerweise bei Vatis Kol-

---

[1] «Ein Psalm Davids, vorzusingen. HERR, du erforschest mich und kennest mich. Ich sitze oder stehe auf, so weißt du es; du verstehst meine Gedanken von ferne. Ich gehe oder liege, so bist du um mich und siehst alle meine Wege. Denn siehe, es ist kein Wort auf meiner Zunge, das du, HERR, nicht alles wissest. Von allen Seiten umgibst du mich und hältst deine Hand über mir. Und sieh, ob ein Weg der Mühsal bei mir ist, und leite mich auf ewigem Wege! ...»

[2] Sängerin der Neuköllner Singgemeinde (Singkreis) mit – vermutlich – jüdischen Verwandten.

legen angefangen anzubahnen) steht die vor uns: Unterschrift unter eine Erklärung, daß die Beziehung zwischen den Eltern in jeder Form gelöst ist. Für den einen Teil Unmöglichkeit, das Schicksal des dann Fortmüssenden zu teilen! Da dies dem Vater innerlich unmöglich ist oder wäre zu tun und mit anzusehn – er sich aber andererseits nicht zutraut, sich den Konsequenzen einer Weigerung auszusetzen, zumal es dem anderen Teil nichts helfen würde: der Entschluß zum gleichen Schicksal des Kollegen, von dem ich Dir schrieb.

Liebster Helmut: Menschlich ist das wirklich das einzig mögliche. Auch die Dichterfreunde sind zu demselben Entschluß gekommen, bei solch äußerster Not, wo die Trennung unumgänglich ist auf Erden. Was für mich, abgesehen davon, daß ich Dir ja nicht schreiben muß, wie es in einem aussieht, wenn die Eltern dem Kind so etwas sagen, wenn meine Eltern mir das sagen! So furchtbar [es] ist, ist nicht der Gedanke, daß die geliebten Menschen das tun könnten, was, wie uns allen (dem Vater vielleicht nicht so, der überhaupt in letzter Zeit in seltsamer Opposition zum Christlichen steht, auch durch Bücher nicht unbeeinflußt, die seine alte Liebe zur griechischen Weltschau wieder sehr weckten) klar ist, eine große Sünde ist, die aber doch, besonders da es ja wirklich der Eine für den andern tut, auf die Vergebung Christi hoffen darf. Sondern es ist, daß ich meine, man dürfe nicht sagen: Wenn das und das kommt, dann mache ich Schluß. Das Entschlossensein, beieinander zu bleiben um jeden Preis, das scheint mir recht vor Gott. Aber was ich darum leiden muß, da muß ich Gott zunächst zutrauen, daß er mir ungeahnte Kräfte gibt zu dulden, wenn nicht, wunderbare Wege findet zu retten. Verstehst Du Liebster, um die Gedanken, die (vor allem der Vater, der es ja auch darin schwer hat, weil er entscheiden muß unter Umständen) jetzt gedacht werden, ist mir bange. Was dann geschieht – das ist etwas anderes. Darf und muß man nicht, fern von allem Optimismus, Gott als sein Kind alles zutrauen?

Liebster, immer wieder erfahre ich, wie viel größer Er ist als unser Herz – darum, wenn Du dies liest, sei nicht allzu bange und verschreckt. Nimm es auf Dein Herz – und wenn Dir Gott einen guten hilfreichen Gedanken schenkt, dann schreibe ihn mir oder den Eltern. Es ist auch andererseits gut, daß das alles einmal ausgesprochen ist, nun leben wir angesichts dieses Äußersten mit der Entschlossenheit, jeden Tag dankbar aus Gottes Hand hin zu nehmen.

Wie dankbar müssen wir sein, daß wir noch postalisch so beieinander sind, daß wir doch miteinander leben und erleben können. Wenn Du im Osten wärst, es wäre nicht auszudenken! Dein guter Brief an die Freunde war ein Wort, dem man anspürt, daß er nicht nur andern gesagt ist, Du Lieber.[1] Sachs und Kayser sind einstweilen von den Arbeitsstellen reklamiert und noch hier.[2]

Jetzt muß ich zu Gertrud, der ich einen Besuch versprochen habe, dann gehe ich wieder zur Bibelarbeit. Habe Dank für alle Deine Liebe, es ist so schön, daß man auf allerlei Weise einander doch stärken und helfen kann, wenngleich das eigene Versagen und die eigene Ohnmacht deutlicher ist als je in so schweren Tagen; wie wahr ist das: Gott überwindet!

Lebe wohl. In allem und über alles hin bin ich
Deine Eva

Wenn Du zu den uns betreffenden Dingen etwas sagst, vermeide, sie konkret zu benennen, man soll andere nicht auf böse Gedanken bringen, die sich vielleicht für unsere Briefe interessieren.

Die letzten Worte des Briefes seiner Braut – «Wenn Du zu den uns betreffenden Dingen etwas sagst, vermeide, sie konkret zu benennen» – hatte Gollwitzer wohl noch nicht gelesen hatte, als er seinen Adventbrief an die Dahlemer Gemeinde abschickte. Er sprach hier durchaus konkret die Sorgen in Dahlem an: «Meine Gedanken und meine Gebete gehen mit den Euren zu allen, die jetzt von der Gemeinde getrennt sind: Sie gehen zu denen, die im Dienst des Krieges stehen im Osten und an den anderen Fronten, sie gehen zu denen, die Advent dieses Jahres in der Abgetrenntheit der Haft erleben. ... Und eben, da ich dies schreibe, höre ich von dem Weggang einiger in eine menschlich ganz hoffnungslos und schrecklich scheinende Zukunft

---

[1] Abschiedsbrief an die «nichtarischen» Gemeindeglieder vom November 1941.

[2] Else Kayser und Johanna Sachs, Mitglieder der Bekennenden Gemeinde in Berlin-Dahlem, wurden 1942 bzw. 1943 als Jüdinnen deportiert und später ermordet.

hinein. Unsere Gebete begleiten sie auf ihrem schweren Weg. Und sie gehen schließlich zu denen, die nun schon auf der Schwelle getreten sind und diese Welt des Glaubens verlassen haben und hinübergehen in die Welt des Schauens.»

Helmut Gollwitzer wohnte bis zu seiner Ausweisung Anfang September 1940 in der Dahlemer Villa (Auf dem Grat 14) von Albert und Irmgard Dietrich, die Mitglieder der Bekennenden Gemeinde waren. Auch danach wurde ihm sein Souterrain-Zimmer weiter reserviert. Es diente in den Kriegsjahren als einer von mehreren Orten zur Aufbewahrung für seine Bücher, für seine Materialsammlungen und vor allem für die Briefe, die er als Soldat nach Berlin schickte. Eva Bildt ging deshalb öfter «zu Dir», um Sachen einzulagern oder zu holen.

Mein geliebtester Liebster,   5. Dezember 1941

was für ein Tag! Draußen gießt es in Strömen, alles grau in grau. Und mein Herz ist so fröhlich! Geht in Sprüngen und kann nicht traurig sein![1] Warum? Elsie traf ich in der Burckhardthausbuchhandlung, und die fragte mich nur immer: Ist es das Photo, das Dich so strahlend macht? Ich hatte ihr erzählt, *wie* ich mich über eine Vergrößerung von einem unserer München-Photos gefreut habe (das, wo wir nebeneinander sitzen). Aber natürlich ist's nicht das Photo allein. Es ist alles. Angefangen davon, daß ich wieder so wunderschön von Dir geträumt habe und – da schreibst Du mir in Deinem Brief von Deinem Traum von mir! Es ist auch grade so, als ob wir uns da so haben, wie Gott sich's gedacht hat, in ganzer Einheit der Liebe. Und mir ist es wie ein Zuspruch, ein Gruß unserer Engel – ein so schönes Geschenk! (Und daß an dem Tag gerade unser schönes Photo von Elsie kam, das nun auf meinem Schreibtisch steht und über dem ein schöner goldener Stern baumelt, ist schon wieder ein Grund besonderer Freude!)

Und nun kam heute Dein guter, schöner Brief vom Montag. Daß wir die Fragen der Eltern so ganz aus einer Gesinnung tragen, ist

---

[1] Aus «Ist Gott für mich» des Kirchenlieddichters Paul Gerhardt (1607–1676).

solche Kraft. Jetzt aber dürfen wir getrost Tag um Tag leben – und unsere Sorgfalt denen widmen, die uns in dringlichen Sorgen brauchen. Es scheint hier für die nächste Zeit bei uns doch zu bleiben, wie es ist. Und das Leben und die Liebe und Advent haben den Vati von allem Grübeln und sich Sichern und Festlegen-Wollen weggebracht. Die Mutti tat viel dazu; sie sieht alles ganz aus der Bereitschaft, es aus Gottes Hand zu nehmen und ihm wunderbare Hilfe zuzutrauen – und da der Vati ja so ganz mit ihr und um sie ist, ist ihm von daher die größte Hilfe gegeben. So dürfen wir danken, danken, danken!

Du mein Liebster! Aber mir ist es heute so neu überwältigend, daß wir uns gefunden haben und so sehr und doch immer, immer mehr lieb haben! Es ist zum Freudensprünge machen!

Aber die Weihnachtspäckchen werden nun nicht aufgemacht, Du schlimmer Liebster Du! Und was sagst Du zu «Deinem» Anemonen-Wagner?[1] Ich war so froh, als ich das Bändchen fand! Und mein Advents-Kalender-Büchlein (mit den Karten und Sprüchen) hat Gutekunst Dir doch auch mitgebracht? Er hat mit seiner Gretel am Dienstag nachts von ¼ 3 – ¼ 4 telefoniert (soll ich es beneidenswert finden, ich stürbe vor Aufregung!) und gesagt, es sei sehr schön (er sagte: «sehr, sehr schön») mit Dir gewesen. Da war ich den ganzen Abend über froh, als ich das gehört hatte, und konnte noch mal so schön singen.

Heute habe ich acht Kerzen und Lied und Spruchkarten an Dich abgeschickt. Frau Dietrich, die ich – dunkler Ahnungen voll – bat nachzusehen, sagte mir, daß die «Heilige Nacht» von Thoma nicht auffindbar sei.[2] Sie hätte sie Dir im vorigen Jahr nach Potsdam in die Kaserne geschickt, da sei sie wohl nicht wiedergekommen.

Ich hätte nämlich die Herntrich[3]-Fortsetzung von seiner Bibelarbeit über «Christusglaube und das Sterben» aufgeben müssen, um zu Dir zu gehen, und daher bat ich Frau Dietrich, die es auch gern getan hatte.

---

[1] Christian Wagner (1835–1918), schwäbischer Dichter.
[2] Ludwig Thoma: Heilige Nacht. Eine Weihnachtslegende.
[3] Volkmar Herntrich (1908–1958), Leiter des Evangelischen Jugendwerkes im Burckhardthaus, nach 1942 Hauptpastor in Hamburg und ab 1956 Hamburger Landesbischof.

Die Herntrich-Bibelarbeit (heute viel mehr Bibelarbeit als das vorige Mal) über 1. Kor[inther] 15[1] und Ps[alm] 90[2] war in ihrer Nüchternheit, Klarheit und Überzeugtheit ganz ausgezeichnet. Er macht es sich so gar nicht leicht, läßt Fragen bestehen – und macht damit so deutlich, was «Glauben» heißt. Übrigens liest er gerade Deinen zweiten Rundbrief, dessen Quantität er zunächst mal rückhaltlos bewunderte. Zur Qualität schien er noch nicht vorgedrungen.

Herr Buchholz[3] wird mir als Weihnachtsmann hochwillkommen sein. Was die Antigone-Karten betrifft, kann ich ihm zwar nichts versprechen, aber versuchen können wir jedenfalls, Karten zu besorgen. (Übrigens brauchst Du keine Angst haben, daß ich Päckchen vor Weihnachten «als Vergeltung für Kohlbrügge»[4] (schöner Titel für einen Film) öffne, ich habe von Irene die Wollust der Vorfreude und des Rätselratens gelernt – und werde ganz brav sein!) – Für die Briefumschläge heißen Dank; Elsie bittet um ein Gleiches! – Die 40 RM gehen baldigst an Dich ab.

Die Eltern waren heute Nachmittag mit Gerhard im Atelier bei Marcks und waren künstlerisch und menschlich gleicherweise beglückt. Sie haben die große Schwester unserer Eirene begrüßt und den Kranich und das liebe Pferdchen. Es muß wunderschön gewesen sein. Und morgen steigt die Bäckerei. Hoffentlich gehen zwei Plätzchen (von meinen zwei Modeln je eins) mit 50 gr. weg; die mußt Du doch haben!

Weißt Du, wie lieb ich Dich habe!

Laß uns weiter träumen – und beten, bis es Wirklichkeit wird!

Deine Eva

[1] 1. Korinther 15: «Ich erinnere euch aber, liebe Brüder, des Evangeliums, das ich euch verkündigt habe, welches ihr auch angenommen habt, in welchem ihr auch stehet, durch welches ihr auch selig werdet: welchergestalt ich es euch verkündigt habe, so ihr's behalten habt; es wäre denn, daß ihr umsonst geglaubt hättet. Denn ich habe euch zuvörderst gegeben, was ich empfangen habe: daß Christus gestorben sei für unsre Sünden nach der Schrift, und daß er begraben sei, und daß er auferstanden sei am dritten Tage nach der Schrift ...»

[2] Psalm 90: «Ein Gebet Mose's, des Mannes Gottes. HERR, Gott, du bist unsre Zuflucht für und für ...»

[3] Kriegskamerad von Helmut Gollwitzer.

[4] Vermutlich meinte Eva Bildt hier ein Buch des reformierten Theologen Hermann Friedrich Kohlbrügge (1803–1875), das sie ihm geschickt hatte. In Helmut Gollwitzers Bibliothek befanden sich später mehrere Publikationen dieses Theologen, die vor 1941 erschienen waren.

«Zücke bitte Deinen Kalender und schreibe hinein: Sonnabend, den 27. Dezember 16 h: Eva» schrieb sie einige Tage vor Weihnachten an ihre Freundin Elsie von Stryk. Eva Bildt lud sie und einige andere aus dem Freundes- und Bekanntenkreis zu einer Lesung anläßlich des bevorstehenden Geburtstages von Helmut Gollwitzer am 29. Dezember ein. Über die Vorbereitungen dieser Feier und über ihre Gedanken zur Ehe berichtet sie ihrem Verlobten. Bei dem Buch des Theologen und Literaturhistorikers August Vilmar (1800–1868) handelt es sich vermutlich um die von Friedrich Wilhelm Hopf herausgegebene Schrift «Christ will unser Trost sein. Familienbriefe von August Vilmar», Berlin 1938, die Helmut Gollwitzer auch am 27. Dezember 1941 in einem Brief an seine Familie in München erwähnt hat.

18. Dezember 1941

Mein Liebster – wer weiß, wo Du jetzt bist? Ob in einer Stadt? Auf einem Dorf? Oder weder noch? Ob Du die Sprache der Menschen, die da wohnen, wo Du bist, noch verstehen kannst? Ob Du schöne Landschaft siehst? Ob es Schönes zu erfahren gibt an Volksbräuchen, Häuserbau, Liedern, Kunstgewerbe? Ob Du viel Leid siehst? Was Du wohl zu tun hast? Ob und wie Du zu essen bekommst und ob es auch da, wo Du jetzt bist, schönen Wein gibt? Ob es da wärmer oder kälter ist als hier? Und ob Du in einer Kaserne oder in Privatquartier bist? Und mit Deinen alten Kameraden von der netten Gruppe zusammen?

Das ist so eine Auswahl von Fragen, die ich mir selber immerfort – und ganz sinnloserweise – stelle und auf deren Beantwortung ich brenne. Käme doch wenigstens noch vor Weihnachten eine Nachricht. Wärst Du da gerade für mich verschluckt vom Dunkel der Ereignisse – nein, das male ich mir lieber gar nicht aus! Aber ich schreibe nun heute schon den Gruß, den Du am Heiligen Abend aufmachen sollst, hoffentlich ist's noch Zeit!

Ich freue mich jetzt sehr, nachdem ich noch einmal umgeworfen habe, auf mein Vorlesen für die Freunde. Ich lese statt der «Santa Caterina di Siena»[1] eine Erzählung der Lagerlöf, «Der Nebel»,[2] die mir

[1] Aus «Christuslegenden» der schwedischen Schriftstellerin Selma Lagerlöf (1858–1940).
[2] Aus «Die Prinzessin von Babylonien» von Selma Lagerlöf.

ungleich stärkeren Eindruck machte. Ich möchte ja, da es für die Freunde ist, mit dem, was ich lese, ein wenig von mir aussagen und berichten, zumal ich einige von ihnen tatsächlich das ganze Jahr (von meinem vorjährigen Claudius-Lesen[1] bis jetzt) nicht gesehen habe. Was ich ihnen von meinem Herzen mitteilen kann (von meiner Begegnung und von meinem Leben mit Dir, mein Liebster, das mein Herz füllt), ist so vollkommen in den Barrett-Sonetten ausgesprochen, daß alles thematisch Gleiche dagegen verlöscht. So wählte ich als Zweites den «Nebel» (Kennst Du es wohl?), eine Kriegsgeschichte, die etwas von den Fragen ausspricht, die auch für dieses Jahr entscheidend waren. Die Geschichte erzählt von dem «Friedfertigen», der sich mit seiner Arbeit und dem ihn umgebenden Leben, das friedlich und ruhig weiterläuft, in dem Nebel (den er sich wünschte, damit nichts vom Krieg, den er nicht hindern kann, herankommt) verbirgt und dem Gott aber beim Gericht sagt: «Ich entfesselte zu deiner Zeit einen Sturm auf Erden. Wie kam dein Gedanke in dein Herz, daß du dich vor diesem Sturm verbergen könntest?» – Eine große Erzählung, die ich mir auch selbst vorlesen werde.

Auch las ich wieder einige interessante Stücke im Vilmar. Unter anderem eines über die damals eingeführte Zivilehe, wobei mich doch recht aufregte (das kann ich Dir nicht verschweigen), wie kurze Zeit es erst so ist, daß man die bürgerlich-staatliche Eheschließung als entscheidenden Vollzug ansieht. (Deren innere Unwesentlichkeit gegenüber der kirchlichen Trauung uns ohnehin deutlich ist) – aber ich sah es doch so an, als wäre das sozusagen eine unumstößliche Ordnung innerhalb der Welt, während ja tatsächlich die Begriffe sich da laufend gewandelt haben und es ganz lange (Vilmar schreibt zu seiner Zeit noch in Westfalen) keinen Unterschied zwischen Verlöbnis und Vermählung gab.

Verstehst Du, daß ich das aufregend fand?? Weil ich bisher innerlich eigentlich immer ganz stur (gegenüber Gertrud und auch Lali, die manchmal mit mir drüber sprachen) gedacht habe: Wenn Gott will, gibt er uns die Erlaubnis; wenn nicht, soll's eine Prüfung für uns sein, der wir standhalten müssen, und mir das ebenso gefährliche wie schöne Goethewort: «Bedenke nicht, gewähre wie du's fühlst»[2] streng

---

[1] Vgl. Brief von Eva Bildt vom 17. November 1940.
[2] Aus «Iphigenie auf Tauris» von Johann Wolfgang von Goethe.

aus dem Sinn schlug. Und bei Dir war und ist es wohl ähnlich gegangen.

Nun, jedenfalls mußt Du bald mal wieder Urlaub haben – und ich muß wohl fürchten, daß das ein unerfüllter Weihnachtswunsch bleibt?? Der gute George dachte doch, schon so bescheiden zu sein mit seinem schönen:

«Verschweigen wir was uns verwehrt ist,
Geloben wir, glücklich zu sein,
Wenn auch nicht mehr uns beschert ist
Als noch ein Rundgang zu zwein.»[1]

Und hat ja auch noch viele Wünsche dabei geopfert, als er so sprach – und doch: «wenn auch nicht mehr», – der Gute! Ich kann nur sagen: O wärst Du da! Und fürchte mich schon ein wenig vor der sicher nun wieder beträchtlich vergrößerten Postentfernung zwischen uns!

Und bin dankbar, daß wir uns gefunden haben und haben und haben werden!!

Sei mutig und fröhlich. Sei um meinetwillen ein wenig vorsichtig mit Deinem Kopf und Körper – und schenke mir all Dein Liebhaben!

Deine Eva

Ich habe noch Bibellese 42 für Dich. Die schicke ich aber erst ab, wenn ich neue Nachricht von Dir habe, obwohl sich ja an der Feldpostnr. sicher nichts ändert.

Noch vor Weihnachten, am 22. Dezember 1941, wurde das Urteil im Prozeß gegen die Angeklagten des Prüfungsausschusses und der Kirchlichen Hochschule in Berlin-Dahlem verkündet. «Unsere Freunde, bis auf Albertz[2] u. Günther [Dehn], sind alle wieder da», teilte Elsie von Stryk auf einer Karte ihrem Freund Helmut Gollwitzer mit. Eva Bildt schickte ihm am 25. Dezember eine Kurzfassung eines ausführlichen

---

[1] Aus «Es lacht in dem steigenden Jahr dir» von Stefan George (1868–1933).
[2] Martin Albertz (1883–1956), Superintendent des Kirchenkreises Berlin-Spandau.

Berichts von Gertrud Staewen. Gollwitzer war an allem Geschehen höchst interessiert. Er hatte während seiner Berliner Zeit das Referat für den theologischen Nachwuchs vom altpreußischen Bruderrat der Bekennenden Kirche übertragen bekommen. So konnte er im Januar 1942 an seine Familie in München schreiben: «… es ging um die Angelegenheit unserer theologischen Prüfungen und Vorlesungen, also um eine Auseinandersetzung, an der teilzunehmen mich nur mein Soldatensein gehindert hat.»

Wie auch in den folgenden Jahren wurde der Geburtstag von Helmut Gollwitzer in seiner Abwesenheit ausgiebig gefeiert. Nach der Lesung vor 20 Freunden und Bekannten am Nachmittag des 27. Dezember in der Wohnung von Familie Bildt wurde die Feier am Abend im Familienkreis mit Erzählungen von Paul Bildt über Joachim Ringelnatz (1883–1934) und Bertolt Brecht (1898–1956) fortgesetzt. Einen Tag später, am 28. Dezember, berichtete Eva Bildt darüber und beschrieb auch ausführlich, wie dieser Tag vor einem Jahr, als sie sich näher kennenlernten, verlief. Am eigentlichen Geburtstag wurde erneut gefeiert. In ihrem Brief von diesem Tag geht sie aber auch auf ein sehr dringendes und ernstes Thema ein. Helmut Gollwitzer hat ihr einige Tage zuvor seine Gedanken über die fehlende Hilfe der evangelischen Kirche für die verfolgten Juden mitgeteilt.

Mein Liebster,   29. Dezember 1941

von der Mutti bekam ich Blumen zu Deinem Geburtstag und von Gerhard mehr Küsse, als Lalita anständig fand, überdies saßen wir – Dir zur Feier – zu fünft (Inge, Lalita, Mutti + Gerhard + ich) in einer Loge in der Generalprobe der «Lustigen Weiber von Windsor»[1] und langweilten uns entsetzlich ob Stück und Aufführung. Aber waren zusammen! Vormittags mußte ich zur Frau Pfarrer [Niemöller], dienstlich, da haben sie auch Deiner gedacht. Was mich betrifft, so bin ich heute, ein Jahr nach unserem Kennenlernen, wieder in der Achtung der Familie dadurch gestiegen, daß ich am selben Tag mit Swedenborg geboren bin. Die Deinen warten schon sehr darauf, was Du zum Swedenborg sagst.[2]

---

[1] Komisch-phantastische Oper von Otto Nicolai (1810–1849).
[2] Gerhard Gollwitzer hat über den schwedischen Mystiker Emanuel Sweden-

Jetzt trinken wir Sekt – auf Dein Wohl!

Heute kam Dein Brief vom 23. (er geht wohl doch länger als vorher – vielleicht ist's aber auch der Weihnachtsbetrieb, der alles verlängert). Ich möchte Dir gerne noch einiges zu dem sagen, was Du zu der uns beiden bewegenden Frage der Grenze sagst, über die hin wir nicht nur nicht springen können, sondern auch nicht bereit sind zu springen. Ich glaube, daß Du im letzten ganz recht hast mit dem, was Du sagst – aber möchte doch (rein von den tatsächlichen Erfahrungen her, die ja in diesem Fall nicht Einzelerfahrungen, wie auf unserer Seite, sondern grundsätzliche Erfahrungen sind) sagen, daß die katholische Seite allerdings nicht da verstummt, wo wir die Grenze setzen, sie redet weiter, aber nicht entschuldigend, als wäre das Unzulängliche das Vollkommene, sondern fordernd. Da, wo bei uns die Tapfersten (die es natürlich als Vereinzelte und von nirgend her Autorisierte und Getragene unvergleichlich schwerer haben) die unübersteigbare Grenze sehen, wird es drüben noch als selbstverständlich angesehen, weiterzugehen, dazusein und es als die uns gegebene wichtigste Aufgabe zu sehen, diesen leidenden Nächsten zu helfen. Es gibt da auch gar keine Trennung zwischen «Bekenntnis» und Nächstenliebe, sondern im zweiten erfüllt sich das erste. Trotzdem bleibt es richtig, was Du sagst – aber ich wollte es Dir doch – berichtend – sagen, weil es zu meiner persönlichen Demütigung noch erheblich beiträgt. – Aber es ist so wahr, von daher wird deutlich, was Gnade ist.

Gestern, bei unserer Singkreisfeier, die schön war, wenn auch sehr ernst (ich mußte dem Singkreis von Adalberts Tod sagen,[1] das war nicht leicht, und doch war ich dankbar dafür), war Gutekunsts Gretel so tief traurig über Dein nicht-zu-ihm fahren-können, daß es mich tief gerührt hat. Sie meinte, er habe nun den ganzen Abend mit scheußlichen Kameraden saufen müssen, die ihn sonst schon immer arg verspotten. Liebster, mein Liebster, es müßte halt mehr Leute geben wie Dich, und doch bin ich selbstsüchtig genug, Deine Einzigartigkeit zu preisen.

borg (1688–1772) verschiedene Schriften verfaßt. In der Bibliothek seines Bruders Helmut Gollwitzer waren später auch mehrere dieser Publikationen. Sie stammten aber alle aus der Zeit nach 1950. U. a.: Die durchsichtige Welt: Ein Swedenborg-Brevier. Zürich 1953.

[1] Adalbert Kaiser, Sänger der Neuköllner Singgemeinde (Singkreis), war an Lungenkrebs verstorben.

Ich habe Dich so lieb! Mein mir zur Freude heute geborener Helmut! Lalita und ich haben festgestellt, daß zwischen ihr und dem Gerhard und mir und Dir der gleiche Altersunterschied der (heiligen!) sieben Jahre besteht – und fanden das besonders schön (wie alles!).

Wie brenne ich auf Deinen Weihnachtsbericht! Und ob es mir so geht, daß es mir zuweilen widersinnig erscheint, daß wir das Gleiche so getrennt und anders fern von einander tun! Und doch: Wie gut haben wir es, wie gut!

Und nun zum Allerbesten: Urlaub! Noch wage ich nicht, mich darauf zu freuen, noch Lilje vorher rebellisch zu machen. Das Schwierige dran ist immer das Gleiche: Ich würde ihn bedenkenlos um 14 Tage Urlaub bitten (und sie auch bekommen), wenn durch seine festliegenden dienstlichen Reisen nicht schon ohnehin meine Arbeit immer unterbrochen würde, so daß, wenn er mal da ist, er mich natürlich eigentlich dringend beansprucht. Und daß grade mal Urlaub und dienstliche Reise zusammenkommen, wäre ein nicht zu erwartender Glückszufall – und läßt sich ja auch von uns aus nicht einrichten. So kann ich ihm eigentlich bestenfalls mal eine Andeutung machen und schmeiße mich ansonsten dem Gang der Dinge hoffnungsvoll in die Arme. Für eine Teilung München – Halle wäre ich an sich deshalb, weil dann vielleicht eine Möglichkeit bestünde, Gerhard und Lalita, vielleicht auch die Eltern zu sehen, für die es beide Wesentliches bedeuten würde. Mir persönlich wäre es gleich, ich käme auch für weniger als 14 Tage nach München – ich finde, Du mußt das nach Deinem Gefühl entscheiden! (Gegen Halle spricht, daß es so nah ist, daß Du vielleicht bestürmt wirst und auch in einen Lebensrahmen hineinkommst und Fragen, von denen zu trennen Dir sehr schwer wird und für die die Zeit zu kurz ist, um sie fruchtbar anzuschneiden – aber das sind alles nur Gedanken, die ich nur ausgesprochen haben möchte.) –

Denk Dir – nach allem, was so war – ich kanns noch gar und gar nicht fassen: Das große, das übergroße Glück Dich wiederzuhaben.

Du Liebster, bester: Sei froh und guten Muts!

Ich habe Dich lieb und immer lieber!

Deine Eva

Ich hatte auch heute Dein liebstes Kleid zu Deinem Geburtstag an: den blauen Seidenrock mit der Seidenbluse und der blau-grauen Wolljacke, mich erinnert das immer doll an das erste Wochenende in Beveringen.[1]

Einen Tag später, am 30. Dezember 1941, korrigierte sie ihre heftige Reaktion auf das Versagen der Institution Kirche bei der Hilfe für Juden: «Ich habe mich vielleicht gestern dumm ausgedrückt: Einzelne von uns (Gertrud und so) sind unbeschreiblich und bewundernswert furchtlos und hingebend zu den bedrängten Freunden und beschämen mich immer wieder. Aber Du verstehst, daß es sich da nicht um die Einstellung der ev. Kirche handelt – die andere Seite [katholische Kirche] hat es als ihre Aufgabe angesehen, alles für diese Bedrängten zu tun.»

[1] Kleinstadt in der Mark Brandenburg nordwestlich von Berlin.

Briefe 1942

Im neuen Jahr hofften Eva Bildt und Helmut Gollwitzer, end-
lich die Heiratsgenehmigung zu erhalten. Eva Bildt bat eine Kollegin
des Vaters um Unterstützung. Es handelte sich vermutlich um Her-
mine Körner vom Preußischen Staatstheater, die auch von Jochen
Klepper um Hilfe gebeten worden war, da sie «wohl die letzte große
Schauspielerin [ist], die viel mit Frau Göring verkehrt».[1] Auch berich-
tet sie in ihrem Brief von einem Besuch bei den Schwestern Klara-
Margarete und Gertrud-Bertha Silbermann in Berlin-Lichterfelde.
Beide waren Mitglieder der Dahlemer Gemeinde und sollten in näch-
ster Zeit deportiert werden.

Mein Liebster,   6. Januar 1942

ehe ich zu Dir gehe, um wieder einmal einige Bücher loszuwerden,
sollst Du wenigstens einen kurzen Bericht und einen innigen Gruß
haben. Wie froh machen mich Deine Briefe! Gestern kam der schöne
vom Meer. Du, – ich kann Dir das nicht erklären, aber seit Du am
Meer bist, ist mir, als wärst Du näher zu mir gekommen, nicht weiter
fort. Das ist eine ganz große Bindung, dieses, mein Element, das sich
Dir nun auch so groß und so schön dartut.
    Gestern rief Dein Kamerad Schmidt an, sprach von Deinem baldi-
gen Urlaub und wird morgen zu mir kommen; alles mächtig aufregend. – Ja, wirklich aufregend und erregend und für mich verbunden mit solcher Fülle von Wünschen, Hoffnungen, Bangnissen und
Gedanken, daß ich mich manchmal schelten muß, warum ich's nicht
einfach nehmen will und nur fröhlich und getrost darauf zulebe. Ich
sprach auch noch einmal mit dem Vater, aber er kann jetzt in seiner
Situation wirklich nichts für uns tun. So versuchte ich etwas, schrieb
nämlich an eine Kollegin vom Vater, die nicht ohne Einfluß ist auf
unser Fürsprecherehepaar, einen Brief, ganz ehrlich und ganz persön-

[1] Unter dem Schatten Deiner Flügel, a. a. O., S. 566.

lich; denn, auch wenn Gott es ja alles tun kann ganz ohne unsere Bemühung, so sollen wir vielleicht doch nicht unterlassen, das Wenige,
was uns an Möglichkeiten gegeben ist, zu versuchen, zumal es mir
hier von Herzen ging. Ach, Du Armer!

Heute war ich bei den Silbermann-Fräulein, die täglich und nun
stündlich auf die große dunkle Veränderung warten, deren Dunkel
unermeßlich ist. Sie lassen Dich von Herzen grüßen, was für freund-
liche, gütige Menschen, ach Helmut! Da schämt man sich dann der
eigenen Wünsche – und doch, sie bleiben, und ihre einzige Entschul-
digung scheint mir denn zu sein, daß man sie ja nicht nur für sich
selber, sondern für den anderen hat. Doch in dem allen halte ich
mich, tröste ich mich an dem Wort aus dem [1.] Joh[annes] 3,19–20:
«... und können unser Herz vor ihm damit stillen, daß, so uns unser
Herz verdammt, Gott größer ist denn unser Herz und er kennt alle
Dinge.»

Vom Vater Traub hatte ich einen lieben, schönen Brief, über den
ich mich, wie Du Dir denken kannst, von Herzen freue. Er schreibt:
«Grüßen Sie ihren Glückbringer. Er verdient's!» Dazu hatte ich aus
München noch schöne Familienpost (von Herbert war eine Karte
vom 1. Advent da, offenbar inmitten ernster Kämpfe geschrieben) –
gestern waren Lali und Gerhard bei uns und haben einen ganzen
Abend Photos (Rollenphotos) vom Vater angeschaut, kurz, ich habe
es gut, und (um mit der Mama zu reden) verdiente, verhaut zu werden, wenn ich nicht ganz fröhlich bin.

Komm bald zu mir, ja? Und sei geküßt von

Deiner Eva

*Eva Bildt war verzweifelt und ratlos. Sie hatte noch einmal die
Schwestern Silbermann getroffen. Deren Transport ging nach Tagen
im Sammellager am 19. Januar nach Riga. Die beiden Frauen wurden
dort ermordet. Andere «nicht-arische» Gemeindeglieder, wie der ehemalige Landgerichtsrat Otto Stargardt und seine Frau, wurden aus
ihren Häusern vertrieben und in sogenannten «Judenhäusern» untergebracht. Otto und Edith Stargardt hatten Helmut Gollwitzer noch
vor ihrem erzwungenen Umzug einen Globus geschenkt. Im Juni
1942 wurden sie in das KZ Theresienstadt deportiert, überlebten dort,
emigrierten in die USA und kehrten einige Jahre später nach Berlin*

zurück. Wenige Tage nach diesem Brief, am 20. Januar 1942, fand die Wannseekonferenz über die Organisation der planmäßigen Ermordung der europäischen Juden statt.

Mein Geliebter! 16. Januar 1942

Nach dem langen und recht bangen Warten darf ich nun die Erste sein, die Nachricht von Herbert hat! Und so einen langen und schönen Brief! Habe ich nie verdient! Ich bin ganz außer dem Häuschen vor Freude! Ich glaube, das war seit meiner Verlobung das erste Mal, daß ich einen Brief vor Deinem aufmachte, weil mein Herz einen noch größeren Sprung dahin tat. Ansonsten wirst Du zugeben müssen, daß ich von Deinen Brüdern so viel besser behandelt werde als von Dir, so daß ich mir die Sache noch mal überlegen muß, glaube ich. Du Lieber! Noch dazu ist heute der historische Tag, wo Berlin zum ersten Mal Tagesalarm hatte (der aber schnellstens und geräuschlos vorüberging).

Von diesen letzten Tagen zu schreiben ist nicht leicht. Gestern ging es wieder einmal in solchen Fluten über mich, daß ich nur immer um eine Weisung zum rechten Beten flehte. Was einem vor einer Woche noch schwer erschien, ist wie eine kleine Unbequemlichkeit. Als ich die Silbermänninnen traf und sie mir erzählten, daß nun der Sonnabend, also morgen, ihr festgesetzter Abreisetag ist, stürzte mich das in einen Zustand, wo ich dachte, jetzt, jetzt muß es gelingen, Gott zu bewegen, daß der Himmel sich öffnet und etwas geschieht, – daß ich etwas tun kann. – Es geht über jedes vorstellbare Maß. – Dann setzte ich mich hin und schrieb für sie Bibelworte ab und dachte ganz plötzlich ganz real: Da bekommen sie nun also einen Brief, in dem steht, daß Einer sie lieb hat, daß Einer sie nicht verlassen will, daß Einer ihnen das Leben schenken will, und ob sie gleich stürben, daß Einer sie fähig macht zu tragen – und dieser Eine ist der allmächtige und lebendige Gott. Und da kam wieder ein Hauch von Frieden in mein Herz. – Und als ich nun las, daß Du für sie gebetet hast: Nun denke ich wieder, das ist doch eine Hilfe, eine Hilfe nach Christi Art, für die es immer gilt: «Selig, wer sich nicht an mir ärgert.»[1] Gott helfe uns und ihnen.

[1] Nach Lukas 7,23 und Matthäus 11,6.

Sehr dankbar bin ich für die Aufgewühltheit meines Chefs von diesen wie von den kirchlichen Fragen und daß er sich jetzt mit verschiedenen Pfarrern (Asmussen,[1] Herntrich) zu Gesprächen zusammentut. Er leidet sehr unter der sofort wieder zu Tage tretenden Verschiedenheit, aber es ist jetzt wichtig zusammenzukommen, wie mir scheinen will.[2]

Schreibe doch mal Stargardts einen Gruß für den Globus (Im Dol 67). Ein Herr Dr. Walbaum läßt Dich grüßen. War Gutekunst schon bei Dir? Hast Du mich auch lieb? Gestern wurde hier so hoch Dein Lob gesungen, ich sage Dir, da konnte Dahlem nicht mit. Und ich saß ganz still dabei und freute mich. Und zwar waren die besten Freunde der Eltern da, der Studienrat [Horstmeyer], von dem wir schon erzählt haben, der so genial erzählen kann (gestern wieder, der Vati rief wieder und wieder: Wäre der Helmut doch da!) und so schwer am Leben und seinem Leid trägt. Dieser Mann ist tatsächlich verwandelt, seit er Dein «Bibel + der Mensch von heute» gelesen hat, und Deine Predigten, die ich ihm zu Weihnachten schenkte, beschäftigen ihn fort und fort.[3] Ich wäre Gott so dankbar, wenn er sich diesen Mann holen könnte oder besser wollte. Nun, der und der Vater priesen Dich um die Wette, man hätte auf die Idee kommen können, sie hätten recht. Ich werde jedenfalls von Dir schlecht behandelt.

Leb' wohl, ich habe Dich lieb!

Deine Eva

Voller Freude konnte Eva Bildt ihrem Verlobten mitteilen: «Jannasch ist wieder da». Pfarrer Wilhelm Jannasch (1888–1965), Seelsorger der Gemeinde der Bekennenden Kirche in Berlin-Friedenau und Mitglied im altpreußischen Bruderrat, hatte zu Martin Niemöllers 50. Geburtstag am 14. Januar 1942 in der Dahlemer Jesus-Christus-Kirche gepredigt und wurde danach zunächst für drei Wochen von der Gestapo verhaftet. In einem späteren Prozeß wurde er zu zwei Monaten Ge-

---

[1] Hans Christian Asmussen (1898–1968), Mitglied des Reichsbruderrates und Leiter der Kirchlichen Hochschule in Berlin-Dahlem und nach 1945 Präsident der Kirchenkanzlei der Evangelischen Kirche in Deutschland.
[2] Vgl. Briefe von Eva Bildt vom 25. September 1941 und 12. Februar 1942.
[3] «Die Bibel und der Mensch von heute. Vortrag, gehalten in Dahlem, Januar 1940». Berlin 1941 und «Wir dürfen hören… Predigten». München 1939.

*fängnis verurteilt. Hedwig Grüner, die zu dieser Zeit im Pfarrbüro in
Dahlem arbeitete und dort auch Predigten und Rundbriefe verviel-
fältigte, teilte einige Tage später, am 18. Februar, Helmut Gollwitzer
mit, welche Konsequenzen zu befürchten sind: «Er ist seit dem 7. II.
wieder frei. Man hat ihm aber ziemlich übel mitgespielt, so auch die
namentliche Fürbitte untersagt, und wir müssen wohl in Bälde erwarten, daß dieses Verbot allgemein wird.»*

*Durch ihre Arbeit bei Hanns Lilje, einem der führenden Männer
der Bekennenden Kirche in Deutschland, erfuhr Eva Bildt aus erster
Hand von kirchenpolitischen Vorgängen. So fragte sie am 12. Februar
1942, was man vom kirchlichen Einigungswerk des württembergischen Landesbischofs Theophil Wurm zu halten habe, der seit 1941
versuchte, die zerstrittenen Gruppen innerhalb der evangelischen
Kirche zusammenzuführen. Gollwitzer, der an diesen Geschehen interessiert war, muß auf ihre Frage sofort reagiert und sie gebeten
haben, seinen Standpunkt Hanns Lilje mitzuteilen. Darüber informierte sie ihn eine Woche später: «... da habe ich ihm [Lilje] auch
Deine Einstellung zu der Wurm-Bestrebung geschrieben, um ihn los-
zueisen aus der Meinung, er müsse resignierend seine Hände davon
lassen oder wirklich nun ganz eine neue Trennungslinie ziehen.»
(Brief vom 25. Februar 1942)*

Liebster Helmut,   12. Februar 1942

der heutige Tag ist so schön: Jannasch ist wieder da, und ist das nicht
ein Beweis dafür, daß «Gott im Regimente sitzt und alles wohl
führt»?[1] Ach böse ungläubige Eva – der Gott immer wieder solche
Zeichen schickt! Und dann hatte ich einen so guten Brief von der
Inge, daß ich die durch Dich mitgeschenkt bekam, ist so schön! Es ist
eigen – und ich weiß nicht, ob Du's verstehen kannst – – – bei Gerhard und Lalita ist es so beglückend für mich, daß sie mich so ganz als
Deine Eva sehen, und bei der Inge, daß sie mich ganz als mich selbst
sieht und stärkt. Ich brauche das beides – kannst Du begreifen, was
ich damit meine?

[1] Aus «Befiehl Du Deine Wege» von Paul Gerhardt.

Bist Du froh mit den Schneider-Sonetten?[1] Ich gehe mit ihnen geradezu hausieren. Daß es einer gesagt hat, *so* gesagt hat, was wir wähnen, sorgen und hoffen, ist eine Stärkung für mich. Vielleicht lese ich sie doch mal für die Freunde, das heißt spreche sie. Aber meine Balladen locken mich, da kann ich mich endlich mal wieder austoben und werde auf großen Flügeln in das weite verheißungsvolle freie Reich der Kunst getragen. Diese «Kraniche des Ibykus»[2] zu arbeiten ist eine Wollust, auch wenn man nachher heiser und erschöpft am Boden liegt – herrlich. Meine alte lasterhafte Faulheit und Antipathie gegen jegliches «Lernen» macht sich leider auch darin bemerkbar, daß ich mit der Ballade, die ich textlich noch nicht kann («Alkestis» von Rilke, kennst Du?), noch völlig am Ort trete. Die schöne eigentliche Arbeit fängt ja erst an, wenn dieser technische Prozeß vorbei ist, wobei allerdings Zusammenhänge sind, denn ich lerne den Text, der mich innerlich packt, in einem Viertel der Zeit und keineswegs mechanisch – aber trotzdem – die wesentliche Arbeit bedingt die Freiheit von der Bemühung um den reinen Text.

Das schreibe ich Dir nun, Du braver Soldat, mit Deinen vielen Appellen und Alarmen, putzen und was weiß ich, der Du nicht dazu kommst, etwas zu Papier zu bringen, was Dir am Herzen liegt! Aber umso mehr muß ich ja wohl, die ich in so viel günstigeren Bedingungen dazu stehe, die kleine Fahne von Geist und Kunst hochhalten, gelt? Bei dem Brief von Frau Diem[3] ist mir gerade so wie bei dem Brief von Margot Nicolaus deutlich geworden, welche Gaben und Aufgaben Dir Gott mit Deinem offenen Blick und Deinem weiten Herzen geschenkt hat. Die Dir geschenkten Erkenntnisse (von denen schon verschiedentlich die Rede war) des Zusammenhanges von dem Wissen um Gott, das Bedingung ist für die wahre Menschlichkeit, sind der tiefe wesentliche Grund, auf dem ein unendlich viel weiseres und geheimnisvolleres, schrecklicheres und großartigeres Leben möglich ist, als es so Vielen (und auch uns noch!) deutlich war, als sie noch eindeutige theologische Antworten für erschöpfend hielten: Nun hat

---

[1] Reinhold Schneider: Sonette. Leipzig 1940.
[2] Ballade von Friedrich Schiller.
[3] Der württembergische Pfarrer der Bekennenden Kirche Harald Diem, Ehemann von Katharina Diem, war im November 1941 im Osten gefallen. Helmut Gollwitzer hatte kondoliert und darauf von der Witwe Anfang Februar einen Brief erhalten, den er wie üblich mit anderen Briefen zur Aufbewahrung in seinem Berliner Zimmer an Eva Bildt geschickt hatte.

der Krieg ihnen und uns viel gesagt, hoffentlich verstehen wir immer besser zu hören.

Nach der Karte (der zweiten) von Herrn P[astor] Asmussen habe ich das Gefühl, als hättet ihr euch viel zu sagen und würdet schnell eine gemeinsame Basis finden. Es ist überhaupt (das ist natürlich nur ein Gefühl) ein neues Fragen da, das nicht aus Unsicherheit im Letzten kommt, also ein gutes Fragen. Möge es allenthalben gesegnet sein. Was sagst Du zu Wurms Bestrebungen der Einigung der ev. Kirche? Ich weiß nicht viel, aber was ich durch meine Arbeit sehe, ist sehr fein. Über praktische Absichten und Durchführungspläne weiß ich nichts. Sicher ist, daß Gott sehr viel, nein alles tun muß, um durch den Wind seines Geistes in den Kreisen Leben zu schaffen, in die ich durch L[ilje] (wenn auch meist nur am Rande) Einblick habe. Aber weil doch wohl überall Menschen dabei sind, die es mit Christus ernst meinen, lohnt es sich sehr, darum zu beten, daß die Sorge um Ansehen, Existenz, Partei und Rangstreitigkeiten innerhalb der Kirche hinweggefegt werden mögen.

Um zu etwas Ernstem zu kommen: In ganz Berlin kann ich keinen eisernen Pfeifenreiniger (mir aus München nur unter dem Namen «Besteck» bekannt – daher ging's schief) auftreiben. Nun hat Lilje mir angeboten, von sich einen für Dich zu schenken. Die Una Sancta[1] der Raucher. Könntest Du es mit Deinem Gewissen vereinigen, wenn ich dies hochherzige Geschenk annähme? Ich fürchte, ja.

Sag mal, die Gerda lernt Graphologie? Mensch, wie aufregend – ihr seid doch eine tolle Familie. Ich sehe schon – bei fortschreitender Reife wird aus dem Gollwitzer-Landerziehungsheim ein Gollwitzer-Zigeunerwagen. Ich werde dann sicher die Bürgerlichste sein – na, Du auch, das heißt, da ist bei Dir eine Mischung, die ich nicht beschreiben kann – aber sei ohne Sorge, ich habe auch sie lieb.

Ich hoffe, daß es Dir gut geht (wissen weiß ich's ja nicht – von der Post, die ich von Dir kriege!!), und gebe Dir einen Kuß!

Deine Eva

[1] Heilige Einheit.

*Eva Bildt und Helmut
Gollwitzer im März 1942*

*Nach der Ankündigung schon im Dezember 1941 und häufigen Ter-
minänderungen konnten Eva Bildt und Helmut Gollwitzer vom
5. bis 18. März 1942 ihren zweiten gemeinsamen Urlaub verbringen.
Sie waren in München und Süddeutschland und zuletzt bei Helmut
Gollwitzers Schwester Inge Meyer in Augsburg. In einem langen Bericht an seine Familie beschreibt Helmut Gollwitzer seine Rückreise
und seine Versetzung nach Le Croisic an der südöstlichen Küste der
Bretagne. Von der Küste und der herrlichen Lage des Städtchens
schwärmte er in seinen Briefen an Eva Bildt vom Sommer 1942, die
nur in Ausschnitten erhalten sind, noch häufig. Vorläufig schildert er
am 25. März 1942 seiner Familie nur kurz den ersten Eindruck:*

… Die Landschaft ist wunderschön: auf beiden Seiten der schmalen
Landzunge, auf der sich unser Ort erstreckt, das Meer, das rechts eine
vorn sich engschließende Bucht füllt, links in die Unendlichkeit geht
und tief blau in der Sonne sich bewegt. An dem Rand der Bucht liegen in Ufereinschnitten als natürliche Häfen die Fischerboote im
Abend, die Fischer stehen in ihrem blauen oder flamingofarbenen
hellroten Leinenanzug schwatzend oder stumm am Kai, und unter
den Haustüren stehen oder sitzen strickend oder stickend die Frauen
mit eigentümlichen hohen Spitzentürmchen auf dem Kopf …

Eva Bildt bat auch den Schauspieler Otto Graf, einen Freund der Fa-
milie, sich bei Emmy Göring für die Heiratsgenehmigung einzu-
setzen. «Einen warmherzigeren Fürsprecher werden wir nicht leicht
finden.» Graf war zufällig am 24. März zur Geburtstagsfeier seiner
ehemaligen Schauspielerkollegin eingeladen und rief noch abends an:
«... sie habe sofort Auftrag gegeben zu recherchieren, wo ... [das] Ge-
such liegt und warum es nicht weitergeht.»

23. März 1942

Guter Du – ich drehe mein Ringlein und gönne es mir, nach einem
Tag voller Beschäftigtsein, mich ganz in die Erinnerung an Dein geliebtes Gesicht fallen zu lassen und zu wissen: Das bist Du! Mein
Helmut – und das ist solch unnennbares Glück! Von 9 Uhr früh an
war ich fort, hatte zuerst Wege für L[ilje] zu machen, die ich infolge
des schönen Sonnenscheins dazu benutzte, mit Genuß durch die
Tauentzienstraße zu bummeln, wenngleich sich kaum etwas Osterei-
liches fand, wie ich gehofft hatte. Dann ging ich zu L[ilje] (der durch
eine gräßlich schmerzhafte Zahnsache nicht reisen konnte, eigentlich
wollte er für 2 Tage dienstlich fort) und gab mir Mühe, brav zu sein,
hatte anschließend noch einen Weg für ihn und landete bei einem
Aschinger,[1] wo ich erstens die Theorie von den «Preußen und andere
wilde Völkerschaften» bestätigt fand (indem man eine alte Frau mit
ihren Brötchen, die sie im Automaten vorn gekauft hatte und die dazu eine Brühe trinken wollte, vom Tisch – es war ganz leer – weg-
jagte, weil die Brötchenesser an den Stehtischen vorn bleiben müßten.
Da müsse sie erst ihre Brötchen essen, dann könne sie sich setzen und
ihre Brühe trinken. Schööön! Und die alte Frau ging gehorsamst. Was
sollte sie auch tun? Bei uns herrscht eben Ordnung).
    Und zweitens schlang ich einen Rohkostsalat in mich hinein, der
so schmeckte, daß ich mir immer fest einredete, er sei sicher mächtig
gesund, da käme es auf den Geschmack nicht so an.
    Dann traf ich mich mit Graf, der mich strahlend fand (und sehr ein-
verstanden war mit der neuen Frisur!), und ich glaube schon – einen
warmherzigeren Fürsprecher werden wir nicht leicht finden. Wenn er

---

[1] Berliner Restaurantkette mit kleinen Preisen und kostenlosen Brötchen zu
den Speisen.

an «Sie» herankommt. Immer wird mir in solchen Augenblicken deutlich, wie es ausgeschlossen ist, daß wir von Menschen abhängen. Aber ich meine doch, daß wir nichts unversucht lassen sollen, wie Gott sich ja alles zum Weg zu seinen Zielen machen kann. Ich bin so voller Gewißheit, nach unserem Beisammensein wieder ganz neu, daß wir es auch auf uns anwenden dürfen: «Was er sich vorgenommen, und was er haben will, das muß doch endlich kommen zu seinem Zweck und Ziel.»[1]

Anschließend ging ich dann in den Französischen Dom zu einem Konzert der Kirchen-Musikschule; ich schicke Dir das Programm mit. Mir gehen ja solche Sachen leider erst ahnungsweise beim zweiten + dritten Mal Hören auf. So ist es nur ein herrlicher Klangeindruck mit einigen – leider nicht festzuhaltenden – Höhepunkten. Beim Cherubini[2] wird einem gar nicht deutlich, ob da alles aus Musik an sich oder einem Erleben des Wortes in Tönen kommt. Einige Stellen sind herrlich! Aber richtigen Genuß hatte ich vor allem vom Vivaldi,[3] den ich (für Orchester: Die Bachbearbeitung ist natürlich noch großartiger) gut kannte und liebte. – Das ist nur für Dich ein Kummer, daß Du in der Hinsicht nichts im Urlaub hattest: Mir hat ja *nichts* gefehlt – aber für dich wäre es schon schön gewesen, Liebster!

Ob ich schon morgen Post von Dir haben kann? Oder erst übermorgen? Jetzt vor einer Woche sagte ich es Dir und uns zum Trost: «Die Sterne stehn vollzählig überm Land»[4] – dieselben Sterne über uns beiden in Gottes Handfläche. Ob Du jetzt an mich denkst? Und es Dir gut geht? Es soll Dir gut gehn, Liebster!

Ich küsse Dich und bin bei Dir!

Deine Eva

Helmut Gollwitzers Berichte von seinem Soldatenleben an der Atlantikküste beantwortete Eva Bildt regelmäßig mit Grüßen an das Meer und die Felsen. Ihre Abwechslung in Berlin waren Konzerte, Bücher und Theaterbesuche. Im folgenden Brief schildert sie ihren Eindruck

[1] Aus «Befiehl Du Deine Wege» von Paul Gerhardt.
[2] Luigi Cherubini (1760–1842), italienischer Komponist.
[3] Antonio Vivaldi (1678–1741), italienischer Komponist.
[4] Aus «Der alte Bettler» von Hans Carossa.

von einer Aufführung des Stücks «Heinrich und Anna» des Dramati-
kers Hans Rehberg (1901–1963) im Preußischen Staatstheater am
Gendarmenmarkt.

Mein liebster Helmut, 30. April 1942

nach dem Singkreis und anschließendem Schallplattenkonzert auf
dem neuen Plattenspieler zu Hause zu dritt – also in Musik gebadet –
mußt Du doch wenigstens noch einen Gruß haben, und zum Trost,
daß es kein richtiger Brief ist, bekommst Du Familienbriefe dazu.

Der Theaterabend gestern mit Gege [Gerhard Gollwitzer] zusammen war sehr anregend und lohnend – aber (wie's mir am Staatstheater mit den «genialen» Leistungen von Regisseuren und Darstellern
nicht selten geht) ganz am Herzen vorbei. Eine Fülle von Einfällen,
alles virtuos gekonnt, für die Augen eine Lust; aber alles so nach
außen gedrängt, in das Äußerste von Bewegung und Sprachgestal-
tung, daß die menschliche Schwingung ganz verschwindet, alles Werden und Entwickeln fest im Raume der Person, und das ist – obschon
im Stück angelegt – von der Regie so herausgearbeitet, daß ich letztlich ganz kalt blieb. Nun ist das Stück schon an der Grenze zu Brecht:
eine Welt von Schurken verschiedenster Prägung, Schwätzer, Feig-
linge, Ruhmsüchtige, Gewinngierige, Skrupellose: Alles sprachlich
wirklich meisterhaft profiliert und durch einen spannenden drama-
tischen Aufbau wirkungsvoll gemacht. – Aber, obschon es mir bei
Rehberg immer so geht, daß ich in Versuchung bin, von einem «Klas-
siker» zu sprechen, der shakespearische, unausgesprochene Überbau,
der immer gleichsam als unsichtbarer Partner zu der verderbten Welt
seiner historischen Dramen da ist – der fehlt hier. Und das ist natürlich ganz entscheidend, wenngleich ich doch die sprachliche und
dichterische Gestaltungskraft (ähnlich wie bei Weinheber)[1] genieße,
wie ich auch die Aufführung, obgleich sie gewiß in der Personenge-
staltung vorgezeichnete Schwankungen und Tiefen schuldig blieb,
um ihrer Großzügigkeit und ihrem Reichtum und ihrer Einheitlich-
keit genoß. (Im Gegensatz zu Gerhard, der das zwar alles auch sah
und gewissermaßen anerkannte, dem aber so der «Sinn» fehlte – Du
verstehst, er meint damit nichts «Inhaltliches», sondern eine positive

---

[1] Josef Weinheber (1892–1945), österreichischer Lyriker und Erzähler.

künstlerische Haltung, daß er für sich ziemlich leer ausging.) Schön sind bei Rehberg immer die Narrengestalten. Da würde ich wirklich denken, daß er ein Element Shakespearischer Kunst ganz fruchtbar aufgenommen hat. Ich würde übrigens denken, daß sich seine Stücke auch sehr gut lesen lassen. Sollte die 100 gr.-Sperre noch mal aufgehoben werden, dann schicke ich Dir gerne mal was von ihm, wenn Du magst. Es lohnt schon. So, da hättest Du meinen Theaterabend.

Die letzte Woche war durch Muttis vieles Zu-Hause-Sein – und auch der Vater (der Bismarckfilm ist zu Ende)[1] war viel da – eine friedliche, schöne Woche. Dazu meine Arbeit an den Gedichten, viel ganz liebe Post von Dir: Ich bin voller Dankbarkeit. Das, was nicht ist, verschwindet gegenüber dem, was ist. Wir leben und haben uns lieb. Welche Wunder!

Und doch, es wäre schon wieder so an der Zeit, zusammenzusein. Ist doch ein Tag jetzt manchmal wie ein Jahr so entscheidungsvoll und verändernd. Doch: «Verschweigen wir, was uns verwehrt ist.»[2] Ich habe Dich lieb! Grüße Dein Zimmer, das Meer, die Felsen, Dein Fahrrad, den Sonnenstrahl, der Dich bescheint, und Dein Herz, das mir gehört, ja?

Deine Eva

Vom Frühjahr und Sommer 1942 sind keine Briefe von Gollwitzer an seine Verlobte erhalten. Die wenigen überlieferten Auszüge aus seinen Briefen, die Eva Bildt an seine Familie gesandt hat, spiegeln eine fast idyllische Zeit wider. Noch im April war er neben seiner Tätigkeit als Dolmetscher mit der Geschäftsführung der Standortkommandantur beauftragt worden. Er schwärmte viel von der Schönheit und den Vorteilen seines neuen Standortes Le Croisic an der Atlantikküste. Am 16. Juni 1942 – er ist bereits ganz «französisiert» – geht es um eine Lieblingsspeise:

---

[1] Paul Bildt hatte in einer Nebenrolle in dem Film «Die Entlassung» unter der Regie von Wolfgang Liebeneiner mitgespielt.

[2] Aus «Das Jahr der Seele» von Stefan George (1868–1933).

… Jetzt ist es Nachmittag … Nun liege ich am Point, d. h. am Ende unserer Halbinsel zwischen den Felsen am Strand. Die Sonne setzt sich langsam durch und wärmt rasch. Ich kam mit einem wütenden Hunger im Gedärm hierher und ärgerte mich blaß, daß die Flut schon soweit vorgeschritten war. Denn nun fiel es schwer, Muscheln zu finden. Sie sitzen auf der Flutseite in den Rinnen und Ritzen der Steine, gerade in solcher Höhe, daß sie bei Ebbe freiliegen und bei Flut bespült werden. Sie sind rund und klein und haben eine Schale, spitz zulaufend wie ein Pagodenhütchen, mit einer so vorzüglichen Mimikry, daß man sie oft kaum vom Wasser unterscheiden kann. So sitzen sie am Stein, lassen sich vom Wasser Nahrung zuspülen und verträumen ihr Leben. Berührt man sie, dann saugen sie sich im Nu so fest an, daß keine Menschenkraft sie mehr losreißen kann. Man muß sehen, die Messerspitze rasch ihnen unterzuschieben und sie loszudrücken. Dann liegen sie da und strecken ohnmächtig und unglücklich ihre beiden kleinen Fühler heraus. Aber es hilft ihnen nichts, weil ich ja Hunger habe und das Dasein ein Kampf ist. Ritsch ratsch kreist das Messer die Innenseite der Schale entlang und schneidet sie heraus. Manchmal spritzen sie in ihrer Not noch ein wenig, aber dann sind sie schon gegessen. Die Kameraden schütteln sich entsetzt, wenn sie zuschauen; aber wer soweit französiert ist wie ich, dem schmecken sie ausgezeichnet …

Bis heute findet jährlich im Sommer in den Hoffnungstaler Anstalten in Lobetal, einer von Pastor Friedrich von Bodelschwingh (1831–1910) aus Bethel gegründeten diakonischen Einrichtung nordöstlich von Berlin, ein großes Jahresfest statt. 1942 trat dort auch Eva Bildt mit der Neuköllner Singgemeinde (Singkreis) auf. Bei dem erwähnten Schreiben an das «reizende Mädchen» handelt es sich offenbar um eine Information über den Runderlaß des Reichsministeriums des Innern vom 3. März 1942, in dem bekanntgegeben wurde, daß die Bearbeitung der Heiratsgesuche «jüdischer Mischlinge» für die Dauer des Krieges eingestellt wird.[1] Die Freunde Elsie von Stryk und Karl Gerhard Steck konnten aber am 10. Juni problemlos heiraten.

---

[1] Das Sonderrecht für die Juden im NS-Staat. Eine Sammlung von gesetzlichen Maßnahmen und Richtlinien – Inhalt und Bedeutung. Hrsg. v. Joseph Walk. Heidelberg 1996, S. 365.

aus Bodelschwinghs Lobetal zurückkommend, einen Tag, an dem sich wirklich unter der Führung dieses gesegneten Mannes das Jammertal dieser Erde (und das ist es ja auch wirklich) in das Lobetal (und das darf es ja für den Christen noch wirklicher sein) verwandelte: ungefähr 2500 Menschen, über 3000 RM Kollekte, viel Jugend, die bezaubernde Landschaft (ach Liebster, verpflanze mich bitte nie so weit, daß ich da nicht ab und an hin kann in die märkische sanft gewellte Weite mit Feldern, Wiesen und kleinen Birken und Akazienhainen und hier und da ein Weiher und die schönen vereinzelten Bäume und darüber der Himmel), ein wunderschöner Tag – keine Flucht vor den schweren Gedanken, sondern Weisung und Hilfe und darüber hinaus Freude und Dankbarkeit, auch dafür, dort singen zu dürfen, und für alles. Und Sehnsucht nach Dir und Dank für Dich!

Und eben fand ich Deinen Brief vom 15. [Juni] vor, nach der Nachricht von K. G.s + Elsies Hochzeit. Du mein Liebster! Ich empfinds ja alles so lächerlich genau wie Du in dem doppelten von Dankbarkeit und Sehnsucht und von Sorge für Dich und von der Gewißheit, daß wir einander nichts besseres sagen können, als daß Gott das, was Er uns schenkte, bestens erhalten und vollenden wird auf wunderbaren Wegen.

Heute hörte ich von einem reizenden Mädchen, die mit einem Theologen verlobt ist, der in meiner Situation ist, daß sie kürzlich ein abgezogenes Schreiben bekam, daß diese Sachen jetzt alle «ruhten» (ich wußte die Tatsache schon lange). Aber daß ich dies Schreiben nicht bekam, ist eben schon wieder ein sehr gutes Zeichen. Verstehst Du mein Gefühl in dem Augenblick, als mir das deutlich wurde? Zwischen Jubel und einer Art schmerzhafter Beschämung, als ich da neben diesem Mädchen stand, einem süß anzusehenden, lieblichen Geschöpf, das immer zarter und durchsichtiger wird und noch dazu große Schwierigkeiten mit ihren Eltern hat? O solche Momente sind nicht leicht für mich. Und doch – ich wage es zu bitten – ohne Unterlaß. Für unsere schöne wunderbare Liebe, für die wir ja so wenig können. Du Liebster! Lebe wohl!

Sei fröhlich, ich bin es auch!

Deine Eva

Auch 1942 konnte Eva Bildt wieder einige Tage in Nidden Urlaub
machen. Ihr Brief vermittelt einen Eindruck davon, wie unbeschwer-
tes ziviles Leben und Grauen der Deportation und des Todes im drit-
ten Kriegsjahr nebeneinander existierten. Der erwähnte Brief von
Helmut Gollwitzer über den Film «Ich klage an» ist nicht erhalten.
Der Film des Regisseurs Wolfgang Liebeneiner aus dem Jahr 1941
hatte Tötung auf Verlangen und die rechtlichen Konsequenzen zum
Thema und stellte sich so in den Dienst der NS-Propaganda für die
Rechtfertigung des Mordes an Behinderten, der sogenannten Eutha-
nasie-Aktion. Gollwitzer äußerte sich bereits vor dem Film entschie-
den gegen Euthanasie. Im Reisebericht vom März 1942 beschreibt er
einen im Ersten Weltkrieg als Kind verschütteten und später behin-
derten Mann und stellt dazu kategorisch fest: «Ich dachte an unsere
Euthanasie-Probleme und meine, man müsse das Bild heute nur mit
lebendigem Sinn zu sehen haben, um unmittelbar zu wissen, daß
Euthanasie Mord ist.»

Mein Liebster!   12. Juli 1942

Es ist Sonntag (nun doch mein erster und letzter hier, denn ich möchte
nicht in Berlin ankommen und gleich von der Bahn zur Arbeit, so
wäre es, wenn ich Sonntag die Nacht durchführe, sondern werde nun
wahrscheinlich schon am Freitag, den 17., fahren, um dann doch zu
Gutekunsts Hochzeit und Gertruds Geburtstag da zu sein und also
mit was Schönem in dem sonst tief gefürchteten Berlin zu beginnen),
wir kamen eben aus der Kirche, wo ein Pfarrer, der schon im Vorjahr
hier war – als Kurgast –, eine Predigt über Hiob 16 die letzten Verse
hielt, über das Gott in Christus anrufen gegen das zürnende Antlitz
Gottes und den Lebenssinn nicht in Pflicht und in spottendem Erkennen von Angst und Sorgen von Seiten der Sicheren, sondern im
Suchen und Gehen zu Gott.[1] Ein junger Mensch ist der Pfarrer, von

---

[1] Hiob 16,16–22: «Mein Antlitz ist geschwollen von Weinen, und meine Au-
genlider sind verdunkelt, wiewohl kein Frevel in meiner Hand ist und mein
Gebet ist rein. Ach Erde, bedecke mein Blut nicht! und mein Geschrei finde
keine Ruhestätte! Auch siehe da, meine Zeuge ist mein Himmel; und der mich
kennt, ist in der Höhe. Meine Freunde sind meine Spötter; aber mein Auge
tränt zu Gott, daß er entscheiden möge zwischen dem Mann und Gott, zwischen dem Menschenkind und seinem Freunde. Denn die bestimmten Jahre

ungewöhnlich eigenartiger Schönheit (ich stelle mir so den Gösta Berling[1] vor, mit dem [er] aber vielleicht gar keine Ähnlichkeit hat), und spricht – zuerst bekommt man einen leichten Nervenschock – genau wie Bodelschwingh,[2] von dem er offenbar – er spricht viel von Bethel – ganz «gebildet» ist. Bei Theologen scheint ja die Wirkung des Vorbilds ganz besonders groß – was ich sehr schön finde.

Jetzt warten wir auf das Sonntagmittagessen (Obstkaltschale, Kalbsleber und Salat und Pistazieneis, lecker, was?) und sehen dabei auf das stille Haff im Dunst der Mittagshitze. Wie der Tag weiter geht, wird das Wetter bestimmen, über das sich hier ja nie länger als eine halbe Stunde vorher etwas sagen läßt. Es mag sein, daß es regnet – oder es wird strahlend blau – ich hoffe auf ein Gewitter mit Blitzen und Wolkenmassen und Regenbogen und all den herrlichen Naturerscheinungen, die es dann hier so gibt. Die Fischer sind jetzt von drüben gekommen mit Heu, und alles duftet davon.

Eigentlich hatte ich ja die Absicht, da ich nur zehn Tage (es sind leider wirklich nur zehn, und ich dachte gerade, ich hätte untertrieben) habe, [sie] sehr «auszunutzen» und brav an den Strand zu gehen, Sonne zu baden, dann richtig zu baden, spazieren zu gehen, na, so Kurgast zu spielen. Aber schon bin ich wieder auf dem Wege zur alten Nidderin: Das heißt, unsere Freunde, die meist beim Fischer wohnen, die «leben» halt so dahin, meist trifft man sie im Garten vorm Haus oder auf der Veranda, die aufs Haff geht, lesend oder schreibend oder im Gespräch mit «ihrem» Fischer – und ans Meer geht man, wenn man gerade Lust hat, oder läßt es auch: Aber dafür möchte man halt viele Wochen haben! Daß das Leben so schön sein kann! Es ist eine selig-schmerzhafte Angelegenheit angesichts all dessen, woran man denken muß. Und es ist nur gut, daß das Kirchlein da ist und seine frohe Botschaft über Glück und Elend gleichermaßen sagt.

Gestern kam Dein Brief über «Ich klage an». Zuerst habe ich ihn allein gelesen, und dann abends (der Regen rauschte eine gemütliche

---

sind gekommen, und ich gehe hin des Weges, den ich nicht wiederkommen werde.»

[1] Hauptfigur im gleichnamigen Roman der schwedischen Schriftstellerin Selma Lagerlöf (1858–1940).

[2] Friedrich von Bodelschwingh d. J. (1877–1946), Leiter der diakonischen Anstalten in Bethel bei Bielefeld und 1933 kurzzeitig evangelischer Reichsbischof.

Begleitmusik dazu) lagen wir schon ganz früh im Bett, und ich las ihn den Eltern vor, und er ist wirklich wert, daß ihn noch mehr Menschen kennenlernten. Vor allem das, was Du über die Himmelsleiter und die schiefe Ebene zur Hölle sagst, und damit über die Methoden Gottes und des Teufels, war mir sehr eindrücklich, und sicher ist auch alles richtig, was Du über die fälschende Ausschnitthaftigkeit des Filmes sagst. Es ist nur immer wieder so: Wenn für einen Menschen (und diesen Fall gab und gibt es ja die Fülle, auch wenn nicht Krankheit die Ursache ist ...) seinem Empfinden nach das Leid ein Maß übersteigt, das er ertragen *will*, weil nicht aus Mangel, sondern Sinnlosigkeit über sein Leben verhängt ist – wobei ihm natürlicherweise das als Sinn des Lebens erscheint, was er bisher dafür hielt. Sei es, wie in diesem Fall, das Leben für den geliebten Menschen, sei es Arbeit für ein Werk oder das Vaterland, – – – was traust Du Dir zu, einem Menschen in solcher Situation zu sagen? Diesem Menschen und den anderen, denen er zur Last zu fallen meint, ihnen vielleicht auch zur Last fällt, denn das Leben trieft ja nicht immer vor Edelmut.

Dein schöner Brief an die fortgehenden Freunde schien mir zunächst ganz erfüllend und geglückt dies Wagnis zu unternehmen, heute bin ich zuweilen zaghaft, ihn einem *gläubigen* Betroffenen zu geben, so sehr ist das darin vermutete (und noch mit Sinn zu Erfüllende) überboten.[1] Aber einem Menschen, der bis dahin nichts von Gott wußte, könnte er sicher nicht helfen. (So sagte auch heute der Pfarrer: Weinen zu Gott – und nicht zur Erde – könne nur der, der Gott vorher gefunden hat.) Verstehst Du: Theoretisch zu sagen gibt es natürlich viel, aber das hilft ja nicht, wo ist der Raum, in den Du dies ausgeübte Leben stellen willst? So scheint mir die Frage entscheidend, da anzufangen, ehe die Katastrophe kommt, aber somit betrifft sie eben unser gesamtes heutiges Leben, betrifft immer die ganze Familie u. s. w. Verstehst Du, was ich meine? Und es ist von daher so, daß einem oder mir wenigstens ein richterliches Urteil einem solchen Menschen gegenüber im Hals stecken bleibt – was nicht bedeuten soll, daß das Urteil der Sache gegenüber fest stehen bleiben muß. Sonst haben wir uns schon mit auf die schiefe Ebene gesetzt und rutschen mit.

---

[1] Abschiedsbrief an die «nichtarischen» Gemeindeglieder, die deportiert werden sollten, vom November 1941.

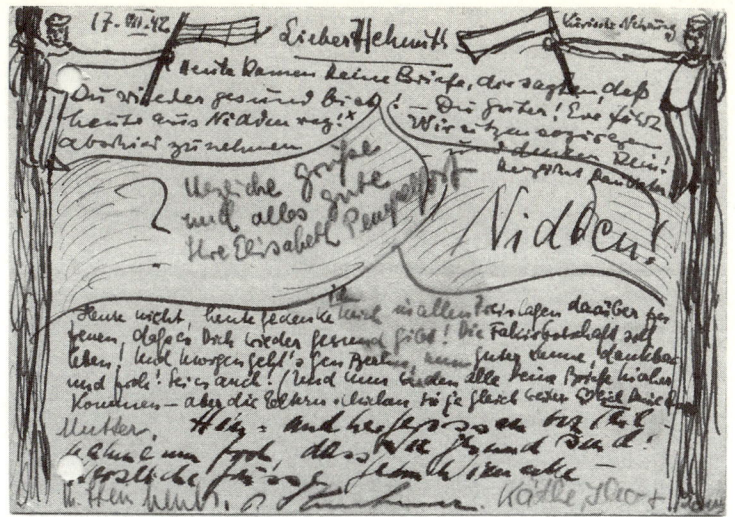

Eine Postkarte an Helmut Gollwitzer aus dem Urlaub in Nidden, 17. Juli 1942: Neben Eva Bildt grüßen auch ihre Eltern sowie Freunde der Familie. Die Zeichnung stammt von Paul Bildt.

Zu der Frage des Freitodes wie zu Herberts Frage nach dem Töten und Tod des Krieges kam mir der folgender Satz von Jean Paul wie eine Antwort: «Indessen bliebe auch die Menschheit ... ewig auf dem Schlachtfeld und Kriegsfuß stehen und hülfe keine Friedenspredigt zum ewigen Frieden, so würd' ich sie gleichwohl halten; ist der Wille nicht zu bessern, so doch vielleicht das Urteil.»[1]

Mein Liebster –

Eben kommt Deine Karte vom 4. [Juli] aus dem Krankenhaus!!!? Diese blödsinnig langsame Post! 8 Tage geht sie (vom Stempel an sechs!). Es ist gräßlich. Hoffentlich ist, wenn dieser Brief ankommt, das Krankenhaus schon eine Erinnerung, an die Du Dich besinnen mußt! Und die französische Truppe konntest Du auch nicht mehr sehen, was?

Du Lieber! Sei bitte vorsichtig, mir zuliebe! Hast Du einen ordentlichen Zahnarzt? Jetzt weiß ich gar nichts mehr zu schreiben, als daß

---

[1] Aus «Dämmerungen für Deutschland» von Jean Paul (1763–1825).

ich so gerne bei Dir wäre und Dich lieb habe und wünsche, daß es Dir wieder ganz gut geht!

Deine Eva

Im Sommer 1942 wurde Helmut Gollwitzer erneut mit Fragen zum Selbstmord konfrontiert. Schon im Herbst 1941, als der Druck auf Paul Bildt, sich scheiden zu lassen, immer stärker wurde, hatte Eva Bildt Gespräche erwähnt, die darüber im Elternhaus stattfanden. Und auch Gertrud Staewen hatte Gollwitzer am 27. November 1941 geschrieben: «U. a. war ich im betr. Krankenhaus.[1] In dem allein 70 Selbstmorde, die nicht ganz geglückt waren, lagen.» Hildegard Schaeder hatte ihm am 17. April 1942 von einer beklemmenden Begegnung mit einer älteren Frau auf dem Friedhof der St.-Annen-Kirche berichtet, die ihr den Inhalt ihrer Handtasche zeigte: Unter «allem nur möglichen Krimskrams ... hatte sie eine Rolle Tabletten ... u. ... einen kleinen fingerlangen elfenbeinernen Kruzifix ... Es war bei ihr noch nicht entschieden, u. wird es wohl auch bis zum letzten Augenblick nicht sein, auf welche dieser beiden Karten sie setzen sollte.» Schließlich schrieb ihm auch der Jurist Georg Hamburger. Er war als «nichtarischer» Christ noch Ende 1941 von der Bekennenden Gemeinde in Berlin-Dahlem zum Laienprediger ordiniert worden und betreute als Seelsorger Juden, die den Deportationsbefehl erhalten haben. Georg Hamburger fragte ihn am 11. Juni 1942: «Was heißt an Gott glauben, wenn man sich das Leben nimmt?» In dem Antwortbrief an ihn vom 19. Juli 1942, der als «Selbstmordbrief» in der Gemeinde kursierte, beschwor Helmut Gollwitzer, «... nicht ins Nichtsein zu fliehen aus der Hölle des Seins, sondern zur Last des heutigen Tages auch die noch viel größer scheinende Last des morgigen Tages uns auferlegen lassen ...». Und muß aber zugestehen: «Gott sei Dank dürfen wir ... [die Verzeihung] auch für die glauben, die aus Unglauben sich selbst das Leben nehmen.»

Sein Brief fand geteiltes Echo bei seinen Freunden. Gertrud Staewen, die in einem Dahlemer Helferkreis illegal Juden unterstützte, reagierte am 11. September 1942 völlig offen: «Helmut, Dein Selbstmordbrief hilft mir und vielen. Dennoch triffst Du nicht in die

---

[1] Jüdisches Krankenhaus in Berlin in der Iranischen Straße.

letzte Hölle. Wenn nämlich – wie oft! – gänzlich verstörte, zerstörte,
zu ¾ wahnsinnige Menschen sich an einen klammern, die überhaupt
nichts mehr hören, nur noch Angst haben u. einen (mir unverständ-
lichen) Lebenshunger. Die weder sterben noch fort wollen. Ich schreie
dann zu Gott – leise in mir drinnen – Gott, du hast zu Hiob gesagt:
Bis hierher u. nicht weiter. Hier sollen sich legen deine stolzen Wellen.
Aber ich muß sie dann in die Illegalität, in der solche meist schon lange
untergetaucht sind, wieder hinausschicken ohne Hilfe, ohne Hilfe,
ohne Hilfe.» Schon einen Monat früher antwortete Eva Bildt auf den
«Selbstmordbrief».

Mein lieber Liebster! 3. August 1942

Gerade habe ich den Sonntag Vormittag (gestern abend war ich in
Dahlem zu einem Gottesdienst, der unten in dem Kellerraum im
Pfarrhaus stattfand, weil die Annenkirche luftschutzmäßig überholt
wird, und voll und schön war) damit verbracht, zu versuchen, Dir auf
Deinen Brief an H[amburger] eine Antwort zu schreiben, und gebe
es nun auf, weil es einfach nicht gelingt. Vieles ist nur durch Anschau-
ung und durch viele Schilderungen möglich – die Erfahrungen wider-
sprechen sich auch –, und es ist mir zu riskant, Dir ein falsches Bild
zu geben. So will ich nur kurz sagen, daß alles, was Du sozusagen
theologisch sagst, sicher ganz wahr und richtig ist. Mir hat es zum
Teil die Gedanken auf ganz neue Dinge gelenkt, die ich erst allmählich verarbeiten muß. Aber ich bin sicher, daß es richtig ist, und auch,
daß beides: Verheißung und Gebot (also das ganz voneinander Ab-
hängige: Du brauchst es nicht zu tun – und Du sollst es nicht tun)
Christen wie Nichtchristen in gleichem Maße gilt.

Was mich bewegt, ist, daß mir der Unterschied in der Möglichkeit,
es den Menschen zu sagen, doch wesentlicher und größer zu sein
scheint, als Du es schon siehst. Bei dem Christen handelt es sich darum, daß ihm zugesagt wird, was er schon erfahren hat, daß das, was
ihm Ziel und Quelle des Lebens war, als unzerstörbar und ewig, neu
verkündigt wird. Nun sagst Du ja selbst, bei dem Nichtchristen sei
das anders, es sei ihm neu, er würde es bestreiten – entscheidender
scheint mir zu sein, daß er sich oft nicht danach sehnt. Es ist nicht
oder jedenfalls keineswegs häufig so, daß die Menschen, die nun alles
dessen entkleidet sind, was sonst ihr Leben bedeutet hat, und die vor

sich jenes Furchtbare sehen, sich ausstrecken nach einem Rettenden, Unbekannten. Sondern sie leben, solange es geht, tapfer, gehalten, ruhig fast und – mit dem Entschluß – diesem letzten Weg, der ebenso hoffnungslos wie sinnlos erscheint, vorträglich ein Ende zu setzen, und damit nicht nur dem Leid, sondern auch den bösen Geistern in ihnen selbst: Haß, Neid, Gier, Überwältigt werden von der Materie, zu wehren, daß sie sie nicht übermannen. (Gerade die letztere Begründung veranlaßt vielleicht, an die Vergebung Gottes so fest zu glauben.) Hier scheint mir immer wieder das Wichtigste, darauf hinzuweisen, daß Gott die Kräfte gibt und daß er aus dem Nichts zu schaffen vermag. Immer wieder also der Verweis auf das Heute – bis zuletzt. Aber ich hätte Dich dann doch noch so viel zu fragen, was eben mit den Besonderheiten einzelner Fälle zusammenhängt, daß es doch zunächst wichtig ist zu sagen, wie gut es ist, daß Dein Brief kam und auf all das Ernste hinwies, worauf von Gott her hinzuweisen ist.

Heute ist hier nun richtiger Sommer, heiß, und die Kresse leuchtet (einige Blüten habe ich mir geklaut vom Balkon, und sie sehen nun bezaubernd aus in einer kleinen Vase, die vor dem Christuskopf von Harlan steht).[1] Und ich habe mal nichts vor – gegen Abend kommt Graf, und die Eltern sind zu Hause – also alles wunderschön. Der arme Vater mußte mit beiden Beinen in die Arbeit springen – muß täglich zweimal probieren, vormittag bis in den Nachmittag hinein und dann wieder Spätnachmittag bis nachts – und auch heute, am Sonntag, da aber nur eine Probe. Nun, und dann hat er natürlich viele Wege für die Reise zu machen, hat noch Arztwege und – vielleicht – hoffentlich – morgen noch einen Weg für uns. Aber er hat sich erholt in Nidden und freut sich kindlich auf die Fronttournee nach Flandern (natürlich hat er sich vorher die gesamte auftreibbare Literatur über Belgien gekauft, alles bei uns liegt davon voll – Du siehst, ich bin in dieser Hinsicht schonend auf Dich vorbereitet).

Ich werde in der nächsten Woche sehr viel zu tun haben. (Habe auch einen Weg vor, bei dem ich sehr um Gottes Segen bitte – Pastor Klein rief mich gestern an, er liegt seit Monaten in einem Reservelazarett mit Gallenentzündung und der davon typischen Gereiztheit und Verzweifeltheit und ist offenbar ganz einsam – ich hoffe, daß es eine

[1] Im Zimmer von Eva Bildt hingen mehrere Grafiken des Regisseurs Veit Harlan (1899–1964). Er und seine Frau, die Schauspielerin Kristina Söderbaum (1912–2001), waren gute Bekannte der Familie Bildt.

gute Stunde wird, wenn ich ihn am Dienstag besuche.) Aber L[ilje] hat mir erlaubt, die Mutti mitzunehmen zu ihm [Lilje] und in die Sonne auf einen Liegestuhl im Garten zu packen. Das ist doch pfundig?!

Mit dem Raabe[1] bin ich fertig. Wenn wir nicht heiraten dürfen, schenke ich Dir dies Buch, und Du wirst erkennen, welche glückliche Fügung Dir widerfahren ist. Das ist das weiber- und ehefeindlichste Buch des Jahrtausends! Aber köstlich! («Christoph Pechlin» heißt es, Du Namendurstiger.)

Ach ja, auf Wunsch ihres Gatten hat Elsie sich die Haare abschneiden lassen – steht ihr großartig! Es verändert sie nicht sehr – sie hatte natürlich das Gefühl, daß niemand sie erkennen würde –, aber soweit sie anders aussieht, sieht sie viel besser aus als vorher. Du siehst, auch andere Leute plagen sich mit ihren Frisuren.

Noch sind weder Parfum noch Ölsardinen angekommen – aber es geht ja manchmal lange. In pessimistischen Augenblicken stelle ich mir vor, wie beides durcheinanderfließt – nur das nicht – wo beides so schön ist!

An Deiner Postlosigkeit bin ich meiner Meinung nach unschuldig – aber inzwischen dürfte der Schaden ja auch längst behoben sein. Länger als zwei Tage habe ich nie nicht geschrieben.

Daß Du in München traust, so Gott will, finde ich pfundig![2] Mal sehn, wie mir das gefällt. Wenn allzugut, werde ich mir schnell noch einen anderen Mann suchen, damit ich des Glückes teilhaftig werden kann, von Dir getraut zu werden.

Eins ist sicher: Mit Deinen in diesem Krieg erworbenen Filmkenntnissen werde ich ein Leben lang nicht konkurrieren können! Und das ist ja doch fast so schlimm wie Kriminalromane! Daß «Das andere Ich»[3] so hübsch sein soll, sagte mir schon Gege [Gerhard Gollwitzer] – aber ich habe es dann nie mehr hier aufgetrieben. – Daß Euer kleiner Klub bei Stengel so blüht und gedeiht – freut mich ja sehr; ich habe in der Systemzeit[4] ein solches Übermaß an Diskutieren mitbekommen, daß mein an sich großes Bedürfnis danach sich etwas daran

---

[1] Wilhelm Raabe (1831–1910).
[2] Helmut Gollwitzer traute während seines Urlaubs in München am 10. Oktober 1942 Hermann Weidhaas, Mitglied der Dahlemer Gemeinde und nach dem Krieg Architekturprofessor in Weimar, und Martha von Uiblagger.
[3] Regisseur: Wolfgang Liebeneiner, 1941 uraufgeführt.
[4] NS-Jargon für die Zeit der Weimarer Republik.

den Magen verdorben hat. Wie Du weißt, flammt die Liebe brennend wieder auf, wenn es sich um Diskussionen wie die bei Euch zu Hause handelt – aber Diskussion schlechthin ist mir oft schwierig – das merke ich manchmal bei Gertrud, obgleich da bisher das Positive immer überwog. Da bin ich gräßlich anspruchsvoll. Schreibe mir viel von dem, was Ihr da redet, ich freue mich immer drüber! Bist Du jetzt mit dem Zahnarzt fertig? Laß es Dir gut gehen, und sei geküßt und nochmal richtig geküßt von

Deiner Eva

Nachdem er schon mehrmals im Sommer 1942 als Sanitäter eingesetzt worden war, wurde Helmut Gollwitzer Anfang September endlich zu einer Sanitäterausbildung abkommandiert. Vierzig Jahre später erinnerte er sich daran in einem Brief vom 7. Dezember 1984 an seinen ehemaligen Kriegskameraden und Arzt Klaus Munk: «... Ende 1942 [sollte ich] in Frankreich zu einem Offizierskurs abgestellt werden ... Ich habe unserem Hauptmann ... gesagt, dazu sei ich nicht bereit, weil ich nicht den damals von den Offizieren verlangten Revers der Bejahung der nationalsozialistischen Staatsanschauung unterschreiben könne, und ihn gebeten, mich stattdessen zu einem Sanitätskurs zu schicken. Der ... Mann erfüllte mir meinen Wunsch, und so konnte ich den Vorsatz, mit dem ich mich 1940 zur Wehrmacht habe einziehen lassen, nämlich nie für Hitler auf einen Menschen zu schießen, eher durchhalten, als es mir bei der Infanterie möglich gewesen wäre.» Über den Beginn der Sanitäterlaufbahn informierte er neben Eva Bildt auch am 3. November 1942 seine Familie: «In einigen Tagen aber gehe ich als Sani[täter] auf einen unserer Stützpunkte und hoffe, dadurch in Zukunft zwar weniger Bewegungsfreiheit, aber mehr freie Zeit zu haben.»

Erleichtert las Eva Bildt in den Briefen von ihrem Verlobten, daß er zu einem Sanitäts-Kurs und keinem Unteroffiziers-Kurs befohlen worden war. Sie konnte ihm berichten, daß es mit «unserer Sache» gut steht. Am Tag zuvor hatte sie ihm geschrieben, daß der Antrag zur Heiratserlaubnis erneut ans Innenministerium gegangen ist. Daneben gab es aber das «Grauen». Anfang September 1942 wurden die Mitglieder der Widerstandsgruppe «Rote Kapelle» verhaftet, zu der auch die Tänzerin und Bildhauerin Oda Schottmüller (1905–1943) gehörte.

Die Büste «Schauspielerin»
von Oda Schottmüller

Eva Bildt war mit ihr befreundet und saß ihr für die verschollene Büste «Schauspielerin» Modell.

Du mein geliebter Liebster!   8. September 1942

Heute kamen Deine Briefe vom ersten, dritten und vierten September, die ersten Briefe vom Kursus also. Ich machte den letzten zuerst auf und las das Wort «Kursus» und bekam fast einen Schreck, weil ich nicht wußte, ob da Heinzelmännchen meine Gedanken der letzten Tage gelesen hatten und sie in Wirklichkeit umgesetzt, obwohl mir so garnicht deutlich war, ob das gute oder böse Gedanken waren. Und zwar dachte ich [an] den berühmten Uffzkurs [Unteroffizierskurs], der schon des öfteren schwebte, nachdem der Vater von der so arg entscheidenden Grenze zwischen Offizieren und «Mannschaften» erzählt hatte. Ich dachte halt immer: Bloß weil es angenehmer ist, soll man's nun auch wiederum nicht gleich ablehnen. Das hieße den Edelmut zu weit treiben, und überdies wären die darin beschlossenen Versuchungen für Dich wohl keine ernstlichen. Aber ich kann nicht beurteilen, wie hoch der Kaufpreis dafür ist oder werden kann – und wie groß auf der anderen Seite wirklich die oft gerühmte größere Einflußmöglichkeit. Kurz: Ich beschloß, es Gott zu überlassen – und daher dachte ich also bei «Kursus» an Uffzkursus und wunderte mich. Aber es ist mir so eigentlich doch wieder wohler zu Mut, oder jedenfalls sehr recht, und daß Du bei Stengel und der guten Tafelrunde bist, ist schön.

Du mein Geliebter, sehr beschämt hast Du mich mit Deinen Briefen. Du mir etwas schuldig bleiben? Ach, Liebster, daran kann doch wohl auf meiner Seite so viel mehr die Rede sein, daß es gar nicht möglich ist, davon zu sprechen. Sieh, immer wieder möchte ich ganz frei werden zu Dir und die Schatten forträumen, die sich durch die Geschicke der anderen über mich legen. Denn so sollte es doch sein. Was es mir aber hilft, zu wissen, daß Du das nicht immer verlangst, sondern mich verstehst und mitträgst, das kann ich Dir nie sagen. Und dazu die Kraft, die mir aus Deinem guten und frohen Leben kommt, von dem ich doch nie auf den Gedanken komme: Er hat es gut, und ich – sondern immer fühlen darf: Da will er mich jetzt hineinziehen, das ist alles mit für mich da, soweit das nur geht aus der Ferne. Das ist eine wirkliche Kraft, die mich immer neu hineinrettet ins Leben. Es ist schon so, gestern wachte ich auf und war fröhlich. Du kennst das, es ist ein wunderbares Gottesgeschenk: «Jetzt aber steh ich, bin munter und fröhlich, schaue den Himmel mit meinem Gesicht.»[1] Es kam die gute – hoffentlich gute Nachricht von unserer Sache. In mir war etwas, wie ein kleiner Hund, der mich am Rockzipfel zieht und sagt: Sieh da, wie schön! Und ich sah über mir einen Himmel mit Lämmerwölkchen wie einen flockigen Teppich – und wieder: Fühle – wie schön! Und ich atmete die Luft, die zum ersten Mal nach Herbst roch, würzig und klar, und fühlte: mein Lieblingsmonat – und wieder: Sei dankbar – wie schön! Und ich empfand tief die Beglücktheit einer kurzen Stunde mit Paul Hermann, dem ich Zigaretten brachte, weil er seine Raucherkarte verloren hatte – er hatte sie aber wiedergekriegt –, in der uns alle guten Geister unserer Freundschaft umgaben: die Musik, die Dichtung und vor allen das treue warme Gefühl der Freundschaft und gemeinsamen Stücks Leben.

Ja so ein schöner glücklicher Vormittag und dann nachmittags gute Arbeit. L[ilje] diktierte mir seine Andacht aus D[ahlem], und ich tippte sie.

[1] Aus «Die güldene Sonne» von Paul Gerhardt.

Und dann habe ich vielleicht gedacht – das wäre ein Anfang und es könnte so fort gehen. Aber es ist doch nur ein Atemholen. Denn – ich überlege ja immer, was ist, was diese Geschicke, von denen heute nun wieder einige Schilderungen auf mich niederhagelten, so furchtbar macht. Es ist die Heimlichkeit des Geschehens. Daß es kein Leid ist, um das Du trauern und das Du lindern darfst. Nicht Leid, nur Grauen – und Du bist verpflichtet, Deinen Nachbarn gegenüber ein fröhliches Gesicht zu machen. Nicht aus Haltung oder Überwunden haben – sondern weil es das alles ja nicht gibt. Das ist das Dämonische. Und das geht so weit, daß ich mich (wieder nicht aus Haltung, sondern aus einer unbegreiflichen Scheu) auch nahen Menschen gegenüber verstecke. Und von dem Punkt aus mußt Du die Dankbarkeit verstehen, daß Du es mit mir trägst, dieses schwere, dieses gräßliche Los. Und dazu kommt in der letzten Zeit bei mir eine tiefe Erkenntnis meiner Schuld – in allem.

In Ungeduld und Selbstliebe, falscher Beherrschtheit und geheimer Unbeherrschtheit, und wenn ich um das Wunder für unseren gemeinsamen Weg bitte, so bleibt mir zuweilen (heute ist es so) das Wort im Munde stecken – so fühle ich, wie unwürdig ich dessen wäre. Nicht im Tun, sondern auch im Sein. Zu wissen, daß Du dann für mich weiter betest, so wie ich für Dich weiter bete, ist mir unsagbar viel. Denn das Wissen, daß Gott ja nicht nach unserer Würdigkeit sieht, sondern [in] allem aus Gnade handelt, hilft mir nicht immer, weil das Gefühl, daß ich ja eben diese Gnade, die mir so groß gewesen ist, mit Füßen getreten habe und immer wieder trete, zu stark ist.

So siehst Du wohl, wie Deine Hand, die ich in der meinen fühle, mich auf dieser Erde festhält und mich diese Tatsache, daß Du mich lieb hast, immer wieder fröhlich werden läßt!

Nun laß Dir noch ein bißchen erzählen: Brigittes[1] Kind ist in zehn Minuten geboren, kurz und gut: eine Wundergeburt («unverdient» sagte Frau von Stryk,[2] als sie's mir eben erzählte – und mich tröstet alles Unverdiente jetzt so sehr, weil ich allein darauf hoffen kann). Und Frau von Stryk behauptete, daß Du an Elsie was von Urlaub geschrieben hättest???!!!

Von Karl Gerhard kommen sehr dankbare Nachrichten, die Gemeinschaft mit seinen vorgesetzten Offizieren ist ausgezeichnet, er

---

[1] Brigitte Johannesson, Tochter von Else und Martin Niemöller.
[2] Marie von Stryk, Mutter von Elsie von Stryk bzw. Steck.

fühlt sich sehr am rechten Ort (schildert z. B. eine Beerdigung eines versehentlich erschossenen Rumänen, die er machen durfte), ist aber immer noch nicht am Ziel. Sie würden so weit fahren, wie die Bahn nur geht, und er hat sich schon warme Sachen schicken lassen. Elsie habe ich noch nicht gesprochen, sie ist gerade aus Timmendorf von Zinns[1] zurückgekommen.

Du mein Liebster, jetzt möchte ich eine Stunde mit Dir still durch den schönen herbstlichen Abend gehen dürfen. Dann würdest Du fühlen, daß unsere geschenkte Verbundenheit der Grund ist, der trägt, und ein immerwährendes Glück, das mich, will's Gott – immer wieder Deine strahlende Frau sein läßt. Ich küsse Dir lauter gute, gute Gedanken hin: Unser Herr Christus ist der Herr über alle Gewalten!

Deine Eva

«Ein bißchen Paradies»: Mit ihrem Chor, der Singgemeinde beziehungsweise dem Singkreis, besuchte Eva Bildt Eden, einen Ortsteil von Oranienburg nördlich von Berlin, der 1893 als eine Obstbaukolonie gegründet worden war und in dem verschiedene Anhänger der Reformbewegung nach dem Motto «Zurück zur Natur» lebten. Auch der Bildhauer Wilhelm Groß (1883–1984) wohnte dort. Er war mit Eva Bildt bekannt und hatte in der Vergangenheit ein Porträt von ihr gezeichnet. Bei ihrer Lesung am 27. Dezember 1941, zwei Tage vor Helmut Gollwitzers Geburtstag, war er auf die Idee zu einer Plastik gekommen. Erstaunt stellt sie fest: «Wie Kunst wieder einen Künstler zu neuem Schaffen anregt.»

Du, mein Liebster! 14. September 1942

Ja, ich habe arg auf Post gelauert: vier lange Tage! Aber Deine lieben, lieben schönen Briefe vom 7. + 8. machten ja alles wieder gut. Wie gut ist das, was Du über das süße Leben auf dieser armen Erde sagst – und daß es von Gott angesehen und geliebt ist! Und – fühlst Du es auch bei meinen Briefen aus den gleichen Tagen, daß wir wieder viel Ähnliches erlebten – die Worte über Freundschaft und über

[1] Eltern der Dahlemer Freundin Renate Zinn.

Die Plastik «Betende Irre»
von Wilhelm Groß

die Köstlichkeit des Miteinanderseins – es ist vielleicht viel mehr der Klang und das Aroma, wie wir es fühlen, gerade jetzt empfinden, als das Gedankliche, – das ist ganz eins – bei Dir wie bei mir. (Wogegen ich den Brief las, den Elsie Dir schrieb mit den Anmerkungen über den Brief zur Hochzeit – das war mir völlig dunkel und recht fremd.)

Was macht mich dieser Monat, dieser unvergleichlich herrliche September, sehnsüchtig nach einem Leben in Klarheit, Güte und Gestaltetheit, was sehne ich mich nach Spaziergängen mit Dir, Gesprächen mit Dir, Zusammensein mit Freunden, Kunst und der «milden» Liebe. Wie ängstet mich von daher gerade (nicht als Nimmersatt, sondern weil es nicht entspricht) der Gedanke an die vierzehn Tage, denen der Abschied folgt, mit allem, was es in ihnen zu überwinden gibt. Bekomme keinen Schrecken über diese Worte, sie heißen nicht, daß ich mich nicht über einen Urlaub freute, von ganzem Herzen freute. Nur sind diese Empfindungen der Beweis, wie [wir] dann, wenn wir schmerzlich süße Ahnungen davon haben, was das Leben sein kann und eigentlich sein sollte – alle Kriegserscheinungen, auch den schönen Urlaub also – in seinem «Unnormalsein» fühlen.

Und mir ist in diesen Tagen des Zu-Mir-Kommens die Unmöglichkeit des «eigenen» Lebens in einer Form, die die Kräfte fordert, die nun halt mir gegeben sind, besonders schmerzhaft bewußt. Nicht, so, daß ich drängende Ungenügsamkeit empfände, aber doch den Wunsch, es möge im Ansatz sein zu gutem Wachsen, auch wenn es zunächst in keine äußeren Gestaltungen kommen kann. Von daher auch der Wunsch, den geliebten Herbst anzutönen für nahe Menschen. Mit Paul Hermann werden wir im Winter, will's Gott, auch wieder regelmäßig Abende mit Musik und Dichtung machen.

Nun noch Kurzbericht: Am schönsten gestern tagsüber mit dem Singkreis draußen bei dem Bildhauer Wilhelm Groß in Eden: Stunden völliger Harmonie: Singen, Draußen-Sein, Freundschaft (dies Künstlerehepaar mit sechs Kindern macht den Eindruck von jener für mich beglückendsten Mischung von Bindung und Freiheit, die sich sowohl in der Beziehung zur Kirche, wie zur Kunst, wie wohl miteinander kundtut). W. Groß, der Dich sehr grüßen läßt, hielt uns in seinem Atelier, inmitten der Plastiken, eine Morgenandacht – es waren wirklich alle guten Geister gegenwärtig. Erzählte ich Dir, daß er auf die Lagerlöferzählung hin, die ich damals tönte, die Plastik jener Irren begonnen hat, die durch den Nebel zu Gott schreit für die Kriegführenden, daß Er sich ihrer erbarme?[1] Sie ist noch in Arbeit – aber ich fand diese Kette so beglückend, wie Kunst wieder einen Künstler zu neuem Schaffen anregt.

Und an Eden ist's so schön: diese kleinen, ganz bescheidenen Häuser (aber mit wie viel Liebe und Geschmack und Blumen ist's bei Großens ausgestattet!) und die großen fruchtbaren Gärten. Ein bißchen Paradies ist es schon, so von der Welt weg und für sich zu sein. Wenn man sich lieb hat – aber das haben die sich.

Dann abends bei Lalita. Hauptsächlich hat der Vater erzählt. Ich habe alles jetzt schon schrecklich oft gehört – und finde es immer wieder neu herrlich. Als ich so gestern da saß (die Eltern Schrader[2] gefielen mir wieder ausgezeichnet, jeder auf seine Art, und lassen Dich *so* herzlich grüßen) und Familie nach allen Richtungen hin genoß – kam es mir zu komisch vor, daß ich einen Lebenstraum ge-

[1] Vgl. Brief von Eva Bildt vom 18. Dezember 1941.
[2] Lucy und Friedrich Otto Schrader, Eltern von Lalita Gollwitzer.

dichtet habe, wo kein Schwanz von Familie vorkommt.[1] Bei meinem kompletten Familienfimmel! – Aber es ist eben wirklich ein Teil meines Wesens, der sich den Lebenstraum träumt, wie ich ihn schrieb. Der Schrei nach Selbständigkeit und Freiheit kommt sicher zum großen Teil daher, daß bei mir alles unbewußt sich danach ausrichtet, in welcher Lebensform ich am wenigsten Angst vor den Menschen hätte. – Daß ich in Gerhards Lebenswunschtraum vorkomme, worauf ich doch, wie Lalita sagte, gar keinen «Anspruch» hätte – hat mich ja schlechthin beseligt. Im übrigen sind unsere Hemmnisse gegen den Lebenswunschtraum, wie Du gemerkt haben wirst, ganz die gleichen – nur scheint's Du guter Mensch sie ja überwunden zu haben – während ich eben den Seitenweg einschlug, völlig zu träumen, wenn auch durchaus echt. Ich bin jedenfalls auf Deinen doll gespannt. Sind Mamias Sinnsprüche nicht herrlich? Der Grillparzer![2] Schön, daß sie mittut.

Die Eltern lassen Dich innig grüßen, besonders der Vater, der's immer noch nicht ganz verwunden hat, Dich nicht gesehen zu haben.[3] Neulich der Abend mit Graf war vielleicht der schönste Erzählabend, sie animierten sich gegenseitig so prachtvoll. Und wie Graf für uns, für Dich und mich mitdenkt und hofft – das ist beste Freundschaft.

Heute tippte ich für Gerhard auf seinen Wunsch den Brief von Dir an Dr. Ham[burger] ab, und bei der Stelle, wo Du von der Lästerung sprichst, die es sei, sich der Verzeihung zu trösten, wo an die Hilfe nicht geglaubt wurde – mußte ich an den «Petrus» denken: Ob es nicht auch das «Herr, rette mich» sein kann? Jener Glaube, der tiefer sitzt als der Zweifel – obschon der Zweifel das Handeln bestimmt? Es ist ja weiterhin und mehr eine fast *tägliche* Frage.

Über den [Vater] Traub-Brief habe ich mich sehr gefreut – schick ihn mir bitte bei Gelegenheit zurück. An Strauhaar[4] habe ich das Geld eben abgeschickt. Für Küsse ist kein Platz mehr. Aber trotzdem!

Deine Eva

---

[1] Das Verfassen von «Lebenstraum»-Briefen war in der Familie Gollwitzer sehr beliebt. Darin sollte jedes erwachsene Familienmitglied zu einem vorher festgelegten Thema (Lieblingsfarben, Eigenschaften, Tagträume usw.) seine Gedanken und Vorstellungen aufschreiben und als Rundbrief verschicken.
[2] Franz Grillparzer (1791–1872), österreichischer Schriftsteller.
[3] Paul Bildt war auf einer Wehrmachtstournee.
[4] Kriegskamerad von Helmut Gollwitzer.

Vom 2. bis 16. Oktober 1942 erhielt Helmut Gollwitzer erneut Ur-
laub. Wieder zurück bei der Kompanie, faßt er die gemeinsamen
Erlebnisse zusammen.

Du meine liebste Eva! 18. Oktober 1942

Nun bin ich wieder «zuhause», wieviel lieber wäre ichs nicht. Mit
meinen Gedanken bin ich noch gar nicht hier, sondern ständig bei
Dir. Im Zug lehnte ich stundenlang in meiner Ecke und dachte die
vergangenen Tage und Stunden alle noch mal durch, immer wieder,
suchte mir Dein Gesicht mit all seinen Wandlungen in den verschiedensten Augenblicken vor Augen zu stellen, ernst und lachend und
schlafend und beim Sprechen, und war glücklich, wenn ichs dann
wieder so klar vor mir hatte, daß ich Dir einen Kuß geben konnte; –
dann mischten sich Träume dazwischen, und immer ists die reine Seligkeit. Wie schön, wie schön wars, wie schön! Und wir Toren haben
Angst vor diesem Urlaub gehabt und vor seinen Anforderungen, ob
wohl alles gut sein werde und wir gut zusammen klingen würden.
Und wie sind wir nun beschämt! So voll Dank bin ich, – am meisten
darüber, daß mir selbst meine Liebe zu Dir so strömend bewußt geworden ist, so ausfüllend wie noch nie. Nun liegen die Bilder vom
letzten Urlaub vor mir, Dein liebstes Gesicht strahlt mich an, und ich
freue mich schon ungeduldig auf die von Wolf.
    Du Liebe, so viel möchte ich Dir sagen, – um wenigstens etwas
zu sagen, will ich das Erzählen anfangen. Noch sehe ich Dein Gesicht
am Fenster vor mir, von dem Glänzen der Regenbogenhaut wie von
einer Gloriole umgeben. Deine Hand, – ihr letztes Winken, – dann
war alles dunkel, und ich ging die Treppe herunter zu Wolf in den
Wartesaal. Asta[1] war mich suchen gegangen und kam erst nach mir
und setzte sich mit den Worten: «Über alle Maßen gut!» Ich: «Was?»
Sie: «Ja, über Erwarten entzückt bin ich!» «Ja, wovon denn?» «Von
ihr!» Das bist also Du und darfst Dich auch daran freuen. Ich ver-
sprach ihr gern, Dich zu drängen, daß Du bald mal mit Gertrud her-
über kommst. Es fiel uns auch noch ein besonderer Grund dafür ein,
aber den hab ich nun leider vergessen. «Sehr zufrieden bin ich mit
Dir», sagte sie noch, «aber das jetzt – das ist ja das heulende Elend» –

---

[1] Asta Wolf, Ehefrau von Ernst Wolf.

nämlich daß wir auseinander mußten. Und das ist es ja wohl auch; aber das Glück überwiegt doch ganz in mir, sodaß ich die Trennung noch nicht voll empfinde.

Dann war es Zeit, heraufzugehen zum Zug, ich fand im Gang gerade noch an der Tür ein Plätzchen, wo ich mich auf meine Koffer niederkauern konnte und bis Frankfurt saß, abgesehen von den ab und zu herwehenden Toilettengerüchen ungestört in meinen Gedanken und Träumen. Lesend und träumend verging der nächste Tag, – eine schöne Fahrt durch Lothringen und Mittelfrankreich, hart südlich an Paris vorbei. Mildes Licht der Herbstsonne über den Feldern und Weidenhecken mit weichem, lichten Grau, Gelb und Grün – douce France.[1] Paris schon ist in seinen Vorstädten wieder elektrisierend. Ich las eine Dissertation über Calvins Eschatologie, mit einer ausführlichen Darstellung der reformatorischen Ansichten von Tod und Leben nach dem Tode, – viel Material zu den Gesprächen mit Gerhard, – – danach den Schmöker über «Hegel und die Franzosen» von Gerhards Freund Knoop, leider in Stil und Haltung so geistlos – überlegen tuender Journalismus wie in vielen Arbeiten der bezahlten Geisteswissenschaftler heute.[2] Dann einige schöne Aufsätze in «Macht und Gnade».[3]

Von Metz ab einige Landser im Abteil, die zu Einheiten gehörten, die im Laufe des Sommers aus dem Osten kamen und interessant erzählten, von Errettungen, vom Rückzug, von russischen Waffen und Taktiken. Törichterweise stieg ich dann nicht in Nantes aus, sondern erst in dem kleinen Knotenpunkt G[?], um dort einige Stunden bis zur Abfahrt meines Bummelzugs nach Le C[roisic] zu verbringen.

Hier nun kam ich etwas erschöpft und reichlich dreckig am späten Vormittag heute an. Renald [Siemsen] war schon weg, nach Paris zu einer Dolmetscherprüfung (englisch), zu der er sich vor einiger Zeit gemeldet hatte, und wird erst in vier Tagen zurückkommen. So sitze ich nun also wieder auf der Kommandantur. Ändern wird sich das wohl nur dann, wenn unsere Komp[anie] die Kommandanturverwaltung ganz an die Baukolonne abgibt, deren Chef, der gutmütige

---

[1] Liebliches Frankreich.
[2] Bernhard Knoop: Hegel und die Franzosen. Stuttgart und Berlin 1941.
[3] Reinhold Schneider: Macht und Gnade. Gestalten, Bilder und Werte in der Geschichte. Leipzig 1940.

Oberleutnant, ja ohnehin schon Ortskommandant ist. Aber darüber ist noch keine Entscheidung gefallen.

Der Nachmittag verging mit Schlafen und Abfertigen von ein paar Leuten. Abends kamen Stengel, Heintze und Steinäcker. Bei M. Patschadjan aßen wir ein tadelloses Abendessen mit Schinken, pommes frites und herrlichem Bordeaux, und ich mußte berichten. Danach saßen wir in dem warmen Abend noch etwas am Strand, und Heintze resümierte, wie ihn dieser Krieg gelehrt habe, was allein das Leben lebenswert mache und die Leiden aufwiege: die Liebe einiger naher Menschen: der Frau, der Kinder, der Freunde; nach etwas anderem zu streben, sei reine Torheit. Sicher müßte man dazu noch einiges ergänzen, damit es ganz richtig ist; aber ich sagte nichts, weil ichs ja tief genug fühle, daß er Recht hatte, wenn mans so versteht, daß es keine besseren Gaben Gottes gibt als Dich und die Mutter und die Geschwister und die Freunde. So denke ich nun nach München und Berlin und ruhe dann mit den Gedanken bei Dir und bin so unermeßlich reich, – Du liebe Liebste!

19. 10. 1942

Wie kann ich den ersten Arbeitstag besser beginnen als mit Schreiben an Dich? Es wird spät hell hier im Westen, noch um ½ 8 h ist alles dunkel, und dann geht das Schwarz in das ewige Grau der herbstlichen Bretagne über. Vor mir liegen wieder Deine Bilder, – «ich sehe Dich in tausend Bildern …»[1] – sähe ich Dich nur wieder ohne Bild, in Deine Augen und Dein liebes Gesicht! So mag ich jetzt von nichts anderem schreiben als von unseren gemeinsamen Tagen und will sie wieder, wie nach dem ersten Urlaub vor einem Jahr, festhalten – freilich nicht so schön wie Du, sondern nur mit einer nüchternen Aufzählung.

2. 10. früh 4 h komme ich in München an, sitze bis 6 h lesend im Wartesaal, dann in die nichtsahnende Homerstr. Gerda hat erst nachmittags Dienst, wir gehen alle drei auf den Friedhof, nachmittags schlafe ich, – abends Erzählen. Im Übrigen Rätselraten, warum Du nichts von Dir hören läßt!

[1] Gedicht von Novalis (1772–1801).

3. 10. Du kommst; merkwürdigerweise verwischen sich meine Erinnerungen; ich weiß nicht mehr genau, ob Du an mein Bett kamst oder wie sonst unsere erste Stunde war, überhaupt wenig mehr von diesem ersten Tag. Wir gehen in den Engl[ischen] Garten, Essen am Kleinhesseloher See, dann auf unserer Wiese, der Sonne nachrückend. Abends Gartenpläne!

4. 10. Wir beide gehen in die Stephanus-Kirche zu Knappe, Erntedankfest! (ich finde den Text nicht mehr, – weißt Du ihn noch?), danach noch in Nymphenburg; nachmittags Spaziergang zum Botan. Garten, der gerade geschlossen wird, – Frau v. Uiblagger! Abends Erzählen. Aber Inge ist immer noch nicht da.

5. 10. Durch Langschläferei zu spät weggekommen. Isartalbahnhof, Fahrt nach Höllriegelskreuth. Oben am Isartal entlang nach Baierbrunn, Essen. Auf fragwürdigen Wegen – «Dschieses Mägdlein muß ein Spatschtaner werden» – hinunter zur Isar. Du hast natürlich Deinen Badeanzug nicht mit. Aber zum Glück kommen wir dahinter, daß er nicht unentbehrlich ist. Sonne – kaltes Isarwasser, – warmer weißer Kies. Liebste, wir sind ganz allein zusammen in der schönen weiten Welt voll Licht und Grün. – Hier eigentlich beginnt für mich die Verzauberung, die dann über dem ganzen Urlaub liegt: Daß ich Dich fühle wie noch nie und weiß, daß ich Dich liebhabe. Es ist ganz Dir zu danken, daß Du bist, die Du bist; keine andere sehe ich als die, die ich bisher schon sah und liebte, und doch sehe ich Dich neu, und jeden Zug Deines Gesichts lerne ich neu sehen und deuten, und alles ist mir beglückend. – Wir gehen die Isar entlang nach Hohenschäftlarn, sitzen noch ein paar Minuten im Wirtshaus, dann zurück nach München. Was taten wir am Abend? Ach ja, Parker.

6. 10. Etwas früher weg, nach Starnberg. Wir fahren bis Gauting, – durchs Mühltal – vertraust Du Dich meiner Führung? – Essen – der Rheinländer über die Göringrede. Am See, – der Platz ist nicht einsam genug, – Schwimmen – Alarm – cela ne nous regarde pas![1] – die Slowaken – der Olle mit seinem Kahn, – höchste Zeit zur Bahn. In München: Inge ist da.

7. 10. Mit Inge und Mammia ins Isartal, nach Baierbrunn, zurück die Isar entlang. Abends Birnenschälen und Briefschreiben. Gerdas Audienz in Freising!

[1] Das geht uns nichts an.

8. 10. Uniformumtausch! Bloß eine Feldbluse! Schon wieder ists Mittag, nachmittags ich zur Baronin, Du holst mich ab. Abends kommt Elsie, – die wir abholen. Dann erzählt sie und läßt sich ausquetschen. Und Du bist herrlich, wie Du dabeisitzt und zuhörst.

9. 10. Mit Elsie in die Stadt, Karten einkaufen. Wir beide holen noch die Karten für Fritzis Konzert! Dann zu Ammann. Nach dem Essen mit Elsie zu Vater Traub nach Solln; die Bombenschäden. Von dort zu Weiß Ferdl.[1] Anschließend wir beide noch mit Ammann.

10. 10. Tohuwabohu im Haus und mitten drin zu Mamas Entsetzen Dr. Weidhaas, der uns samt Inge zum Essen holt. Die Trauung, mit 3 Kutschen, danach noch Kaffee dort. Endlich zurück. Zu Fritzis Konzert. Anschließend wir beide im Café, an Asta Wolf telefonieren.

11. 10. Zu spät zur Bahn, darum leider nicht bei Vater Traub, sondern in Thalkirchen bei Roland Klein in der Kirche, über Eph[eser] 5,15–21.[2] Dann an der Isar entlang, – Essen, – nach Hause zum Kaffee, – Familienleben, – abends tönst Du, nur für uns und schöner denn je!

12. 10. Wir gehen los, – o Schreck, zuerst in die Stadt. Es war gut so! Bei Lempp[3] und zuvor in der Evg. Buchhandlung. Essen im Ratskeller, mit Muscheln! An die Isar bei Freimann. Zu spät zurück. Bei der Baronin vorbei. Was ist mit Else Möckel?[4] Der Abend für uns, – Schatten des Abschieds; Gerdas Rückkehr aus Freising.

13. 10. Ich mit Mama zu Hey und auf den Friedhof. Um 16³⁰ Abfahrt nach Augsburg. Bei Inge, – meine französ. Bücher. Schöner Abend über Joh[anne]s-Evg. Nachts weiter, getrennt im Zug und doch so nah!

---

[1] Weiß Ferdl (1883–1949), bayerischer Humorist.

[2] «So sehet nun zu, wie ihr vorsichtig wandelt, nicht als die Unweisen, sondern als die Weisen, und kaufet die Zeit aus; denn es ist böse Zeit. Darum werdet nicht unverständig, sondern verständig, was da sei des Herrn Wille. … und spielet dem Herrn in eurem Herzen und saget Dank allezeit für alles Gott und dem Vater in dem Namen unsers Herrn Jesu Christi, Ehe und Familie im Herrn und seid untereinander untertan in der Furcht Gottes in dem Namen unsers Herrn Jesu Christi, und seid untereinander untertan in der Furcht Gottes.»

[3] Albert Lempp war Inhaber des Chr. Kaiser Verlags, in dem in den dreißiger Jahren Schriften der Bekennenden Kirche und auch von Gollwitzer herausgeben wurden. Der Verlag mußte sich 1940 in «Ev. Verlag A. Lempp/München früher Chr. Kaiser Verlag» umbenennen. Während des Krieges gehörte Albert Lempp einem Kreis von Regimegegnern in München an.

[4] Else Möckel, Mitarbeiterin der Staatlichen Porzellan-Manufaktur Berlin.

14. 10. Wiedersehen hinter Naumburg, endlich wieder vereint. In Halle bei Wolfs der Uffz. [Unteroffizier] Freitag, dann das Frl. Kaßmann – werden wir denn nicht allein sein? Aber kleingläubige Spannung! Denn es fügt sich doch alles in diesem herrlich besternten Urlaub! – Die Wohnung gehört uns. Jannasch kommt, dann gleich Gerhard. Abends noch Wolf und Frl. Wilkerling. Dann sind wir für uns.

15. 10. Du kommst, mich zu wecken. Wie wird das Aufstehen schwer! Wir holen die Eltern und Gertrud von der Bahn ab. In der «Goldenen Kugel» Essen, dann «bei uns zuhause» Kaffee veritable und Alcoholica – und Gespräche, voll von schrecklicher Zeit und herzlichster Freundschaft und innerster Übereinstimmung. Ein unvergeßlicher Nachmittag, nicht wahr. – Abendessen mit Bonnet,[1] – und dann gehört wieder Zeit und Raum, alles uns beiden, und niemand stört uns. Du bist großzügig genug, mich ein wenig in Büchern blättern zu lassen, und mir ist der neue Dogmatik-Band wichtig genug, das anzunehmen,[2] – aber das Schönste ist dann doch, zu Dir zurückzukehren und ungetrennt bei Dir zu bleiben.

16. 10. Noch ein ganzer Tag! Vormittags muß ich weg, die restliche Uniform zu tauschen, was auch überraschend erfolgreich ist. Aber noch haben wir uns. Mittag-Essen im «Löwenbräu», wieder mit Muscheln. Nachmittags kommt Wolf. Wir gehen noch einkaufen in die Stadt. Dann ist Asta da, es wird noch photographiert, – zum Bahnhof ...

So lang wars, nicht wahr, ein ganzes Leben ging hinein in diesen Urlaub. Und nun ritzt die Trennung wirklich nur das alleroberste der Haut, darunter sind wir ungetrennt und engstverbunden. Ich küsse Dich – so lang, so innig – und mein ganzes Herz ist bei Dir (außer einem kleinen Stückerl, das bei der Anna[3] ist, wegen den ganz phantastischen Plätzchen, die sie mir durch Dich schickte und die Du lernen mußt!) –

Dein Helmut

[1] Studentenpfarrer in Halle.
[2] Karl Barth: Kirchliche Dogmatik II/2: Die Lehre von Gott. Zürich 1942.
[3] Anna Müller (1899–1976), Haushaltshilfe der Familie Bildt.

Schon kurz nach seiner Ankunft in Le Croisic erhielt Helmut Goll-
witzer von seiner Verlobten einen Brief, in dem sie ihm von ihrer
Singkreisfahrt nach Kloster Zinna südlich von Berlin erzählte. «Das
Singen in der uns so lieben Klosterkirche Zinna, die mit Kerzen erhellt
war und die eine selten gute Akustik hat, ... war dann sehr schön. Bei
dem gewaltigen ‹Verleih uns Frieden›[1] *hatten wir – wie wir uns nach-*
her gestanden – Herzklopfen vor Glück.» Außerdem legte sie dem
Brief noch Unterlagen aus ihrem Büro bei, die wohl kirchenpolitische
Fragen betrafen und von Helmut Gollwitzer mit großem Interesse
gelesen wurden. Er erwartete «da capo». Offenbar handelte es sich
hierbei um Schriftstücke zum schon erwähnten kirchlichen Einigungs-
werk des württembergischen Landesbischofs Theophil Wurm. Dieser
war seit Herbst 1942 bestrebt, dem Einigungswerk einen Beirat zu-
zuordnen, dem auch Lilje angehören sollte.

Meine geliebte liebe Eva! 24. Oktober 1942

So bist Du also zu Lalita gegangen und hast mir auf der Hinfahrt geschrieben. Eben bekomme ich den Brief, und wie gern wär ich als
kleine Maus in einer Zimmerecke sitzend dabei und hörte unbemerkt
zu. Und freute mich an allem, was Du sagst und was Du nicht sagst –
und würde heimlich Lalita zulachen, wo sie doch immer so besorgt
war, ob Du denn auch auf Deine Rechnung kämst bei mir und ich
Dich auch so lieb hätte, wie es sich doch gehört, – und nun ist sie vielleicht zufrieden, und ich hab doch nichts getan, um sie zufriedenzu-
stellen, sondern nur, was die Liebe mir eingab. Die Liebe, die offenbar nicht nur mich, sondern sich selbst wandelt und immer neue
Gestalten und neue Kräfte hat.

Es ist ja doch merkwürdig genug: Jetzt, nach fast zwei Jahren, da
ich Dich schon so lang kenne und so lange auch liebe, ist es, als sei es
ganz neu und alles Vorherige sei nur eine Vorbereitung gewesen, ein
Stammeln vor dem Redenlernen und ein Blinzeln, bevor man sieht.
Jetzt sehe ich auf einmal – und liebe Dich. Und was danke ich Gott,

---

[1] Vermutlich die damals bevorzugte Vertonung der Antiphon «Da pacem, Do-
mine» («Verleih uns Frieden gnädiglich, Herr Gott, zu unsern Zeiten, es ist
doch ja kein ander nicht, der für uns könnte streiten, denn du, unser Gott
alleine») aus der «Geistlichen Chormusik» von Heinrich Schütz.

daß er mich bewahrt hat, auch dies als Bedingung zu setzen. Verstehst Du: daß ich schon wüßte, daß Du meine Frau bist und daß ich Dich liebe, auch als ich Dich erst noch blinzelnd sah, schon liebend, aber noch nicht verliebt (was doch dazugehört, da hat Lali ganz recht), und daß ich Dich als sein Geschenk annahm, schon bevor ichs ganz erkennen konnte, das ist mir jetzt, nachträglich, so unselbstverständlich, daß ich voll Dank wieder sage: «Ich fand Dich nicht, Gott hat Dich mir gegeben.»[1]

Schreib mir nur, wie es war an dem Abend, da ich ja leider mich nicht in eine Maus verwandeln konnte, weil ichs ja erst nachträglich erfuhr. Dieser langsame Gang der Post ist jetzt, nach dem Zusammensein, erst recht merkwürdig und ärgerlich. Ich kann mich schwer daran gewöhnen.

Gestern Abend war ich bei den Freunden in Penbron,[2] stürmisch empfangen, wie ein langersehnter Verlorener. Ich zeigte alle Photos, die ich von Dir habe, erzählte vom Urlaub, und schließlich erklärte Yves, wir müßten Brüderschaft schließen. Es war ein sehr schöner, herzlicher Abend. Die beiden Freunde sind von ihren bisherigen Sympathien durch das, was sie inzwischen mit eigenen Augen gesehen haben, gänzlich geheilt und sehen es nun wie ich; wir sprachen sehr eingehend, ich versuchte ihnen einiges zu erklären, was ihnen noch neu ist und womit wir uns schon so lange herumschlagen müssen.

Am Dienstag Abend schon war ich bei Heinz [Stengel] und den anderen, auch ein schöner Abend. Es war ein Neuer dabei, ein kath. Mediziner vom Marienlazarett, und Heinz wünschte sich als Abendthema ein Gespräch über zwei Bemerkungen von mir bei der Bibelarbeit auf dem Theologentreffen: Ich hatte dort zu 2. Joh[annes] 1[3] gesagt, daß dort die Kirche gegenüber ihren Gliedern als *Mutter* gese-

---

[1] Aus «An Frau Rebekka» von Matthias Claudius.

[2] Ort bei Le Croisic in der Bretagne und am Atlantik.

[3] «Der Älteste: der auserwählten Frau und ihren Kindern, die ich liebhabe in der Wahrheit, und nicht allein ich sondern auch alle, die die Wahrheit erkannt haben, um der Wahrheit willen, die in uns bleibt und bei uns sein wird in Ewigkeit. Gnade, Barmherzigkeit, Friede von Gott, dem Vater, und von dem Herrn Jesus Christus, dem Sohn des Vaters, in der Wahrheit und in der Liebe, sei mit euch! Ich bin erfreut, daß ich gefunden habe unter deinen Kindern, die in der Wahrheit wandeln, wie denn wir ein Gebot vom Vater empfangen haben. …»

hen wird, während von Seiten Roms uns gegenüber immer die *Autorität* der Kirche betont wird. Autorität sei aber für die Bibel ein Moment des Väterlichen:

«Der Vater leitet, die Mutter pflegt», und man könne die Reformation verstehen als einen Versuch, das wieder richtig zu stellen. Und zu V[ers] 3: Die Gnadengaben seien also nicht selbstverständliches Attribut der Kirche, sondern um sie müsse gebeten werden, wogegen mir im Vaticanum die Geistes-Ausrüstung der Kirchenleitung zu etwas fraglos Vorhandenem gemacht zu sein scheint. Darüber haben wir nun lange und sehr theologisch verhandelt. Ich habe, so nötig vielleicht so ein Gespräch jetzt einmal war, nicht viel Eifer dazu; es ist so wenig Aussicht, daß man sich überzeugt, – ich strebe viel mehr nach unmittelbar fördernden Gesprächen.

Noch hab ich Dir, glaub ich, nicht geschildert, wie es war, als Dein heißersehnter erster Brief kam: Wir von der Kommandantur müssen jetzt leider manchmal bei der Kompanie drüben auf Wache stehen, weil sie dort z. Zt. so wenig Leute dafür haben, und mich traf das am Mittwoch Abend. Vorher hatte ich erst den blöden Film noch zu versorgen und dann, als ich gegen 22 h in die Wachstube kam, lag da meine Post und oben drauf Dein Brief. Seitdem hab ich ihn nun schon x-mal gelesen. O Zeichen – Brücke – Land – es ist etwas Herrliches, nach solchen Tagen wenigstens so bald wieder ein Blatt von Dir in der Hand zu haben, von Dir beschrieben, Deine Worte zu lesen und fast zu hören, und zu wissen, daß alles bei Dir so ist wie bei mir, und Deine ersten Wege in Berlin mitzugehen. Wie sehr malte ich mir aus, wie es sein wird, wenn Du die Eltern und Gertrud wiedersiehst und wenn Deine Freude, unvernichtet durch den Abschied, sie anscheint! Wie beglückt sind wir, daß auf die andern auch etwas von uns her überströmen darf!

Und dann ging ich die Postengänge draußen im Park mit einem der Fahrer, einem übermäßig einfältigen und zum Glück nicht redseligen Landarbeiter aus der Mark, meist schweigend, – der Mond schien, und ich hatte so viel zu denken. Alle Tage ging ich wieder durch und sah Dich: neben mir in der Stephanus-Kirche – und oben am Isartal entlang gehend – und Dein Haar und Deine Schultern, als ich Dich unten an der Isar abrieb, nachdem ich Dich ins Wasser geworfen hatte, – und wir beide nebeneinander, uns fühlend, auf dem weißen Kies, – wie Du am Starnberger Ufer so vor mir saßest, daß ich um Dich den Himmel fließen sah, – und wenn Du in Wolfs Zimmer ab und zu an meinen Schreibtischstuhl kamst, während ich las, – und wie Du mir am Weidhaas'schen Hochzeitstisch eine Zeitlang gegenüber saßest, – und wie ich am letzten Morgen nochmal in Dein Zimmer zurückkam, um Dir beim Waschen einen Kuß zu geben, – und Dein Lachen – – – und wie Du auf den Boden sahst, wenn Du ein Gedicht gesprochen hattest, – und Dein Gesicht hinter mir beim Singen, – und Deine Träne am letzten Morgen, – und Deine Hand aus dem Zug, – und Dein Lächeln in dem verwunschenen Zimmer bei Wolfs – und Dein unbeschreibliches Gesicht, als ich Elsie ausfragte, – und immer wieder Dein Gesicht nah dem meinen – ach Liebe, wie gut haben wirs, und was für ein endloser Stoff zum Danken und zur Freude bist Du mir geworden! Von 10–12 h nachts hatte ich Posten zu gehen, von 12–1 h Telefonwache, von 2–4 h wieder Posten und um 5 h mußte ich auf den Zug nach Vannes,[1] so hatte ich nur eine Stunde geschlafen, aber meine Zeit gut zugebracht.

Gestern kam Dein Brief mit den Lilje geklauten Sachen, – die Du wieder zurückbekommst (so was ist mir *sehr* nützlich und wichtig, bitte da capo!), und dem Bericht von der Singfahrt. Es hat mich ein bißchen beruhigt, daß Deine Tage mit so guten Tätigkeiten begannen. Alles, alles soll gut sein zu Dir und jeder Tag etwas Frohes bringen, bis ich wieder da bin! Jetzt küsse ich Dich, – merkst Dus?

Dein Helmut

Bitte denk auch an Mama, wenn Du eine Abschrift der Losungen übrig hast!

Noch vor dem Urlaub informierte Eva Bildt am 18. September 1942 ihren Verlobten, daß wegen der Heiratsgenehmigung «alles auf bestem Wege war, bis … Deine Akten aufgetaucht waren. Das machte eine erneute Revision der ganzen Sache nötig.» Helmut Gollwitzers Gestapo-Akten lagen nun den entscheidenden Stellen vor. In den folgenden Briefen vor und nach dem Urlaub hoffte aber Eva Bildt auf einen guten Ausgang. So war auch das Schreiben eines Oberregierungsrates von Görings Stabsamt an ihren Vater «wieder ein Lichtschein». Schließlich muß sie ihm den ablehnenden Bescheid mitteilen.

---

[1] Stadt im Süden der Bretagne am Golf von Morbihan.

Kategorisch erklärt sie dazu: «Mein Leben aber ist ganz an Deiner Seite.» Helmut Gollwitzer hat schon vorher gegenüber der Familie und Freunden entschieden: «Eva ist meine Frau.»

Mein allerliebster Liebster! 25. Oktober 1942

Jetzt sitze ich – es ist nach dem Mittagessen – bei den Eltern im Hotelzimmer und schreibe an Dich, nachdem meine Gedanken wirklich unaufhörlich bei Dir waren und sind. Das Hotel erinnert mich ein bißchen an Pritzwalk, nur ist Ort und Hotel blanker und zudem von Sonne vergoldet.[1] Es ist ein wunderbarer, wenn auch kalter Herbsttag, und wir sahen auf unserem Vormittagsweg um den See Herbstbilder von zauberhafter Schönheit. Kleine Birken, die vom warmen Golde tropften, das bei jeder Bewegung der Luft zu sprühen anfing, erinnerten mich an Dich, ich verglich das tiefe Blau des Sees mit dem Grün der Isar. Alles, alles hatte Bezug zu Dir.

Gestern Abend fuhr ich los, als ein roter Glutball von Sonne hinter dunkelnden Wiesen verschwand, diesen dicken, schönen, mich ganz beglückenden ersten Brief in der Tasche und jenen anderen, dünnen, nicht schönen, – letzteren daneben, der es nicht fertig bekommen soll, uns unglücklich zu machen.

Dann Wiedersehen mit den Eltern. Die Mutter ganz froh, sich hier gelöst und heimatlich fühlend (die Eltern waren früher des öfteren in Fürstenberg) und dankbar alles aufnehmend: Ruhe, Lesen können, Herbstschönheit und Gastlichkeit des Hauses. Der Vater für seine Verhältnisse recht schwer und bedrückt, bei großer Bemühtheit, sich zu lösen und zu erholen, auch körperlich macht er noch keinen guten Eindruck. Ich weiß ja jetzt besser als je, daß es eine Gnade ist, *nicht* überwältigt zu sein vom Leid, und ein reines Gottesgeschenk, frei zu sein und es zu verwirklichen, was Claudius sagt: «Vor dir hier auf Erden, wie Kinder fromm und fröhlich sein.»[2] Daher verstehe ich ihn so gut, den Vater, – und kann nur für ihn beten. Dessen Gedanken, – es kam ja auch in Halle zum Ausdruck – nur um das: Wie wird es gehen? – Was wird noch sein? – und eine bange

---

[1] Fürstenberg an der Havel nördlich von Berlin und unweit vom KZ Ravensbrück.
[2] Aus «Der Mond ist aufgegangen» von Matthias Claudius.

Bitte um Bewahrung und sich zurückziehen dürfen, kreisen. Wenn er sich rein körperlich erholt, erhoffe ich ja doch wieder von der Arbeit Gutes für ihn, daß sie ihn ins Leben zieht. Aber ich bin im ganzen sehr, sehr dankbar, daß die Eltern vorm Winter diese Zeit haben dürfen.

Mein Leben aber ist ganz an Deiner Seite. Wie sehr danke ich Dir, daß Du in Deinem Brief für mich Tagebuch vom Urlaub schriebst – das ist so schön für mich, wie ich dir gar nicht sagen kann. Und nun kann ich mir wieder alles so vorstellen: daß Dein erster Abend gleich mit den Freunden war – und noch am Meer sitzend!! Und mit so tollem Essen! Ist doch prächtig – und auch Deine Fahrt habe ich nun noch ganz miterlebt.

Ein wenig bange ist mir, wenn ich in der nächsten Woche eine Antwort von Dir auf den guten und verheißungsvollen Brief des Oberregierungsrates bekomme. Da wird die Wunde der Ablehnung wohl schmerzhaft werden. Ach, Lieber – es ist ja alles so wunderbar. Vor etwa zwei Monaten habe ich einmal zur Mutter gesagt, das könnte ich nicht ertragen, daß jetzt, nach soviel gutem und wunderbarem Fortschreiten der Angelegenheit, ein negatives Ende käme. Das wäre dann doch ein Sieg des Bösen über Gott, der meinen Glauben in Frage stellen würde. Und so sehr mich die Mutter vor diesem Gedanken warnte und ihn mir auszureden suchte, wäre es wohl so gewesen.

Nun aber, nach diesem Urlaub voller Wunder, der eine Zeit war, in der Gott wirklich seinen Engeln befohlen hat, Stunde um Stunde aus Gnade und Segen zu bauen und allem Bösen zu wehren – wird eben diese Ablehnung zum Zeichen dessen, was wir immer schon sagten und nun erfahren dürfen: Daß es nichts gibt, was wir *vorher* ermessen könnten, nichts gibt, das untragbar ist, sondern alles, alles abhängt von Seinem Geist, ohne den wir schwach sind, den Gewalten unterlegen, mit dem wir aber stark sein dürfen, Überlegene und Sieger. Sein Wort gilt ja ohnehin, daß er Wege allerwegen hat und daß unsere Gemeinschaft Sein Geschenk und Wille ist, gerade das war uns ja auch schon vor diesem Urlaub ganz gewiß. Aber nun hat er mit diesem Urlaub ein solches Zeichen Seiner Liebe und Seiner Herrschaft in unserem Leben aufgerichtet, daß es mir gestern nicht schwer war, ihm von Herzen – für alles – zu danken. Ich ahne, daß das nicht immer so sein wird. Die Länge der Zeit, das Vergleichen mit anderen Menschen, auch ihr Mitleid, das alles wird den bösen Geistern den Einlaß wieder ermöglichen. Aber auch da heißt es: «Weg Phantasie, mein Herr und Gott ist hie.»[1]

Die schwerste Anfechtung für mich wird es wohl sein – und ich schreibe davon, damit sich da in Deinen Gedanken nichts verkehrt –, daß es ja doch so bleibt, daß *ich* der Stein des Anstoßes bin. Du könntest heute heiraten, wenn Du willst. Ich dagegen – das ist in dem Brief in aller Deutlichkeit gesagt (der übrigens *sehr* freundlich im Ton ist) – habe grundsätzlich heute keine Möglichkeit mehr dazu, und eine ganz ausnahmsweise Erlaubnis kommt nur bei einem solchen Zusammentreffen günstiger Bedingungen in Frage, wie es sich wohl nie ergeben würde. Es ist schon so, Du mein geliebter Helmut, daß Du für mich nur Glück bist; ich aber für Dich, zumindest auch, ein Unglück.

Von dem Brief nur noch eines: Zu den ablehnenden Stellen gehört auch Dein Kompanieführer. Das ist interessant, nicht wahr? Und es ist mir halt unbegreiflich bei jemandem, der Dich kennt. Aber so geht es in der Welt.

Über dies alles hinaus empfinde ich eine beglückende Freiheit der Klarheit. Jetzt sind wir wirklich ganz auf Gott angewiesen, und das ist was Schönes, finde ich. Der uns diesen Urlaub so schenkte, der kann nicht nur, sondern der wird uns gnädig weiterführen, miteinander und so, daß eins am andern die Freude hat, die der gute Flatlich meinte. Wie und auf welchen Wegen, wollen wir Ihm überlassen.

Und ich liebe Dich, mein Helmut! Aber das weißt Du ja. Laß Dich so lang küssen, bis Du ganz froh bist.

Deine Eva

Schon im Frühjahr 1942 bahnte sich in der Bekennenden Gemeinde Dahlem durch den nachlassenden Besuch der Andachten und Gottesdienste und den ständigen Streit um die Namensnennung in den Fürbittgebeten eine Entwicklung an, die Helmut Gollwitzer alarmierte und ihn veranlaßte, hier als Seelsorger Einfluß zu nehmen. In seinem Pfingstrundbrief stellte er fest: «Es ist uns, die wir in der Zerstreuung leben, unendlich wichtig zu wissen, daß auch weiterhin allabendlich

---

[1] Aus dem Kirchenlied «Nun schläfet man» von Gerhard Tersteegen (1697–1769).

und allmorgendlich in Dahlem gemeinsam gebetet, gehört und gesungen und allwöchentlich das Sakrament ausgeteilt wird.» Als sich Ende September der Dahlemer Gemeindekirchenrat dem staatlichen und kirchlichen Druck gebeugt und dem preußischen Evangelischen Oberkirchenrat mitgeteilt hatte, daß keine gottesdienstlichen Räume mehr für die Fürbittandachten zur Verfügung gestellt werden, reagierte Helmut Gollwitzer sofort und antwortete darauf mit einem Rundbrief, dem Allerheiligenbrief 1942. Zunächst gedachte er des in KZ-Haft ermordeten Pfarrers Werner Sylten (1893–1942) und des unter ungeklärten Umständen im Osten als Offizier gestorbenen Pfarrers Fritz Müller. Die namentliche Nennung dieser beiden Zeugen Jesu Christi sei in der Vergangenheit ein wesentlicher Teil des Gottesdienstes gewesen. «In ihr verbindet sich unser Gebet mit dem wirklichen Schicksal der leidenden Brüder; wir bringen ihren Namen vor Gott ...» Aber er sah auch in der gemeinsam und in Eintracht gefundenen Antwort an die Kirchenleitung eine Chance, «die bisherigen Gräben, die die Dahlemer Gemeinde spalteten, zu überbrücken».

Über den ersten Gottesdienst der nach Jahren des Streits wieder geeinten Dahlemer Kirchengemeinde war Eva Bildt aber enttäuscht. Weiter berichtete sie von einem erneuten Gespräch mit Gerhard und Lalita Gollwitzer über die «Bindungen in Ehe, Familie und Volk». Einige Tage vorher hatte sie ihm dazu geschrieben, daß es «keine befriedigende Antwort [gegeben habe], was für mich nicht so aufregend ist, weil ich als Frau auch von der Bibel her viel klarere Begrenzungen habe».[1]

15. November 1942

Mein Liebster Du – was war das wieder für ein bis an den Rand gefüllter Sonntag. Nun ist Stille, und bevor ich alles in den Schlaf hineinnehme, um es an mir wirken zu lassen, komme ich ganz zu Dir. Du mein Helmut Du, Du bester, liebster Teil meines Lebens!

Am Abend war ich im Liederabend meiner Lieblingssängerin Margarete Klose.[2] Sicher schrieb ich Dir schon von ihr, und sicher schreibe

[1] Vgl. Brief von Eva Bildt vom 22. April 1941.
[2] Margarete Klose (1899–1968), Opern- und Konzertsängerin.

ich jedes Mal, daß es so schön noch nie war. Weißt Du, ihr Singen, das ist für mich wie das Erlebnis des Meeres oder eines Sommers mittags auf einer Wiese: Körper und Seele werden durchströmt vom Wohlbefinden und erhoben, weil Gott so herrliche Dinge geschaffen hat. Und eigentlich ist das ja immer ein Erlebnis der Liebe, dieses ganz ergriffen und weggetragen sein von einem Anderen zu einem Du, auch wenn es in diesen Erlebnissen anonym bleibt. Aber heute trug mich ihre Stimme so ganz zu Dir, daß ich meinte, diese Wellen müßten an dem Ufer Deines Herzens anlangen. Wenn diese Frau singt, die eine Konzertgemeinde hat, die sie liebt, Menschen, deren Gesicht sich beim Zuhören so löst und verwandelt, daß man anfangen könnte, wieder an das Gute im Menschen zu glauben – dann verstehe ich, was vom Orpheus gesagt wird: Daß alle Kreatur innehält und lauscht und beglückt ist. Ich war glücklich und dankbar – und ganz bei Dir.

Davor war ich zur Bibelstunde bei Dr. H[amburger] über den 51. Psalm,[1] und vormittags war ich in der Jesus-Christus-Kirche bei Herntrich. Die biblischen Texte vorm Altar Matth[äus] 25,31–46[2] und als Predigttext Mark[us] 1,14+15[3] waren so gewaltig, daß die Predigt – bei einigen Gedanken, die mir blieben, dahinter sehr zurückblieb. Die Verzweiflung, in die etwa Gertrud durch den Matth[äus]text gestürzt war, durch die Erkenntnis, wie wir konkret auf der Seite der zu Verfluchenden stehen durch unser bewußtes Tun bzw. Nichttun, war ja vielleicht die ganz rechte Verfassung für den Bußtag (und niemand hätte so wenig – irdisch gesehen – Grund dazu wie gerade Gertrud, die Liebe, der ich *nicht* aus dieser qualvollen Frage: Was soll

---

[1] «Ein Psalm Davids, vorzusingen; da der Prophet Nathan zu ihm kam, als er war zu Bath-Seba eingegangen. Gott, sei mir gnädig nach deiner Güte und tilge meine Sünden nach deiner großen Barmherzigkeit. Wasche mich wohl von meiner Missetat und reinige mich von meiner Sünde. Denn ich erkenne meine Missetat, und meine Sünde ist immer vor mir. An dir allein habe ich gesündigt und übel vor dir getan, auf daß du recht behaltest in deinen Worten und rein bleibest ...»

[2] «Wenn aber des Menschen Sohn kommen wird in seiner Herrlichkeit und alle heiligen Engel mit ihm, dann wird er sitzen auf dem Stuhl seiner Herrlichkeit, und werden vor ihm alle Völker versammelt werden. Und er wird sie voneinander scheiden, gleich als ein Hirte die Schafe von den Böcken scheidet, und wird die Schafe zu seiner Rechten stellen und die Böcke zu seiner Linken ...»

[3] «Nachdem aber Johannes überantwortet war, kam Jesus nach Galiläa und predigte das Evangelium vom Reich Gottes und sprach: Die Zeit ist erfüllet, und das Reich Gottes ist herbeigekommen. Tut Buße und glaubt an das Evangelium!»

man, was soll ich denn tun? helfen konnte angesichts dieses Textes), und da hätte nun gesprochen werden müssen von dem, was Gott erwartet, wohin wir umkehren sollen. (Denn wird nicht eins immer deutlich: Daß wir dauernd zu denen gehören, die Christus *nicht* aufnehmen in den geringsten Brüdern, hat den einen Grund, daß wir ihn nicht über alle Dinge fürchten, lieben und vertrauen.) Statt dessen kamen nach einer sehr langen Einleitung, ob wir den Bußtag nötig hätten (warum oft diese langen Auseinandersetzungen mit den Leuten, die ja nicht in der Kirche sitzen?!), geistige Betrachtungen über den modernen Menschen (demonstriert an einem – übrigens sehr schönen – Weinheber-Gedicht) und den Christen. Es war schon ein wenig schade, fand ich, daß so gerade der erste Gottesdienst der geeinten Dahlemer Gemeinde war, der doch möglichst ein Anfang und kein einmaliges Ereignis sein sollte. Christiane Brandenburg hat am 28.11. Hochzeit, sie wurden heut aufgeboten.

Ich ging mit vielen Fragen nach Hause, anknüpfend an das Gespräch mit Gerhard über Bindung und Verpflichtung und Gertruds Sorgen. Gerhard formulierte neulich so: Es gäbe Menschen (wie ihn), für die wäre die Bindung der Ehe und die Bindung des Berufes Realitäten, in denen voll anerkannt würde, daß sie Beschränkung der persönlichen Freiheit forderten, Rücksichtnahme, daß sie Vorrechte hätten u. s. w. Dann aber käme «der Mensch» – und es gäbe Menschen, für die käme dann das Heimatland, das Vaterland! Das ginge vor, beansprucht unser Denken, Fühlen, Zeit vordringlich u. s. w. Was ist nun richtig, im Sinne der Bibel? Und mich erschreckte unsere gemeinsame Feststellung, daß es zwar biblisch alle diese Bindungen gibt, daß aber, wenn wir nur auf Christus sehen, es gleich nur «den Menschen», nämlich den Nächsten, gibt, der immer zuerst kommt und dem sozusagen immer die ganze Liebe und ihre Kräfte gehören.

Wie notwendig die Liebe zum Vaterland «hart» macht und machen muß gegen den «Feind» ist eindeutig und wie sehr sie zu einem anderen Weg führt – aber, wenn ich an Gertrud denke; sie steht vor der Frage: meine Kinder oder «der Mensch» – der Nächste, der mich um Hilfe anruft.

Denn Gott kann uns äußerlich bewahren, aber es wäre doch ein Irrglaube zu meinen, er müsse es tun. Der Mensch selbst, der dann mit Leiden kommt, wird – wenn er an Gott festhält – seine Hand spüren, bis ins tiefste Dunkel hinein – aber die Kinder?

Ich hatte zunächst keine Absicht, Dir diese Fragen zu schreiben: Mich selbst betreffen sie nicht so sehr, weil ich in keiner Konflikt-situation stehe – aber ich konnte weder Gerhard noch Gertrud helfen und weiß außer Dir keinen Menschen, von dem ich dächte, daß er dazu etwas wirklich Hilfreiches sagen könne.

Du mein Liebster, meine schlaftrunkenen Buchstaben können sich schon nicht mehr auf den Beinen halten und schwanken hin und her, daher Schluß! Nicht, ohne Dir zu versichern, daß Du nicht allein [bist], sondern ich bei Dir bin.

Deine Eva

Versteckt neben Belanglosigkeiten erwähnte Eva Bildt, daß sie Be-such «vom Theater in Z.» erhalten haben. Dabei handelte es sich um einen Abgesandten des Schauspielhauses Zürich und um die geplante Ausreise der Familie Bildt in die Schweiz. Paul Bildt hatte sich in den vergangenen Monaten dort um ein Engagement mit der Absicht be-müht, seine Frau und seine Tochter mitzunehmen und in Sicherheit zu bringen. Ein Angebot für die Spielzeit 1942/43 lag vor: Er hatte dazu im April 1942 ein Telegramm aus der Schweiz erhalten. Vermutlich war auch eine Bemerkung in einem Brief von Emil Jannings (1884–1950) an seinen Freund und Kollegen Paul Bildt vom 19. Juni 1942 im Sinne der Hilfe für die Ausreise zu verstehen: «Was in Deiner Sache gemacht werden kann, wird getan, darauf kannst Du Dich verlas-sen!» Die sicherlich sehr komplizierten und umfangreichen Verhand-lungen sowohl auf deutscher wie auch auf Schweizer Seite zögerten aber die Entscheidung bis 1943 hinaus.

Mein geliebter Helmut! 17. November 1942

Wenn ich so lese, daß Du wie «ins Leere» schreibst, wenn kein Brief von mir da ist, und dann denk ich dran, wie schlecht ich Dich in der Hinsicht jetzt oft behandelt habe – es ist grausam. Aber ich schaffe es nicht, und Du mußt fühlen, wie in Allem Ströme der Liebe und der Verbundenheit zu Dir gehen. Tust Du's? Heute habe ich für Dich ge-backen (Du, das hat Spaß gemacht; erst gab es das übliche Tänzchen mit der Anna [Müller] – aber dann ging es doch in Güte (denke mal, wie gräßlich das wäre, in Feindschaft gebackener Weihnachtsku-chen!?), und gelungen ist er auch. Weil Du ja nun auch ein Lieber warst und Marken geschickt hast.

Und dann habe ich Deinen Gedichtnachtrag getippt (ohne den Uhland-Kerner[1] und das Michel-Goethe-Gedicht[2] allerdings, aber eigentlich darf ja auch ein Nachtrag nicht umfangreicher sein als das Opus selbst, findest Du nicht? Außerdem beunruhigt es mich leise, daß Du von den in Deinen 10 Lieblingen vermerkten zusätzlichen Gedichten nur die Nänie aufrecht erhalten hast!?[3] Ich will keinen treulosen Mann, wo ich so lästig treu bin!?). Und jetzt bin ich ziem-lich am Ende, nachdem ich noch der Mama einen Gruß geschickt habe, weil ich sehr lang nichts von mir hören ließ – dabei wäre so viel zu tun.

Dazu hatten wir Besuch vom Theater in Z[ürich], das «mein» Thea-ter werden sollte – das war doch auch sehr beweglich. Vorhin kam Perels in ähnlichen Dingen – so läuft ein Tag dahin, und es ist alles eine einzige Verdeutlichung dafür, daß wir nur deshalb leben können, weil Gottes Gnade all Morgen frisch und neu ist. Weil sie das aber ist und – immer wieder – und wenn's in jedem Brief steht – nach unse-rem Urlaub fühle ich, Kraft zu haben. Dazu hatte ich heute Gelegen-heit, in verschiedene Bücher von dem J. Pieper zu schauen, dessen Thomas v. Aquin mich schon so beglückte.[4] Das war seit Guardini fast der stärkste Eindruck von christlicher Wegweisung zum Leben. Was kennst Du von ihm?? Solch ein Satz wie: «Zucht heißt: In sich selber Ordnung verwirklichen» kann mir Hilfe und Mut zum Leben geben. Ich weiß nicht, ob Du das verstehst. Und dann Thomas v. Aquins Motto: «Das Lob der Tapferkeit hängt von der Gerechtig-keit ab» ist doch klärender als viele Diskussionen über das Thema.

Doch nun zum wichtigsten: Zu Dir! Du sitzt nun also als Sani[täter] in einem Widerstandsnest!! Und ich soll Dich nicht bemitleiden – also tu ich es nicht. Hast Du ein eigenes Zimmer wieder? Na, ich habe schrecklich viele Fragen – aber die wirst Du ja schon so beantworten, ohne daß ich sie stelle. Wenn ich nur nicht gegen Deine «viele freie Zeit» ebenso mißtrauisch wäre wie gegen Deine Führungen auf den

---

[1] Ludwig Uhland (1787–1862) und Justinus Kerner (1786–1862).
[2] Aus «Musen und Grazien in der Mark» von Johann Wolfgang von Goethe.
[3] Gedicht von Friedrich Schiller.
[4] Josef Pieper: Über Thomas von Aquin. München 1940.

Wegen durchs Mühltal.[1] Hoffentlich habe ich dick Unrecht damit! Alle Leute vermuten Dich natürlich bei Kamelen und Löwen, *wie schön, daß Du bei Kaninchen bist.* Frau Prof. Neugebauer rief diesbezüglich an und läßt sehr grüßen, und Anna Helene [von Bodenhausen]. Die Gräfin Pfeil wußte an sich nichts von einer neuen F[eld]P[ost]Nr. ihres Mannes, er liegt nur z. Zt. als Diphtheriebazillenträger im Lazarett und hat jetzt die Nr. 43 379; sie läßt Dich auch sehr grüßen.

Der Briefbogen ist zu Ende, daher nur noch rasch eine kleine Neuigkeit: Ich habe Dich lieb! Sehr!

Deine Eva

Von Helmut Gollwitzer ist ein weiterer Gemeindebrief vom 2. Dezember 1942 überliefert. Gollwitzer hatte zunächst Skrupel, aber «viel Drängen und die Versicherung, ein solcher Bericht würde dennoch recht verstanden und gerade von denen in bedrängter Lage gewünscht werden, läßt mich nun den Faden wieder aufnehmen». Eva Bildt tippte den Brief Ende des Jahres zusammen mit Gollwitzers Beschreibung des Weihnachtsgottesdienstes am 25. Dezember ab und verteilte ihn. Helmut Gollwitzer war Anfang Dezember im Südwesten von Frankreich am Golf von Biskaya stationiert. Das nicht genannte Städtchen ist offenbar Mont-de-Marsan am Zusammenfluß des Midou und Douze. Neben der Landschaft schildert Gollwitzer einen Gang durch die Stadt:

… Die hohe weiße Steinbrücke, über die die Hauptstraße (sie heißt natürlich Rue Clemenceau)[2] zum Marktplatz führt, mit dem tiefen, rasch fließenden Midou darunter und die weißen Häuser an den Ufern und auf dem Platz, – es ist, als sei alles durchscheinend geworden; Sonne und Luft strömen nicht nur von oben, sondern auch von unten her, und was kann einer, der da mittendrin mit einer Tüte weichster Pfirsiche, rundester Weintrauben und saftigster Birnen über die Straße geht, anderes tun als mitstrahlen, mit lachendem Atem sich des

---

[1] Vgl. Brief von Helmut Gollwitzer vom 18. Oktober 1942.
[2] Georges Clemenceau (1841–1929), französischer Politiker.

Lebens freuen und allen militärischen Sitten zuwider verstohlen aus seiner Tüte zu essen anfangen. Weil das aber auf die Dauer doch zu riskant ist, setzt er sich auf so einen kleinen Rohrsessel vor dem Café du Commerce, bestellt ein Glas Graves und hebt vor jedem Schluck den strohgelben Wein wohlgefällig gegen die Sonne, daß sie ihn durchscheint und zum Leuchten bringt. An ihm vorbei strömt das Leben der Stadt über die Brücke; er winkt Kameraden zu, reißt sich in Haltung, wenn ein Offizier vorbei kommt, unterhält sich in einem internationalen Kauderwelsch mit dem pfiffigen Kellner, der ein echter Südfranzose ist und eifrig Deutsch lernt, und genießt sein Obst …

Am gleichen Tag berichtete ihm Eva Bildt vom «Wahnsinn» in Berlin. Ihre Mutter, Charlotte Bildt, notierte in ihrer Chronik zu diesem Tag: «Otti interniert».[1] Vermutlich ist hier die schon mehrfach in Briefen erwähnte Cousine der Mutter, eine Brasilianerin, gemeint. Einen Tag zuvor hatte Paul Bildt Premiere in der Rolle des La Roche in der Komödie «Der Parasit oder Die Kunst, sein Glück zu machen» von Friedrich Schiller am Preußischen Staatstheater.

Du mein geliebter Liebster!   2. Dezember 1942

Um mich herum ist wieder mal der vollendete Wahnsinn ausgebrochen, eine Nachricht jagt die andere, und anstatt uns der Freude über den Erfolg vom Vater hinzugeben, redet man und beredet (so viel zu viel!), was doch in Gottes Hand steht und wozu ich noch ein Gefühl verzweifelten Mich-Wehrens habe unter dem Claudius-Motto: «Kriech nicht im Staube wie ein Tier, der Kopf sitzt ja noch oben Dir.»[2] Sollte man nicht davon lernen dürfen, daß Gott uns bis heute miteinander Gnade um Gnade geschenkt hat? Ich meine, ja! So baue ich mir mit dem Wort, mit den Verheißungen des Advents eine Mauer um das alles und freue mich mit Dir, daß ich noch so gute Briefe von Dir haben darf, wie heute die vom 26. + 28. [November]. Dein Tageslauf mit den vielen Wachen und Besorgereien ist ja nicht gerade erhe-

[1] Deutsches Theatermuseum, Nachlaß Paul Bildt.
[2] Aus «Ein silbern dito» von Matthias Claudius.

bend, aber auch ich sehe es jetzt doch als sehr sinnvoll an, daß alles so ist. Warum heißt es wegkommen bei Euch? Ihr müßt doch das liebe Städtchen gegen die eifrigen Tommies bewachen?! Hoffentlich nicht vor Weihnachten! Und hoffentlich hast Du Dir inzwischen aus den (fabelhaft schnell gereisten!) Päckchen die Adventssachen herausgekrabbelt!!

Ob Du nun noch mit Jacqueline deutsch arbeitest?[1] Ach wie gern tät ich zu Dir fliegen, um mich an so schönen, heiteren Dingen zu ergötzen. Mit Geldsachen hab' ich Dir doch schon oft gesagt, darfst Du mich nicht fragen; ich sage immer, daß Du es ausgeben sollst. Aber das hat keine guten Hintergründe, daß ich so denke – ich habe bei mir immer so gehandelt, als gäbe es nur Gegenwart, weil ich an keine Zukunft für mich ernsthaft glaubte. Das ist nicht vorbildlich.

Aber wirklich, Deine Freude und der Gewinn, den die Bücher für Dich haben – ich finde ganz so wie Du, mein Liebster. Zumal ich ja zur Zeit beseligt bin (das heißt die Mutter noch mehr, das ist faktisch *die* Ablenkung, wenn ich sie darauf bringe) von dem Pierre Loti, und zwar von der Erzählung von dem «vie des deux chattes».[2] Und das hast Du nicht gelesen!!! Entsetzlich, wenn Du gar nicht mehr mit mir spielen kannst? Gar kein bißchen Waschbär bist? Nur ein ernsthafter Pfarrer? Nein, es kann nicht sein! Aber wie konntest Du vorbeilesen an der Geschichte der «Moumoute Blanche, premiere chatte chez M. Pierre Loti» + der «Moumoute Chinoise, deuxième chatte chez M. Pierre Loti»?[3] Vielleicht hast Du mich auch gar nicht mehr richtig lieb. Wer weiß, wer weiß!

Ich hoffe, heute [bei] Vollgraf[4] zwei Päckchen für Dich abzugeben von Dahlem Freunden und ein winziges von mir, im Briefumschlag für den *28.* (nicht früher aufmachen!).[5] Frau von Borsig läßt Dich grüßen; ich hab' ihr alles bestellt – Gutekunst hat 40980 (nicht 50) [Feldpostnummer] nach meiner Meinung, und wegen der Predigten

---

[1] Vermutlich die französische Kommandantursekretärin, die Gollwitzer auch in dem Weihnachtsrundbrief an seine Familie vom 25. Dezember 1942 erwähnte.

[2] «La vie des deux chattes» des französischen Schriftstellers Pierre Loti (1850–1923).

[3] Katzen aus der Erzählung «La vie ...» von Pierre Loti.

[4] Kriegskamerad von Helmut Gollwitzer.

[5] 28. Dezember 1940 («Unser Tag»).

von Vogel[1] frage ich Lilje, wenn er aus Hannover wiederkommt. Seine Mutter ist heute früh heimgegangen.

Von Green[2] kenne ich nichts; was Du über das Journal von ihm schreibst, ist schön. – Ich habe Deinen Gemeindebrief noch nicht zu Gesicht bekommen! Dabei möcht' ich mich jetzt umgeben mit Dingen von Dir. Ich habe noch soviel Ideen für Weihnachtsgeschenke, aber komisch, sie passen immer nur für Dich – für die anderen ist's meist nichts. Wann kriegst Du wieder Urlaub? Ich habe Sehnsucht!!! Ich bin Deine, ganz Deine, nur Deine

Eva

Anbei Dein Hauptweihnachtsgeschenk 1942, ja nicht vorher öffnen!!!

Am 10. Dezember 1942 trug Jochen Klepper in sein Tagebuch ein: «Nachmittags die Verhandlung auf dem Sicherheitsdienst.» Er schloß seine Aufzeichnungen mit:» Wir sterben nun – ach, auch das steht bei Gott./ Wir gehen heute nacht gemeinsam in den Tod./ Über uns steht in den letzten Stunden das Bild des Segnenden/ Christus, der um uns ringt./ In dessen Anblick endet unser Leben.»[3]

Mein Lieber,   12. Dezember 1942

Du wirst auf Post von mir warten, nachdem Du gestern durch Gertrud vom Tod der Freunde [Familie Klepper] gehört hast.

Du weißt, daß ich gar nicht dazu neige, Dinge vorauszuwissen oder zu ahnen, aber in mir war in den letzten Tagen ein Kreisen um die Frage des Todes, um all das Rätsel, das ihn umgibt, Vereinigtwerden oder Alleinsein, Bewußtsein – all das Viele – und Leben und Tod waren mir fast untragbar unheimlich. Die Menschen haben zu all dem

---

[1] Heinrich Vogel (1902–1989), Pfarrer in der Mark Brandenburg und Dozent an der illegalen Kirchlichen Hochschule in Berlin, nach 1945 teilweise zeitgleich Professor für Systematische Theologie an der Humboldt-Universität zu Berlin (Ost) und an der Kirchlichen Hochschule in Berlin (West).

[2] Graham Green (1904–1991), englischer Schriftsteller.

[3] Unter dem Schatten Deiner Flügel, a. a. O., S. 650.

viel gedacht, geschrieben und gesagt – aber das können ja – bis hin zu Swedenborg – Phantasien oder Sinneswahrnehmungen sein, die sich nicht auf Zukünftiges, sondern auf Gewesenes, das noch im Erdraum schwingt, bezieht. Und die Bibel? Sie spricht von Gericht und von Auferstehung, und doch bleibt alles verborgen. Woher haben wir denn diese Ahnung, daß wir durch den Tod dem Grauen entgehen? Und bei den Freunden (und so ist es bei uns zu Hause ja gleich) hieß das Grauen: Trennung – Trennung, um jeden einem drohenden, unheilvollen Geschick zu überlassen. So lagen sie denn wohl (niemand konnte bisher Näheres oder Genaueres sagen, – wie allein ist der Mensch, Helmut, wie allein – wo sind wir gewesen, die Freunde – und – hat ein Ohr sie gehört?? Die Schreie, die Seufzer, die Gebete von der Frau und Renate, die leben wollten, die das Leben liebten, und besonders da gerade die andere Tochter ein Kind bekommen hatte, das erste Enkelkind, das sie doch gerne noch einmal sehen wollten[1] – und seine Fragen und Gebete, der nicht mehr wollte und konnte?) dicht beieinander, sich mit ihrer ganzen Liebe umfassend, tröstend – und dann – und jetzt?

Der Vater ist so, daß er sagt, das wäre ihm keine Frage, daß sie jetzt auch in eins sind. Ich möchte gerne davon ebenso überzeugt sein. Alle sprechen, wie sehr es auf die Eltern wirken wird – und das ist wahr, vor allem der Vater sieht mit Bestimmtheit die Dinge so an, daß auch im Falle des Selbst-sich-tötens das Wort gilt: «Du lässest sie sterben.»[2] Gott führe dann eben unsere Gedanken und Sinne dahin, es zu tun. Dennoch sind sie nach einem ganz starken Ausbruch nicht so, daß ich Angst zu haben brauche im Augenblick, und mir ist es eine gewisse Hilfe, für sie äußerlich ganz ruhig sein zu müssen. Aber innerlich kann ich mir noch nicht denken, wie ich darüber hin komme, und zwar gar nicht im Hinblick auf das «Verführerische», wovon Lilje sprach. Nein, ich denke nur ohne Unterlaß an die Freunde, ihre Not, ihre Einsamkeit, ihre Liebe – und kann es nicht fassen. Denke Dir doch Renate, dies lebensvolle, tapfere Kind. Was war das für ein Leben? Und wir können ihr nicht sagen, daß wir sie lieb haben – können den Freunden nichts mehr sagen – sie sind fort.

[1] Der älteren Stieftochter von Jochen Klepper, Brigitte Molnar, geb. Stein, gelang noch rechtzeitig vor Kriegsausbruch die Emigration nach Großbritannien, wo sie heiratete.
[2] Psalm 90,3: «HERR, Gott, … der du die Menschen lässest sterben und sprichst: Kommt wieder, Menschenkinder!»

Liebster Helmut – ich bin ganz bei Dir, daß es uns hier geschenkt ist, uns zu lieben, ist das Eine, Größte. Und laß uns den Herrn über Leben und Tod bitten, die Freunde mit all seiner Liebe zu laben und sich unser zu erbarmen.

Ich bin

Deine Eva

Mit den Worten «Eben komme ich aus der Kirche» begann Helmut Gollwitzer am 25. Dezember 1942 einen weiteren Rundbrief aus Frankreich. Er war wieder in der Bretagne und schilderte ausführlich, wie der erste Weihnachtsfeiertag begonnen hatte, wie er sich über die Geschenke der Gemeindeglieder gefreut hatte und wie die Kompanieweihnachtsfeier am Vortag abgelaufen war. Dabei kommt er auch auf das französische Weihnachtsessen zu sprechen:

Für sie [die Franzosen] ist Weihnachten ebenfalls das größte Fest des Jahres, – aber doch mit dem Unterschied, daß es anscheinend da, wo es nicht als christliches Fest gefeiert wird, ein reines Kinder- und Belustigungsfest geworden ist, ohne die «Gemütlichkeit» des deutschen Familienfestes. Infolgedessen wollten die Gaststätteninhaber alle den réveillon, den großen Weihnachtsschmaus, der erst um Mitternacht beginnen soll, in großem Umfang veranstalten und hatten deshalb Anträge auf Verlängerung des Zapfenstreichs eingereicht. Mein Chef hatte sie alle abgelehnt, ich hatte sie alle enttäuscht abziehen lassen müssen, – und nun, während unserer Feier, hatte der Chef sich umstimmen lassen und eine geschlossene Feier hinter verschlossenen Türen generell genehmigt. Als Träger dieser frohen Botschaft ging ich nun noch bei einigen Cafés vorbei – und wurde auch dementsprechend aufgenommen. Da konnte man den marché noir in voller Blüte sehen. Während die vielen Bürger- und Fischerfamilien traurig ohne réveillon schon früh zu Bett gingen, dampften da die Küchen von Hühnern, Schweinebraten, schönsten Fischen, pommes fruits und in den Gläsern lachten die herrlichsten alten Liköre und Kognaks, die man schon seit Monaten nicht mehr auftreiben konnte. Ich ließ mir das natürlich nicht entgehen und ließ mir von der dicken Odette im Hotel de la Poste eine riesige Schinkenweißbrotstulle zurechtmachen, von M. Soulignac im «Bon Gourmet» einen Gansschlegel in die Hand drücken, von der Mme Gaby in der Normandie-Bar ein Stück Schinkenwurst, vom M. Sylvestre vom Bon Coin ein dampfendes Stück Schweinebraten, von M. Patjadjan im Le Nid eine Lebersemmel und zog so mampfend von einem Restaurant zum anderen, um bei unseren Nachbarn in einer windschiefen Wellblechbaracke, die sich stolz Café Marcel nannte, bei längst ersehnten Coquilles St. Jacques (das sind die Muscheln, deren Schale man als Aschenbecher zu verwenden pflegt) zu enden, wo ich dann aber den lockend in der Pfanne schmorenden Hühnerbraten wehmütig wegen absoluter Aufnahmeunfähigkeit verlassen mußte …

In dem einzigen erhaltenen Brief Gollwitzers aus der Zeit nach dem Tod von Kleppers versuchte er, seine Verlobte – vermutlich zum wiederholten Male – durch das Erzählen von Alltäglichkeiten und die Rückbesinnung auf ihr Kennenlernen von den bedrückenden Ereignissen in Berlin abzulenken.

Du liebe, liebste Eva!   28. Dezember 1942

«Es ist inzwischen ½ 12 h geworden, und somit kannst Du, Willi [?], beim Einschlafen Dir die besten Brocken aus unserem Gespräch heraussuchen und für dein Leben merken!» Mit diesen gönnerhaften Worten schloß Kurt Schmarsel soeben den Abend, den wir zu dritt am Tisch bei Kerzenschein, Wein, Bowle und guten Zigarren in wahrhaft freundschaftlicher Unterhaltung, die mit dem für den heutigen Tag so passenden Thema von «Frauen, Liebe und Leben» endete, verbracht hatten. So will ich nun auch dem Tag sein Ende sein lassen und Dir vorenthalten, was Liebes ich alles heute an und für Dich gedacht habe, und Dir nur noch erzählen, wie er verlief. Am Morgen begann er mit dem Lesen der Losung, die so sehr zu dem stimmt, was in den letzten Monaten unser Herz so bewegte: Was wir von Gott haben – und das sind wir beide doch auch jedes für den andern –, soll uns nicht hindern, sondern antreiben, für den «Dürftigen» da zu sein.[1]

---

[1] Psalm 50,23: «Wer Dank opfert, der preiset mich; und da ist der Weg, daß ich ihm zeige das Heil Gottes.»

Gott half uns – und er wird uns freilich dazu helfen und stärken müssen, – daß wir es sind.

Es war ein General, d. h. unser General, angekündigt, und das hatte für uns die Folge, daß wir unsere Quartiere in einen appellfähigen Zustand versetzen mußten. So war also meine erste Tätigkeit, die anderen dazu anzutreiben und einzuteilen, dann meine eigene Stube wunderbar zu ordnen und zu schmücken und schließlich die anderen Stuben und das ganze Haus von innen und außen zu kontrollieren. Als wir mit allem fertig waren, war der General schon längst dagewesen und wieder über alle Berge, ohne zu unserem Haus gekommen zu sein.

Inzwischen war Mittagszeit. Nach dem guten Sonntagsessen mußte ich mich schlafen legen, weil ich von den letzten Tagen her noch so müde war, und tats mit Deinem Bild vor Augen und Deinem ungeöffneten Päckchen für den 28. an meiner Brust. Als ich mich wieder erhob, war es 4 h und somit die Jubiläumsstunde, in der ich damals Gertruds Wohnung betrat und gleich wieder verließ, um mit ihr zu Dir zu fahren, gekommen. Ich öffnete das Päckchen mit den von Dir schon früher angekündigten Losungen, freute mich an dem Psalmwort, das nun so sehr zu «unseren» Worten gehört, und sah, wie ichs jährlich tue, einige andere Losungen nach (die für meinen 29. 12., für Deinen 29. 1.!).

Ich schrieb dann einen kleinen Brief an Lettowsky,[1] um ihm die Losungen, die mir Frau Grüner geschickt hatte, zu schicken; denn sie haben in seiner Liebesgeschichte eine Rolle gespielt, die Du Dir von ihm selbst, wenn Du mal zu ihnen hinauskommst, erzählen lassen mußt. Dann trank ich einen wunderbaren Bergamott-Likör von Inges Stieftochter Inge[2] auf Dein Wohl und ging mit Willi zur Schreibstube, unterwegs ihm die Bedeutung des heutigen Tages erklärend.

Von dort zurückgekehrt, schrieb ich den Brief nach München fertig, und dann war ungefähr die Jubiläumsminute gekommen. Ich holte das erste von Deinen Holzformplätzchen, das mit HE, heraus und verzehrte es langsam und feierlich unter Betrachten aller Bilder, die ich von Dir habe, und des Kalenderheftchens, das Du mir am

---

[1] Bekannter von Helmut Gollwitzer aus seiner Zeit bei der Familie des Prinzen Reuß.
[2] Inge Meyer, Stieftochter aus erster Ehe von Hans Meyer.

4. 1. 41 gegeben hast (die Plätzchen zu essen tut mir sehr leid, aber ich kann sie ja doch nicht mit mir führen, ohne daß sie kaputtgehen. Es schmeckte wunderbar, tres bien! Morgen kommt das von Lalita mit dem Paar drauf dran und Sylvester und Neujahr die übrigen).

Dann schrieb ich jenen Brief fertig und lud danach die Anwesenden zu zwei Flaschen schönen Bordeaux ein. Die Radaubrüder waren zum Glück nicht da, die Jungen schrieben, so saßen im Wesentlichen Kurt und Willi mit mir allein da, tranken zuerst Wein, dann die restliche Erdbeerbowle, stießen an «auf das, was wir lieben», aßen den Rest der Plätzchen, hatten schönste, d. h. in herzlicher Freundschaft geführte Gespräche und freuten uns aneinander und ich mich an Dir.

Ich hätte den Tag anders, aber ich glaube, nicht besser, – nicht dankbarer, innerlicher und freudiger feiern können und wage zu hoffen, daß Dir dieselbe Dankbarkeit und Zuversicht gegeben ist wie mir. Wenn ich bedenke, wie ich damals mich zu Dir neigte und Dich küßte, die uns auferlegten Schwierigkeiten wohl wissend und doch nicht etwa durch einen Rausch über sie weggetragen, – wenn ich bedenke, wie leicht ich hätte davon abgehalten werden können oder mich durch irgendwelche Gedanken, Gefühle und Einflüsterungen mich hätte abhalten lassen können, und wenn ich bedenke, was mir damit entgangen wäre, daß *Du* mir damit entgangen wärst, – dann kann ich nur aufatmen und sagen, wie ich Dirs damals so oft sagte: «Ich fand Dich nicht, Gott hat Dich mir gegeben.»[1] Wie sind wir glücklich: Wir bleiben Gott treu, wenn wir einander treu bleiben! Ist das nicht schön? Die heutige Losung sagt uns dazu noch klar genug, daß wir nicht in diesem Stück uns treu bleiben und damit Gott treu bleiben – und um unseres Glückes willen in einem anderen Stück untreu werden dürfen. Gott helfe Dir und mir, daß wir uns nie verleiten lassen, uns unser Glück zu erkaufen, daß wir aber immer bereit bleiben, es uns schenken zu lassen.

Oft verbiete ich mir, an unsere weiteren Wünsche zu denken, und erschrecke manchmal leise, wenn Deine Worte von Deinen Wünschen die meinen allzu sehr mir ins Bewußtsein bringen. Aber die Wünsche sind ja da, kräftig und deutlich, und es müßten schon *wir* nicht mehr für einander dasein, um diese Wünsche verschwinden zu

[1] Aus «An Frau Rebekka» von Matthias Claudius.

lassen. Aber nur das soll nicht fehlen: das ganze Anheimstellen. «Er stellte es aber dem anheim, der da recht richtet», heißt es einmal von Jesus.[1] Wir wollen auch darin Ihm nachfolgen. Daß wir zusammengeführt worden sind, soll uns ein Beweis sein, daß Gott unser Glück besser im Auge hat, als wir es könnten. «Ich nehm es, wie ers gibet»,[2] Du, Du Liebste, Du bist, Du bleibst «meins Gottes Gab».

Darum küßt Dich von Herzen, innig, dankbar

Dein Helmut

Wie im Jahr zuvor wurde auch 1942 in Berlin wieder im großen Rahmen der Geburtstag von Helmut Gollwitzer gefeiert. Einen Tag später hat Eva Bildt im Büro Zeit und kann «auf der Maschine» berichten.

Mein Liebster!   30. Dezember 1942

Mal wieder ein «besser als gar keiner» Brief auf der Maschine. Wenn man zwischen Weihnachten und Neujahr schon arbeiten muß, dann sollte man schon richtig zu tun haben, so daß man's einsieht. Ich armes Wurm dagegen sitze völlig tatenlos herum, habe höchstens eine Hand voll Telefonate erledigt und ein paar Akten gewälzt – aber der Chef mußte aufs Finanzamt, bekam unverhofft Besuch – und konnte nicht diktieren. Sicher könntest Du mich im Augenblick auf Deiner Kommandantur viel nötiger gebrauchen, Du vielbeschäftigter Vertreter des Vertreters – oder ist Renald [Siemsen] schon wieder da? Und wenn Du auch nichts für mich zu tun hättest – ich könnte mir direkt denken, daß es auch dann nicht langweilig wäre. Was meinst Du?

Nun aber noch einen sachlichen Bericht des gestrigen Nachmittags und Abends, der, glaube ich, für alle sehr schön war (nur bei Gerhard war ich nicht ganz sicher, ich weiß nicht, wieso). Als ich heute die geliehenen Stühle wieder zu den Leuten brachte, die über uns wohnen (die Umräumerei der Wohnung und alles drum und dran ist doch

---

[1] 1. Petrus 2,23.
[2] Aus dem Kirchenlied «In allen meinen Taten» von Paul Fleming (1609–1640).

auch schon immer ein Spaß für sich), meinten die, «daß Menschen so vergnügt lachen könnten». Und ich dachte auch, daß es solche Fröhlichkeit – in dieser Zeit und dieser Situation! – wohl nur bei Menschen geben könne, die den Herrn Christus lieb haben und wissen dürfen, daß Er sie lieb hat. Oder ist das eine überhebliche Einbildung? Ich glaube nicht. Bernhard[1] – mit seinen ihn manchmal offenbar peinigenden Nervenschmerzen –, Wambo [Marie-Luise Blankenburg], die ihren Mann in gefährdetster Zone weiß, Gertrud, die beladen ist mit den schwersten Schicksalen von Menschen, die Mutter, die umschattet ist von vielen Toten – sie alle, wir alle waren von ganzem Herzen fröhlich – und – Dir zur Feier fröhlich! Zuerst tönte ich: Rilke «Worte des Engels», Supervielle «Ochs und Esel an der Krippe», Rilke «Darstellung Mariä im Tempel», «Mariä Verkündigung», «Argwohn Josephs» und «Christi Geburt».

Dann Abendessen mit gutem Anna-Kartoffelsalat und Bier (!) – zum Trost dann Limonade und Kuchchen. – Dann bei Kerzen und brennendem Weihnachtsbäumchen (wir haben einen ganz kleinen im Topf, aber sehr lieb, und davor eine schöne kleine Krippe mit vielen Tieren) Lieblingsweihnachtslieder. («Fröhlich soll mein Herze springen», mein liebstes, mit allen Strophen!! – Welches ist dein liebstes? Das wäre auch mal ein hübsches Familienspiel, wenn jeder sein liebstes Weihnachts-, Advents-, Oster-, Pfingst-, Liebes-, Sommer-, Frühlings- usw. Lied aufschriebe.[2] Wo bleibt übrigens Dein Thema für das Familienspiel 1943? Gerhard stellte fest, daß er bis jetzt das einzige «geistige» hat – und fügte außerdem hinzu, daß wir doch nicht nur Gedichte und Aussprüche, sondern auch Photos und Bilder zu unseren Themen dazunehmen wollten – das finde ich pfundig!)

Ja, also Weihnachtslieder haben wir gesungen, von Renate [Zinn] auf der Geige begleitet, und zwischendurch einmal Lalita eins allein («O Jesulein zart») und einmal ich eins aus Oberbayern, das ich besonders liebe («Als Kaiser Augustus der Landherrscher war»). Dann folgten pfundige Gesellschaftsspiele, Personenraten auf zweierlei Weise. Zuerst so, daß zwei rausgehen, der Kreis beschließt, wer sie sein sollen, sie werden einzeln reingeholt, und jeder kriegt gesagt, wer

[1] Bernhard Schöne (1913–1944), Vikar der Bekennenden Kirche, war seit 1939 Offizier bei der Wehrmacht und zu dieser Zeit wegen einer Kriegsverwundung auf Heimaturlaub in Berlin.
[2] Vgl. Brief von Eva Bildt vom 14. September 1942 («Lebenstraum»).

er ist – und dann müssen sie sich miteinander so lange unterhalten, bis sie gegenseitig raten, wen sie vor sich haben. Schöner aber war noch das zweite. Einer geht raus, der Kreis denkt sich eine Person aus, die der, der draußen ist, dann auf folgende Weise erraten muß. Er darf an den Kreis lauter Fragen stellen: Wie wäre die betreffende Person als Tier, Blume, Essen, Farbe – welche Musik entspricht ihr, welcher Maler hätte sie gemalt haben können, welcher Frauentyp paßt zu ihr, welcher Stil, welche Landschaftsform, welcher Anzug usw. – es war herrlich. Ich mußte zuerst meinen Chef raten – was ganz schnell ging – (gemäßigte Zone, Mittelgebirge, Hugo-Wolf-Lieder, guter grauer Anzug) – und dann Deni[1] – bei dessen Charakterisierung ich immer nur sagte: Wenn's nicht Helmut ist, ich weiß nicht, so gut gefällt mir doch gar kein anderer Mann – das muß ein pfundiges Mannsbild sein. Du kannst Dir denken, wie sich alles kugelte. Höhepunkt waren die Antwort von Gertrud und Elsie, als Moch [Mochalski] die besagte zu ratende Person war. Jacobs,[2] die arme, sollte raten, aber es war zu schwierig – bei Bernhard hatten wir ihn selbst genommen, das war auch schön – er sagte immer bei den Antworten: «Das muß ja ein Ideal sein.»

Dann haben wir als Abschluß: Klepper «Nun ruht doch alle Welt» gelesen, die gestrige Bibellese[3] und als Ende gesungen «Ich steh an deiner Krippe hier».[4]

Jetzt ist L[ilje] wieder da – und ich fürchte und hoffe, daß ich was zu tun bekomme. Sei innig geküßt!

Deine Eva

---

[1] Karl-Albrecht (Deni, Denni) Denstaedt (1909–1977), Vikar der Bekennenden Kirche in Berlin und nach 1945 fest angestellter Gemeindepfarrer in Berlin-Dahlem.
[2] Helene Jacobs (1906–1993), Rechtsanwaltsgehilfin.
[3] Bibellese vom 29. Dezember 1942 in den Herrnhuter Losungen: 1. Timotheus 2,1–7 (Gemeindegebet) und Jesaja 65,17–25 (Verheißung eines neuen Himmels und einer neuen Erde).
[4] Von Paul Gerhardt (Text) und Johann Sebastian Bach (Musik).

Briefe 1943

Die Geburtstagsfeier für den abwesenden Geliebten klang mit dem Gedenken an Jochen Klepper besinnlich aus. Der Freitod der ihr nahestehenden Familie Klepper stellte Eva Bildts Lebensgrundlagen völlig in Frage. Am 4. Januar 1943 schrieb sie dazu an Helmut Gollwitzer: «Ich kann mir mein Leben nur noch auf der Seite der Leidenden denken, zumindest solange dieses Leid die Welt mit Geschrei und Jammer ohnegleichen erfüllt.»

Unterdessen begann sich die militärische Lage im Osten zu wandeln. Die 6. Armee unter Generalfeldmarschall Paulus war seit dem November 1942 durch die Rote Armee bei Stalingrad eingekesselt. Zur Verstärkung der deutschen Ostfront waren Truppenverschiebungen aus dem Westen dorthin im Gange. Auch Helmut Gollwitzer war davon betroffen.

Für die Anhänger Karl Barths in den Berliner Gemeinden der Bekennenden Kirche waren diese Ereignisse eine große Herausforderung. Der Klärung sollte ein Schreiben dienen, das Karl Barth im Sommer 1942 an Vertreter der Bekennenden Kirche in den Niederlanden gerichtet und mit seinem berühmten Satz zum Widerstand aufgerufen hatte: «Nationalsozialismus heißt Anarchie im Gewand der Ordnung einer Räuberhöhle, heißt eben damit Leugnung aller Artikel des christlichen Glaubens.»[1] Am 8. Januar 1943 wurde dieser Text von Karl Barth bei Gertrud Staewen in einer großen Runde diskutiert.

Mein liebster Helmut! 9. Januar 1943

Wo magst Du nun sein? Nachdem heute keine Post von Dir kam, ist es mir doch ziemlich gewiß, daß Eure Veränderung sich inzwischen vollzogen hat. Und nun? Mir war L[e] C[roisic] so heimatlich gewor-

---

[1] «An meine Freunde in den Niederlanden». Zuerst veröffentlicht in: Karl Barth: Eine Schweizer Stimme 1938–1945, Zollikon 1945, S. 244 ff.

den, daß ich richtig mit Abschiedsschmerz empfinde: vom Meer (oder ist es von ihm kein Abschied?) und den Salzseen, von Penbron und seinen männlichen und weiblichen Insassen, von dem Fährmann und der Kneipe und der Kommandantur. Es war doch wirklich eine Zeit, auf die wir voll frohen Dankes zurückschauen dürfen, nicht wahr? Wie bei allen Abschieden ist es neu wunderbar und tröstlich, daß Gott überall gleich bei uns ist, da, wo wir fortgehen, und da, wo wir hinkommen.

Der Abend gestern bei Gertrud (da waren: Günther [Dehn] mit Frau [Luise Dehn] und Sohn [Karl-Friedrich Dehn], Träubchen [Hellmut Traub], dem ich sein Weihnachtsgeschenk von Dir und seinen Handkoffer, der bei mir war und von dem ich immer in der guten Meinung lebte, daß er der Deine sei, mitnahm, Bernhard [Schöne], Deni [Denstaedt], Elsie, [Helene] Jacobs, Änne Sch[ümer], Kurt Müller, Juan [Doormann] und Mochs [Mochalskis]) war für mich sehr erregend, aber doch fruchtbar. Was mich immer so nach solchen Abenden bedrückt, ist, daß ich völlig wider meinen Willen mitrede – das könnte mich an mir krank ärgern – und darüber hinaus, ob man nicht wieder einmal der Gefahr erlegen ist, unsere Erkenntnisse und Gedanken viel zu wichtig zu nehmen. Ich sage mir dann vielmals, daß unser Wissen Stückwerk ist, bete, daß Gott über dies *alles* Herr werde – und komme dann an einen Punkt, wo ich diesen Abend für *sehr* fruchtbar halte. Gertrud war über die völlige Aufspaltung in zwei Gruppen (es war ein Gespräch Punkt um Punkt über ein Schreiben Eures verehrten Lehrers) ganz «schwermütig», wie sie sagte – ich war es gar nicht, zumal ich wirklich einiges zugelernt und neu zu sehen gelernt habe. Vor allem durch ausgezeichnete Ausführungen von Traub. Und wo zwei Gruppen blieben, ja, das ist schon ernst zu nehmen – aber innerhalb und bei konkreten Fragen (was muß endlich im Gebet beim Namen genannt werden im Vertrauen darauf, daß das ewige Leben schließlich mehr wert ist als das irdische, das gefährdet wird?) war eine sehr weitgehende, tiefe Einigkeit, die mich wieder sehr beglückte. Für die letztlich entscheidenden Fragen hätte ich dringlichst gerne Dein Wort gehört: Ich bin zwar sicher, daß Du wohl auch das gemeint hättest, was etwa Deni, Bernhard, Elsie, Günther – und auch ich meinten, aber Du hättest es sicher biblischer und damit richtiger sagen können. – Der verehrungswürdige, herrliche Günther war irgendwie ganz besonders stehend, weit von den Gedanken seiner stürmischen Jugend fort (vielleicht war dies Gertruds tiefster Schmerz) – – ach, wärst Du doch bei Allem dabei.

Heute gehe ich zu Göritzens – und lieb habe ich Dich doch viel mehr als alle zusammen. Lebe recht fröhlich!

Deine Eva

Aus dem Jahr 1943 ist kein Brief von Helmut Gollwitzer an seine Braut erhalten. Allerdings gibt es Auszüge, die Eva Bildt angefertigt und seiner Mutter und Schwester nach München geschickt hat. Sie wußte, wie sehnsüchtig seine Familie auf alle Neuigkeiten wartete. Vom 16. Januar 1943 gibt es einen Bericht über eine Dienstfahrt nach Paris:

Die Beseligung, mit der ich in Paris ausstieg, ... den ersten Luftzug am Gare Montparnasse, die Gerüche der Metro und die sanften Parfüms der Frauen einatmend, kann ich Euch schwer schildern. Paris ist doch eine unverwüstliche Stadt: Sie haben nichts zu essen, nichts anzuziehen, und doch sind sie alle tadellos angezogen, ganz mit gleicher Sicherheit des Geschmacks wie früher, und überall sieht man das, was in Berlin so ganz unbekannt geworden ist: Heitere, scherzende Menschen; die Zimmermädchen im Hotel, die Serviermädchen in den Soldatenheimen, alle singen sie, als sei kein Krieg und als sei ihr Magen voll.

Im Gegensatz zum Alltag Helmut Gollwitzers wurde das Leben von Eva Bildt in Berlin beherrscht von Bombenangriffen und dem immer gegenwärtigen Grauen der Deportationen. Für einen «von unseren bedrängten Freunden», für das Gemeindemitglied der Neuköllner Stadtmission Fritz Wolff (1880–1943), bat Eva Bildt um französische Bücher. Der Orientalist und ehemalige Privatdozent durfte als Jude seit Jahren keine öffentlichen Bibliotheken benutzen und war auch von anderen Bildungsmöglichkeiten ausgeschlossen. Am 12. März

1943 wurde er mit dem 36. Transport aus Berlin nach Auschwitz deportiert und dort ermordet.[1]

Mein Liebster! 17. Januar 1943

Meine Lage, bzw. Sitz, ist nicht eben die beste: Ich sitze nämlich mit etwa einem Achtel des zu diesem Zwecke bestimmten Körperteils auf einer Ecke einer echten oder auch unechten Marmorsäule in der Philharmonie. Nachdem wir schon gestern ein ganz flottes Alärmchen zu Hause erlebten, wobei ich zuweilen zwei Kinderwagen von Hausbewohnern schaukelte und also restlos glücklich war, ging es heute wieder los, gerade nach einem zauberhaften Lied der geliebten Klose, einem Hugo-Wolf[-Lied] mit Text von Gottfried Keller, wo im Paradies Gottvater den Heiligen Geist mit Himmelskörnern speist.[2] Aber zwei schöne Lieder mußten wir versäumen! Im Übrigen: Wer ist Peter Quandt? Er sprach mich eben an und erzählte mir viel – und ich wußte zwar, daß ich das Gesicht kenne – weiß aber absolut nicht, wo ich ihn ansonsten hintun soll.[3]

Vormittags hatte ich keine Post von Dir, aber einen schönen Gottesdienst über Off[enbarung] 21,5[4] von einem Frontkameraden von Möller.

Ach und folgendes: Kannst Du noch mal den Mereschkowski «Luther»[5] auftreiben? Einer von unseren bedrängten Freunden möchte, solange er noch hier ist, eine geistige Arbeit haben, die ihn beansprucht, und er will es übersetzen. Da er aber in seiner Lage nicht garantieren kann, daß wir es zurückbekommen, habe ich nicht gewagt, ihm das eine Exemplar zu geben, das Du an mich geschickt hast. Ich war der Meinung, daß du noch ein zweites Ex[emplar] in München oder Augsburg hättest, bekam aber von dort den Bescheid, daß das nicht der Fall ist. Da dringend Hilfe zu schaffen war für den Freund,

---

[1] Gedenkbuch Berlins der jüdischen Opfer des Nationalsozialismus. Hrsg. von der Freien Universität Berlin, Zentralinstitut für sozialwissenschaftliche Forschung im Auftrag des Senators für kulturelle Angelengheiten. Berlin 1995.

[2] «Wie glänzt der helle Mond» von Hugo Wolf (1860–1903).

[3] Konnte nicht ermittelt werden.

[4] «Und der auf dem Stuhl saß, sprach: Siehe, ich mache alles neu! Und er spricht zu mir: Schreibe; denn diese Worte sind wahrhaftig und gewiß!»

[5] Dmitri S. Mereschkowski: Luther. Paris 1941.

der ein Mensch ist, dem geistigwissenschaftliche Arbeit Not ist wie das tägliche Brot, ließ ich ihm heute den Pascal von Brunschvicg geben, damit er es zunächst mal liest und sich vielleicht auch dabei zur Arbeit des Übersetzens entschließt.[1] Ob Du wohl versuchst, auch dies Buch noch mal zu bekommen?

Ist eigentlich Stengel noch am alten Ort? Dein Brief vom 8. [Januar], den Du in Deinem Brief vom 10. [Januar] nennst, ist noch nicht da. Im Namen der geistig minderbemittelten Tempelhofer Postbeamten bitte ich Dich noch einmal, die 37 auf der Adresse deutlich zu malen, ja?

Vom Psichari las ich die Vorrede – mit ziemlichem Widerwillen.[2] Weißt Du: Die christlichen Soldaten Frankreichs und die Soldaten Odins in Deutschland – und das 1915 –, das schmeckt mir zu sehr nach Polemik – und ist nicht sehr überzeugend. Aber das Buch selbst mag ja anders sein. Ich habe heute den Hyperion[3] angefangen. Wie alles, was mit dem Griechischen zusammenhängt – eine mir zunächst etwas fremde Welt: aber welche Sprache! Welche Schönheit und Klarheit, da lohnt es sich, Mühe mit zu geben. Noch dazu habe ich's in einer so reizenden Ausgabe – das gehört irgendwie dazu.

Jetzt sind wir gut zu Hause eingetroffen, in der unbeschädigten Wohnung. Aber aus Weiter-Schreiben wird doch nicht mehr viel werden.

Ich küsse Dich in Gedanken, Du mein Liebster, und komme zu Dir.

Deine Eva

Inzwischen wurde Helmut Gollwitzer in Frankreich innerhalb seiner Division versetzt. Über die Umstände dieser Veränderung gibt ein Auszug aus einem Brief an Eva Bildt Aufschluß.

[1] Leon Brunschvicg: Pascal. Paris 1932.
[2] Ernest Psichari: Der Wüstenritt des Hauptmanns. Freiburg 1937.
[3] Friedrich Hölderlin: Hyperion oder Der Eremit von Griechenland.

Und nun, in diesem letzten Brief vor einer längeren Schweigezeit, kann ich Dir wenigstens noch etwas Erleichterndes dazu schreiben: Ich bin ganz überraschend zur Sanitätskompanie versetzt worden und heute bei ihr, einige km vom alten Quartier entfernt, eingetroffen. Das bedeutet nicht nur, daß ich nicht mehr latschen muß, weil wir motorisiert sind (wie vielen armen Kerlen meiner alten Kompanie würde ich das mehr gönnen als mir!), sondern auch, daß ich in relativ viel größerer Sicherheit bin, was Du schon daran sehen kannst, daß ich H. J. von Elert, der als einziger Sohn eines in diesem Krieg gefallenen Offiziers aus der kämpfenden Truppe zurückgezogen wurde, nun hier getroffen habe als Kraftfahrer bei meiner neuen Kompanie. Um Deinetwillen und Mamas Willen also bin ich froh über diese Versetzung. Von meinem eigenen Standpunkt her aber war ich wütend darüber, genau so wie mein Chef, der dem Oberstabsarzt, schmeichelhaft genug, drei andere als Lösegeld für mich anbot. Es ist doch auch zu merkwürdig, daß ich jetzt, nachdem ich 2 Jahre bei meiner Kompanie war, gerade wo es nun Ernst wird und die Herzen sich merklich öffnen, weg muß. Der Abschied ist mir richtig schwer geworden. Aber als ich dann in Redon[1] den Div[isions]-Pfarrer traf und er mir auseinandersetzte, daß er diese Versetzung arrangiert habe, weil es unbedingt notwendig sei, daß bei der San[itäts]-Komp[anie] ein Pfarrer sei – da hab ich es allmählich eingesehen und meine Absicht, meine Rückversetzung zur alten Kompanie zu beantragen, aufgegeben. Über diese Absicht waren die Freunde vom Stab hell verzweifelt gewesen, aber sie hatten zu opportunistisch argumentiert («eine so tolle Masche darf man nicht ausschlagen usw.») ..., so muß ich also bis zur nächsten Schreibmöglichkeit warten. Sie wird wohl in der Hauptstadt der Landschaft sein, in der Uwe starb.[2]

Zu den in Berlin lebenden Gollwitzers hatte Eva Bildt eine besonders herzliche Beziehung. Über die Trennung von ihrem Verlobten half ihr immer wieder die Gesellschaft dieser Künstlerfamilie hinweg.

[1] Stadt im Südosten der Bretagne.
[2] Der Bruder Uwe Gollwitzer fiel im Juni 1941 in der Ukraine.

ehe ich in den Nebel und den Matsch hinaus zur Arbeit stapfe, sollst Du doch einen Gruß haben. Gestern kamen Deine schönen Meerkarten aus Paris (as-tu te «sauvé» de l'amour de la petite danseuse ou de tes propres sentiments?? Réponse inutile![1]), ich freue mich so für Dich, wie sinnvoll und schön es alles läuft!!

Deinen ausführlichen Brief vom 7. [Januar] lasen wir gestern bei Gerhard, ich kann ihn bald auswendig – aber ich bin jedes Mal neu mit ihm glücklich. Der Abend gestern war wieder einmal ganz besonders schön, stärkend und verbunden. Bevor Gerhard kam, habe ich endlich wieder mal ein bißchen was von der Maus [Christiane Gollwitzer] gehabt, die bezaubernd ist. Wenn Lalita in der Küche war, habe ich sie ganz für mich gehabt und habe am Klavier gesessen und gespielt und gesungen, den «Butzemann» und «Widele, wedele» und all solche Herrlichkeiten, und sie hat mit dem Mutzi dazu getanzt. Das war sehr schön.

Gerhard fragte mich, ob die Bücher, die Du mir so schenktest, für mich gedacht seien oder ob sie eine Beschwichtigung Deines Gewissens wären und Du sie Dir auf diese Weise schenktest? Ich konnte von Weihnachten her nur beteuern, wie sehr alles für mich ausgesucht war, und hatte Gelegenheit, lang von meinen geliebten Weihnachtsliedern zu schwärmen, die ich das nächste Mal zu ihnen mitnehmen werde. (Lalita meint, sicher noch eine Menge von ihrer Kindheit her zu kennen.) Im Übrigen sagte ich zu der Buchfrage, daß ich mir durchaus die Freiheit nähme, nur das zu lesen, wozu ich wirklich Lust habe! Gestern las ich die «Ballade vom Wandersmann» von Schröder – und jetzt hat mich Gerhard sehr gebeten, «Die Entrückten» von der Bernewitz[2] zu lesen (kennst Du's?), wovon er einen tiefen Eindruck hatte. Ich tue es zunächst ihm zuliebe. Ich kann an sich nicht noch davon lesen, wovon ich Tag um Tag – und noch viel schlimmer – höre. Aber hier wäre es eben so «überwunden», daß es ein Trost sei.

---

[1] Hast Du Dich «gerettet» vor der Liebe der kleinen Tänzerin oder vor Deinen anständigen Gefühlen? Antwort überflüssig.
[2] Elsa Bernewitz: Die Entrückten. München 1927.

Das Parisbuch von Dir (Paris de jour) genieße ich sehr – es ist herrlich; die Maus interessierte sich natürlich gleich sehr für mein Armband, die verständnisvolle junge Dame.

Ist eigentlich der Füller von mir ordentlich? Ein Jammer, daß man keine Streichhölzer schicken darf, hätte ich gewußt, daß Du Mangel daran hast, hätte ich doch Bliezner welche mitgeben können!! Ist Vaters Jacke gut in Deine Hände gekommen und kannst Du sie gebrauchen? Es soll Dir gut gehen, Liebster! Ich muß jetzt lossausen.

Sei innig geküßt

von Deiner Eva

Da sich die Verlegung in die Ukraine verzögerte, fand Helmut Gollwitzer immer wieder Gelegenheit, schriftliche Grüße an Eva Bildt zu senden. Von diesen ist wiederum nur ein Auszug vorhanden.

22. Januar 1943

Hier bin ich im vollen Zuge, mich einzugewöhnen. Das persönliche Hauptproblem, das es dabei für mich gab, ist etwas demütigend für mich einzugestehen, denn ich sah daran wieder, was ich für ein kleines, egoistisches Geschöpf bin – (mir sträubt sich direkt die Maschine, wenn ich so was von Helmut schreiben muß, aber was hilft's, es steht nun einmal so da. Eva) – gänzlich unfrei gegenüber dem raffinierten militärischen Trick, durch ein schlaues System von Lockungen, Drohungen, Erpressungen den gemeinen Mann, nachdem man ihn allen persönlichen Lebens beraubt hat, zu Eifer und Ehrgeiz anzustacheln. Es ärgerte mich unaufhörlich, daß ich durch diese Versetzung wieder – wahrscheinlich um ein ganzes Jahr – weiter auf den enormen Aufstieg zum Uffz. [Unteroffizier] abgehalten bin; denn hier sind nun eine ganze Reihe vor mir dran, und die Kommandanturtätigkeit hat mich ja bisher am großen Lehrgang auf der Sanitätsschule gehindert. Das ist hier umso mehr fühlbar, als ich hier den ganzen Kompaniedienst, der z. Zt. mehr Infanteriebetrieb als Sanitätssachen bearbeitet, mitmachen muß, – wogegen ich doch gerade in letzter Zeit in der alten Einheit in Komp[anie] und Bat[tal]l[ion] eine «Pfundsnummer» hatte und sehr mein eigener Herr war. Es war tatsächlich erst das Vorbild des «très humble Curé d'Ars»,[1] von dem ich gerade ein kleines Heft lese, nötig, um mich über dieses kindische Problem zu erheben.

Dabei kann ich mich sonst wirklich nicht beklagen. Die Behandlung ist anständig, und der Komp[anie]-Chef, der früher unser Bat[tal]l[ions]-Arzt war und mich von daher kennt, hat nun sogar für übermorgen einen Gottesdienst erlaubt. Gleichzeitig mit mir wurde ja auch ein kath. Geistlicher hierher versetzt, Wilhelm Overlack, ein 37jähriger vom Niederrhein, ein stiller, ernster Mann, mit dem ich mich gut verstehe. Er liest jetzt jeden Morgen drüben in der Kirche seine Messe, und er ging auch zum Chef, um ihn wegen der Möglichkeit eines Gottesdienstes zu befragen. Der Chef erlaubte es und sprach mich heute früh, noch ehe ich selbst meine Frage stellen konnte, daraufhin an. Er wußte von meinem Redeverbot und ließ es sich erklären; das war freilich schwierig, da er sich gänzlich uninformiert zeigte. «Wissen Sie, ich bin ja nicht kirchengläubig, zwar nicht aus der Kirche ausgetreten, aber doch eher gottgläubig. Was ihr machen müßtet, das ist eine starke Einheitskirche, die ganz für den Staat arbeitet und nur für uns Deutsche da ist, und statt dem Alten Testament nehmt dann halt etwas von unserer alten Edda, – anders kann das nichts werden.» Wie soll man einen solchen Nebel von Ahnungslosigkeit durchstoßen? Nun, jedenfalls kann ich am kommenden Sonntag einen Gottesdienst halten («natürlich nicht alle 14 Tage, so daß Sie da eine religiöse Gemeinschaft bilden, sondern nur so alle Vierteljahr einmal, im übrigen könnt ihr ja in der Stille wirken»), und zu diesem Zweck ging ich heute Abend mit Wilhelm [Overlack] zu Monsieur le Curé,[2] einem wirklich ehrwürdigen, alten Herrn mit einem herrlichen harten bretonischen Französisch, der nach anfänglichem Zögern, weil es eine ganz neue Situation für ihn war, sehr entgegenkommend wurde. Wahrscheinlich werde ich über das Vaterunser predigen, sehr praktisch, ebenso alles, was für diesen Aufbruch wichtig ist – und was soll man da anderes tun als erklären, was es mit dem Gebet auf sich hat. Ich habe das selbst in diesen Tagen so sehr erfahren.

[1] «Der sehr bescheidene Curé d'Ars»: Jean-Marie Vianney, genannt le Curé d'Ars (1786–1859), Pfarrer von Ars-sur-Formans.
[2] Herr Pfarrer.

*«So begann unser Kriegserlebnis damit, daß wir sahen, wie ein Rück-
zug aussieht», schreibt Helmut Gollwitzer an seine Mutter, als er im
Süden der Ukraine angekommen ist. Und über die ungewohnte Kälte
berichtet er:*

Das Wetter ist, seitdem wir hier sind, ziemlich gleichgeblieben: eine
ruhige normale, mäßige Winterkälte wie bei uns zuhause auch. Da
wir gut verpackt sind, war sie gut auszuhalten. Nur in der Frage der
Fußbekleidung hat man nichts gelernt: Nur ein Teil ist mit Filz-
stiefeln ausgerüstet; infolgedessen sind die Füße viel eisig, und unter
unseren Pfleglingen ist eine übergroße Anzahl von Fußerfrorenen.
Der Winter ist unter den vielen Scharfschützen, die die Russen haben,
ihr bester.

*Die Kälte des Winters machte Eva Bildt ebenfalls zu schaffen. Dies
ist hier Ausgangspunkt für die Schilderung eines Gesprächs am vor-
ausgegangenen Abend in der Wohnung von Gerhard und Lalita Gollwitzer in der Englischen Straße, in dem es um östliche Methoden des
«Seelentrainings» ging. Neben Eva Bildt war das Ehepaar Hellwig
eingeladen. Herr Hellwig war Schauspiellehrer an der Deutschen
Theaterschule und nahm bei Gerhard Gollwitzer Zeichenunterricht.*

Du mein geliebter Liebster! 18. Februar 1943

Immer noch keine Post von Dir – ob Du von mir welche hast?
    Es ist hier wieder richtig Winter geworden, und bei meinen vielen
Wegen, die ich heute wieder dienstlich hatte, merkte ich aufs Neue
das Seelenabtötende der Kälte. Ich kann dann ahnen, wie ein Freund
aus dem Norden schreibt, wie man allmählich ganz apathisch wird.
Und da denke ich so sehr an Dich! Man kann (siehe Saint-Exupéry,
der das ja so betont[1]) da viel weniger von «Leiden» sprechen als von
einem Zustand, in dem man sich selbst verachtet, ohne ihn dadurch
zu ändern. Geht es Dir auch so? Mir ist übrigens dabei der unmittelbare Zusammenhang von Seele und Atem deutlich geworden: Das

---

[1] Antoine de Saint-Exupéry: Terre des hommes. Paris 1939.

nicht Durchatmen-Können macht so elend, verklemmt und unfrei. Und das führte mich wieder in Gedanken zum gestrigen Gespräch bei Gerhard über die östlichen Methoden von «Seelentraining», die so viel mit Atemübungen gepaart sind, gerade beim Yoga, von dem Hellwig sprach. So reicht sich immer alles seltsam die Hand: unsere Gedanken, Erlebnisse und Begegnungen. Und es wären solche Überlegungen sehr hübsch und vielleicht nicht einmal unfruchtbar, wenn ich nicht bei fast allem das Gefühl hätte: «Tant de bruit pour une omelette»[1] – nämlich für dieses kurze Leben, das heute oder morgen zu Ende sein kann auf eine Weise, die solchen geistigen Spielen Hohn sprechen kann. Aber wir sollen's ja auch andererseits Ernst nehmen und uns Mühe geben, zu wachsen am inneren Menschen. Ohne den Gedanken des ewigen Lebens wäre doch alles total blödsinnig oder nicht? Und das ist so voller Geheimnisse und auf die Gnade Gottes angewiesen, daß unsere Krabbelbewegungen von unten her herzlich komisch erscheinen. Und doch: Gott kann aus jedem Nichts etwas machen!

Bald mehr. In inniger Liebe

Deine Eva

Nach mehreren Wochen des Wartens erreichte am 25. Februar Eva Bildt endlich ein Brief ihres Geliebten. Wegen der chaotischen Postverbindung numerierten die Liebenden nun ihre Nachrichten. Eva Bildts Brief vom 26. Februar trägt die Nummer 3. Darin versteckte sie ihre größte Sorge, «daß die Mutti bleiben darf», in einem Nebensatz. Am selben Tag mußte die letzte Verwandte der Mutter, die noch in Berlin lebte, «die Fahrt ins Grauen antreten, wo es am tiefsten ist». Heute weiß man, daß an diesem Tag ein Deportationszug nach Auschwitz fuhr.

Seit dem 26. Februar 1943 war «deutschblütigen» Hausangestellten die Beschäftigung in jüdischen und «Mischehen»-Haushalten verboten.[2] Die Haushaltshilfe Anna Müller, die seit vielen Jahren bei der Familie Bildt tätig war, mußte sich deshalb auf dem Arbeitsamt mel-

---

[1] «So viel Lärm um einen Eierkuchen», das heißt um nichts, sprichwörtlicher französischer Ausruf.
[2] Das Sonderrecht für die Juden ..., a. a. O., S. 395.

den. Die Popularität von Paul Bildt dürfte entscheidend dazu beige-
tragen haben, daß sie bei den Bildts bleiben durfte. Auch als diese im
Februar 1944 nach ihrer Ausbombung Berlin verließen, begleitete sie
Anna Müller nach Zeesen und führte ihnen dort weiter den Haus-
halt.

Mein Liebster,   26. Februar 1943

heute empfinde ich die frühen Abendstunden wieder mal als abscheu-
lich beunruhigend, allerdings muß ich meine Gedanken auch im
Zaum halten, um nicht zu den vier Menschen zu laufen, die heute die
Fahrt ins Grauen antreten, wo es am tiefsten ist.

Wie wichtig ist es mir, so wie heute von ein paar jungen Menschen
Post zu bekommen, die – ohne die Augen zuzumachen – doch so im
Bann des Lebens stehen, daß sie es ergreifen, wo es noch in Schönheit und Lockungen besteht. Solange Du mich brauchst, will ich
leben und den kleinen Funken wach halten, der durch Deinen Blick
zum Strahlen werden kann, Du mein Liebster. Und heute hält mich ja
auch die Freude Deines Briefes vom 7. [Februar]. Gestern gingen als
Sendung 2 die Ringelnätze[1] an Dich ab – es war so wunderschön, sich
beim Tippen mit ihnen zu beschäftigen: Ist er nicht ein Prachtmensch
(mir in seiner Art *mindestens* so lieb wie Morgenstern und tief sym-
pathisch und irgendwie verwandt). Eben spiele ich mir die geliebte
Beethoven-Serenade von Dir vor – wie schön sie ist! Aber Musik hat
eine zu verführerische Verwandtschaft mit der Liebe – tatsächlich,
das würde ich von keiner anderen Kunst empfinden – sie macht mich
sehnsüchtig nach Dir und danach, daß Du mich liebst! Es ist so wunderbar, daß es noch Liebe zwischen Menschen gibt – wir hier zu
Hause sind auch für jede gemeinsame Stunde dankbar.

Denk' Dir, E. Krämer ist aus Stalingrad raus! Allerdings mit Ver-
wundung und Sepsis – aber jetzt kann er wohl bald nach Königsberg. Schön, nicht?

Einstweilen hat das Arbeitsamt die Anna nicht angenommen –
hoffentlich geht's gut, daß die Mutti bleiben darf, ach Helmut!

Von der Mamia hatte ich heute einen lieben Brief. Der Vater wird
den Erzbischof in der «Heiligen Johanna» von Shaw spielen – wir

---

[1] Gedichte von Joachim Ringelnatz (1883–1934).

mögen dies intellektualische Stück alle nicht sehr leiden – aber ich freue mich doch für seine Arbeit.

Habe mich lieb wie ich Dich! Gott sei mit Dir!

Deine Eva

Unter größter Nervenanspannung durchlitten die Bildts die Tage Ende Februar und Anfang März 1943. Am 27. Februar 1943 fand die später als «Fabrikaktion» bezeichnete Razzia der Gestapo unter den in Berlin noch legal lebenden Juden statt. In diesem Zusammenhang wurden nicht nur jüdische Zwangsarbeiter in den Rüstungsbetrieben, sondern auch «Mischehepartner» aus ihren Wohnungen abgeholt und im Gebäude der jüdischen Gemeinde in der Rosenstraße festgehalten. Die Betroffenen mußten befürchten, «in den Osten evakuiert» zu werden.

Mein liebster Helmut,   28. Februar 1943

der Sonntagvormittag war ausgefüllt mit Telefonaten, unter denen zwei mit Kameradenfrauen: Frau von Elert + Frau Hintze waren, die beide (und eine dritte, von der sie erzählten) Post vom 22.2. hatten – also nach großer Pause eine sehr rasch hierher gelangte Nachricht! Was habt Ihr alles wohl schon erlebt: Einkesselung, Flugzeugangriffe und Erfrierungen (!?!) – ach, mein Liebster! Und Ihr seid offenbar tüchtig bei der Sanitäterei. Wie gerne wüßte ich Näheres von Deinen Aufgaben und Erlebnissen. Hoffentlich darf ich bald davon hören.

Hier geschehen solche Dinge, daß es für uns ganz fraglich ist, wie der nächste Tag aussieht. Aber laß Dir nun von mir das: «Fürchte Dich nicht» zurufen.[1] Was ich bei anderen so bestaunte und bewunderte, ist jetzt selbst in mir: jene Gelassenheit, die mir fast eine physische Reaktion auf das Zuviel zu sein scheint. Ich denke nichts mehr, und meine Phantasie ist – Gottlob! – versteint. Vielleicht geht es Dir ähnlich. Und in mir ist tiefe Gewißheit der göttlichen Führung in allen Dingen. Mein Liebster – wenn wir uns wieder sehen, wann und wo immer, wird es wunderbar sein, nicht wahr? Die Eltern lassen

[1] Jesaja 43,1.

178

Dich innig grüßen! Jetzt gehe ich zum Frauenmissionsfest bei der Berliner Mission (meist eine Anfechtung für mich!), wo der Singkreis viel singt.[1]

Gott behüte Dich, Mein Liebster – in inniger Liebe

Deine Eva

Wenn was mit v. Elert od. Hintze ist – schreib es mir auch.
(Gleichzeitig gehen 2 Briefe mit Briefpapier ab.)

Charlotte Bildt mußte ebenfalls mit ihrer Gefangennahme rechnen. Dies versetzte auch die Tochter Eva in höchste Panik. Der Deportationsbefehl für die Mutter wäre eine Katastrophe für die Familie geworden. Der gemeinsame Freitod der Eltern war für diesen Fall bereits entschieden. Um diesem Schicksal zu entgehen, entschlossen sich die Bildts unterzutauchen. Das berichtete Lalita Gollwitzer in einem Brief an ihren Mann.[2] Charlotte Bildt selbst vermerkte in ihren Aufzeichnungen, daß sie am 5. und 6. März 1943 von Magdalena Möller, der Frau des Pfarrers Paul-Gerhard Möller von der Stadtmissionsgemeinde Neukölln am Kottbusser Damm 72, aufgenommen wurden.[3]

Vor dem Haus in der Rosenstraße kam es in diesen Tagen zu Ansammlungen von Frauen, die lautstark ihre Angehörigen zurückforderten. Der Protest hatte Erfolg. Nach einer Woche wurden die letzten noch Inhaftierten wieder freigelassen. Am 7. März schrieb Eva Bildt erleichtert an ihre Schwägerin Inge Meyer: «Die Mutter ist gerettet!»

Helmut Gollwitzer erinnerte 1957 in seiner Beerdigungsansprache für Paul Bildt daran, daß es der mit der Familie befreundete Pfarrer Karl-Albrecht Denstaedt war, der das Ehepaar Bildt vom Selbstmord abhielt und «... als Gottesbote in die Verwirrung und Angst hinein die helfenden Worte sagen ... [durfte]: ‹In wie viel Not hat nicht der gnädige Gott über euch Flügel gebreitet.›»[4]

---

[1] Jahresfeier der Frauenmission der Berliner Missionsgesellschaft.
[2] Gollwitzer-Haus, Mühlheim.
[3] Deutsches Theatermuseum, Nachlaß Paul Bildt.
[4] Aus «Lobet den Herren» von Paul Gerhardt.

Brief von Eva Bildt vom 4. März 1943 während der sogenannten Fabrikaktion. Eva Bildt konnte ihrem Verlobten nur kurz auf einem Feldpostbrief ein Lebenszeichen schicken.

In Eva Bildts erstem Brief an Helmut Gollwitzer nach dieser in höchstem Maße angespannten Zeit ist ein zaghaftes Aufatmen zu spüren. Dabei erhoffte sie direktes göttliches Eingreifen und lehnte irdische Hilfe als Aufschub vor der drohenden Vernichtung ab.

Nach dem gestrigen Angriff von den Tommys auf Berlin, dem ersten von «Weltformat», will ich Dir schnell sagen, daß ich lebe. Bei uns im Haus sind nur Scheiben heraus, und das auch in unserer Wohnung nur ganz wenig, während hier bei Lilje ich mich zwischen hängenden Decken, fallenden Blumenpötten, knirschenden Scherben u. s. w. bewege. Pfarrhaus[1] und Annenkirche sind verschont. Das als Lazarett eingerichtete Gemeindehaus hat gebrannt und vor allem die Domäne [Dahlem], vor der sich die schreienden Tiere tummeln sollen. Dahlem – Lichterfelde – Steglitz – Schöneberg waren überhaupt bevorzugte Gegenden. Bei Asmussen auch alles schwer zertöppert. Man kriegt so eine Nachricht nach der anderen. Nach den vorangegangenen Tagen, in denen bei mir eine völlig krankhafte versteinte Gelassenheit mit Angstzuständen wechselte, war mir dieses allgemeine Geschick (auch weil ich ja nur Angst vor Menschen habe, vor entmenschten Menschen – vor solchen Geschehnissen sehr wenig) eine Ablenkung, die alle Kräfte in mir wachruft. Im Keller spielte ich mit den verschüchterten Kindern und heute murkse ich hier mit herum (Frau Lilje ist nicht da, sie ist nach Warschau gefahren, wo ihr Bruder seinen schweren Verwundungen im Lazarett erlegen ist), vom Kartoffelschälen angefangen – das ist mir richtig wieder ein Aufruf zum Leben. Könnte ich nur einmal mit Dir sprechen! Wie viel habe ich erlebt in diesen letzten Tagen. (Ich meine, wenn ich durch Wunder durch dies alles hindurch kommen sollte, dann wird alles ganz neu sein, auch mein Glaube, denn wie viel war bisher nur deshalb möglich, weil man sich das letzte Grauen der Anfechtung doch nicht vorstellen konnte – und auch diese Tage selbst waren ja nur Ahnungen, nicht das Grauen selbst!)

Und wie viel magst Du erlebt haben! Ich bitte Dich inständig, Dich zu häufigen kurzen Grüßen zu entschließen, wenn es Dir auch schwer fällt. Drei Kameradenfrauen sind nun glücklich mit ihrer Post vom 22. [Februar], die so ungewöhnlich schnell hier herkam – und ich sitze da mit meinem einen Brief vom 7. [Februar] und muß damit rechnen, daß ganz lange entweder gar nichts oder alte Post kommt, die schon lange überholt ist. Du würdest, wenn Du die Situation hier kenntest, verstehen, *wie* ich jedes Wort von Dir brauche, um Mut zu

---

[1] Berlin-Dahlem, Cecilienallee (heute: Pacelliallee) 61.

haben, weiterzuleben. Auch bin ich recht allein. Ich würde so gern Menschen finden, die *christlich* zu helfen suchen, d. h. meiner Meinung nach, die mit Vollmacht bezeugen, daß Gott Gott ist und Wunder tun kann, und wenn er sie nicht tut, wie wir dann tragen sollen, Menschen, die mich ermahnen und ermutigen, am ersten nach dem Reich Gottes zu trachten. Statt dessen wird man fast angefeindet, wenn man nicht nur dauernd nach irdischen Hilfsmöglichkeiten sucht, die doch meiner Meinung nach nur ein Aufschub sind, wenn nicht Gottes Segen mit ihnen ist. Das Schlimme dabei bin natürlich ich, weil ich mich dann errege, statt nur zu beten und zu lieben, und ich wüßte so gern von Dir, ob Du vielleicht auch meine ganze Einstellung dazu verwirfst. Sicherlich kann das Beten auch eine Flucht vor dem eigenen Denken und dem eigenen Tun sein; ich weiß wirklich nicht, ob es bei mir so ist.

Von Karl Gerhard kam auch Post vom 22. [Februar] aus der Gegend von Kiew, wieder etwas besser gestimmt, in Erwartung der Dinge, die da kommen. Es gehen Gerüchte von Westen, neuem Einsatz und aller Art.

Ob Du auch schon viel Gelegenheit zu Deiner eigentlichen, seelsorgerlichen Aufgabe hattest? Ach, ich möchte Dich ja soviel fragen! Denn es ist ja so erstaunlich verschieden, was gerade Landser im Osten zu sehen und nicht zu sehen kriegen. Und wie gehts mit den Russen? Ich fürchte, daß Du bald auch mit ihnen Verwandtschaft der Seelen entdeckst. Fürchte es deshalb, weil Du dann in Dir Seiten heraufbeschwören würdest, vor denen ich so gräßliche Angst hätte (das auf die fahrende Bahn springen in allen Lebenslagen!) Aber wahrscheinlich ist alles sooo anders, als ich mir das so vorstelle. Das ist ja eben ein Fluch – und vielleicht auch ein Segen –, daß, wie Hauptmann es sagt, «Erfahrung ist nicht mitteilbar». Das weiß man zwar immer, oder meint es zu wissen, aber wie weitgehend es wahr ist, das merkt man erst, wenn man selber in eine Situation kommt, die man gemeint hat, sich schon so gut vorgestellt zu haben, daß sie gar nicht anders sein könnte. Und ich habe ja noch nicht einmal eine Schilderung Deines Lebens von Dir! Wären nicht die guten, treuen Kameraden und Kameradenfrauen, so sähe ich Dich noch durch meine Träume im Viehwagen ins Unendliche reisen. Aber gelt, mir zuliebe vergißt Du Frankreich und seine Menschen nicht, die gütigen, zärtlichen, leisen. Bitte!!! Hast mich auch noch lieb? Das ist das Gemeinsame aller Gefahren, wie verschieden sie auch sein und wirken mögen: daß man sich bewußt wird, viel zu wenig geliebt zu haben, und erkennt, wie alles zusammenschrumpft angesichts dessen, was man an Liebe ge- übt, erfahren und versäumt hat. Oder ist das nur bei mir so? Ich glaube nicht.

Jetzt muß ich weiterarbeiten!

Sei geküßt von

Deiner Eva

Grüße von Gertrud, die heute herumläuft, ihren Sohn [zu] suchen, von dem sie nicht weiß, in welcher Flakkaserne er wohl war, Frau Grüner + Frau v. Kracker, Elsie und vielen anderen.

Aus der Zeit zwischen März und Oktober 1943 liegen keine Briefe von Eva Bildt an Helmut Gollwitzer vor. Er wird sie, wie üblich, mit anderen Materialien in Abständen von der Front zur Aufbewahrung nach Berlin geschickt haben. 1944 kommentierte er den mehrfachen Verlust von Päckchen mit der Bemerkung, sie seien wohl im Rückzugschaos «bei Stalin gelandet».

Ende März 1943 kam die zweite Tochter von Lalita und Gerhard Gollwitzer zur Welt und wurde am 15. Mai 1943 in der Dahlemer St.-Annen-Kirche von dem befreundeten Pfarrer Harald Poelchau auf den Namen Rohtraut getauft.[1] Über die Tauffeier hielt der Vater im Erinnerungsbuch für Rohtraut Gollwitzer fest: «Seit Freitag, 14. Mai abends (bis heute, 16. Mai abends), wohnten bei uns Deine Patin Eva Bildt mit ihren Eltern, weil eine drohende Welle der Bosheit es besser scheinen ließ, wenn sie ihre Wohnung in diesen Tagen meiden.»[2]

Noch im Sommer 1943 verließ Gerhard Gollwitzers Frau mit den beiden Kindern Berlin, um auf dem Land in Bayern dem Bombenkrieg zu entgehen. Damit mußte Eva Bildt die tröstende Nähe dieses Teils der Gollwitzer-Familie entbehren. Sie sollte die Schwägerin und die beiden Mädchen nicht wiedersehen.

[1] Harald Poelchau (1903–1972) war als Gefängnisseelsorger in Berlin-Tegel Betreuer der verhafteten NS-Regimegegner und nach 1945 Leiter des Amtes für Industrie- und Sozialarbeit der Evangelischen Kirche in Berlin-Brandenburg.
[2] Privatunterlagen von Rohtraut Gollwitzer, Braunschweig.

Auch die Freundin Elsie Steck ging im Sommer 1943 auf Drängen ihres Mannes von Berlin fort und zog nach Sulzbach-Rosenberg in der Oberpfalz, wo Karl Gerhard Steck eine Pfarrstelle hatte. Er selbst war an der Ostfront. Damit verlor Eva Bildt eine enge Vertraute, die ihr in vielen Situationen beigestanden hatte. Es entwickelte sich aber zwischen beiden eine rege Korrespondenz. Über ihre Gefühle in Bezug auf Helmut Gollwitzer schrieb Eva Bildt an Elsie Steck am 23. August 1943, es sei «immer mehr so, daß das Zusammenleben die Wirklichkeit und die Trennung der Schein ist».

Zum letzten Mal verbrachte die Familie Bildt im Sommer 1943 einen Urlaub auf der Kurischen Nehrung. Alles schien wie sonst: «In Nidden [ist] der Freundeskreis geradezu lächerlich vollzählig beisammen» – aber eines war doch ganz anders: Eva und die Eltern wohnten in diesem Jahr nicht mehr im Hotel Hermann Blode, sondern zur Untermiete bei einer Fischerfamilie. «Die Verpflegung ist nicht schlecht, aber sehr wenig reichlich – immerhin», bemerkte sie weiter in ihrem Rundbrief an die Familie Gollwitzer am 23. Juli. Die Nutzung von Hotels war Juden schon seit Jahren untersagt. Diese Maßnahme betraf nun auch die Familie Bildt. Daß aber ein Urlaub in Nidden überhaupt noch möglich war, verdankten die Bildts offenbar dem damaligen Leiter der örtlichen Badeverwaltung, Richard Trotzky. Diesem bestätigte Paul Bildt 1947 in einem Entlassungsschreiben, «daß er uns gehetzten und gequälten Menschen immer wieder (ich konnte mit den Meinen acht Mal in Nidden meine Sommerferien verbringen) ohne jede Bedrängung oder irgendwelche Schwierigkeiten es ermöglichte, dort Unterkunft zu finden.»

Am selben Tag, an dem Eva Bildt ihren Nidden-Brief schrieb, nutzte Helmut Gollwitzer eine «kleine Ruhepause», um über den Beginn der großen sowjetischen Offensive im unteren Donezgebiet in einem Familienrundbrief zu berichten:

23. Juli 1943

Bald kam die Nachricht aus Slav[ansk], daß Iwan angegriffen hätte und im Laufe des Nachmittags einige Verwundetentransporte zu erwarten wären. Eben hatten wir unser Lazarett ziemlich leergemacht, die Geheilten oder fast Geheilten nach vorne, die anderen nach rückwärts abgeschoben. Ich brachte noch rasch den letzten Rest von Akten in Ordnung, – dann ging es schon los. Nachmittags um 5 Uhr begann das Operieren – am 17.7. –, heute früh [23. Juli] um 5 Uhr hörte es auf. Die Pausen dazwischen sind kaum erwähnenswert … Die bösen Eindrücke der Schrecken des Krieges sind uns hier diesmal dadurch weithin erspart worden, daß zu uns fast nur leichtere Fälle kamen. So waren die Tage wohl äußerst anstrengend, aber nicht so schrecklich bedrückend, wie sie es ein andermal sein können. Das frische Hochgefühl vollkommenen Beanspruchtseins, eines wilden Betriebes, in dem man etwas leisten kann, wurde kaum durch das Grauen vor dem Wahnsinn dieses Mordens gestört.

Im September 1943 endeten die zähen Verhandlungen um eine Aufenthaltserlaubnis für die Schweiz für Charlotte und Eva Bildt erfolglos. Der Schweizer Kirchenbundespräsident Alphons Koechlin hatte sich vergeblich mit seiner ganzen Autorität persönlich bei den staatlichen Stellen für ein Einreisevisum eingesetzt, nachdem das Schauspielhaus in Zürich Paul Bildt im April 1942 eine Zusage für eine Beschäftigung als Schauspieler oder Regisseur gegeben hatte. Bei Oskar Wälterlin, dem Direktor des renommierten Theaters, bedankte sich Paul Bildt 1955 für die «rettende Hand, die Du mir im Namen des Zürcher Schauspielhauses reichtest, um mich, Frau und Kind aus den Klauen des Nazismus zu befreien».[1]

Die Lücke in der Überlieferung von Eva Bildts Briefen schließt sich Ende Oktober 1943. Inzwischen hatte sie sich Texte von Hans Christian Andersen erarbeitet und trug bei einem Zusammensein im Freundeskreis das Märchen «Die Nachtigall» vor.

Lieber Liebster! 30. Oktober 1943

Eben entdecke ich in meiner Mappe diesen Briefbogen – und da er weiß so dumm aussieht, will ich ihn rasch ein wenig schwärzen. Ich komme von Anna Helene [von Bodenhausen], der die überwältigende Mehrzahl ihrer Gäste abgesagt hatte und bei der nur die ganze Familie Denstaedt, das heißt nicht nur das entzückend verliebte junge Paar [Karl-Albrecht und Bärbel Denstaedt], sondern auch Denis

---

[1] Deutsches Theatermuseum, Nachlaß Paul Bildt.

Eltern[1] und Schwester[2] waren und Elsie, die ich mich freute, auf diese Weise wenigstens noch mal zu sehen. Ihre Angelegenheiten hier: Packen, Möbeltransport, Zahnarzt, Raus und Rein fahren zu Mochs [Mochalskis] nach Mahlow[3] absorbieren sie restlos – aber es klappt dafür auch alles ausgezeichnet. Alle lassen Dich grüßen. Es gab sehr schöne und süße Kuchchen, richtigen Tee und Pudding, was mir Leib und Seele stärkte und bereitete zum Märchenlesen, das mir geradezu unheimlichen Spaß machte (wirklich, es kommen dann wohl Geisterchen und schlagen ihre lustigen und verführerischen Zelte in mir auf) und womit ich mir Vater Denstaedts Herz so rührend eroberte, wie mir das lange nicht passiert ist und sehr wohl tat. Und dann sagte er: «Und nun singen Sie was, ja? Bitte, bitte, jetzt müssen Sie was singen!» Ich stammelte nur, daß ich leider nicht so allein singen könnte, nur gerade so für den Hausgebrauch – aber er tauchte immer wieder auf mit der lustigen Bitte: Bitte, bitte, singen Sie etwas! Aber es gelang mir, ihn vor Enttäuschungen zu bewahren, indem daß ich jetzt schnell nach Hause mußte – wo ich inzwischen angelangt bin. Denni [Denstaedt] selbst war, wie eigentlich immer, wenn ich töne, überwältigt davon, wie die Dichter das Wesentliche *so* sagen können, so lebendig und zu Herzen gehend, daß es ihn als Theologen immer – wenn auch sehr froh – so doch benahe wehmütig zu machen scheint. Wir planten nun in der Adventszeit ein Zusammensein mit Musik und Tönen. Ob's wohl dazu kommt in dem wirbligen Berlin?

Ach Liebster, diese dummen, dummen Briefe: Wenn ich an Dich denke und alles, was Du erlebt haben magst und erlebst und – auch hier – – es ist *zu* unzulänglich.

Dazu die Losung heute: so streng und fast nicht zu ertragen.[4] Manchmal bleibt dann wirklich nur ein Ruf: Jesus! Mehr kann ich dann nicht denken und nicht fühlen; daran klammere ich mich.

In Liebe

Deine Eva

Von allen Grüße!

1 Karl und Helene Denstaedt.
2 Ursula Denstaedt.
3 Ort in Brandenburg an der südlichen Stadtgrenze von Berlin.
4 Sprüche Salomos 21,2: «Einen jeglichen dünkt sein Weg recht; aber der HERR wägt die Herzen.»

Seit Mitte März 1943 fühlte sich Eva Bildt mit ihren Eltern vor der nationalsozialistischen Verfolgung in Sicherheit. Im November 1943, völlig unerwartet, «tauchte dann ... zum ersten Mal wieder eine Bedrohung auf für die geliebte Mutter», wie sie in einem anderen Brief vom 15. November an Helmut Gollwitzer schrieb. Aber auch jetzt blieb Charlotte Bildt verschont. Der Schutz durch Gustaf Gründgens und den Hitler-Stellvertreter Göring dauerte an.

Ein immer wiederkehrendes Thema in den Briefen aus dieser Zeit war der sehnlichst erwartete Heimaturlaub für Helmut Gollwitzer. Wegen der heftigen Kämpfe im Sommer 1943 war eine Urlaubssperre erlassen worden, so daß er – nun bereits ein ganzes Jahr – weiter darauf warten mußte, nach Hause fahren zu können. Im November trat eine neue Verzögerung ein: Helmut Gollwitzer erkrankte an einer leichten Gelbsucht. Ein Grund für Eva Bildt, ihn zur Aufmunterung mit dem Kosewort «Zitrönchen» anzureden.

Liebster Helmut! 15. November 1943

Die Eltern sind bei einem Vortrag von Dr. Hackel über Dimitri Karamasoff (als ersten Vortrag über die 3 Brüder), den ich versäumen mußte, weil ich bei Lilje Dienst hatte.[1]

So bin ich allein zu Hause und will Dir noch schnell einen Gruß schicken, den Wernich (der mich – endlich, der Sagenhafte – morgen besuchen wird) Dir mitnehmen soll. Gerade telefonierte ich mit Gerhard, und wir sagten uns, daß wir beide so angefüllt mit Eindrücken und Erlebnissen seien, daß uns ein Stop ganz lieb wäre und ich so auch das Nichtzustandekommen mit dem Vortrag heute nicht bedauere. Bei Gerhard nun äußert sich dies Angefülltsein in der prächtigsten Weise: Er wird produktiv und verarbeitet das Aufgenommene. Könnte ich das auch von mir sagen!

Und wie mag es Dir gehen, geliebtes Zitrönchen?! Wie sehnsüchtig wirst Du wohl sein, all das zu können, was wir hier, wir Reichen, ausschlagen (morgen liest Penzoldt,[2] Mittwoch hatte ich eine Karte zu Furtwängler: Meistersinger[3] – und ich ziehe es vor, Wernich kommen zu lassen).

[1] Fjodor M. Dostojewskij: Die Brüder Karamasow.
[2] Ernst Penzoldt (1892–1955), Schriftsteller.
[3] Oper «Die Meistersinger von Nürnberg» von Richard Wagner (1813–1883).

Aber bei mir ist's auch so, daß ich das Aufnehmen *unbeschreiblich* genossen habe, wie ja überhaupt das Leben mit all seinen Möglichkeiten, wie ein in Freiheit gelassener Vogel, nachdem es Gott gefallen hatte, uns hier zu Hause unbedroht leben zu lassen. Nun, da sich in den letzten Tagen die Bedrohung neu wie ein Schatten erhob, der, wenn er sich über mich senkt, mich versteint – da ich aber (ich schrieb Dir davon schon heute in einem Brief, der ja aber vermutlich später als dieser ankommt) sofort mit der Furcht auch die Hoffnung haben durfte, daß Gott wieder die Engel siegen läßt im Kampf mit den Geistern des Hasses und Gott diesen Sieg wieder einmal schenkte – bin ich jetzt in einem merkwürdigen Hin und Her zwischen schmerzendem Anhalten und wieder ins Leben strömender Bewegung. Für mich kann ich das als sinnvoll sehen, daß der Tod (denn das ist auch ein Tod, wenn auch nicht der physische) mir wieder so nahe kommt – aber *wie* habe ich mich gefreut, Dir einmal so entgegenzutreten, wie mich der liebe Gott nun doch lebend geschaffen hat und Du mich noch nie erlebt hast – denn gerade an dem Glück, das in mir ist, wenn ich mit Dir bin, wurde mir das Gebanntsein ins Dunkel besonders schmerzhaft deutlich. Darum bitte ich Gott, er möge mir, der mir dies unsagbar schöne freie halbe Jahr geschenkt hat, wieder helfen, daß ich leben darf. Es ist mir ganz klar, *wie* schwach ich bin – aber Christus ist doch so gut, daß er eben das zerstoßene Rohr nicht zerbrechen will.[1] Und Er hat mich eben immer wieder – ich kann's nicht anders sagen, so unglaublich verwöhnt: Fast sieben Monate lang war ich – mit allem, was mich zuweilen traurig machte, bedrückte oder kränkte – im Grunde meines Herzens pausenlos zum Bersten glücklich. Wachte glücklich auf und schlief glücklich ein. Von wem hätte ich das sonst sagen können? Dürfte ich Dir so entgegentreten, Liebster! Aber Gott weiß, wie es am besten ist, für Dich, für mich, für uns alle!

Zur Zeit lese ich in «Tod und Auferstehung» von Mereschkowski,[2] finde es sehr an- und aufregend – und habe Angst, daß man soviel «Meinungen» über das haben kann, was in einfältigster Weise der eine Trost im Leben und im Sterben ist – Angst davor, daß mir allmählich so viele Auslegungen mehr Glauben zerstörend als Glauben stärkend

---

[1] Jesaja 42,3: «Das geknickte Rohr wird er nicht zerbrechen, und den glimmenden Docht wird er nicht auslöschen; er wird der Wahrheit gemäß das Recht kundtun.»
[2] Dmitri S. Mereschkowski: Tod und Auferstehung. Leipzig 1935.

sind, das heißt, mich in die verwirrende Frage bringen, ob mein Glaube nicht vielleicht total «falsch» sei. Aber was in «Der Mond ist aufgegangen»[1] oder «Befiehl du deine Wege»[2] steht – und im 23. Psalm,[3] ermutigt mich dann wieder, Jesus alles zuzutrauen in einer vielleicht sehr kindischen Art. Ich weiß es nicht, Gott möge es mir verzeihen. Zu dem Verwirrenden gehörte auch Guardinis kleine Schrift «Das Fegfeuer»[4] – wo dem Leiden *nur* als Läuterung ein Platz eingeräumt ist, den ich nicht begreife. Wenn, wie Du es ja auch einmal so schön gesagt hast, der Anblick Gottes uns einst tief beschämt, weil die selige Reinheit unsere unselige Finsternis offenbar macht – wer will sagen, *wie* Gott dann noch an denen weiter schafft, die in Christus zum neuen Leben schon gegründet sind? Wie an denen, die es noch nicht sind? Christus und die Bibel sagen darüber nichts, oder? Bei Guardini heißt es dann: die Kirche sagt! – das scheint mir alles spekulativ. Ich habe so krankhaft so wenig Sehnsucht danach, die göttlichen Geheimnisse zu verstehen. Ich möchte nur, daß ich nie daran zweifeln muß, daß sie wahr sind. Das heißt aber nie, daß ich sie verstehen will, sondern daß ich die Kraft habe, sie zu glauben, und Gott mir weiterhin schenkt, ihn so erfahren zu dürfen. Ich habe mich oft gefragt, ob die Pfarrer die Wahrheit sagen, wenn sie behaupten, Christus enttäuschte nie, oder ob sie ihm, aus Furcht, enttäuscht werden zu können, nicht so viel zumuten. Ich habe Gott unmöglich viel zugemutet – und ich kann nur sagen, daß er mich nie enttäuscht hat – ja – das ist ja eine unverschämte und unmögliche Formulierung: Er hat Wunder getan, das ist es, Wunder über Wunder. Und das, was mich anficht, ist immer wieder, daß andere Menschen solche Wunder tatsächlich nicht erleben (nicht etwa nur, daß sie sie nicht sähen). Was Sünde ist, weiß man erst, wenn man nicht aus noch ein weiß vor Dank für die Gnade. Heute ist so ein Tag: Ich bin noch nicht ganz frei von der Angst wieder und möchte doch nur danken, danken, danken – und schäme mich.

Eben telefonierte ich mit Gerhard Schulz,[5] der Dir morgen ausführlich schreiben wird – und Wernich berichtete von einem Brief

[1] Lied von Matthias Claudius.
[2] Lied von Paul Gerhardt.
[3] «Der Herr ist mein Hirte; mir wird nichts mangeln ...»
[4] Romano Guardini: Das Fegfeuer. Würzburg 1940.
[5] Gerhard Schulz, Gebrauchsgrafiker und Kriegskamerad von Helmut Gollwitzer.

vom 6. [November], wo Du noch krank und noch am gleichen Ort warst?! Nun, er bringt mir morgen den Brief mit. Liebster, vom 20. 11. bis 4. 12. ist Herbert da. Und Du?

[Eva]

Wenige Tage nach der neuerlichen Gefährdung der Mutter und einem kurzen Aufatmen setzten die bis dahin größten alliierten Bombenangriffe auf Berlin ein.

Liebster Helmut Du,   24. November 1943

vorne in meinem Bett schläft Gerhard. Hoffentlich schläft der heute, verdient hat er es wirklich. Ich will nur versuchen, etwas von den letzten zwei Tagen zu erzählen, wenngleich man jetzt immer denkt: Heute abend ½ 8 geht die Sirene – und wer kommt heute dran? Aber mit Dank gegen Gottes unendliche Bewahrung kann es doch heute nur gesagt sein, daß wir unsere Wohnung noch haben, ohne jeden Schaden sind: Tempelhof, der gefährdetst erscheinende Ortsteil ist eine Insel des Friedens. Sparen sie sich bis zuletzt auf? Möglich. Aber bis heute ist nur Grund zu danken – und ich kann es (auch wenn mir die Knie im Keller immer zu meiner Riesenbeschämung zittern) auch aus *vollem* Herzen tun.

Der Angriff am 18. war das Präludium, er wirkte sich stark in der Umgebung Berlins aus, in der Stadt waren zahlreiche, aber immerhin vereinzelte Schäden. Der Angriff vom 22. zum 23. [November] war dann so, daß der Drahtfunk (ich schrieb Dir wohl, daß wir im Keller welchen haben; es ist ein von der Post gelegtes Funkgerät, das die Nachrichten der 1. Flakdivision übermittelt – was doch angenehm ist, weil es einen so sachlich beteiligt – wenn auch recht scheinbar nur) als Ergebnis sagte: Es war ein schwerer Angriff auf Berlin, der verschiedenste Ortsteile, vor allem aber die Innenstadt betroffen habe. Am nächsten Morgen zeigten sich die starken Störungen im Verkehr, kein Telefon (wie wird es bei den zahlreichen getroffenen Postämtern, vor allem aber Bahnhöfen mit der Post ??) – aber ich kam doch im übervollen Zug ins Büro. In der Gegend war diesmal auch nichts gewesen.

Zuweilen ging dort das Telefon sogar. Ich versuchte, laufend die Manufaktur (denn man hörte schon überall: Zoo, Wittenberg-, Nollendorf-, Lützow- und Potsdamerplatz-Gegend sei schlimm) zu erreichen, erkundigte mich zu Hause, wo ich stundenweis wenigstens anrufen konnte – wir von uns aus konnten nicht anrufen, heute ist beides gleich aussichtslos – Gerhard hatte sich nicht gemeldet. Als ich von Lilje kam, saß er bei uns, mit Else Moeckel, die der Alarm in der Manufaktur überrascht hatte. Gerhard hat wohl in einem Familienbrief schon alles ausführlicher und richtiger beschrieben. Nur soviel, daß die Englische Str. und damit sein Haus zuerst durch Spreng- und dann durch Brandbomben so fertig gemacht worden war, daß schließlich nichts mehr zu retten war, vor seinen Augen schlugen über einer Frau ein Vorhang von Flammen und Steine zusammen und töteten sie. Er rettete zunächst nur das nackte Leben. Heute hat sich zum Glück noch sein Köfferchen mit wichtigsten Sachen angefunden. Danach ging er in die Manufaktur, die bis auf einige Teile des Kellers völlig dahin ist, traf Else Moeckel und holte mit ihr dann einiges aus dem Manufakturkeller heraus. Dann gingen sie in den besten Bunker der Gegend und verbrachten dort die Nacht. Dann gingen sie – zu Fuß – zu uns, gingen aber, nachdem sie gegessen und sich gewaschen hatten, wieder fort, um festzustellen, ob Else Moeckels Wohnung noch stünde (Uhlandstraßengegend, wo auch kaum noch was ist). Sie existiert noch. Das Vorderhaus ist weg, sie wohnt im Hinterhaus. In ihrem Zimmer konnten zwei Brandbomben gelöscht werden.

Gerhard wollte durchaus nicht bei uns bleiben; er hatte nur die eine Sehnsucht: einen Bunker, in dem er nichts sah und hörte. Das verstanden wir auch gut, wenngleich wir ihn etwas schweren Herzens los ließen. Kaum daß er fort war, kam die entzückende Elisabeth Voss, die zu Fuß von Schöneberg in 3 ½ Stunden Weg durch das brennende Berlin Gerhard vergeblich gesucht hatte (sie hatte selbst in Schöneberg die ganze Nacht gelöscht) und nun, trotz völliger Erschöpfung glücklich war, zu hören, daß er lebte.

Von wie vielen wissen wir nichts und können durch die gestörten Bahnen, Telefon und Post auch nichts erfahren! Das ist fast das schwerste. Aber wie die Elisabeth hier war und wir uns in den Armen lagen, wie gerettete Schiffbrüchige im Wissen um Gerhard – da war das Leben wieder so schön, weil selbst mit all diesen Nöten, die sich auf uns zu bewegen, die Liebe und das Sich-lieb-Haben alles vergoldet. Freund Ringelnatz hat einmal in einem Gedicht gesagt: «Liebe macht das Leben wichtig.»[1] Ja, das ist schön und wahr! Und ½ 8 ging dann wieder die Sirene. Ergebnis des Angriffs nach dem Drahtfunk: Schwerer Angriff, vor allem wieder Innenstadt.

Heute früh sollte ich für meinen Chef ins Postscheckamt in der Dorotheenstraße. Ich bekam auch eine U-Bahn. Ab Kochstraße intensiver Brandgestank durch die geschlossenen U-Bahn-Fenster und Türen! Auf den Bahnhöfen geretteter Hausrat von den armen Verbombten.

Ich stieg Französische Straße aus; der eine Eingang war gesperrt, durch den anderen kamen Schwaden von Rauch herunter – in Tempelhof war schönes Wetter gewesen. (Es war unheimlich: Gestern nach dem Angriff war der Himmel eine schaurig schöne Farbsinfonie gewesen: Das Rot der Brände und hindurch gingen zart lichtblau erscheinende Scheinwerfer – heute früh waren dort rosa Wölkchen auf blauem Himmel, wie ähnlich und wie anders!) Hier war es nun so, daß man – ich mußte gleich die Brille aufsetzen, sonst wäre es ganz unmöglich gewesen durchzukommen – nur eine kleine Strecke weit sehen konnte, die auch ganz in Rauchdunst gehüllt war, und dahinter rötliche – gelbliche oder graue Rauchschwaden – der Himmel schwarz. Die Phantasie hatte durchaus nicht ausgereicht, daß ich es mir so vorgestellt hätte, wie es war. Ich kann es nicht beschreiben, man war so ganz einbezogen, es wirkte wie eine Art kosmische Katastrophe, in die man geraten war: Jeder Windhauch trieb einem nicht nur den beißenden Rauch, sondern schwarze Fetzen und Funken vor die Füße, die in Scherben, Kalk und Mörtel wateten. Es wirkte auch irgendwie paralysierend, ich ging so dahin, Fuß vor Fuß, aber wußte eigentlich nicht, was ich tat. Über die einzelnen Häuser ließ sich schwer etwas sagen. Wo nicht Spreng-Volltreffer herein gegangen sind, stehen meist die Fassaden, alles ist demoliert – was wird aufbaufähig sein? Zurzeit ist weder an Leben noch Arbeiten, so will mir scheinen, in der Innenstadt zu denken – die meisten wichtigen Sachen sind ja allerdings schon vorher evakuiert und unsere Tüchtigkeit zu Recht bekannt, so daß man den sachlichen Schaden in der Richtung nicht überschätzen darf.

Aber das Ganze: Dieses Verheeren von in Jahrhunderten Gefügtem in einigen Stunden ist namenlos grausig – nun, Du kennst es ja.

[1] Gedicht «An meine Gratulanten» von Joachim Ringelnatz.

Mein erster Weg ging zum Theater am Gendarmenmarkt; es ist umgeben von Bränden und Sprengungen; aber Gottlob! es steht! Sehr
demoliert (einige Räume innen ganz zerstört), aber Bühnenhaus
u. s. w. aufbaufähig. Heute noch! Was war ich froh!

Der Weg dann: Franz[ösische] Straße, Jägerstr., Friedrich[straße],
Behrensstraße (grauenvoll: Es wurde mitten auf der Straße glutheiß
von den Bränden), Wilhelmstraße, Linden, Dorotheenstraße (daß das
Postscheckamt nicht auf hatte, war mir allerdings schon vorher klar,
aber ich wollte doch meine Pflicht getan haben), Schiffbauerdamm:
überall das gleiche Bild des Schreckens. Am Wasser ein ganz besonders eindrückliches Erlebnis: Die Äpfelkähne, teils total zerstört, teils
hatten [sie] wohl vorsorglich die Äpfel ins Wasser geschmissen: Und
das war nun inmitten all des Graus und Schwarz ein einfach entzük-
kender Anblick: Wie in dem ölig-schmutzigen Wasser diese kleinen
bunten Bällchen zu Hunderten schwammen. Aber auch sie machten
nur das Elend offenbar: Mit an Strippen gebundenen Papierkörben
fischten Jungen sie aus dem Wasser und Schwestern wischten sie sau-
ber und gaben sie den begierig wartenden Menschen, die hungrig und
durstig nach ihnen griffen.

Dann kam ich nach Hause, gerade noch zur Zeit, ehe vorübergehend die U-Bahn ganz und die S-Bahn nach dem Westen gesperrt
wurden; ich konnte also nicht zu Lilje und blieb bei den Eltern, mit
denen ich friedlich saß, stopfend, und wir warteten sehr auf Gerhard,
der aber dann erst am frühen Nachmittag kam, weil er nach seiner
Bunkernacht sich einen Bombenschein hatte besorgen müssen u. s. w.
Er hat nun mit Dietrichs Einwilligung dort Deine «Wohnung» ge-
mietet; bleibt aber zunächst bei uns. Morgen ist auf den Trümmern
der Manufaktur Besprechung. Möglicherweise wird die Manufaktur
nach Selb evakuiert. (Man hofft, daß im Keller die Formen für das
techn[ische] Porzellan gerettet sind.)[1] Hoffentlich gilt das dann für
die Maler und für Gerhard!!! Denn arbeitslos zu werden wäre für ihn
natürlich verhängnisvoll.

Dietrichs erzählten, daß die letzte Nacht auch in Dahlem schlimm
gewesen sei, das Arndtgymnasium eine Ruine usw. Sonst weiß ich außer von Lilje fast von niemandem. Graf hat sich auf die Reise gemacht
und war gestern da – seine Straße hat auch gebrannt, mit Ausnahme

---

[1] Die technische Produktion der Staatlichen Porzellan-Manufaktur Berlin
wurde damals nach Selb ausgelagert und blieb dort bis 1960.

einiger Häuser, darunter seinem. Die ganze Adolf-Hitler-Platz-Gegend wäre wüst – aber nach gestern wissen wir auch von ihm nichts.

Und wo steckst Du? Was soll ich wünschen?

Nach den OKW-Berichten[1] wünschte ich, Du seiest schon auf dem Wege zur Heimat, um aus dem Schlauch raus zu kommen – aber andererseits? Da spielen wir dann die 2 Königskinder, die zusammen nicht kommen konnten, weil das Feuer viel zu groß war …

Nun, laß uns einander Gott befehlen und hindurch lieben durch alles Schwere, das uns noch zugedacht ist. Die Berliner benehmen sich wirklich wunderbar: hilfsbereit, leise, freundlich und tapfer – daß es Ausnahmen gibt, ist klar – aber es sind Ausnahmen.

Lieber Liebster, sei innigst geküßt

von Deiner Eva

Als Gollwitzer wieder gesund war, kündigte er sein Kommen für Weihnachten an. Aber bereits am 9. Dezember 1943 mußte er die Vorfreude darauf dämpfen. In seinem Rundbrief an die Familie schrieb er, daß sein Besuch noch nicht sicher sei: «Die Bedingung wäre, daß ich spätestens am 15. [Dezember] hier wegkomme; denn mit 10 Tagen Fahrt ist jetzt mindestens zu rechnen. Und dafür wieder ist die Bedingung, daß bis dorthin irgendein Intelligenzler, der sich auf Schreiberei versteht, zur Komp[anie] versetzt wird. Denn durch den Austausch unserer älteren Jahrgänge (bis 1905 einschließl.) mit den jüngeren Jahrgängen rückwärtiger Einheiten sind uns alle geeigneten Leute, die mich in meiner Arbeit vertreten könnten, abhanden gekommen.»

Bei Eva Bildt kamen durch die Begegnung mit Gertrud Staewen «die betroffenen Freunde» wieder stärker ins Bewußtsein: versteckte Juden und ihre Dahlemer Helferinnen Helene Jacobs, Melanie Steinmetz[2] und Hildegard Schaeder, die sich seit dem Spätsommer 1943 in Untersuchungshaft befanden. Sie hatten untergetauchten Juden geholfen, indem sie Personalpapiere, Lebensmittel und andere wichtige Dinge für sie besorgten. Mit diesen Frauen aus verschiedenen Dahlemer Gemeindekreisen war Eva Bildt gut bekannt. Sie selbst unter-

---

[1] OKW: Oberkommando der Wehrmacht.

[2] Melanie Steinmetz (geb. 1911), wissenschaftliche Mitarbeiterin im Propyläen-Verlag.

stützte Helene Jacobs finanziell, als diese nach ihrer Verhaftung im August 1943 durch einen Bombenangriff auf das Gefängnis für kurze Zeit wieder freikam.

Bereite dem Herrn den Weg, denn siehe der Herr, Herr kommt gewaltig.[1]

Mein geliebter Liebster! 3. Advent [12. Dezember] 1943

die Losung des heutigen Tages[2] war so ernst, daß meine Gedanken unwillkürlich zu allen hingingen, die besonders vom Dunkel der Zeit verschlungen zu werden drohen, und zu Allem, was so grausam mächtig ist. Gestern war der Todestag der Freunde [Familie Klepper]; die Eltern waren auf dem Friedhof – in einer verzagten Stunde sagte die Mutter neulich, es sei doch so, die Besten wären ratlos geworden. Sie [ge]dachte dabei der Freunde, an Distler[3] und Wiechert[4], die den gleichen Weg gegangen sind – und sehr an Pfarrer Möller, den so vom Glauben erfüllten, vom Glauben an die *frohe* Botschaft, der (schrieb ich schon einmal davon?) schwere Depressionen hat, so daß seine liebe tapfere Frau (wer es erlebt hat, *wie* sie um ihn bangte und *wie* selig sie war, als er ihr wiedergeschenkt worden war!) nur noch ein Schatten ihrer selbst ist, so hilflos steht sie dem zuweilen völlig Veränderten gegenüber.

Ich denke an Gertrud, die bei uns war – und von so viel Schwerem wieder bedrückt war, von den betroffenen Freunden (wer weiß noch etwas von ihnen – wie grausam jagt die Zeit mit ihren Schrecknissen, und doch leben sie doch in ihrem Jammer und bedürfen unserer Fürbitte mit so vielen, vielen – der junge Günther Dehn fiel verwundet in die Hände der Russen – –), und mein Verlangen, bei Dir zu sein, wird fast stündlich größer. So groß und so bang war es noch nie. Und doch, gerade von der Losung her kommt ja auch wieder der Trost: Gott

---

[1] Jesaja 40,3.

[2] Psalm 22,12: «Sei nicht ferne von mir, denn Angst ist nahe; denn es ist hier kein Helfer.»

[3] Der Komponist Hugo Distler (1908–1942) nahm sich einen Tag, nachdem er endgültig vom Wehrdienst befreit worden war, das Leben.

[4] Hier handelt es sich um ein Gerücht: Der Schriftsteller Ernst Wiechert (1987–1950) beging nicht Selbstmord.

sagt, daß er aus *Liebe* stäubt und züchtigt – also dürfen wir doch durch alles hindurch nach Seiner Hand fassen und getrost und fröhlich sein. Manchmal ist es mir ja so sehr geschenkt – dann denke ich: Jetzt müßtest Du kommen, und bitte, bitte darum, daß ich Dir eine strahlende Eva sein kann.

Gerhard schrieb von seiner Wochenendreise, daß er auf der Hinfahrt für zwei Stunden die Inge besucht habe, nun hat er's hoffentlich wunderschön mit seiner Lalita gehabt (denke Dir, bei Langenaltheim wird eine Siedlung für Bombengeschädigte gebaut, für die sich die beiden gleich eintragen ließen: Lali ist einfach glücklich, für Gerhard gibt's natürlich noch einiges zu bedenken. Eben rief Gerhard Schulz an, der sehr erwägt, ob Du ihn nicht für die [Lazarett-]Aufnahme anfordern könntest??! Er sei jetzt frei. Die Himmelsrichtung lockt ihn weniger, aber Du und die Arbeit. Ich schickte ihm Deinen Weihnachtsbrief, der ihm offenbar viel bedeutet hat. Sonnabend gehen wir, will's Gott, zusammen zu seinem Freund, dem jungen Bühnenbildner des Staatstheaters, Willi Schmidt, den Gerhard (unser GG) immer schon mal kennen lernen wollte.[1] Gestern war ich zu einem sehr schönen Hauskonzert bei Elisabeth Voss (kleine Stücke von Telemann, Händel, Friedemann Bach, Mozart, Dussek und Schubert) – ich denk' jetzt immer, wo ich bin: Wenn doch die Tür aufginge und Du kämst. Ich fürchte nur, dann möchte ich gleich sterben, so ganz von Glück erfüllt. Am nächsten Sonntag soll ich bei einer Studentenfeier, die Fischer leitet, elend viel tönen – hoffentlich mache ich Dir keine Schande.[2] Der Hölderlin «Die Liebe»[3] ist wirklich schön – ach, Liebster, mein Liebster – ich küsse Dich und möchte Dich mit meiner Liebe ziehen. Weihnachten, unser 28. [Dezember], Dein Geburtstag – ich *kann* dazu jetzt nicht extra schreiben. Nur, daß ich Dir Christi Gegenwart wünsche und daß ich Dich liebe!

Deine Eva

---

[1] Willi Schmidt (1910–1994), Bühnenbildner und Regisseur.
[2] Martin Fischer (1911–1982), Leiter der Studentenarbeit der Bekennenden Kirche und nach 1945 Rektor und Professor an der Kirchlichen Hochschule Berlin.
[3] Gedicht von Friedrich Hölderlin (1770–1843).

Wegen des immer wieder verschobenen Heimaturlaubs war Eva
Bildts Geduld am Ende des Jahres völlig erschöpft: «Ich wünschte, ich
könnte Dir fröhlicher schreiben.»

Liebster Du – unser Tag!   28. Dezember 1943

Und ich sitze mit Tränen in den Augen, denn eben erst verhallte das
verzweifelte Schreien einer Frau bei uns im Haus, deren einziger
Sohn gefallen ist – und uns dickfelligen (wie sollten wir es auch sonst
aushalten?) Geschöpfen muß es ja von Zeit zu Zeit sinnlich verdeut-
licht werden, wie namenlos grausam es ist, von dem liebsten Menschen ohne Abschied getrennt zu werden. Ich sehne mich in solchen
Augenblicken nicht nach Haltung, auch nicht nach «christlicher» –
wenn Gott uns als höchstes Gleichnis hier auf Erden die Liebe geschenkt hat, dann ist es zum Schreien, wenn das alles geschieht.
  Liebster – das ist kein schöner Brief für diesen Tag – aber in aller
Dankbarkeit dafür, daß ich hier mit den Eltern sitzen darf und ihnen
Storm[1] vortönte zur Feier unseres Tages und Fénelon[2] vorlas und
Weihnachtslieder sang – aber dieses Abgeschnittensein von Dir, diese
Spannung, ob Du nun endlich, endlich, endlich kommst; dazu auch
die Abgeschnittenheit von aller Post – von der Familie auch nichts –
das ist schon beinahe zum Verzagen. Zudem verstärkt sich das Gefühl, daß auch Urlaub bekommen eine Sache der «Geschicklichkeit»
– um es freundlich auszudrücken – ist. Natürlich sind es immer
plausible Gründe, um derentwillen du nicht gefahren bist – aber die
Hintzes und die Wernichs hätten bestimmt (sie haben ja auch) Wege
gefunden, aus ihnen noch Genesungsurlaube und sonst was heraus-
zuschinden. Das soll beileibe kein Vorwurf sein: Ich will dich kein
bißchen anders als Du bist – aber ich sehe halt dadurch noch schärfer
als schon so.
  Ich wünschte, ich könnte Dir fröhlicher schreiben – aber das «den
Tag gut leben und nützen» – das ich mir immer vornehme und auch
nach wie vor für richtig halte – zurzeit reicht's nicht aus. Ich weiß
und fühle Dich nicht mehr – so nah ich Dich eben weiß und fühle –

---

[1] Theodor Storm (1817–1888).
[2] Francois de Salignac de la Mothe-Fénelon (1651–1715), französischer Theo-
    loge und Schriftsteller.

dazu ist dieser Jahreswechsel schwer ohne bange Gedanken zu bestehen, und die Kluft zwischen Haß und Liebe wird immer schmerzhafter und trennender – das Verlangen nach Dir ist vernichtend groß.
Ich denke an die schönen Stunden mit Gerhard, mit Herbert, daran,
wie wir uns als eine Familie empfanden und inne wurden, wie unselbstverständlich es ist, sich menschlich so nahe zu sein – – und Du,
und Du? Heute schickte ich Baumgart einen Brief, mit der Bitte, ihn
Dir mitzunehmen. Ob er Dich erreicht? Ob Dich dieser erreicht?

Liebster – vor drei Jahren! Ach vor dreitausend Jahren und vor
noch viel längerer Zeit hat der liebe Gott die wunderbare Idee gehabt,
daß wir eins sein sollten unter all seinen ungezählten Krabbelge-
schöpfen. Und vor drei Jahren haben wir es erst gemerkt. Und von da
an jeden Tag deutlicher und mehr, wie schön und wie wahr das ist.

Helmut, Liebster, sollen wir sagen: Es sei, wie es wolle, es war doch
so schön!? Ja, das auch. Aber es war doch erst ein Anfang. Gott
schenke, daß es weitergeht, immer erfüllter, immer schöner. Gott, der
uns in der heutigen Losung[1] so beglückend der Kindschaft gewiß
macht, leite Dich durch alles Gefahrvolle und Schwere an Seiner liebenden Hand. Er sei mit uns, helfe uns zusammen und gebe seinen
Segen reichlich über uns!

Und zu Morgen einen langen, innigen Geburtstagskuß (nein, ich
will die Hoffnung nicht aufgeben, daß jedes, jedes Klingelzeichen bedeuten kann, daß Du es bist).

Deine, Deine Eva

---

[1] Hosea 2,1: «An dem Ort, da man zu ihnen gesagt hat: Ihr seid nicht mein
Volk, wird man zu ihnen sagen: O ihr Kinder des lebendigen Gottes!»

Briefe 1944

«Bis zum 29. Januar war der Helmut auf Urlaub, drei wie von Engeln bewahrte und geführte Wochen lang. Daß ein so erfülltes und vollkommenes Dasein in dieser Zeit, in dieser Welt möglich ist, wie

Helmut Gollwitzer mit seiner Schwester Inge Meyer, seiner Mutter, Eva Bildt und seiner Schwester Gerda Gollwitzer (v.l. n. r.) beim letzten gemeinsamen Urlaub in München im Januar 1944

sollte man es anders begreifen können als ‹was Er sich vorgenommen und was Er haben will, das muß doch endlich kommen zu seinem Zweck und Ziel›»?[1] So faßte Eva Bildt in ihrem Freundes-Rundbrief vom Februar 1944 die glückliche Zeit zusammen. Es waren ihre letzten gemeinsamen Tage. Die beiden verbrachten sie in München und Pappenheim, Helmut Gollwitzers Geburtsort, in Ulm, bei der Frau seines Kriegskameraden Hugo Hanßler, und zum Abschluß in Berlin und in Klein-Machnow. Von hier fuhr Helmut Gollwitzer wieder an die Front zurück.

Am Abend des 30. Januar 1944 brannte bei einem Bombenangriff die Wohnung der Familie Bildt völlig aus. In ihrem Rundbrief schilderte Eva Bildt die Zerstörung, bei der auch fast alle Briefe ihres Verlobten vernichtet wurden: «Bei dem Angriff am 30., bei dem ja ganz Tempelhof aufs Schwerste betroffen wurde, brannte unsere Wohnung zur Ruine aus. Die Phosphorkanister müssen sich gerade unsere Wohnung ausgesucht haben, denn als wir heraufgingen – nachdem die

[1] Aus «Befiehl Du Deine Wege» von Paul Gerhardt.

*Die St.-Annen-Kirche
in Berlin-Dahlem,
Versammlungsort
der Bekennenden
Gemeinde, um 1935*

*pausenlosen Einschläge sich etwas gemindert hatten –, stand die Diele,
auf der wir einige der wichtigsten Dinge griffbereit hatten (Bücher-
koffer, Schuhkorb, Schreibmaschine, Kleidung), in solchen Flammen,
daß sofort deutlich war, daß weder an Löschen noch an Herausholen
der Gepäckstücke zu denken war. Von der Gartenseite aus sahen wir
zur gleichen Zeit, wie auch die gesamte übrige Wohnung brannte, zuletzt anscheinend mein Zimmer, aus dem ich noch einmal wie zum
Abschied die Vorhänge winken sah ...»*

*Zwei Tage später zog das Ehepaar Bildt auf Einladung von Gustaf
Gründgens in dessen Gutshaus in Zeesen, südöstlich von Berlin, ein
Angebot, das ihr Leben in der folgenden Zeit wesentlich erleichterte:
Die Bedrohung durch Bombenangriffe war geringer als in Berlin, und
der prominente Hausherr schützte vor dem Zugriff der Gestapo, denn
Gründgens galt als ein Günstling von Göring.*

*Eva Bildt kam im Februar 1944 zunächst bei Freunden am Hohen-
zollerndamm unter, bis kurz darauf auch diese Wohnung zerstört
wurde und sie schließlich bei Lucie Wölffing, einem Mitglied der Bekennenden Gemeinde in Berlin-Dahlem, Arnimallee 9, ein Zimmer
zur Untermiete fand. Das ermöglichte ihr, stärker am Gemeindeleben*

in Dahlem teilzunehmen. Schließlich hielt sie dort selbst Morgen-
wachen und leitete einen Mädchenkreis.

Gollwitzer, der einen Tag vor der Zerstörung der Bildtschen Woh-
nung die Rückreise an die Front angetreten hatte, erfuhr erst Ende
Februar von dem erzwungenen Umzug. Auf der Fahrt in Richtung
Osten schrieb er mehrere Briefe an seine Verlobte.

Du meine liebe liebe Eva!   1. Februar 1944

Der Wagen ist bis ins letzte Eck von einem Schwall heißer Luft ge-
füllt, die nur soviel Geist in mir übrig läßt, daß es zum Träumen
reicht. Jedem Öffnen der Tür zum Luftschnappen geht eine Diskussion mit denen voraus, denen das «lieber erstunken als erfroren» noch
heiliger ist als mir. Zu 8 sitzen wir in dem engen Abteil; an Schlafen
ist nachts kaum zu denken; die Unterhaltung läuft dürftig, obwohl
es lauter nette meist ältere Kerle sind; wie anders ist die Stimmung auf
so einer Urlauber-Rückfahrt als auf der Hinfahrt! Jeder ist noch mit
seinen Erinnerungen beschäftigt und läßt sich ungern bei ihnen stören. 5 Tage soll die Fahrt hinunter ans Meer dauern, – aber «Fahrt» ist
ein euphemistischer Ausdruck, es ist mehr «Stand» als «Fahrt», denn
auf eine halbe Stunde Fahren kommen 3 Stunden Stehen auf einem
Bahnhof oder auf freier Strecke. Bald sind wir wenigstens in Czerno-
witz. Vielleicht kann ich dort dies Blatt als Lebenszeichen an Dich
schicken.
    In Berlin konnte ich gleich in einen D-Zug nach Breslau steigen,
den ich aber nach einiger Zeit mit einem verspäteten Fronturlauber-
zug vertauschte. Als die Abfahrt endlich kam, schickte ich meine
ganze Seele hinüber nach Tempelhof, bei Dir zu sein. In Breslau gab
es einiges Umherlaufen, bis ich den nächsten passenden Zug ausge-
spürt hatte, der dann auch mit erheblicher Verspätung kam und statt
am Mittag des 30. erst am Abend nach vielen Aufenthalten nach Przemysl kam, wo man dann in einer endlosen Schlange zum Stempel der
Rückmeldung anstand, Marschverpflegung holte und sich in dem
Odessaer Zug einen Platz anweisen ließ, auf dem ich nun bis zu diesem Augenblick und noch einige Tage länger sitze. Bei der Rückmeldung gab es übrigens angesichts des Massenandrangs keinerlei pein-

liche Fragen, so daß ich meine Verspätung nur noch vor meiner Komp[anie] rechtfertigen muß, was mühelos gehen wird.

Dies mein äußeres Leben bis zu diesem Augenblick. Mehr ist von ihm nicht zu sagen, ich habe es wie im Schlaf gelebt. Bis Przemysl fuhr ich noch ganz als Zivilist, ohne Verwandtschaft zu dem Haufen um mich herum, nichts redend, ohne Interesse an Geschichten und Gesprächen, ein einsamer Unzugehöriger. Als ich dann in der langen Rückmeldungsschlange stand und Leute von meiner Div[ision] traf, wurde es mit einem Ruck anders, ich war wieder Landser, konnte wieder fragen und erzählen, und alles wurde etwas leichter. Das war ein merkwürdig plötzliches Erlebnis, bei dem ich freilich Deine Nähe, die ich bis dahin noch leiblich spürte und die mich oft erwarten ließ, beim Wenden des Kopfes Deinen Mund zu treffen, einbüßte. Die Intensität des selig-schmerzlichen Zurückdenkens an unsere Zeit nahm damit aber nicht ab; es füllt mich noch ganz aus.

Wie soll ich Dir danken, Liebste, für diese Zeit? Sag nicht, ich solle nur unserem Herrn danken, der sie uns so unvergleichlich geschenkt hat! Ja, wie hat er sie uns bewahrt! Denk an die Einflüsterungen der Sorge in den Wochen vorher, wenn jedes von uns daran dachte, wie viel geschehen könnte an großen und kleinen bösen Dingen, um uns den Urlaub zu nehmen und zu verderben. Und nun hat wirklich ein Engel darüber gewaltet und alles, alles aufs Allerbeste geregelt, und alle Schatten, die am Horizont auftauchten, durften zu nichts anderem dienen als uns zu erinnern, wie unselbstverständlich diese Ungetrübtheit sei und wie viel Dank wir schulden. Aber ich kann nicht anders als auch Dir einen dankenden Kuß geben. Daß Du bist, wie Du bist, – nicht nur so liebend, sondern auch so tapfer, so ehrlich, so willig, so stolz, so gutherzig, – ach, vieles Schöne noch; Liebe, ich bin so stolz auf Dich und habe Dich immer neu und mehr lieb. Jede kleine Szene unseres Zusammenseins hole ich in meinem Gedächtnis herauf und betrachte sie immer wieder lang und eingehend bis ins kleinste wie ein Bild und lasse sie im Licht funkeln wie einen Juwel. Auch der Schmerz ist mir lieb, der seit dem Abschied aufs Herz drückt. Er hält mich bei Dir und immer wieder küsse ich Deine «scheußlichen salzigen Tränen», wie Du sagtest. Geliebteste, Geliebteste, ich sehe mich nicht satt an Dir und schaue Dich immerfort an und küsse Dich und bin Dir nah, und mein Herz schlägt ganz mit dem Deinen.

Dein Helmut

Ein riesiges düsteres Ziegelgebäude, das einen weiten wüsten Hof umschließt, – das ist die Frontleitstelle von Odessa, in der ich seit zwei Stunden in einem der vielen mit unzähligen hölzernen Doppelbetten gefüllten Unterkunftsräume dem Weitertransport entgegenharre. So empfängt einen die Front in ihrer häßlichsten Gestalt. Nach den letzten schlechten Nachrichten aus meiner Ecke kann man ja gespannt [sein], wo und in welchem Zustand ich meinen Haufen treffe.

Gestern habe ich keine Zeile an Dich geschrieben, weil ich einen langen Berichtbrief an die Familie begann und außerdem ganz besetzt war von «Krieg und Frieden»[1], ein großartiges und fast aktuelles (die Schilderung Napoleons bei der Audienz!), aber in der Formung nicht ganz gelungenes Werk, mit dem ich mit Sonnenuntergang fertig war. Vorher hatte ich «David Balfour von Shaw» von meinem geliebten R. L. Stevenson[2] gelesen, eine wunderbare Vorlesegeschichte für Buben, die man sich merken muß. Außerdem ergötzte ich meine gelangweilten Mitreisenden durch laufende Vorträge, z. B. einer Rede eines Truppenbetreuers über die Segnungen des Krieges, und nachts schlief ich luftig und ruhig in einer zwischen den beiden Gepäcknetzen ausgespannten Zeltbahn, in der sich wunderbar träumen ließ (einmal steuertest Du mich in einem PKW an Schlössern vorbei mit einem Bierglas, das für uns eine große, mir jetzt aber unklare Rolle spielte!). – Liebste, Liebste, Liebste, überquellend gehen Dank, Sehnsucht und Erinnerung zu Dir.

Dein Helmut

Anna [Müller] *noch mal Dank* für die reichliche und mir sehr nützliche Versorgung mit Reiseproviant. Aber Euch fehlt das nun!

Am 12. Februar 1944 begann Gollwitzer mit dem ausführlichen Bericht über die letzte Etappe der Rückfahrt zu seiner Kompanie, den er einige Tage später abschloß. Dem Brief fügte er zwei Gedichte

---

[1] Leo Tolstoi: Krieg und Frieden.
[2] Robert L. Stevenson: Die Abenteuer des David Balfour von Shaw.

Das Gedicht «Klein-Machnow» von Helmut Gollwitzer, das er seinem Brief vom 12. Februar 1944 beilegte (Ausschnitt).

(«Klein-Machnow» und «Pappenheim») bei, die er in Erinnerung an den gemeinsamen Urlaub verfaßt hat.

Meine liebste, liebste Eva! 12. Februar 1944

Ist es wahr, daß ich in diesen 4 Tagen, die ich jetzt hier bin, noch nicht mehr als eine klägliche Karte an Dich geschrieben habe? Leider ja. Ganz unverständlich ists; denn ich rede doch unaufhörlich mit Dir und habe nur Sehnsucht, im Schreiben Dir noch näher zu sein. Aber es war nicht zu machen. Die Arbeit ist nicht übermäßig, aber die Zugänge kleckern sich so hin, daß nie richtig freie Zeit ist, meist muß ich im Ope[rationssaal] sitzen, wo ich nur lesen, nicht schreiben kann, und die wenige Zeit zum Schreiben mußte ich für den längst geschuldeten Bericht nach München über die Tage von Ulm bis Berlin verwenden. So gingst Du bisher leer aus. Tröste Dich, es geht Dir noch besser als mir; denn ich kann bei der jetzigen Postverbindung für Wochen nicht mit einem Brief von Dir rechnen, die Feldpost bringt durch den Schlamm, in dem wir stecken, nichts heran.

Wo soll ich anfangen bei der Fülle, die sich angehäuft hat. Am liebsten möchte ich lange nur vom Urlaub sprechen und wieder so einen Rückblick für Dich und mich schreiben wie beim letzten Mal. Aber zunächst ist wohl Erzählen wichtiger, damit Du wieder etwas Vorstellung von meinem Leben bekommst.

Vom 1. Teil der Fahrt hast Du ja einige Nachricht bekommen. Die Zehntausende von Urlaubern, die sich von Lemberg bis Breslau angestaut hatten, waren allmählich weiter geschleust worden. Die Überfülle war aber immer noch groß. Schon in Przemysl: lange Schlangen, engstes Liegen in den Unterkunftsräumen, wildes Drängen nach dem bißchen Bier. Ich war froh, nur wenige Stunden dort sein zu müssen; nachts, bald nach Mitternacht, fuhren wir schon weiter, gespannt, auf welcher Marschroute; dann stellte sich heraus, daß wir nur durch das östliche Rumänien fahren würden. Ich dachte mir das sehr interessant, – es war nicht viel zu sehen. Breite Täler, begrenzt von langgezogenen Hügelketten; brauner, baumloser Boden mit ärmlichen Hütten, in der Bukowina wie in Bessarabien. Auf den Bahnhöfen viel armes zerrissenes Volk; ältere Männer in den rumänischen Uniformen, die gegenüber den unsrigen dünn und schäbig wirken, ihre Disziplin ist gut. Die Mittel dazu aber anders als bei uns, so haben wir einmal mit Erstaunen gesehen, wie ein rumänischer Uffz. [Unteroffizier] einen Soldaten in aller Öffentlichkeit ohrfeigte. An den Wänden der Bahnhöfe hängen antibolschewistische Plakate, die in blutrünstigen Bildern die grausige Vertiertheit der Sowjets schildern. Die Züge entlang laufen Jungen und Mädchen, die eine Rippe Schokolade für 5 M verkaufen, und Erwachsene, die von uns für ähnlich hohe Preise Textilien, Uhren usw. kaufen wollen. Es lohnt sich, etwas zu verkaufen; denn die Bahnhofswirtschaften sind voll der schönsten Dinge: Torten, Wein, Liköre, von der Decke hängen riesige Würste und Speckseiten, alles aber nur gegen Lei[1] – und die habe ich nicht, und was ich zu verkaufen bereit bin, will ich mir für Odessa aufheben, – dumm genug; denn in Odessa bekamen wir keine Ausgangserlaubnis in die Stadt und konnten nur träumen von den guten Dingen, die man angeblich dort für viel Geld erhandeln kann.

Trotz der Ähnlichkeit, die sie in Behausung und Bekleidung mit den Ukrainern haben, ist die rassische Andersartigkeit der Rumänen doch unverkennbar. Es sind romanische Gesichter, schlanker, mit schwarzen, glühenden Augen und einer lebhaften Art zu sprechen. Wie es mit ihrer Kriegsentschlossenheit und ihrer Begeisterung für den «Kreuzzug gegen den Bolschewismus» steht, konnte ich nicht feststellen. In unseren Gesprächen wurde aber sichtbar, wie sehr dem deutschen Landser auffällt, daß er in den meisten von uns besetzten Ländern einen schroffen Gegensatz von Arm und Reich findet und nicht «wie bei uns» einen breiten verbindenden Mittelstand.

Man lernt sich schließlich ganz gut kennen auf so einer tagelangen Bahnfahrt, zu acht in einem engen kleinen Abteil. Verpflegt waren wir ordentlich (gemein war nur, daß mich meine Zahnwunde noch so schmerzte, daß das Essen immer eine mühsame Sache wurde), mit Lesestoff versorgte ich den ganzen Wagen, und das Problem des Nächtigens wurde schließlich so gelöst, daß ich mich in eine zwischen den Gepäcknetzen aufgespannte Zeltbahn zum Schlafen begab, wo ich wie in Abrahams Schoß ruhte.

So rollten wir also, bis wir am 4. früh nach Odessa kamen. Die Massen der Urlauber quollen aus dem Zug, wurden sofort aufgefangen, in große Haufen eingeteilt und mit LKW zur Frontleitstelle geschafft; es war wieder so richtig der Kommißbetrieb: endloses Stehen, Warten, Eingeteiltwerden wie auf dem Viehmarkt, Ersparung jegli-

[1] Rumänische Währung.

chen eigenen Denkens. Die Leitstelle war ein ebenso großer wie häßlicher Gebäudekomplex mit ungezählten Räumen, die teils in Schutt lagen, teils mit Barackendoppelbetten belegt waren. Diese waren natürlich alle schon besetzt, aber schließlich fand ich mit dem biederen Feldwebel von meiner Div[ision] doch noch zwei freie, sonst hätten wir uns auf den Boden legen müssen. Da man die Urlaubermassen nicht den Gefahren des Großstadtlebens von Odessa, wo sie sich auch verkrümeln könnten, aussetzen möchte, läßt man sie nicht hinaus, versucht sie aber dafür durch Darbietungen im Hause zu entschädigen. So gab es an diesem Nachmittag ein Varieté mit so entblätterten ukrainischen Mädchen, die man Foxtrotts tanzen ließ, und sonstigen gutgemeinten Kümmerlichkeiten. Immerhin ging die Zeit damit herum, und man brauchte nicht immer in dem Schlafsaal sein, durch dessen verbrauchte Luft man nicht von einem Ende bis zum anderen sehen konnte. Das einzige sonstige Amüsement war, den russischen Aufklärern zuzusehen, die unbekümmert um die Wölkchen der rumänischen Flak über uns ihre Kreise zogen.

Am 5., früh 6 h ging der Transport nach Nikolajew weiter, und zwar in LKWs. Ich hatte zusammen mit Rudi Weigelt, dem Furier unserer Komp[anie], mit dem ich auch zusammen auf Urlaub gefahren war und den ich diesen Morgen wieder traf, Glück: Wir kamen in einen geschlossenen Omnibus; denn auf den offenen LKWs ist die stundenlange Fahrt bei Kälte und Regen eine sehr unangenehme Angelegenheit. Mit bedenklichen Erwägungen ging es über die breite Bug-Mündung und über die schmalen Erddämme, die die vielen Lagunen vom Schwarzen Meer trennen; die Bedenken bezogen sich auf die augenfälligen Schwierigkeiten des Wegs zurück. Aber Hauptinhalt der Gespräche war natürlich der Urlaub, der für jeden, so verschieden man ihn verbracht hatte, «der schönste bisher» gewesen war. Rudi, in Duisburg ausgebombt, hatte vor allem geschlafen: «Einmal war ich wegen meinem Bein auch beim Truppenarzt. Der holte dann einen langen Bogen her und fragte mich nach allerlei aus, woher ich käme, was ich im letzten Jahr für Krankheiten gehabt hätte und schließlich, wie jetzt im Urlaub mein Trieb funktioniere. Nun, ich sagte: ‹Wissen Sie, Herr Stabsarzt, ich will nichts, als mich abends um 8 h ins Bett legen und dann bis morgens um 10 h durchschlafen; wenn ich nur meine Ruhe habe, dann bin ich ganz glücklich.› Darauf hat er mit dem Kopp geschüttelt und gesagt: ‹Da sehen Sie, meine Statistik: Bei den meisten, die aus dem Osten kommen, ist das gerade so› und hat für mich ein dickes Minus in die Spalte gemalt. Ich glaube, für Bevölkerungspolitik kann Adolf z. Zt. nicht viel mit uns anstellen.» Das ist doch ein schönes Histörchen zur Zeitgeschichte!

In Ni[kolajew] wieder großer Trieb in die Frontleitstelle, stundenlanges Warten in einer geschlossenen Scheune, wieder Unterbringung in einem ähnlichen Schlafsaal, Spaziergang in die Stadt, im Soldatenheim vergebliches Anstellen nach einem Glas Bier, im Kino der überzeugende Film «Kohlhiesels Töchter» mit der Finkenzeller und tirolerischen Holzknechten, die Arbeitslieder im Stil von Herms Niel singen.[1]

Am 6. frühes Aufstehen, langes Sitzen im Zug, der schließlich sogar abfuhr, und Rätselraten, wie wir die Div[ision] in dem südlichen Dnjepr-Abschnitt, in den wir gewiesen worden waren, vorfinden würden. Allerlei Illusionen von «ruhigem Abschnitt», «Ortslazarett» usw. Am Bahnhof Sn[amenka] stiegen wir aus: Weit auseinandergezogen stehen in der Steppe einige Häuser und Schuppen, ein Silo, – alles teilweise zerstört, – und dazwischen tiefer, zäher Schlamm. Tief seufzend schleppen wir unser immer schwerer drückendes Gepäck hindurch und werden von der Leitstelle zu einer in der Nähe endenden kleinen Feldbahn gewiesen, die unsere Eisenbahnpioniere durch die Steppe gebaut hatten. Nach einigen Stunden ging von dort auch tatsächlich ein Züglein los und brauchte für die 40 km nicht einmal 20 Stunden wie der vorhergehende, sondern nur 5. Mitten in der Steppe endete dann das Bähnlein bei ein paar verstreuten Häusern. Dieses Riesengebiet zwischen Ingulez und Dniepr enthält nur vereinzelte deutsche Kolonistendörfer mit anheimelnden deutschen Namen («Friedheim», «Daviddorf» usw.) und dazwischen die Gutshöfe der Sowchosen, der großen sowjetischen Staatsgüter, umlagert von den kleinen Taglöhnerhütten. Ringsum dehnt sich die endlose Steppe in den Himmel hinein, braune Grassteppe, dazwischen kleine dunklere Flecken der Krautsteppe und große grünliche Flächen der Wintersaat, die nun vielleicht Stalin ernten wird. Die Zivilbevölkerung ist z. T. schon verschwunden; soweit sie ihre Wohnungen verlor oder aus ihnen verdrängt wurde, haust sie in der Erde, in tiefen Kellern, die sie sich unter die Strohschober gegraben haben. Es sieht merkwürdig aus, wie in voller Einsamkeit auf einmal Rauch aus einem kleinen Erdhügel steigt und solche Höhlenbewohner verrät.

[1] Regisseur: Kurt Hoffmann, 1943 uraufgeführt.

Es ist schon Dämmerung, als wir die Liliputbahn verlassen; nach langem Umherirren landen wir in einem mit Urlaubern gefüllten Stall der Sowchose, schaudern aber vor dem vermisteten Stroh zurück und finden zu dritt in einem kleinen Verschlag eine kühle, aber sauberere Lagerstätte. Es regnet und regnet. Unsere Hoffnungen, mit irgendeinem Fahrzeug weiterzukommen, werden am nächsten Morgen im Schlamm begraben, in dem die LKWs und auch die Panjefahrzeuge[1] stecken bleiben. Hier aber können wir auch nicht bleiben. So schleppen wir mühsam unser Gepäck von klm zu klm bis zum nächsten, 8 km entfernten Dorf. Immerhin habe ich noch die Kraft, die Steppe ein wenig mit Deinen Augen zu sehen: Die unverdeckten Bewegungen der Wolken, die weite Wölbung des Himmels mit immer neuen feinsten Abwandlungen von Grau, das sanfte Grünlich-Braun der Saatfelder. – Im Dorf haben wir endlich Glück: Wir schlafen bei einer schweren Panzerjägereinheit, die am nächsten Morgen mit ihren auf Panzern montierten Geschützen in unsere Richtung weiterfährt. Da sitzen Rudi und ich dann stolz oben auf dem Rohr, ein Bild für die Wochenschau: «Ungebrochener Siegeswille: Infanterie fährt in den Einsatz!» Der Wind ist eisig und feucht, aber das hindert mich nicht am kräftigsten Jodeln. Bis der Traum nach 3 km auch schon aus war: Da stand ein[e] 7,5-Pak. [Panzerabwehrkanone] mit einer Zugmaschine im Schlamm und konnte nicht mehr weiter. Wir, Vorbild der Frontkameradschaft, kurven mit unserem Panzer hin, um sie herauszuschleppen – und schon sitzen wir neben ihr ebenfalls fest. Nach langen Mühen unsererseits kommt eine große Zugmaschine drüben auf der aufgeweichten Rollbahn (sie ist über 50 m breit geworden, weil man immer mehr seitwärts fährt, um noch etwas festen Grund zu haben, – wir dagegen saßen auf dem Acker) mühelos daher gerauscht; wir winken sie heran, sie kommt – und sitzt neben uns auch fest! Wir stapfen im Schlamm herum, lachend und fluchend, und wundern uns, daß die über uns kreisenden Iwans das schöne Ziel ignorieren. Es beginnt wieder zu regnen; – zum Glück hatte unser Panzer hinten drauf Barackenbetten, Tische, Stühle geladen. Die zerhauen wir jetzt und legen unserem Fahrzeug eine Art Knüppeldamm vor. Zuerst mahlt das gefräßige Ungeheuer alles sinnlos unter sich, dann endlich quält es sich so langsam aus dem Loch heraus. Wir seilen die große Zugmaschine an, ziehen sie auch heraus, fahren stolz weiter – um im näch-

---

[1] Pferdefuhrwerk.

sten Acker mit einem Bremsendefekt endgültig festzusitzen. Schließlich gaben Rudi und ich alle Hoffnung auf, luden uns das Gepäck auf
den Buckel und stapften durch Regen und Schlamm weiter, um dann
bei Dämmerung in Na. bei unserem H.V.Pl. [Hauptverbandsplatz]
anzukommen. Wir waren zu derloabelt,[1] um den herzlichen Empfang
recht zu genießen. Hanßler hatte gerade unsere Ulmer Karte bekommen, nachdem er tagelang mich verflucht hatte, weil er von seiner
Frau bisher nur den enttäuschten Brief nach meiner 1. Absage erhalten hatte. – Es war die beschissenste Gegend, in die es uns bisher ver-
schlagen hatte: Die spärlichen Häuser von tiefem Schlamm umgeben,
Regen und Frost wechselten; der nächste Brunnen 3 km entfernt, zur
Feuerung dienten die letzten Bäume des Ortes, Zivilisten waren kaum
mehr vorhanden, Verpflegung äußerst mies, Feldpost null, – alles,
alles höchst kümmerlich. Patienten gingen in mittlerer Zahl ein; eben
war ein schwerer Lungenschuß und eine Amputation gekommen, –
so stand ich schon wieder am gleichen Abend im Ope[rationssaal], als
ob ich nie weggewesen wäre.

Dies die «Ballade des äußeren Lebens».[2] Wie viel mehr aber wollte
ich berichten von den Gedanken, die zurückgingen in die vergangenen Wochen. Keine Stunde des Wartens und Anstehens war mir lästig, weil ich sofort wieder zurücksank in die seligen Bilder. Das noch
einmal aufzuzeichnen, hätte ich viel lieber getan. Vielleicht kommt
noch eine ruhige Zeit, in der ichs tun kann. Jetzt schien mir dieser
Bericht dringlicher. Über die bewegten Tage seit meiner Rückkehr
folgt dann bald eine weitere Erzählung. So begnüg Dich jetzt mit den
paar Gedichten, denen noch welche folgen sollen. Sie sind denkbar
anspruchslos, aber vielleicht freuen sie Dich.

Nie noch waren mir die Losungen so selig gewesen wie diesmal.
Die vom 30. 1.,[3] vom 2. 2.,[4] vom 6. 2.[5] – zu wissen, daß Du das jetzt
auch liest und wir beide von der gleichen, einen Gewißheit erfüllt
werden, – gibt es eine innigere Gemeinschaft zwischen Liebenden?

---

[1] Völlig erschöpft.
[2] Gedicht von Hugo von Hofmannsthal (1874–1929).
[3] Jesaja 27,9: «Siehe, das ist unser Gott, auf den wir harren, und er wird uns
helfen.»
[4] 2. Chronik 30,8: «Seid nicht halsstarrig, sondern gebet eure Hand dem
HERRN.»
[5] 2. Chronik 5,13: «Es war, als hörte man eine Stimme loben und danken dem
HERRN.»

Meine Liebe ist Dir nahe, sie umfängt Dich, dankt Dir, dankt unserm Herrn für uns. Sei geküßt, lang und innig! Morgen mehr (heute ist der 19. 2.), – grüß die Eltern und Gerhard.

Dein, Dein, Dein Helmut

Klein-Machnow

Der Graben schließt uns ein wie unser Grab.
Es löst sich Erde hinter uns vom Dröhnen
Und rieselt bodenwärts wie letzter Gruß.
Die Lippen gehen Dir auf wie stummes Stöhnen.
Du saßest still und unbewegt bei mir.
Nun beugtst Du zuckend Dich nach vorn, als würfe
im Traum sich auf Dich ein wildes Tier.
Der Graben atmet schwer, er ächzt als schlürfe
ein jeder Angst in sich hinein und grause Gier
nach dem, was kommt in einem Augenblick.
Dein Knie streift zitternd mich, mein Arm zu Dir
sich hebt, und so als könnt er Dein Gesicht
mit seiner Macht behüten vor dem Grauen,
legte er mit ach, ohnmächtiger Gebärde
um Deine Schultern sich, Dich zu umbauen
mit einem Walle, der Dich schützen werde.
Du aber siehst mich an, – o edles Auge –
Und lächelst schon und hast schon durchgefunden
zu einem Schutze, der Dir besser tauge
als auch des Liebsten Arm. Schon ist entschwunden,
was Dich im Schreck durchfuhr. Ein Mächt'ger hat
zusammen mit ohnmächtigem Menschenarm
Um Dich den Arm gelegt. Sein Wille tat,
was ich gewollt: wir blieben ohne Harm.

Nun sahn wir neu geschenkt uns an und steigen
herauf aus unserm Grab in unser Leben.
Sieh in dem Feuerschein, die Nacht sich neigend
Der Lärm verstummt. Die Sonne will sich heben.
Du streifst den Handschuh von der Linken,

damit ich fühle nah und warm
die Hand mir in der meinen liegen.
An Deinem Finger sah ich blinken
den Ring, der unser Leben band. –
Und Winde brausen, Wünsche fliegen
In gute, gern betretne Zeiten,
der Abschied nicht, nicht Satzung mehr
den Weg uns voneinander zwingen.
Indes Begehrung will entschreiten
In Ungenügen, mahnt mich sanft
Dein Anblick, Dank fürs Jetzt zu bringen.

…

Helmut Gollwitzer erhielt wohl durch einen Brief, den Eva Bildt noch am 30. Januar 1944 an ihn geschrieben hatte, die Nachricht von der Ausbombung der Familie Bildt. Auf einer Kunstpostkarte mit der Abbildung des Luther-Porträts von Lucas Cranach antwortet er.

Meine liebe Liebste!   25. Februar 1944

«Kinder, Kinder, 3 Tage schon hab ich meinem Mädchen nicht ge-schrieben»! Eben stieß ich den Seufzer aus und will mich gleich bes-sern, wenn auch nur mit einer Karte. Zum Berichten bin ich noch nicht gekommen, die Tage waren zu bewegt. Ich wurde von unserem Kommando wieder zur Komp[anie] zurückgeholt, die in einem abge-legenen Dorf liegt, wo ich jetzt mit Wernich und ein paar netten Leu-ten bei schlechter Verpflegung ganz gemütlich hause; wir werden uns aber wohl bald wieder verändern. Seit Deinem Brief vom 30.1. hab ich keine Post mehr von Dir, Du kannst Dir denken, wie ich warte. Wenn Du nur mutig bleibst, unverzagt, und immer wieder dankend der Freundlichkeit, von der die heutige Losung spricht, dann danke ich Gott voll großer Erleichterung.[1]

Hast Du denn Deine Kunstkarten gerettet, Deine Steine, meine Hefte, Elisabeths [Voss] Noten? Muß Vater weiterspielen? Wo wer-det Ihr wohnen? Die Trennung ist jetzt ganz schlimm, die einzige

[1] Klagelieder 3,25: «Der HERR ist freundlich dem, der auf ihn harrt, und der Seele, die nach ihm fragt.»

Freude ist, von Dir vor dem Einschlafen zu träumen; aber wie weit treffe ich Dich damit dort, wo Du jetzt bist?

Um mich sich Sorge zu machen ist gänzlich unnötig; dadurch, daß die meisten unserer Fahrzeuge im Eimer sind, können wir nicht mehr vorne eingesetzt werden. Um K. G. hatte ich sehr Sorge, weil es da oben bei ihm ganz übel stand.[1]

Wenn Du den Luther auch nicht magst, das Bild ist doch schön und sehr bewegend! – Hast Du mich noch lieb? Ich möchte Dich sehen und Dein «Ja» hören.

Grüß die Eltern innig! Wo wohnt Gerhard jetzt?

Ganz, ganz Dein Helmut

Der erste Brief, der von Eva Bildt an Helmut Gollwitzer aus dem Jahre 1944 überliefert ist, zeigt, wie eng Tochter und Eltern weiterhin verbunden waren, auch wenn sie nicht mehr zusammenwohnten. Eva Bildt beschreibt die Begegnung mit einem – nicht identifizierbaren – Maler, der ebenfalls bei Gustaf Gründgens Zuflucht gesucht hat.

Liebster! 19. März 1944

Weil heute Sonntag ist, bekommst Du einen Brief auf blauem Briefpapier. Und zur Feier dessen, daß ich Deinen heißersehnten Brief vom 19. Februar mit dem Bericht Deiner Rückreise bekommen habe! Ich hab's nun so gemacht, daß ich die erste und letzte Seite soweit abgeschrieben habe, wie sie Berichtendes enthält, und das dann mit dem übrigen Brief nach München geschickt habe, wo ja auch der Herbert zur Zeit ist. Von dort aus kann er dann wandern.

Und ich habe ja Deine Gedichte! Ob sie mich freuen! Sie sind so eine wundervolle lebendige Nahrung für die Erinnerung – und solch beglückendes Geschenk überhaupt – habe Dank!

[1] Karl Gerhard Steck befand sich zu diesem Zeitpunkt an einem nördlichen Abschnitt der Ostfront im Einsatz, an dem die Rote Armee im Vormarsch war.

Du Liebster! Herreißen möchte ich Dich an mein Herz – heraus aus all dem Grauen! Aber an meinem Herzen wärst Du weniger geborgen, als Du es am Herzen unseres himmlischen Vaters bist, der allgegenwärtig ist und den Bedrängten am nächsten. Er nimmt, so hoffe ich fest, meine Liebe zu Dir in seine Hand und kann sie so segnen, daß sie sich nicht in kraftlosen Tränen und Bangen verströmen muß, sondern anlangt (ganz so, wie Du es schilderst, wie es war, als Du um mich Deinen Arm legtest!).

Und zur Inge gehen die Gedanken und nach München nach den neuen Angriffen – welch Leben: Wie gut, daß das «Freuet euch in dem Herrn alle Wege»[1] mit dem «Sorget nichts!»[2] über dieser Woche steht (als die Mutter es wählte, mißbilligte ich diese Stelle, weil sie kein richtiges Gebet sei – und jetzt ist sie so tröstlich!). Und die Losungen empfinde ich gerade wie Du als wunderbare Brücke der Gedanken und Quelle der Kraft.

Das Wochenende hab' ich in Zeesen zugebracht. Kam eben erst nach Hause. Den Eltern geht es viel besser, beiden. Die Mutter bedauert so, daß das Schreiben sie physisch noch so anstrengt, daß sie nur das Nötigste schreiben kann (und sie hat ja eine sehr umfangreiche Korrespondenz), sonst hättest Du schon einen langen Brief bekommen. Draußen wohnt ein junger Maler, der sich merkwürdig zu uns hingezogen fühlt, merkwürdig deshalb, weil nicht herauszubekommen ist, was ihn eigentlich anzieht. Mir scheint, daß es zumindest nicht zuletzt das in unserem Leben ist, das mit Christus zusammenhängt. Er ist ein innerlich pudeljunger, netter Kerl, offen, und seine Bilder gefallen mir sehr. Ich kenne allerdings erst zwei. Gerade kam er aus Wien, wo ihn ein singender Bettler in einer katholischen Kirche weit mehr beeindruckt hatte als das Burgtheater (das hört sich vielleicht komisch und lästerlich an – aber bei ihm ist's eine Art verschämten Bekenntnisses gewesen, das allerdings zu einer Sache besteht, der er noch ganz fragend gegenübersteht). Dann waren Horstmeyers da, die Dich herzlich grüßen lassen. Sie sind sehr aufgelebt, nachdem sie Nachricht von ihrer Tochter haben, die Zwillinge hat, na ja, und das ist ja auch schön.

Seltsam ist, wenn Du was an mir lobst: Ich freue mich – und erschrecke. Wenn Du von meinen Händen sprichst, denke ich, daß Du

[1] Philipper 4,4.
[2] Philipper 4,6.

vielleicht entsetzt wärst, wenn Du sie jetzt sähst, weil sie doch erfroren sind (aber nur so viel, daß ich bestimmt hoffe, es im Sommer wegzubekommen), und wenn von meiner Tapferkeit, weil ich denke, wie schnell ich Dich da enttäuschen könnte. «Wenn Du mich lieben mußt, so soll es nur der Liebe wegen sein», an diese Worte der Barrett-Browning muß ich dann immer denken.[1] Ich sprach sogar mit der Mutter drüber, die mich aus tiefstem Herzen tröstete, weil sie meinte, es gäbe wenige Menschen, bei denen sie so das Gefühl hätte, daß sie nicht liebten, weil … wie Dich. Ach Du mein Liebster, ich möchte mir alle Mühe geben, Dich nicht zu enttäuschen – aber es ist doch halt das große Glück, geliebt zu werden ohne Bedingung – und Deine Liebe ist eben mein Glück! – Schöne Gedichte lasen wir uns heute vor – unter anderen – Du wirst lachen – «Die Glocke» von Schiller. (Soll ich Dir was gestehen: Bei einigen Zitaten wurde mir deutlich, daß ich sie immer für von Wilhelm Busch gehalten habe!) Aber das ist ein großartiges Gedicht! Auf der Rückfahrt hatte ich ein bewegendes Bild vor mir: Ein sehr hübsches Russenmädchen mit zwei Franzosen: der eine offenbar sehr in sie verliebt. Sie konnten nicht russisch, das Mädchen aber französisch, als jedoch ein Russe ins Abteil stieg, schien sie erst eigentlich zum Leben zu erwachen und sprach viel und glücklich mit ihrem ihr fremden Landsmann, während ihr französischer Begleiter bekümmert und eifersüchtig drein sah. Als der Russe das Abteil wieder verlassen hatte, zog das Mädchen sich wieder in sich selber zurück und entgegnete dem jungen Franzosen mit einer deutlichen Verhaltenheit und Sprödigkeit. War es eine Art «Notwehr» gegen seine sehr begehrende Liebe, war es Fremdheit der Nationen? Eine Angst, aus der er ihr nicht helfen konnte? Daß sie mich von fern an Inge Schulz[2] erinnerte, machte sie mir noch lieber – ich fühlte den Turmbau zu Babel und unsere menschliche Grenze überhaupt, daß ich diesem Mädchen (sie war sehr gut angezogen für ein Russenmädchen, woraus man wohl schließen kann, daß sie hier irgendwo im Haushalt in Stellung ist und es gut hat) nicht helfen konnte.

Eben war eine Viertelstunde lang heftige Schießerei, dabei nur Luftwarnung, nicht Alarm, also nur einzelne Maschinen. Wir sind durch die lange Ruhe verwöhnt, so daß es scheußlich war; wunderbar tröstlich der Anblick des Liebsten von Frau Wölffings rumänischem

[1] Vgl. Brief von Eva Bildt vom 10. Januar 1941.
[2] Ehefrau von Gerhard Schulz.

Mädchen, der Erlaubnis hat, hier in [den] Luftschutzkeller [zu kommen], wenn er hier ist, und der weder von der Sirene, noch vom Geschieße, noch von unserem Kommen und Reden geweckt wurde! In dem Augenblick kam mir alles viel harmloser vor, und ich dachte: Du mußt dir bloß vorstellen, daß du schläfst, dann ist das alles nicht.

Wie geht es Nadja? Und ihrem Helmut? Hörst Du was von Overlack?

Ach, Liebster, und wie geht es Dir?! Gott sei mit Dir. – Er nehme Dich in seinen Schutz und führe Dich wieder heil und fröhlich an mein Herz – um einmal nicht wieder fortzumüssen!

Deine Eva

Helmut Gollwitzer sah, wie mutig und motiviert die Rote Armee kämpfte. Da er diese Beobachtung nur verschlüsselt weitergeben konnte, verband er sie mit dem «Vers von 1812, den der Führer in seiner Rede am Ende des Stalinfeldzuges zitiert» haben soll. Helmut Gollwitzer erinnerte sich hier vermutlich an die berüchtigte Sportpalastrede am 18. Februar 1943 von Goebbels, die mit den Worten endete: «Nun Volk, steh' auf, und Sturm, brich' los!» Es ist ein leicht geändertes Zitat aus dem Gedicht «Männer und Buben» von Theodor Körner von 1813. Von Hitler ist keine Rede im Zusammenhang mit der Niederlage von Stalingrad überliefert.

Geliebteste Eva!   20. März 1944

Heute bekam ich den OKW-Bericht vom 19.3. in die Hand und dachte nur mit Schrecken, wie gespannt und besorgt Du in diesen Tagen die Berichte lesen wirst. Dabei ist allzu viel Sorge wirklich unangebracht; denn das Gröbste haben wir ja nun überstanden, abschneiden kann uns Iwan nun nicht mehr, – vorerst, bis wir nach einigen Wochen oder Monaten wieder so im Schlauch drinsitzen, wie wirs nun ja schon 3× durchexerziert haben. Zigeunerhaft ist unser Leben freilich immer noch, und deswegen ist mein eigener Zustand z. Z. ziemlich unerfreulich. Meine noch nicht überstandene Grippe macht mich den Widrigkeiten der Situation zu unterlegen, daß ich verdrossen herumlaufe und alles mir zum Hals heraushängt, statt «mit Danksagung» zu leben, wie es unser Wochengebet sagt, wo ich doch für so wunderbare Bewahrung zu danken habe. Aber es tut mir schon gut, es Dir zu klagen; vielleicht bessert sichs dann ein wenig.

Du siehst, Du kannst beruhigt sein, solange ich nicht größere Gründe zum Jammern habe. – Wir haben alle kräftig Sehnsucht nach Ruhe; da bekommst Du dann ausführlich zu hören. Was ich in der letzten Woche gesehen habe, war so, daß mir der Vers von 1812, den der Führer in seiner Rede am Ende des Stalinfeldzuges zitiert hat, nicht aus dem Sinne kommt.

Jetzt ziehen wir langsam von Ort zu Ort unseren Brückenkopf entlang und haben viel Arbeit.

Gott schütze Dich und die Eltern! Innigst küßt Dich und ist bei Dir

Dein Helmut

Wenn Du mir was schicken willst und kannst: bitte *Senf* und ein paar deutsche Briefmarken.

Neben dem Furchtbaren, das sie erlebte, versuchte Eva Bildt immer wieder, auch die schönen Dinge ihres Alltags wahrzunehmen und Helmut Gollwitzer durch ihre Briefe daran teilhaben zu lassen. Beim Frühlingsanfang denkt sie an das Paradies und erwähnt hier eine Anekdote des Theologen Karl Barth: Er nahm an, daß es sich bei dem Apfel in der biblischen Geschichte vom Sündenfall um eine Tomate – auch als Paradeiser bekannt – gehandelt habe. Diese Einsicht habe er als Kind gewonnen, als er in Erwartung, etwas Süßes zu schmecken, in eine Tomate gebissen habe und sie dann enttäuschend bitter fand.[1]

Mein Geliebter!   Frühlingsanfang [20. März] 1944

Frühlingsanfang! Da waren Adam und Eva bestimmt nicht getrennt, und wenn das blöde Weib nicht die Tomate (nach Karl Barth) gefres-

---

[1] Nach einer Auskunft von Hinrich Stoevesandt übermittelt von Hans-Anton Drewes, Karl-Barth-Archiv, Basel, am 28. März 2008.

sen hätte, wären noch heute am Frühlingsanfang bestimmt alle Liebenden beisammen. Aber sie hat sie halt gefressen, und das ist ein Schaden, bei dem kein Nutzen mehr dabei ist.

Im übrigen lag hier heute früh dicker Schnee, den allerdings die besuchsweise erscheinende Sonne weggeleckt hat. Ach Liebster Du – da rede ich so daher, und dahinter steckt ein Knäuel von Sorge und Sehnsucht und Liebe. Neben dem Foto von Dir, das neben meinem Bett steht (ach, ich habe ein Bett – jedes Mal, wenn ich mich hineinlege, denke ich, wo Du wohl schlafen mußt, ob Du schlafen darfst … Und die Lösung wäre doch so einfach …!), steht ein winziges, rührendes Blumensträußchen, das ich gestern geschenkt bekam: die ersten Himmels-Schlüssel, Primeln und Schneeglöckchen – könntest Du Dich mit mir daran freuen! Und heute gehe ich zu einem Vortrag von Dr. Hackel über den «Großinquisitor»[1] und dann (der Vortrag ist um 12 ½ h, damit der Vater dabei sein kann) zur 100. Aufführung vom «Parasiten».[2] Und alles Schöne erlebe ich doch für Dich mit! Gott erfülle Dich mit Vertrauen und Mut und segne alle Deine Wege: daß wir Ihn errettet fröhlich loben können!

Sei innig geküßt

von Deiner Eva

Von Lettowsky, der eben anrief, soll ich Dich herzlich grüßen. Seiner Frau ginge es «unerträglich und besorgniserregend» – das «Auseinanderleben sei halt unvermeidlich» – ich bin sehr bewegt davon! «Man kann nicht mehr leben, wenn man nicht mehr mag.» – Warum habe ich es so gut?!!

In einem zweiteiligen Brief beschreibt Helmut Gollwitzer zunächst, wie er sich mit einem schönen Tagtraum von den Strapazen des Frontalltags ablenkte: Gemeinsam mit Eva in der Schweiz, treffen sie sich mit seinen Freunden – Karl Barth und Umkreis – und Evas Freunden – den exilierten Schauspielern in Zürich. Er verschweigt allerdings auch nicht, daß ihn die körperliche Schwäche bei einer fiebrigen Erkrankung jede Hoffnung auf ein Wiedersehen mit seiner Geliebten

---

[1] Fjodor M. Dostojewskij: Der Großinquisitor.
[2] Vgl. Brief von Eva Bildt vom 2. Dezember 1942.

genommen und er Bilder von langer Kriegsgefangenschaft in Sibirien
vor sich gesehen hat. Es sind dies Vorstellungen, die nach Ende des
Krieges für ihn Wirklichkeit werden sollten.

Meine Liebste!   30. März 1944

Die «Akten des Vogelsangs», die ich anfangs – wie oft geht mir das
bei Raabe so! – gar nicht recht verstehen und ästimieren konnte und
die ich jetzt so hingegeben und nachdenklich lese, lege ich endlich aus
der Hand, um am Abend dieses arbeitsamen Tages noch ein wenig zu
Dir hin zu plaudern. Fertig werden wird dieser Brief heute zwar noch
weniger, als je einer an Dich «fertig» geworden ist; sie sind ja alle nur
Bruchstücke und enthalten nur eine Auswahl von dem, was ich Dir
alles zu schreiben habe. Und wenn ich den Schluß-Kuß notiert habe,
dann gehen sie ungeschrieben, leider, noch lange weiter und lassen
mich umso mehr nach dem ehelichen Beieinander seufzen, wo es so
ein häßliches Abbrechen nur ausnahmsweise gibt und die Mitteilung
von einem Tag zum anderen weitergeht. Irgendjemand hat einmal gesagt, das richtige Eheleben fange erst an, wenn man sich nichts mehr
zu sagen habe, aber mindestens für uns wird das nicht stimmen; wir
werden uns immer was zu sagen haben, Gutes und Wesentliches. Es
wird nie abreißen, und wir werden daran erproben, daß es wirklich
nicht gut ist, daß der Mensch allein sei, – wie ich es ja hier leider Gottes doch ganz bin.

Nach einem Marsch von 66 km in bitterem, eisigem Gegenwind
durch menschenleere Steppe bei Nacht und Tag mit einigem Herum-
irren auf falschen Wegen und schließlich eiligem Aufbau meines
H.V.Pl. [Hauptverbandsplatzes] kam gestern Abend, als ich endlich
zum dritten Mal, immer wieder gestört, in totenähnlichen Schlaf gefallen war, die Nachricht, daß ich am nächsten Morgen in aller Früh
mit einem anderen Kameraden (dem netten «Revierbullen»-Schrei-
ber des Krankenreviers der Komp[anie] Otto Koch) und einem Feldwebel weiter müßte als «Vorkommando», um in einem neuen Ort
einen großen H.V.Pl. vorzubereiten. Zum Glück konnten wir mit
einem Krankenwagen fahren, was für uns arme Entmotorisierte ja ein
ganz ungewohntes Ereignis geworden ist, und hatten dann den ganzen Tag mit Quartiersuche, Verhandlungen und Einrichten reichlich
zu tun. Aber das macht jetzt ja nichts mehr, weil ich nun endlich wie-

der fest auf meinen zwei Beinen stehe. In Nikolajew kam die große Wende: An einem Abend war ich im Ope[rationssaal] richtiggehend umgekippt, aber erst kurz vor der Ablösung, dann konnten wir endlich einmal 5 Stunden ununterbrochen schlafen – und ich war wieder gesund! Ich kann Dir nicht sagen, welche Wonne das war, sich auf einmal wieder im Besitz all seiner Lebensgeister zu fühlen, vor allem dann beim Marschieren nicht mehr nur in verdrossener Dumpfheit sich weiterzuschleppen mit einem Brett vor dem Kopf, das keinen guten Gedanken mehr hineinließ, sondern wie früher bei den anstrengenden und mir so genußreichen Infanteriemärschen mit klarstem Kopf und heiterem Gemüt an die verschiedensten schönen Dinge denken und allerlei Gutes sich ausmalen zu können. In meine Decke zum Schutz gegen den Wind eingehüllt, träumte ich mir diesmal behaglich und ausführlich, ich hätte plötzlich das Glück, in die Stadt von Carolus [Karl Barth] zu kommen und vier Wochen dort und in jenem ganzen geliebten Land die Freunde zu besuchen, ihnen zu erzählen, mit ihnen zu sprechen und Dich ihnen und sie Dir zeigen zu können, um schließlich bei Deinen dortigen Freunden im Theater zu landen. An nichts kannst Du besser sehen, daß ich nun wieder ganz «da» bin. Denn bisher auf diesem scheußlichen Rückzug ließ mein blödes wolhynisches Fieber keine guten Träume mehr hochkommen; es ließ nur den Zweifel, ob ich Dich denn jemals wieder sehen dürfte, statt in Sibirien ein langes Sklavenleben zu führen, so groß werden, daß er jedem Gedanken an Dich und die Heimat die Kraft nahm und nur den Ausweg in stumpfe Gedankenlosigkeit offen ließ. Iucundi labores acti, – angenehm sind überstandene Mühen, – ich bin um ein eindrückliches Erlebnis reicher. Rußland hat kräftig nach mir gegriffen, und daß ichs überstanden habe, ohne mich einmal krank zu melden oder erschöpft unsere Fahrzeuge durch Aufsitzen noch mehr zu belasten, fügt sich als ein kleiner kindlicher Stolz noch an.

Oft und oft priesen wir auf den letzten kalten, windigen und regnerischen Märschen eine warme Panjebude[1] als Gipfel alles irdischen Glücks. Nun sitzen wir zu dritt in einer, lesen still beim Kerzenschimmer, vor uns eine lange ruhige Nacht und die Hoffnung, daß die Komp[anie] erst in ein paar Tagen uns nachrücken und möglichst lange uns ungeschoren lassen möchte. Die Manka hat uns einen relativ guten Kaffee gebraut, wir sind satt und finden das Leben wieder

---

[1] Pferdestall.

ganz angenehm. Nur die Läuse zwicken mich so, daß ich jetzt mich von Dir zu ihnen wenden und einigen den Garaus machen muß. Bleiben wir morgen wirklich ungestört, dann beginne ich mit dem Erlebnisbericht, der ganz spannend zu werden verspricht. Jetzt entlaß' mich und erfahre nur noch rasch, daß ich Dich so lieb habe, wie es auf diesem Blatt und vielen anderen zu sagen gar keinen Platz gibt. Deshalb sag ich Dir s mit einem Kuß über alle Kilometer hinweg!

Dein Helmut

31. März 1944

Wir hatten uns auf eine Wiederholung des gestrigen gemütlichen Abends heute Abend gefreut, – aber es wäre ja einmalig gewesen, wenn eine solche Hoffnung nicht enttäuscht worden wäre. So kam dann auch alles anders: Die Komp[anie] rückte statt morgen schon heute an, in aller Eile mußten die letzten Vorbereitungen getroffen werden, während des Einrichtens kamen schon die neuen Verwundeten, und nun haben wir eine halbe Nacht Ope[rationssaal] hinter uns und hoffen, die nächsten Stunden etwas schlafen zu können. Ein Kamerad kommt als Kranker zurück; der soll diesen Brief mitnehmen.

Ich schlafe, wie üblich, Seite an Seite mit Herbert Wernich und habe als Hauptlebensinhalt wieder mal das Essen gewählt; alles staunt, was bei mir nur bliebe, und doch habe ich ständig Hunger. Dabei möchte ich Dir wohl gern etwas von den Genüssen an Fleisch abgeben, mit denen wir uns hier laben.

Mit Hanßler ist das Verhältnis so gut, wie es nur sein kann. Der Arme war noch kränker und deprimierter als ich und wurde dadurch so ungewöhnlich sanft, daß er richtig franziskanisch wirkt.

Was wäre nicht alles zu erzählen! Halte den Daumen, daß morgen mehr Zeit dazu ist!

Heute kam Dein Brief – Post!!! – vom 3. 3. und Dein Lebenszeichen vom 25. 3. Gott sei Lob und Dank! Wie mag aber Wölffings Haus aussehen? Du hattest eine Andeutung von Heimat dort wiedergefunden, ist das vorbei? Grüß Frau W[ölffing] und die Eltern.

Geliebteste, ich bin ganz bei Dir! 1000 + 1 Küsse!

Dein Helmut

Das Wochenende bei den Eltern in Zeesen war für Eva Bildt eine stär-
kende Verschnaufpause. Neben der immer weiter um sich greifenden
äußeren Not belastete sie ein Briefwechsel, den sie mit der Schwägerin
Gerda Gollwitzer führte und in dem diese ihre angeblich zu geringe
Mitarbeit in der Kirchengemeinde bemängelte. Unter der wenig ein-
fühlsamen Zurechtweisung litt Eva Bildt sehr. Sie ließ sich zu einer
Verteidigung hinreißen und schickte den Briefwechsel ihrem Verlob-
ten zur Kenntnis.

2. April 1944

Mein Geliebter – vom schönen Schreibtisch in Zeesen kommt dieser
Brief; mein Hauptgenuß hier ist immer das Waschen, einschließlich
Haare waschen, und das Schreiben an diesem breiten Tisch, ohne zu
frieren, bei offenem Fenster mit Blick auf den See (die Empfindung,
die dabei aufsteigt, ist immer die: Also, *so* fühlte sich das Leben an, als
Frieden war?).

Und nun erst Dir Dank für das erneute Päckchen! Daß Du mit
Schokolade in Krieg, Frieden und jeglicher Situation mein Herz zum
Jubeln bringst, weißt Du ja wohl, aber wie Du erraten hast, daß sowohl Seife als auch Vaseline im Augenblick eine ausgesprochene Ret-
tung und Steigerung des Lebensgefühls sind – das ist schon phantastisch! Nach dem ersten Waschen mit der guten Seife kam seit dem
letzten Angriff erstmalig die Grundfarbe meiner Hände zum Durch-
bruch, und die erfrorenen kleinen Finger bedanken sich jeder einzeln
für den Cold-Cream. Von allem nahm ich den nicht weniger begei-
sterten Eltern mit; den Traubenzucker gab ich zum größeren Teil dem
Vater, weil der's am nötigsten hat. Und Tee! Trotz meiner Seligkeit
über das allabendliche Glas Wein hält Tee die Konkurrenz aus – und
während ich meinen Freund Achi [Kiehne] mit meinen Bohnenkaf-
feerationen beglücke, gehört Tee zu den wenigen Dingen, für die ich
verstehen kann, daß man Geld ausgibt. Du hast's also wieder mal
ganz getroffen!

Dienstag wird Elsie in Berlin erwartet, auch Gertrud wollte Anfang April kommen – es wäre schon wunderschön, wenn wir drei mal
wieder zusammensäßen, und ich könnte mit den beiden dann auch
gut die Frage etwaiger Arbeit in der Gemeinde klären. Von Karl Gerhard war die letzte Nachricht vom 6.3. – aber bei wem ist es weniger

berechtigt, sich zu sorgen, bei wem mehr? Wenn man sich nicht verbietet, mit den Gedanken sich in die Grauenssituationen zu versetzen, von denen man hört und die man erahnt, dann kann man nicht weiter. Es geht nur im Wahrnehmen der Stunde und dessen, was gerade vor einem liegt. Sowohl die Eltern als auch ich bekamen in der letzten Zeit Briefe, die nicht nur an Schönheit und Liebe, sondern auch an positiver Lebenskraft ein Beweis dafür sind, wie Gott Licht *im* Dunkeln entzündet. Die sehr tröstlichen Losungen inmitten der erschreckenden Bibellesetexte Markus 14 …[1]

Zu dem Brief an die Gerda muß ich Dir noch sagen, *wie* schwer er mir wurde, weil ich einerseits ihr gegenüber etwas erklären mußte, wovon ich genau weiß, daß es vor Gott ein Dreck ist. Verstehst Du, was ich meine? Ach, hoffentlich verstehst Du mich! Die Mutti fand das Foto von uns, das ich Dir geschickt habe, sehr gut. – Das freut mich, weil ich nun hoffe, daß Du auch Freude dran hattest. Wo magst Du diesen Sonntag verleben und wie? Gott behüte Dich!
In inniger Liebe mit vielen Urlaubsküssen

Deine Eva

Am 10. April 1944 räumte die Wehrmacht Odessa und zog sich an den Dnjestr zurück. «Wir leben noch, und es winkt der Weg ins Freie! Rußland den Russen!» schrieb Helmut Gollwitzer erleichtert, als er mit seiner Kompanie nur knapp der Gefangennahme durch die Rote Armee entgangen war.

Meine Liebste, Liebste, Liebste!   12. April 1944

Was magst Du für Sorgen gehabt haben in diesen postlosen Tagen, bloß auf den OKW-Bericht angewiesen! Jetzt kann ich Dir ein Lebenszeichen geben durch einen unserer Offiz[iere], der einen Splitter von den Fliegern abgekriegt hat.

---

[1] Markus 14: Abendmahl mit den 12 Jüngern, Gefangennahme Christi im Garten Gethsemane, Christus vor dem Hohen Priester und Verrat des Petrus.

Mir geht es gut, abgesehen von einem alles andere übertreffenden Schlafbedürfnis. Im übrigen sei unbesorgt. Der Ring um uns ist wieder offen, wir türmen auch rechtzeitig, – in wenigen Tagen werden wir rumänisch zu lernen anfangen! – Es war scheußlich anstrengend, wir sind unausgeschlafen und verdreckt und abgehetzt, aber wir leben noch, und es winkt der Weg ins Freie! Rußland den Russen!

Beiliegenden Brief brachte ich kürzlich nicht mehr weg, als wir schon wieder plötzlich stiften gehen mußten.[1]

Und keine Post, nichts wissen von Dir und Euch allen! Kein Osterbrief von Dir, keiner an Dich von mir! Aber ich konnte eine kleine Osterfeier halten, mitten im Tumult; das konnte der Teufel nicht verhindern, und es hat uns allen viel bedeutet.

Innigst küsse ich Dich, und soweit mir Kraft zum Denken noch bleibt, denke ich mit ganzer Liebe an Dich. Grüß die Eltern! Behalt mich lieb!

Dein Helmut

Wieder mußte Eva Bildt lange ohne Nachrichten bleiben. In der quälenden Wartezeit wuchsen die Sorgen und Ängste um den Geliebten fast ins Unerträgliche. Außerdem gab es eine erschreckende Nachricht über die inhaftierte Hildegard Schaeder: Sie war seit dem Frühjahr 1944 als politischer Häftling mit dem roten Winkel im Frauen-Konzentrationslager Ravensbrück, nachdem sie wegen «Begünstigung flüchtiger Juden» verurteilt worden war. Gegen Melanie Steinmetz und Helene Jacobs waren mit «Verbrechen gegen die Kriegswirtschaftsordnung» und «Beihilfe zur Urkundenfälschung» weniger schwerwiegende Anklagen erhoben worden, die bei beiden Frauen zu Gefängnis- und Zuchthausstrafen führten.

Eva Bildt beendete ihren Brief mit Bemerkungen zu einem Rezitationsabend, den ein Freund für sie arrangieren wollte. Aus der Reichsmusikkammer war sie als «jüdischer Mischling» bereits 1935 ausgeschlossen und ihre Sondergenehmigung der Reichstheaterkammer für Rezitation war 1939 zurückgenommen worden. Daß es 1944 zu einem offiziellen Auftritt kam, ist deshalb wenig wahrscheinlich.

[1] Es handelt sich um den Brief vom 30./31. März 1944.

Helmut, mein geliebter Liebster! 14. April 1944

Mein letzter Brief vom 20. März von Dir sagt mir, daß Du gnädig über einen Fluß gekommen bist – und nun warte ich auf die Nachricht, daß Du über den nächsten heil hinübergelandet seist. Mein Herz ist so randvoll, daß es keine Worte finden kann. Aber Du weißt schon, was es erfüllt. «Mache von Deiner Losung Gebrauch», schrieb mir Käthe Himmelreich aus Prag und meinte die Jahreslosung, die ich im Singkreis gezogen habe: «Ich habe dein Gebet und Flehen gehört, das du vor mir gefleht hast, und habe dies Haus geheiligt, und meine Augen und mein Herz sollen da sein allewege.»[1] Aber das wage ich kaum – und doch: Davon lebe ich ja. Weißt Du, immer wieder empfinde ich es fast als größtes Geschenk Christi, daß durch die Sündenvergebung jeden Augenblick ein neues Leben möglich wird, da möchte ich dann nur immer auch in meinen «neuen» Briefen zu Dir kommen. «Gewaschen im Blute des Lammes»[2] – was sind das alles für unerhörte Dinge. Ob Du noch eine Bibel hast, Losungen, einen Kameraden, der mit Dir betet? Ach Helmut – und wenn das alles nicht wäre: Christus ist doch bei Dir – möge Dir das immer gewiß, immer gewisser werden dürfen.

Von Helene und Melanie kamen sehr gute Berichte – das ist doch auch ein Stück Gottesrealität; Hildegard hat wohl einen ganz schweren Weg – aber bei ihr kann man wohl nur sagen: Sie darf. In den Passionstagen habe ich wieder und wieder an sie gedacht – irgendwie habe ich das Gefühl, wir verspielten großen Segen, wenn wir uns nicht im Gebet mit ihr zu vereinen suchen.

Was gibt's zu erzählen? Ach, die schöne Geschichte von der wiedergefundenen Aktenmappe. Eine rührende Geschichte, hohes Lied auf den deutschen Beamten, und Spitzweg stand Pate. In Spandau-Hauptbahnhof war sie also abgegeben, worden und von dort hatte man das Theater benachrichtigt. Ich fuhr hin: ein lang aufgeschossener junger Beamter mit großen kindlichen braunen Augen, die noch größer wurden der Tochter von Paul Bildt gegenüber. Strahlend,

---

[1] 1. Könige 9,3.
[2] Offenbarung 7,14.

stolz, redlich. «Bitte sagen Sie Ihrem Herrn Vater, daß die Brote nicht mehr drin sind … wir haben nämlich Befehl, alles Eßbare herauszunehmen.» Na, ich beruhigte ihn; er winkte einem ganz jungen Russenjungen, instruierte ihn: «Stellwerk oder Chef im Garten» – und da im Stellwerk niemand war, wurde ich zu «Chef im Garten» geführt. Ein winziges Schrebergärtchen am Bahngeleise. Chef in Hemdsärmeln, die Mütze auf, Holzpantinen und rührend gutmütiges Gesicht, setzte Zwiebeln. Ich sprach ihm mein Bedauern aus, ihn in dieser schönen Beschäftigung stören zu müssen, und sagte ihm mein Anliegen. Er sah mich freundlich an, besah dann seufzend seine Füße, von denen er die Pantoffeln streifte, worauf ziemlich große Löcher in den Strümpfen zu Tage traten, und beschloß, mir zu folgen, nachdem er sich umgezogen hatte. Ich wartete vorm Stellwerk, bis er kam. 3 Meldebogen wurden ausgefüllt, Kennkarte vorgezeigt [und] dann brachte mein Langaufgeschossener – mit schneidigem «Heil Hitler» und der Frage und Antwort zwischen dem Chef und ihm: «Was besonderes vorgekommen?» «Keine besonderen Vorkommnisse, Herr Bahnhofsvorsteher» (oder so ähnlich) – Vatis Mappe. Und ich zog mit ihr ab zum Vati ins Theater, wo alle Kollegen mich mit solchem Hallo begrüßten, als hätte ich den Krieg gewonnen.

Zweieinhalb Monate ist der Urlaub her. Schon? Erst? – Die Hansabrücke – – Wie aber sollten wir zweifeln, daß Gott es besser weiß als wir? «Kein Haar fällt von unseren Häuptern …» – und «Gott ist Liebe».

Gestern fragte Paul Hermann, ob er mich nicht für einen Tönabend von der Reichsmusikkammer aus einsetzen könne?! Schön wär's ja. Aber ein Brief von Dir ist schöner als ein Tönabend zur Zeit.

Ich bin Deine Eva

Von Helmut Gollwitzers Schwester Gerda handelte sich Eva Bildt erneut einen Rüffel ein: Sie hätte ihm nichts von dem Konflikt schreiben sollen. Aber sie war seine Frau und bestand darauf, ihm alles, was sie bewegte, mitteilen zu dürfen. Die besondere Situation – wegen der NS-Rassengesetze nicht heiraten zu dürfen – verunsicherte Eva Bildt immer wieder und ließ sie daran zweifeln, die richtige Partnerin für Helmut Gollwitzer zu sein.

Mein Helmut, Du geliebter Liebster!

Ach, könnte ich Dir, könnte ich Dir all das Gute schicken, das mir
dieser Sonntag heute schon geschenkt hat! Eine ungestörte Nacht
(wie lange wirst Du das nicht kennen – aber ich bin auch jeden Abend
bewußt dankbar für mein weiches Bett). Aufwachen in dem Gefühl:
Es ist Sonntag – d. h. statt ¾ 7 um ½ 9 aufstehen – Fenster aufmachen:
die warme, weiche, schmeichelnde Frühlingsluft – man möchte sich
dem Leben in die Arme schmiegen und ihm sagen: Gut bist du, gut,
laß mich dich leben! Ein Blick nach Post (es war keine da – die von
Dir geht ja sowieso ans Theater, also war's kein besonderer Schmerz)
und in der Zeitung, die da war, ein Aribert Wäscher Gedicht, das ich
wunderschön finde und das Du gleich haben sollst.

Abend

Du bist nicht da, und ich, ich bin nicht ich;
Wie wenig wäre es, uns zu vertauschen.
Es muß mein Blut mit deinem innerlich,
Nun da der Tag, der blendende, verblich,
Tief in dem gleichen dunklen Strombett rauschen.
[...]
Schon naht die große Heimlichkeit der Nacht
Und bringt die Lösung aus vermeinter Ferne.
Schon nimmt ein Schlaf mit zärtlichem Bedacht
Uns gnädig auf zu ungeheurer Macht -
Darüber aber schimmern alle Sterne.

Ich finde es wunderschön. Dann ging ich nach sonntäglichem Früh-
stück mit Kuchen (ach Helmut – kannst Du das lesen – Liebster Du!)
mit Elsie spazieren – ich kann Dir gar nicht sagen, *was* sie mir geholfen hat. Ich bin seit einer Woche wieder frei, so an Dich zu schreiben,
wie ich fühle. Ich habe es immer versucht, es wieder richtig zu kriegen durch die Erinnerung an den Urlaub – aber der war so vom Himmel, daß ich nur weiß: Es war vollkommen. Aber es wieder in der
Erinnerung herstellen, das gelingt nicht: daß Du mich so lieb hast,
wie wir es da erfahren haben – o ich bin ein Schaf. Aber auch diese

Erkenntnis führt nicht sehr weit. Jedenfalls war diese Woche, in der der Konflikt mit Gerda und Inge ganz bestimmend war und scheußlicher als sämtliche Terrorangriffe, hoffe ich, nun nicht vergebens. Ich weiß, wie viel ich falsch verstand, aber vor allem falsch gemacht habe: mit meiner Offenheit, die von Natur größer ist als die zwischen Euch Geschwistern. Bei aller Vertrautheit habe ich zu stürmisch versucht, in der Familie einen «gleichberechtigten» Platz zu kriegen – der von Natur aus nicht erobert werden kann. Und daraus kamen von Seiten der Familie ein Eindringen in meine Lebensgestaltung, die mich ganz anders treffen mußte als Euch, wenn Ihr Euch untereinander korrigiert. Denn Ihr tut das auf der Basis unumstößlicher Liebe, des Euch von Beginn-Kennens, der Verwandtschaft der natürlichen Voraussetzungen und eben jenes doch für Euch-Behaltens – dadurch wirkt es anders. Gerda schrieb, ob ich mir überlegt hätte, was ich damit täte, daß ich Dir in Deiner jetzige Situation ihren und meinen Brief geschickt hätte. Es sei jetzt wohl nur wichtig, Dich unserer Gebete zu versichern, und nicht, Dich mit unseren diesseitigen ungelösten Fragen zu belasten. Zuerst traf mich das wirklich wie ein Keulenschlag, daß sie mir das jetzt schrieb – aber jetzt weiß ich wieder: Wir, Du und ich, das sind wir. Gegenseitig lassen wir uns völlig teilhaben an den Dingen, die unsere innere Existenz betreffen (wie glücklich bin ich – trotz des Schweren – daß Du in Deinem letzten Brief, den ich habe, vom 20. 3. schriebst: daß Du mir deinen Kummer klagen kannst, das erleichtere Dich). Es war wieder *mein* Fehler, daß ich Gerda schrieb, daß ich Dir den Brief schickte. Denn das sind Dinge, die nur dich und mich angehen. Ach Liebster, *wie* froh ich bin, wieder getrost zu sein, daß wir einander geschenkt sind und ich nicht Dein Unglück. Und ich hoffe nun fest, daß nun auch alles Gute zwischen Deiner herrlichen Familie und mir wieder fruchtbar wird. Schwägerin sein ist nicht weniger schön als Schwester sein – aber es ist und bleibt eben ein bißchen was anderes – mit seinen besonderen Grenzen.

Liebster Du – Du hast eine dumme Frau, aber es ist immerhin Deine Frau. Daß ich darüber wieder froh sein kann, ohne zu denken, daß das sträflicher Egoismus ist! Nun kann ich mich erst richtig über den Frühling freuen (ganz richtig erst, wenn ich von Dir Post haben werde!). Die DAZ [Deutsche Allgemeine Zeitung] schildert heute ziemlich ausführlich die Bergungen auf der Krim und am untersten Dnjestr – wann, wann wird mal nicht mehr die scheußliche Situation sein, daß man – einen Brief in der Hand, fragen muß: Und jetzt? Aber noch viel wichtiger ist es ja – ob Dein Herz fest ist im täglichen Erfahren der Realität all dessen, was wir glauben. Ob Dir das, was Du im geliebten Weihnachtsbrief schriebst, unumstößliche Gewißheit blieb. Gott schenke es! Und meine Liebe möge Dich ein bißchen froh machen! Du bist mein ganzes Glück auf dieser schönen schrecklichen Erde!

Und ich bin

Deine Eva

Nachher geh ich rüber ins Pfarrhaus, mit Mochs [Mochalskis], Elsie, Träubchen [Hellmut Traub] und Jan [Niemöller] Gesellschaftsspiele spielen – und abends Singkreis.

Auch 1944 war Helmut Gollwitzer noch Gemeindepfarrer. Er schrieb für eine langjährige Freundin, Berta Siebeck, eine Traurede. Anfang Mai kam seine Predigt rechtzeitig vor ihrer Hochzeit an: «Laß Dir nun noch besonders dankbar sagen, wie sehr ich Deine lautere Mitfreude empfungen habe, wo Du selbst noch so weit von der Erfüllung Deines Bundes mit Eva stehst! Das hat mich sehr bewegt, und ich habe mir Euer Schicksal vorgehalten ...»

Meine liebste Liebste! 24. April 1944

Ein Bombengeschädigter fährt morgen in Sonderurlaub und nimmt diesen Brief mit. Die Urlaubssperre selbst ist noch nicht aufgehoben, – eine bittere Verzögerung! Er nimmt auch ein Paket für Wernich mit, aus dem Du dann von Witten aus etwas Tee, Schokolade, Dextro-Energen und ein Päckchen alte Briefe bekommen wirst; von dem Dextro-Energen schick dann bitte auch ein bißchen nach München.

Gestern kam ein Brief von Dir, vom Sonntag Quasimodogeniti [16. April 1944], mit dem liebenswerten Wäschergedicht und rätselhaften Worten über eine «Konflikt» zwischen Dir und Gerda – Inge, mir unverständlich, weil da offenbar noch Zwischenbriefe ausstehen. Vorerst kann ich dazu nur sagen, daß ich Dich wie immer bitte, mir *alles* zu schreiben (schon, wenn ich lese, daß Du schon geschriebene

Briefe zerrissen hast, wird mir ungemütlich), ohne Rücksicht auf meine vermutliche Situation; denn 1. kann sich die bis zur Ankunft des Briefes schon wieder sehr geändert haben, wie z. B. eben jetzt, und 2. lebt man auch in dunklen Lagen mit seinem größeren Ich ganz in der Heimat und möchte an *allem* teilnehmen, auch am Schwierigen. Du hast also darin sicher nicht unrecht getan. Nun bin ich nur neugierig, worum es sich eigentlich gehandelt hat.

Hier ist alles ruhig; ich schreibe gerade an der Traurede für Berta, dann bekommst Du wieder einen richtigen Brief. Inzwischen küß ich Dich zur Nacht und gleich auch einer für morgen früh!

Ganz Dein Helmut

Noch bot das Theater Eva Bildt eine willkommene Ablenkung vom Bombenalltag in Berlin. Nach der Bekräftigung des «totalen Krieges» im Juli 1944 wurden im Herbst sämtliche Bühnen- und Konzerthäuser geschlossen.

Mein lieber, liebster, allerliebster Helmut!   30. April 1944

Ungeachtet der vorüberspazierenden Menschheit sitze ich der Länge nach auf dem zum Glück breiten Fensterbrett, dieweil mich auf diese Weise die Sonne am schönsten bescheint. Du siehst daraus erstens, daß es mich, und zweitens, daß es ein Wölffingsches Fensterbrett – sogar mit Fensterscheibe darin – noch gibt. Rund heraus: Wir blieben gestern heil, Zeesen büßte 2 Fensterscheiben ein, Lilje blieb ebenfalls verschont – viel Grund, froh und dankbar zu sein. Denn der Angriff war schwer, und in Lichterfelde-West (Richtung Li[chterfelde]-Ost) und Zehlendorf war Brand an Brand. Ich war bei Pfarrer Hildebrand im Keller, die Biester brummten unverschämt über unseren armen Häuptern, und einmal schaukelten wir wie bei Windstärke 11 (das ist doch doll, nich?).[1] Die meisten Leute finden die Nachtangriffe grauslicher, aber da ist alles: die Rauchschwaden, der rote Schein, der Feuersturm irgendwie wie ein Ausbruch aus der geheimnisbeladenen

---

[1] Walther Hildebrand (1892–1975) war Pfarrer der Martin-Luther-Gemeinde in Berlin-Lichterfelde und nach 1945 Superintendent in Berlin-Schlachtensee.

Nacht – ich finde am Tag den Irrsinn viel offenbarer: Da ist heiterster Frühling um Dich, Farben, Düfte, Musik zum Jubeln und Tanzen – – und da mittendrin der Qualm und das Feuer und die Zerstörung, und wenn die Menschen von der Arbeit kommen, stehen sie vor dem Nichts – es ist gar nicht zu begreifen, teuflisch und widersinnig. Die Theater haben für 3 Tage geschlossen, was mich für den Vater freut. Ich konnte heute nicht rausfahren, weil viele Strecken noch gestört sind und ich Singkreis habe – aber ich genieße den ruhigen Vormittag mit Briefe schreiben und für morgen vorbereiten sehr. Morgen muß ich bei L[ilje] arbeiten, weil er dann wieder länger reist.

Helmut Liebster, so viel wäre zu erzählen, so viel möchte ich mit Dir gemeinsam leben und erleben. Schön war es gestern mit Elisabeth, der Selb wunderbar gut tut (sie lebt dort zwar fast noch gesteigert: von Begegnung zu Begegnung, von Höhepunkt zu Höhepunkt, aber so umgeben von natürlichen und gewachsen bürgerlichen Ordnungen und der Stille des Alleinlebens, daß alles ausgeglichen ist).[1]

Das Franziskusbuch bewegt mich sehr, am meisten die Führungen seiner Brüder, die ihm folgen, welche überwältigende Fülle, welch Chor verschiedenster Stimmen.[2] Wie reich ist Gott: Es gibt keine Natur, die er nicht gebrauchen könnte zum Lobe seiner Herrlichkeit, und sein «Siehe, ich mache alles neu!»[3] heißt nicht, daß er irgendwie normt oder zerstört, sondern er richtet den Willen auf sich und macht sich so den Menschen zu seinem Dienste fähig. Der schlichte Vers von Claudius: «Zerbrich den Kopf dir nicht so sehr, Zerbrich den Willen, das ist mehr» geht mir sehr nach.[4] – Aber das eigentlich Franziskanische, die Braut und Herrin Armut als Nachfolge Christi, zwingt zwar zu großer Ehrfurcht, ist mir aber immer noch nicht aufgegangen. Gern spräche ich mit Dir mal darüber.

Und dann möchte ich mit Dir ins «Wintermärchen»[5] gehen, im Deutschen Theater ist eine Aufführung von meinem Lieblingsstück mit der Dorsch und Balser und Seyferth, die bezaubernd sein soll.

---

[1] Elisabeth Voss war als Mitarbeiterin der Staatlichen Porzellan-Manufaktur Berlin nach der Zerstörung im November 1943 mit nach Selb versetzt worden.

[2] Publikation über Franz von Assisi (1181/1182–1226), den Gründer des der Armut verpflichteten Franziskanerordens.

[3] Offenbarung 21,5.

[4] Aus «Ein gülden ABC» von Matthias Claudius.

[5] Komödie von William Shakespeare.

Dies geliebte Stück! Am Mittwoch bin ich bei der Schauspielerin [Martha Ziegler] eingeladen (ich weiß nicht, ob ich Dir von ihr schrieb), die zu Lilje kam, weil sie meinte, sie wolle vom Theater gehen und Gemeindearbeit tun. Lilje schickte sie wegen größerer Zuständigkeit zu mir, und nun gehe ich Mittwoch hin. Eine Frau über vierzig, als hochbegabt bekannt (wenn sie auch nur kleinere Rollen spielt – aber das liegt in ihrem Typ). In einem ersten Gespräch tat ich eigentlich alles, sie von diesem Schritt abzuhalten (nicht etwa aus Grundsatz!), sie scheint mir ein künstlerischer Mensch, der, wenn er sich aus Überschwang der Empfindung in ein kirchliches Büro oder so setzt, so enttäuscht sein wird, daß das eine Riesenanfechtung gibt und nichts dabei herauskommt. Nun, ich hoffe, ich kann sie richtig beraten.

Mutter Grüner scheint sich in ihr Geschick zu finden, sie sieht wohl bereits, daß trotz Bärbel [Denstaedt] noch genug für sie zu tun bleibt.[1] Von Elsie hatte ich einen Brief, der mir schrecklich liebessehnsüchtig im allgemeinen und im besonderen klang. Karl Gerhard sollte endlich kommen. Von ihr soll ich Dich ganz besonders grüßen. An Gerhard muß ich viel denken – er hat es schwer.

Dich liebe ich, liebe, liebe ich! Sei behütet, mein Liebster!

Deine Eva

Aus dem Mai 1944 ist ein Brief und eine Eilnachricht von Eva Bildt an Helmut Gollwitzer erhalten. Danach gab es bei ihren Briefen eine Lücke bis zum Oktober 1944. «Daß einige von den Päckchen, die ich vor dem Rückzug absandte, bei Stalin gelandet sind, scheint mir leider sicher, denn ich habe viel mehr abgeschickt, als Du bekommen hast», bemerkte Helmut Gollwitzer dazu am 15. Juni. Mit regelmäßigen Sendungen nach Berlin sorgte er in allen Kriegsjahren dafür, daß seine Post aufbewahrt wurde.

---

[1] Hedwig Grüner war im Gemeindebüro in Berlin-Dahlem vor allem für die Vervielfältigung und dem Versand von Predigten und Gemeindebriefen zuständig.

Deutlich schreiben!

Lebenszeichen von Bildt Eva
(Zuname) (Vorname)

aus Berlin-Dahlem Arnimallee 9
(Ortsangabe) (Straße)

Datum: 8. Mai 44 (Inhalt zugelassen höchstens 10 Worte Klartext)

Am 7 + 8. Mai verschont geblieben
Eva und Eltern.

5431 43 2 D

Ein eiliges Lebenszeichen auf vorgedruckter Karte:
Eva Bildt und ihre Eltern waren beim Bombenangriff «am 7. + 8. Mai
verschont geblieben».

Bereits am 8. Mai ging Helmut Gollwitzer auf den Konflikt zwischen
Eva Bildt und seiner Schwester Gerda Gollwitzer ein, indem er be-
tonte: «Daß sie Dir jetzt davon schrieb, kommt nicht daher, daß sie
für ihren Bruder eine möglichst passende Frau haben möchte, sondern
ist ein Zeichen ihrer schwesterlichen Zuneigung.» Zwei Tage später
ging es noch um ein ebenso heftig diskutiertes Thema in der Gollwitzer-Familie, den Wechsel der Schwester Inge Meyer zur katholischen
Kirche. Helmut Gollwitzer, der dadurch noch einmal zu einer intensiven Beschäftigung mit dem Katholizismus herausgefordert wurde,
schrieb dazu in einem Brief an Elsie Steck aus diesen Tagen: «Aber es
gehen mir ahnungsweise oder deutlich so viele neue Bewertungen auf,
so vieles im Katholizismus erkenne ich als wahr, sinnvoll, berechtigt,
was mir früher – bei geringerer Kenntnis auch – als irrig und Entstel-
lung schien, – so viele innerprotestantische Probleme werden mir als
Zeichen der Verkennung kirchlichen Seins und kirchlicher Aufgaben
deutlich.» Schließlich bekam er «zur geschichtlichen Tatsache der Reformation ein sehr gebrochenes Verhältnis» und wußte noch nicht,

wie er sich «in die wesentlich unzulänglichen Formen evang. Gemeindelebens einst wieder finden soll».

Die Beförderung zum Unteroffizier, auf die Helmut Gollwitzer am Schluß des folgenden Briefes eingeht, schildert er nicht ohne Anzeichen des Stolzes. Zu Beginn aber erinnert er sich an seinen Lehrer Karl Barth, den er hier getarnt als «Onkel Karl» bezeichnet, und betont, daß er trotz unterschiedlicher theologischer Entwicklungen, immer sein dankbarer Schüler bleiben wird.

Meine liebste, liebste Eva!   10. Mai 1944

Heute ist Onkel Karls Geburtstag. Jedes Jahr an diesem Tag gehen meine Gedanken besonders zu ihm. In Bonn brachten wir ihm ein Morgenständchen, und Hellmut [Traub] und ich pflegten ihm irgendetwas Apartes zu schenken, – später ging wenigstens ein Brief zu ihm, – heute muß es bei den Gedanken bleiben. An ihrer Dankbarkeit aber hat sich nichts geändert. So viel mir von unseren selbstverständlichen Satzungen und Voraussetzungen, in denen wir früher dachten, inzwischen fraglich geworden ist, so problematisch mir auch manche seiner Negationen geworden ist, – die Positionen, die ihnen zugrunde lagen, haben sich mir nur bewährt, und alle meine spätere Entwicklung seither war von ihnen geleitet und nichts als ihre Fortbildung. Ich freue mich auf die Zeit, wo ich Dir mehr davon erzählen und verständlich machen kann, und der Tag, an dem ich Dich ihm und Lollo[1] zuführen kann, ist ein besonders lieber Gegenstand meiner Zukunftsträume.

Vorgestern ging ein Brief an Dich ab mit einigen Sätzen zu Deinem Gerdabriefwechsel. Ich bin froh, daß Du inzwischen schriebst, wie alles nun wieder im Reinen ist, und hoffe nur, Du verstehst auch das richtig, was ich Dir dazu schrieb. Es wäre halt falsch, wenn ich Dirs erspart hätte zu sagen, daß die Wolke, die Gerdas Brief für Dich bedeutete, nur in Dir selbst ihren Grund hat. Weil Du Törin «Angst» vor der Familie hast und sie offenbar mit gerunzelten, kritischen Gesichtern um Dich arme Zugroaste[2] herumstehen siehst. Schau, darum

---

[1] Charlotte von Kirschbaum (1899–1975), Lebensgefährtin und Mitarbeiterin von Karl Barth.
[2] Zugereiste.

ists ja sicher eine besonders gute Führung für Dich, daß Du nun nachträglich noch eine ganz große Familie bekommst. Denn nur in ihr kann man eigentlich lernen, die Dinge in ihrem richtigen Gewicht und also gegebenenfalls auch in ihrer richtigen Leichtigkeit zu nehmen. Und das ist doch nötig fürs Leben, weil Du durch die Unbefangenheit, die Du dadurch gewinnst, auch anderen Unbefangenheit ermöglichst.

Jetzt kann ich diesen ernsten Erguß nicht mehr zu Ende führen und überhaupt kaum schreiben, weil ich noch zu abgehetzt bin, denn vorhin kam Kurt Schulze, Reiten lernend, hier vorbei. Zu seinem Entsetzen sprang ich auf einmal hinter ihm aufs Pferd, das rast los, und dann stand der Chef an der Straße und noch einer von uns und noch einer, und jeder riß, als er uns kommen sah, einen Ast los und gab dem Gaul einen Hieb, daß er unaufhaltsam weitersauste. Ich brüllte von hinten: «Dawaj, dawaj», was so ein russischer Antreiberuf ist, und Kurt beschwor mich, aufzuhören, weil er die Bügel verloren habe und gleich herunterfallen werde. Erst als ich schließlich selbst ermattet absprang, konnte er erleichtert aufatmen. Das sind so unsere Sensationen in unserer stillen Abgeschiedenheit. Wer weiß, wie lange sie noch dauert. Nachdem sich heute herumspricht, daß Sewastopol (von unseren Rückzugserlebnissen aus zu schließen, müssen dort grauenvolle Szenen sich jetzt abgespielt haben) so gut wie gefallen ist, wird es wohl bei uns hier unruhiger werden.

Ich schicke Dir mit dem nächsten Brief Mamas Brief, in dem sie mir Inges Konversion mitteilt. Gerade, weil sie Inges Entwicklung innerlich nicht verstehen kann, ist der Brief – Du wirst das auch merken, ein ergreifendes Zeugnis von Mutterliebe und der besonderen Art von Liebe, die Mama eigen ist: Ihre strenge, an ihren Grundsätzen festhaltende Art hindert sie nicht, ihrem Kind die Freiheit des eigenen Weges zu lassen, und sie bemüht sich nur, es nicht mit dem Schmerz zu belasten, den er für sie bedeutet. Das ist so groß und tapfer, daß mir die Tränen aufstiegen, wie ich den Brief las.

11.5. Nun ist gestern der Brief leider nicht mehr weggegangen, weil ich mich an den Vorbereitungen für die am Abend von meiner Ope[rationssaal]-Gruppe und der Aufnahme veranstaltete Feier aus Anlaß meiner Beförderung zum Uffz. [Unteroffizier], die vorgestern unerwartet wie eine Bombe platzte (nachdem 20.4. u. 1.5. ohne alle Beförderungen vergingen, hatte ich schon grollend resigniert), und Hanßlers Beförderung zum Oberarzt veranstaltet wurde. Die Kameraden hatten unsere Bude in ein festliches Zimmer verwandelt; unsere beiden Chirurgen (neben Hanßler der gar nicht hoch genug zu schätzende Backhaus) waren da. Hanßler hielt eine rührende Rede voll Lobs über den neuen Uffz. im Besonderen und unsere Ope[rationssaal]-Gruppe im Allgemeinen, wir tranken guten rumänischen Rotwein und saßen trotz durchwachter Nächte vorher bis nach 2 h bei herzlichen Gesprächen zusammen und genossen unser gutes Einverständnis.

Jetzt ist kaum mehr Platz, um Dir noch was von meiner Liebe zu erzählen. Laß Dirs von Deinem Herzen tun und laß es drauf mit Liebe antworten! Innig mit meinem ganzen Herzen grüß ich Dich, Liebste!

Dein Helmut

Auf fünf Kunstpostkarten geht Helmut Gollwitzer ausführlich auf die Bedeutung der Kunst und ihr Verhältnis zur Verkündigung des Evangeliums durch die Kirchen ein. Der genannte Aufsatz von Manfred Hausmann behandelt die «Sigmaringer Christus-Johannes-Gruppe», eine Andachtsplastik aus der Zeit um 1320 in der Skulpturensammlung auf der Berliner Museumsinsel. Es war Eva Bildts «liebstes Kunstwerk».

Du Geliebte,   13. Mai 1944

weil Du wahrscheinlich alle Deine Kunstkarten verloren hast, will ich heute die paar, die ich hier habe, als Briefpapier benützen. Es war ein so schöner Tag, voll Sonnenstrahlen und Frühlingsdüften. Die Beförderung beschwingt einen noch etwas durch den Reiz der Neuheit. Zu tun ist nicht übermäßig viel, ich sauge Bilder und Düfte um mich mit offenen Poren ein und bin froh, daß die Fieberdumpfheit mich wieder verlassen hat.

Freilich begann der Tag wieder mit dem Sterben des letzten der ca. 10 Bauchschüsse, die wir im Lauf unseres Hierseins schon hatten und von denen also keiner durchgekommen ist. Es war ein 19j[ähriger] Junge, der mitten in der Agonie, als er noch einmal aufwachte, mich um eine Spritze bat. «Warum, hast Du denn Schmerzen?»

«Nein, aber daß ich nicht sterben muß.» «Lieber Heinz, dagegen gibt es keine Spritze, das geht, wie Gott es will.» «Ich will aber nicht sterben.» Dann sagte ich ihm einiges und sprach ihm schließlich vor: «Dein Wille geschehe! Herr Jesus Christus, erbarme dich meiner.» Das sprach er laut nach, und es waren seine letzten Worte. Morgen früh nach dem Gottesdienst, den diesmal der Div[isions]-Pf[arre]r halten wird, werden wir ihn begraben.

Nachmittags – wir hatten frei – las ich in der Sonne liegend, sofern ich nicht gerade schlief, den «Goldenen Topf» von E. Th. A. Hoffmann, das romantischste Märchen, das Du Dir denken kannst, voll phantastischer Symbolik: Die Bürgerlichkeit als das «feindliche Prinzip» und die Poesie als Erlösung zur höheren Wirklichkeit. Kennst Du es? Einige erleuchtende Bilder müßte man sich merken, z. B. die jungen Gesellen, die in gläserne Flaschen eingesperrt sind, ohne es zu wissen, und dabei ein freizügiges Leben zu führen meinen, – ein großartiges Bild für die Verschlossenheit eines von der wahren Bestimmung des Menschen nichts wissenden Daseins (deren entwaffnende selbstzufriedene oder resignierte Verständnislosigkeit für den Lebenssinn und die Realität biblischer Worte mir hier ein tägliches Problem ist). Aber Hoffmann meint natürlich eine andere Verschlossenheit. An der Ungerührtheit aber, mit der ich eben diese Botschaft von der erlösenden Kraft der Kunst vernahm, wurde mir in Erfahrung klar, was wir ja schon lange wußten, daß es eine täuschende Predigt ist, die wohl ein vom Bürgertum geplagter Kapellmeister für wahr halten kann, die aber in unserer Lage ihre ganze Unwahrheit offenbart. Wie viele haben sie aber ernst genommen, und wie vielen hat sie doch, wenn sie es auch mit ihr nicht echt und bis zum Letzten ernst wagten, den Geschmack für die Botschaft von der wirklichen Erlösung genommen. Es hat doch auch sein Recht gehabt, wenn Männer der Kirche den Geruch der Borniertheit und Kunstfeindlichkeit nicht scheuten und vor diesem Evangelium der Kunst im Idealismus und der Romantik warnten. Manfred Hausmanns schöner Aufsatz, den Du mir schicktest, ist auch in diesem Zusammenhang wichtig, denn gerade jene ergriffeneren Werke der Frühzeit wissen von der romantischen Vergötzung nichts.[1] Ich mußte dabei sehr an ein Urlaubsgespräch denken, das wir einmal mit Gerhard aus Anlaß der bretoni-

---

[1] Manfred Hausmann: Einer muß wachen. Betrachtung. In: Deutscher Kulturwart. März 1939.

schen Calvaires hatten.[1] Man könnte höchstens vorsichtig fragen, ob wir mit diesem Maßstab nicht auch zeitgebunden sind und damit den späteren, vollkommeneren Werken Unrecht tun. Wir fühlen Verwandtschaften, die aber noch keinen allgemein gültigen Maßstab geben müssen. Aber vielleicht ist das nicht so wichtig, und vielleicht ist wichtiger, daß jedenfalls dem, der heute vom Wesentlichen des Lebens neu erschüttert ist, der Ausdruck gleicher Erschütterung in den unbeholfeneren Frühwerken sichtbarer ist, denn damit werden wir reicher im Verständnis für die, die im Lobpreis der «Höhepunkte» ihre Verschlossenheit im Ästhetischen verraten. Ähnlich kann einem ja heute auch das Verständnis eines Gebildeten für das Wesen des Mittelalters und für das Gesangbuch zum Kriterium für seine Erkenntnis der wirklichen Werte werden.

Am nächsten Mittwoch soll ich vor einer Zusammenkunft von Div[isions]-Pfarrern einen Vortrag über «Die Bedeutung des Abendmahls für unseren Glauben» halten. Ohne alle Hilfsmittel wird das gar nicht so einfach sein; schwieriger aber ist mir noch, in meiner eigenen jetzigen ungeklärten Situation darüber zu sprechen, weil es ja auch keinen Sinn hat, diese meist nicht sehr kenntnisreichen und erkenntnisreichen Leute mit experimentierenden Fragen und Thesen, die sie kaum recht mitdenken und in denen sie mir auch nicht viel helfen können, in Unruhe zu bringen. So werde ich mich bemühen, nur von dem zu sprechen, was mir bisher klar und gewiß geworden oder geblieben ist. Auch das wird mir selbst zur weiteren Klärung dienen.

Von Frau Beckmann kamen (sag ihr das bitte) 2 gute Briefe. Magst Du sie übrigens jetzt mehr als früher? Es würde mich freuen!

Hat Stenger nichts mehr von sich hören lassen? Heute habe ich ihm endlich geschrieben!

Was ich Dir an alten Briefen schicke (außer Deinen eigenen) blättere, wenn Du Zeit hast, durch! Es ist meist manches Interessante dabei, was ich Dir zeigen würde, wenn wir zusammen wären. – Ach, wann …!!! Wann? Gott gebe es bald.

Mit diesem Kunstwerk will ich schließen! Jeder von den vielen Briefen, in denen Du schreibst, wieviel Glück Dich erfüllt, be-

---

[1] Zwischen dem 15. und 18. Jahrhundert in den Kirchen der Bretagne beliebte Darstellung vor allem von Szenen der Leidensgeschichte Christi mit der Kreuzigung auf dem Kalvarienberg (calvaire) im Mittelpunkt.

schwingt auch mich. Aber wenn Du mal «drunten» bist, dann sollst Du es mir auch nicht verheimlichen!

Grüß die Eltern und alle Freunde, Hellmut [Traub], die verstummte Anna Helene [von Bodenhausen], Elisabeth [Voss] und Graf und Kiehne!

Mit einem mitternächtlichen Gutenachtkuß auf Deinen hoffentlich schon schlafenden Mund

Dein Helmut

Helmut Gollwitzer hielt für den gefallenen Kameraden, den Bethe-ler Diakon Walter Ranke, eine Trauerrede. Für seine tröstenden Worte bedankte sich die Witwe Auguste Ranke später: «Gott vergelte es Ihnen, hoffentlich dürfen Sie Ihre Lieben und die Heimat wieder-sehen.»

Meine Liebste!   14. Juni 1944

Wie schnell gehen jetzt die Briefe! Nahezu in französischem Tempo: Am 12. hatte ich schon Deinen vom 7. Hab vielen Dank dafür! – Daß ich Dir aber erst heute antworten kann, hat einen ernsten Grund. Am Sonntagabend ist einer unserer besten Leute und einer meiner lieb-sten Kameraden, der Betheler Diakon Walter Ranke, bei dem Über-fliegen unseres Ortes durch russ[ische] Aufklärer tödlich getroffen worden (wahrscheinlich durch ein herabfallendes deutsches Geschoß; denn der Flieger selbst schoß gar nicht, – aber das haben wir seiner Frau natürlich nicht geschrieben). Es war für uns alle ein sehr er-schütterndes Ereignis, besonders aber auch durch die Art, wie er ge-storben ist. Er lag noch 5 Stunden bei uns, und wie er da dem Tod entgegenging, das siehst Du am besten aus der Grabrede, die ich Dir beilege. Ich bitte Dich, sie gleich abzutippen und an P[astor] von Bo-delschwingh/Bethel zu schicken mit der Bitte, sie Rankes Frau zu ge-ben. Ich habe im Auftrag unseres Chefs eben auch an Bodelschwingh geschrieben und ihn gebeten, die arme Frau zu benachrichtigen. Ei-nen Durchschlag der Predigt schick bitte auch mir. Hoffentlich kannst Du das Manuskript lesen.

Meine bloß nicht, Du Liebe, daß Du Dir nun um mich Sorgen machen dürftest. Wir haben unter Fliegern überhaupt nicht zu leiden, und die sinnlose Knallerei nach ihnen mit dem Gewehr ist nun endlich streng verboten. Ich wollte, es wäre bei Euch solche Ruhe wie hier bei uns.

Hab vielen Dank, Liebste, fürs Abtippen und, ach, für alles. Ich bin so froh, daß Du da bist. Wie sollte ichs auch nicht sein!

Innigst Dein Helmut

Auch den folgenden Brief schrieb Helmut Gollwitzer – er hatte wieder viel zu erzählen – in Etappen. Die Unterhaltungen mit den Kriegskameraden waren für ihn unentbehrlich, wobei es aus Mangel an zuverlässigen Informationen auch häufig um Gerüchte ging. So bestätigten sich die angedeuteten Vermutungen über die Familie Klepper nach der Veröffentlichung der Tagebücher Jochen Kleppers nicht. Ein enger Gesprächspartner und Freund für Helmut Gollwitzer wurde in dieser Zeit der Vikar Siegbert Stehmann (1912–1945), dessen christlich motivierte Gedichte damals in der Bekennenden Kirche weit verbreitet waren. Stehmann wurde im Herbst 1944 wegen Wehrkraftzersetzung angeklagt, in ein Regiment an der Front abkommandiert und fiel im Januar 1945.

Meine liebste Allerliebste,   15. Juni 1944

wenn ich so wie jetzt eben meinen Abendrundgang mache, dann fühle ich mich bald wie ein Großgrundbesitzer, der in der Abendkühle noch alle seine Vorwerke besucht. Erst gehe ich in das Haus der Inneren Abt[eilung] und mosere über die dort traditionell schlechte Listenführung. Dann besuche ich die Fouriere und lasse mir in der Diätküche irgendetwas Gutes in den Mund stecken («denn jeder Jüngling hat nun mal…»).[1] Im Vorbeigehen schaue ich in der Schreibstube auf die Invasionskarte und rede in der Zahlmeisterei irgendetwas Dienstliches mit dem Nachlaßunteroffizier, falls ich nicht – er ist

---

[1] Aus «Die fromme Helene» von Wilhelm Busch («Doch jeder Jüngling hat wohl mal 'n Hang für's Küchenpersonal»).

ein begeisterter österreich[ischer] Benediktinerzögling – etwas aus der jetzt fälligen Meßliturgie mir darlegen lasse, – schaue einen kurzen Gang in den Kirchhof mit unseren vielen Gräbern hinein und gehe dann hinunter zur Apotheke, um etwas Traubenzucker zu fassen, mit dem ich dann im Hof die Lisl, die Gretl oder sonst eines unserer Fohlen mir zu anhänglichsten Freunden mache. Daß die meine ganze Freude sind, kannst Du Dir wohl denken. Die Gretl stammt noch vom Rückzug und ist nun schon ein wohlgebauter schwarzer Backfisch geworden, selbstbewußt, verwöhnt und eitel, – die Lisl sieht aufs Haar aus wie ein molliges 7jähriges Mädchen, 18 Tage ist sie alt und wild auf Zucker, daß sie die Schnauze kaum mehr aus meiner Tasche bringt; sobald sie dann ihren Zucker hat, geht sie zur Mutter zum Saugen, offenbar, um Vergleiche über die verschiedenen Süßigkeitsgrade von Traubenzucker und Muttermilch anstellen zu können. Herzergreifend ist aber unser jüngstes 1½tägiges Pferdemädchen, dunkelbraun mit schwarzer Mähne und schwarzem Stummelschwänzchen, das sie schwingt wie eine Alte, noch ungetauft, worüber sie ständig ein tief ernstes, ja unglückliches Gesicht macht, was freilich auch daher kommen kann, daß ihr die Beherrschung der langen Leine trotz unaufhörlicher Versuche immer noch nicht ohne Zwischenfälle gelingen will. Ihre schon alte und greisengraue Mutter ist eine lebendige Predigt von der Güte des Schöpfers. Oder ist das nicht wirklich ergreifend, wie in diesen Wesen, deren einziger Lebensdrang sonst nach Fressen zu gehen scheint, die mütterliche Fürsorge sichtbar wird: Sie läßt das Kleine nicht außer Augen, wird erregt, wenn man es anfaßt, klopft den Boden und wiehert laut mit dem erschrockensten, unglücklichsten, bängsten Gesicht, wenn man es aufhebt, und leckt es zärtlich, wenn es wieder zu ihr zurückkehrt.

Neben der Apotheke liegen unsere Schwerverwundetenzimmer, zu denen ich besonders gerne gehe. Jetzt liegt dort auch ein Missionar der Leipziger Mission, aus dem Ries[1] stammend, seit 1940 von Ostafrika zurück und seit wenigen Tagen als Leutnant bei uns[erer] Div[ision] und nun schon verwundet, – ein sympathischer Mann von fränkischem Bauerntyp.

Von dort zum Fleckfieberhaus, zu dessen Insassen man schwerer Beziehung bekommt, weil sie meist ziemlich im Tran sind und abtrans-

---

[1] Süddeutsche Region im Grenzgebiet zwischen Schwäbischer und Fränkischer Alb.

portiert werden, sobald sie frischer werden. – Aber ich pflege mit den tüchtigen Pflegern ein wenig auf der Bank vor dem Haus zu sitzen, esse etwas übrig gebliebenen Pudding, und wir reden von der Heimat.

Zuletzt lande ich dann, nach kurzer Stippvisite in dem Handwerkerhaus, wieder am H.V.Pl. [Hauptverbandsplatz], wo der Stationsaufseher der Chirurg[ischen] Station, mein guter Alfons Baier, Dentist aus Oberteuringen bei Friedrichshafen und ein prachtvoller Schwabe, mit den Ope[rationssaal]-Leuten auf den Eingangsstufen sitzt und endlos die Invasion und ihre näheren und weiteren Perspektiven bespricht, mit Ausdrücken, Galgenwitzen und Stellungnahmen, von denen Euch kein P[ropaganda]K[ompanie]-Berichter auch nur einen schwachen Abglanz bringen wird.

Dazu die ländliche Abendmusik des Dorfes: Läuten der Schafglocken der heimkehrenden Herden, die am Dorfeingang an ihre wartenden Besitzer aufgeteilt werden, Blöken von Kühen und Schafen, Schnattern der Gänse und Piepsen der Küken, Bellen der Hunde und Rufe und Lachen der vor den Häusern sitzenden deutschen und rumänischen Landser. Frieden der sanften Abendluft nach brennender Tageshitze.

Und der Krieg? Das Ereignis, das uns hier große «Arbeitsfülle» bringen sollte, kam nicht. Aus verschiedenen, sehr symptomatischen Gründen scheint man das Unternehmen nicht zu riskieren. Stärker noch als die Invasion bewegt uns hier ihre Folge, die Urlaubssperre, von der Du wohl auch schon gehört hast. Sie ist eine sehr einschneidende und deprimierende Maßnahme. Wann, wann sehe ich Dich wieder, Du Liebste? Dominus providebit,[1] das ist mein einziger Trost; denn ich bin sehr traurig.

Dazu schreibt ein Urlauber, dem ich ein Päckchen für Dich mitgab, daß ihm in Wien bei einem Luftangriff sein ganzes Gepäck verbrannt sei, und es geht das Gerücht, alle, die von hier auf Urlaub gefahren sind, kämen nicht mehr zu uns zurück, sondern nach Westen u. Italien, was bedeutete, daß Hanßler und Bernhard Kliemt auf Nimmer-Wiedersehen weg sind. Hoffentlich können sie wenigstens die Päckchen an Dich noch gut befördern!

Heute kam Dein Brief vom Trinitatissonntag [4. Juni 1944], wieder so glückerfüllt, daß ich Dich vor Dankbarkeit nur lang, lang küssen

[1] Der Herr wird sorgen.

möchte. So dankbar die kleinen Geschenke des Tages anzunehmen ist wohl die einzige Möglichkeit, nicht unter die Walze der Zeit zu kommen. Wäre es anders, so müßte ich mir wohl Gedanken machen, über das, was Du kürzlich von der äußeren Unbefriedigung Deines Lebens schriebst; ich hab ja ebenso wenig wie Gerda eine richtige Ansicht von Deiner Arbeit bei Lilje, stell sie mir oft wohl zu gering vor und höre dann manchmal, wie Du von großer Arbeit berichtest. Im Blick auf eine längere Zukunft müßte man vielleicht überlegen, ob nicht etwas anderes, wo größere Aufgaben gestellt werden, sinnvoller wäre; heute aber, wo doch nur die Wahl zwischen Granaten drehen und Liljes Schreibmaschine ist, ist die letztere doch die bessere, und wir sind aller Pflicht zum Nachdenken enthoben, ein Zustand, der – fürchte ich – Dir ebenso lieb ist wie mir, womit wir wieder mal glänzend zusammenpassen! Mehr noch aber darin, daß es Dir geht wie mir, vor allem in den infanteristischen Jahren, wo mich die ungezählten kleinen täglichen Begegnungen, Aufgaben und Freuden immer wieder über die Sinnlosigkeit dieses aufgezwungenen Lebens und das Entbehren des wirklichen Berufs hinaushoben.

Wenn Du genug Zeit und Papier hast, dann schreibe Frau Ranke auch die Ordnung der Beerdigung auf [...].

Wenn Du von der Grabrede 2 Durchschläge an mich schicken kannst, wäre ich sehr dankbar.

Daß einige von den Päckchen, die ich vor dem Rückzug absandte, bei Stalin gelandet sind, scheint mir leider sicher, denn ich habe viel mehr abgeschickt als Du bekommen hast.

[Zeichnung eines mit Pfeil durchbohrten Herzens]: Dies das Herz

Deines Helmut*

* Der Pfeil ist nicht Amors Pfeil, sondern die Urlaubssperre!

16. Juni 1944

Eben ging die Post weg zum Fieseler Storch,[1] und ich vergaß, diesen Nachtrag einzulegen.

Großer Mangel an mehrseitigen Feldpostbriefen. Gibt es bei Euch noch welche?

[1] Verbindungs-, Beobachtungs- und Sanitätsflugzeug.

– *Abends.* Das brachte ich heute nicht mehr weg, weil gerade zur einen Tür herein der Arzt zum Operieren kam, zur anderen Tür herein Siegbert Stehmann, um mich zu besuchen, und zur Haustür neuer Zustrom von Patienten, kurz ein Tohuwabohu von Rufen nach mir, – und dann flog über dem Haus der Storch ohne den Briefschluß!

Mit Stehmann war es dann schön. Wir sprachen vielerlei, u. a. auch lange über Jochen Klepper. Er bestätigte mir leider Gerüchte, die ich schon vor einiger Zeit gehört hatte und die auf die beiden Frauen einen Schatten werfen. Ich weiß nicht, was ich davon halten soll.

Danach war ein San[itäts]-Oberfeldw[ebel] Jentsch da, der Kirchenmusik[er] ist und jetzt bei einem unserer Reg[imen]t[s]-Stäbe das Krankenrevier hat. Er will mich in nächster Zeit mal in seinem Dorf zu einem «Bibelgespräch» mit einem kleinen Kreis haben.

Du siehst, die Anforderungen häufen sich auf einmal so, daß ich gar nicht nachkommen kann!

Heute Nachmittag hatten wir Kino hier. Ein großes Ereignis! Theo Lingens «Johann» ist sicher ein großer Blödsinn, aber ein dankbareres Publikum, als wir es jetzt sind, läßt sich nicht denken![1]

Auf dem Heimweg zeigte mir dann der Chef den neuen Wehrmachtsbericht mit dem Beginn der «Vergeltung», woran sich dann zuhause natürlich trotz unserer weitgehenden Übereinstimmung heftige Diskussionen über Rachegefühle und über Sieg oder Kompromiß anschlossen. Mit diesen Diskussionen ist es in unserem Quartier freilich so eine Sache: Auf den Höhepunkten geschehen sie unter solcher allgemeiner Beteiligung und solchem Stimmaufwand, daß schließlich die Niedergeschrienen sich in der Verzweiflung mit Gewehr oder Pistole zu Wort melden, so daß die Decke an einigen Stellen wie ein Sieb aussieht. Der laute Knall wirkt dann aber immer besänftigend und erheiternd auf die erregten Gemüter.

So geht also mein Leben. Nur von mir hab ich gesprochen – aber Du willsts ja wissen. Dabei hätt ich viel anderes zu schreiben. Vor allem von meiner Liebe. An manchen Tagen ist es mir, als käme sie ganz neu und ich hätte Dich noch nie so geliebt wie jetzt. So auch heute.

In großer Sehnsucht

Dein Helmut

---

[1] Lustspiel von Theo Lingen (1903–1978), 1942 von Robert Adolf Stemmle mit Theo Lingen in der Hauptrolle verfilmt und uraufgeführt.

Helmut Gollwitzer, der an allen Vorgängen in der Heimat interessiert war und regelmäßig seine Korrespondenzpartner mit diesbezüglichen Fragen überhäufte, wurde durch seine Braut «in Verzweiflung» gestürzt. Sie hatte wieder einmal nur in Andeutungen geschrieben. In diesem Fall handelte es sich um die Probleme von Gerhard Gollwitzer und dessen Sekretärin Elisabeth Voss in der Staatlichen Porzellan-Manufaktur Berlin. Auch wollte er Näheres über die «Erkrankung» des Superintendenten von Berlin-Spandau, Martin Albertz, wissen. Dieser war Mitte Juni erneut verhaftet worden, weil er trotz Amtsenthebung weiter amtiert und seine aufsässigen Predigten auch an die Pfarrer der Bekennenden Kirche in der Wehrmacht versandt hatte.

3. Juli 1944

Zum Sonnenuntergang rasch einen Gruß, meine Geliebteste, damit Du nicht weinst, wenn es Nacht ist und kein Brief von mir kommt. Auf einen von Dir warte ich so sehnlichst, aber seit Tagen schon kam keine Post mehr. Wir leben hier ohne Veränderung; unseren Abend mit Backhaus haben wir schön verlebt; da kein Wein aufzutreiben war, lieferten wir den überraschenden Beweis, daß es möglich ist, mit Landsern und noch dazu im 5. Kriegsjahr nur bei Tee und selbstzubereitetem Kartoffelsalat und Obstkaltschale aus Kirschen und Maulbeeren einen höchstgelungenen Abend zu machen, der alle begeistert. Und uns begeisterte er so zum Kochen, daß wir heute auf den grauslichen Komp[anie]-Fraß verzichteten, uns Bratkartoffeln mit Spiegeleiern machten und 3 große Obstkuchen buken. Die Zutaten bekommen wir aus der aufblühenden Privatpraxis an den zwecks ärztl[icher] Hilfe herbei[kommenden] Einheimischen.

Du hast die Fähigkeit, mich durch unenträtselbare Andeutungen in Verzweiflung zu stürzen! So jetzt z. B. der Satz über Herbert [eigentlich: Gerhard Gollwitzer] und Elisabeth [Voss], obwohl ich doch keine Ahnung habe, wie das seit Januar weitergediehen ist. (Übrigens ist der von Dir vor Monaten angekündigte Brief Elisabeths nicht eingetroffen, – sie soll sich aber deswegen kein Bein ausreißen!) Oder Deine sehr viel ernsteren Andeutungen über die neuen Fragen, vor denen unsere Brüder jetzt stehen, einschließl[ich] der plötzlichen Erkrankung des Spandauer Sup[erintendenten Martin Albertz]. Es muß doch möglich sein, inhaltlich davon etwas mehr anzudeuten.

Bitte tu es noch, – Du kannst Dir denken, wie sehnsüchtig ich darauf warte.

Gestern schrieb ich an Inge. Mir sind ihre und auch Gerdas Briefe, soweit sie sich mit ihr beschäftigen, sehr wichtig. Drum wäre ich Dir sehr dankbar, wenn Du sie, soweit sie Dir erreichbar sind, luft-schützen würdest, falls Du das nicht ohnehin mit den alten Brie-fen, die ich Dir schicke, tust.- Grüß Frl. Gelpke und Deine Mädels, Helga Albers usw., herzlich! Eine neue Gestalt hat sich wohl zu dem Kreis noch nicht hinzugefunden.[1] Das ist eigentlich schade. Die sollen mal ein paar neue hinzubringen, denn daß sie so schnell nicht wieder eine so pfundige Kreisleiterin finden, ist ihnen hoffentlich schon klar.

Leb wohl, L[iebe], l[iebe] l[iebe] l[iebe] Eva!
Dein Helmut

Das kirchliche Einigungswerk von Bischof Wurm zur Annäherung der zerstrittenen Gruppierungen in der evangelischen Kirche gelangte mit der Publikation der 13 Sätze über «Auftrag und Dienst der Kir-che» Ostern 1943 an die Grenze seiner organisatorischen Möglichkei-ten und kirchlichen Resonanz.[2] Die Auseinandersetzung um das rich-tige Verhältnis zum NS-Staat und dessen antikirchliche Doktrin ging in der Bekennenden Kirche aber weiter.

Meine Geliebteste!   [9. Juli 1944]

Die Tage gehen in soviel Betrieb dahin, sie zerbröseln, «ein Tag geht nach dem andern hin und unser Werk bleibt liegen»,[3] vor allem die Briefe, dazu kommt die Hitze – gestern 650° in der Sonne u. 360° im Schatten –, die einen hindert, die freien Minuten auszunützen. Seit 3 Tagen habe ich keine Briefzeile, weder an Dich noch an jemand an-deren geschrieben, – allerdings auch lange schon nichts von Dir be-

---

[1] Kreis ehemaliger Konfirmandinnen, der von Eva Bildt geleitet wurde.
[2] Kurt Meier: Der evangelische Kirchenkampf. Bd. 3: Im Zeichen des Zweiten Weltkrieges. Halle (Saale) 1984, S. 177.
[3] Abendlied von Benjamin Schmolck (1672–1737).

kommen. Dabei weiß ich Dich in solchen Bedrängnissen, daß ich in Windeseile zu Dir kommen möchte, um Dich in den Arm zu nehmen, damit Du Dich lösen und ausweinen und ausklagen kannst. Dein Brief vom 1. 7., der damit begann, daß Dir die letzten 2 Tage wie 2 Jahre gewesen seien, deutet damit so vieles an und verbirgt zugleich so viel. Dazu Dein sehr bewegender Brief über die Probleme der B[ekennenden] K[irche], der mit einem von Hellmut [Traub] zusammentraf. Hellmuts Urteile sind so wie immer: scharf einen wahren Bestand aufdeckend, aber zugleich vieles verdeckend, und deshalb gleichzeitig aufrüttelnd und unbrauchbar, weil sie nicht die Last derer, die sich mit Verantwortung belastet sehen, mittragen. Ich bin sehr froh, wenn Ihr mir darüber schreibt, und kann Euch doch gar nichts dabei helfen, als mitzubeten. Wenn einem so die Anschauungsmöglichkeit genommen ist und man selbst vor ganz andere Fragen gestellt ist, dann fehlt einem jede Kompetenz, mitzusprechen. Zu Hellmuts Frage, ob nicht ein Ausscheiden aus der B[ekennenden] K[irche] als Zeichen nötig sei, kann ich nur meine alte Abneigung gegen alle negativen Schritte bekennen. Solange eine Gemeinschaft irgendeine nützliche Funktion hat, soll man sie nicht beseitigen, auch wenn sie das nicht leisten kann, wozu sie einst bestimmt war. Nach uns[erer] Rückkehr werde ich freilich in vielen prakt[ischen] u. grundsätzl[ichen] Fragen eine andere Stellung einnehmen als früher. – Schon wieder kommt Arbeit. Kuß, Liebe!

Dein Helmut

«Ja, die Tochter Becks, das ist schon eine besondere Frau», schreibt Helmut Gollwitzer als Reaktion auf einen beeindruckenden Besuch von Eva Bildt im Hause des Generals Ludwig Beck (1860–1944). Der General, einer der führenden Männer des 20. Juli, und seine Tochter Gertrud Neubaur waren gute Bekannte von Gollwitzer und gehörten zur Bekennenden Gemeinde von Dahlem. Gollwitzer hat Gertrud Neubaur 1940 getraut und später auch deren Kind getauft. Im Mai 1944, nach dem Rückzug aus der Ukraine, schrieb er einen längeren Brief an General Beck, in dem er detailliert seine Beobachtungen über die militärischen Zerfallserscheinungen der Wehrmacht, die Stärke der Russen und das Verhalten der Zivilbevölkerung schilderte. Um die Militärzensur zu umgehen, gab Helmut Gollwitzer den Brief

einem Fronturlauber mit. Eva Bildt reichte ihn dann an die Tochter von Ludwig Beck, Gertrud Neubaur, weiter, die sich zu dieser Zeit im Hause ihres Vaters aufhielt. Wegen dieses Briefs machte sich Helmut Gollwitzer nach dem 20. Juli große Sorgen. Gertrud Neubaur berichtete nach dem Krieg, daß das verräterische Schreiben unter den schon von der Gestapo beschlagnahmten Unterlagen noch entwendet und vernichtet werden konnte.

Aber zunächst ging es Helmut Gollwitzer um Päckchen, Lesestoff, Kriegsalltag, Eva Bildts Morgenandacht und Begebenheiten im Freundes- und Bekanntenkreis.

Geliebtes Herz!   19. Juli 1944

Den Briefberg konnte ich in diesen Tagen ein wenig abtragen, – Zeit genug, Dir nun endlich auch wieder etwas zu schreiben, was den Namen eines Briefes verdient. Zwar stand der Tag bisher unter schlechtesten Sternen, ich kam kaum zum Sitzen, und jetzt senkt sich der Tag schon dem Abend zu. Er hat aber sehr schön begonnen: Ich hatte nach Nachtdienst am Morgen frei und ging in das Quartier von *Leber*, der gestern tatsächlich doch noch zurückgekommen ist und noch gute Hoffnung für Kliemt mitbrachte, vor allem aber das Päckchen, über das ich strahlend glücklich war. Es ist zwar ein schöner literarischer Krautsalat, wenn man das nebeneinander sieht, – aber hier außen liest man ja alles und jegliches empfänglich und nachdenklich. Du wirst verstehen, daß ich aber zuerst nach meinem eigenen Predigtheft griff.[1] Auf der großen Wiese hinter unserem Hause ging ich auf und ab und las es ganz durch. Es war eine eigentümliche Wiederbegegnung. Gott sei Dank kein Satz, den ich nicht hätte sagen dürfen und den ich nicht heute der Sache nach wiederholen würde. Aber ob ich in der Form heute so predigen würde und wie sich mein heutiges Predigen von meinem damaligen unterscheiden würde, kann ich noch nicht sagen. Es scheint mir, daß ich heute sparsamer sprechen würde. Mein Drang zur Verdeutlichung erweckt doch manchmal den Eindruck von einiger Rhetorik, ohne daß es so gemeint ist. Auch Unebenheiten, durch die Nachschriften entstanden, sind zuwenig geglättet. Beim Lesen war ich aber auch mein eigener Hörer, und einige Worte

---

[1] Wir dürfen hören … Predigten. 4. Aufl., München 1941.

haben mich selbst sehr getroffen – und getröstet. Bei der Osterpredigt dachte ich an Dich, an unser Zusammengehören, bevor wir uns noch kannten.

Anschließend ging ich zu Hanßler, der sich beim Faustball einen Kniegelenkserguß zugezogen hat, und brachte ihm das Heft gleich zum Lesen. Er hat mir einen sehr interessanten Vortrag von einem kath. Psychiater, V. E. von Gebsattel, mitgebracht: «Not und Hilfe», – sehr gut![1] Du müßtest ihn lesen, schon deshalb, weil wir ihn hier nun sehr diskutieren. Sieh doch bitte zu, daß Du ihn bekommst (Verlag Alsatia, Kolmar)!

Dein Brief vom 26. 6., der dem Päckchen beilag, gab eine Vorstellung, wie besetzt und gehetzt Dein Leben ist, zerrissen von allzuvielen Verpflichtungen, zu denen ich auch immer noch welche häufe. Kannst Du auch so wenig Nein sagen wie ich, Liebste? Was soll dann nur mal mit uns beiden zusammen werden?! Aber ich habe Vertrauen zu Dir, daß der Hang zur Ruhe doch groß genug ist, um Dich vor Aufreibung zu bewahren.

«Das alte Siegel» kenne ich schon länger.[2] Ich muß gestehen, daß ich [es] offenbar nicht kapiert habe und es darum auch nicht so sehr ins Herz schloß. Denn ich habe den Ausgang nicht als eine Widerlegung dieses absoluten Ehrstandpunktes aufgefaßt, sondern als eine Zustimmung Stifters zu der Entscheidung des jungen Mannes. Ich hab es jetzt gerade ausgeliehen, werde es aber noch einmal lesen. Wieder, wieder denke ich: Warum getrennt sein, warum nicht miteinander lesen? Es ist doch ein schweres Leben, Liebste!

An Gerhard denke ich viel. Vielleicht sehen Frauen wie Else [Elisabeth Voss] seinen Zustand zu weich und mitleidig. Wer so ein klares, gutes Fundament hat wie Gerhard und uns anderen soviel helfen konnte, kann durch solche Kämpfe nur gewinnen und *kann* ihnen nicht entrinnen, wenn er nicht auf die Teilnahme an der Zeit verzichten will. Viel schlimmer ist ja die äußere Hemmung im künstlerischen Schaffen, das muß sich aber doch nun endlich bessern, oder?

Wie schön ist Gerdas Brief an uns beide! Ihr Gedanke, daß Du mal einen Besuch in München machen sollst, ist das Ei des Columbus und hat mich begeistert. Ist es durch die neue Reiseverordnung undenk-

---

[1] Viktor Emil von Gebsattel: Not und Hilfe. Prolegomena zu einer Wesenslehre der geistig-seelischen Hilfe. Kolmar 1944.
[2] Erzählung von Adalbert Stifter (1805–1868).

bar geworden? – Aber das schreibe ich so – und genau zu gleicher Zeit kommt aus dem Radio die Nachricht von dem neuen, 6. Großangriff auf München. Kannst Du Dir denken, wie es mich umtreibt? Obwohl ich seltsamer[weise] das tiefere Gefühl habe, daß Mama und der Homerstr. nichts geschehen ist. Aber wie sollte ich mich darauf verlassen können! Und wie mag das liebe München aussehen! Das ist nun für uns auch so vertilgt wie Augsburg und voll vom schrecklichsten Leid. So gut kann ich Deinen Max Fietz[1] verstehen mit seinem Nichttröstenkönnen. «Herr, was soll ich mich trösten? Ich hoffe auf Dich.»[2]

Deine letzte Morgenwache über 1. Kor[inther] 15,50–53 war nicht so schön wie die bisherigen.[3] Offenbar fiel sie Dir sehr schwer, was mich eigentlich wundert. Warum hast Du so wenig auf das Bild der Worte selbst gesehen: «verweslich», «unverweslich», «verwandeln», «anziehen»? (Du magst das doch, daß ich Dir immer ein paar Worte dazu sage?) Mir ist übrigens diesmal 1. Kor[inther] 15 ganz neu aufgegangen, als wirkliche und strahlende Auskunft über das, was uns zu erwarten gegeben ist. Auch für die Sorgen um München ist es mir konkret helfend. – Übrigens: Lieder suchen war auch mir eine der schönsten Freuden! Wie geht es uns doch ähnlich!

Mach Dir nur ja keine Gedanken, daß Du das Päckchen aus Ulm allein verbraucht hast! Wenn Du bloß die Handtasche kriegst! Ich halte Dir den Daumen.[4]

Was war denn das Thema von Pinsk's Vortrag?[5] Frag ihn doch mal, ob man den nicht mal schriftlich haben kann. Komisch, daß er Dir so gefällt. Ich selbst kenne ihn kaum, aber meine kathol. Bekannten stellen ihn oft als reine Intellektuaille hin.

1 Sänger der Neuköllner Singgemeinde (Singkreis).
2 Psalm 39,8.
3 «Das sage ich aber, liebe Brüder, daß Fleisch und Blut nicht können das Reich Gottes ererben; auch wird das Verwesliche nicht erben das Unverwesliche. Siehe, ich sage euch ein Geheimnis: Wir werden nicht alle entschlafen, wir werden aber alle verwandelt werden; und dasselbe plötzlich, in einem Augenblick, zur Zeit der letzten Posaune. Denn es wird die Posaune schallen, und die Toten werden auferstehen unverweslich, und wir werden verwandelt werden. Denn dies Verwesliche muß anziehen die Unverweslichkeit, und dies Sterbliche muß anziehen die Unsterblichkeit.»
4 Im letzten gemeinsamen Urlaub 1944 waren die Verlobten auch zu Besuch in Ulm.
5 Johannes Pinsk (1891–1957), katholischer Theologe.

Ja, die Tochter Becks, das ist schon eine besondere Frau. Aber weil ich sie nicht kriege, muß ich mich wohl mit Dir zufrieden geben, – un dat ischa denn auch sehr schwer. O Du mein Liebes, Du bist doch meines Gottes Gab, die beste, die ich habe! Aber solange Du nicht eifersüchtig wirst, gefällt mirs immer, wenn Dir andere Frauen gefallen.

Eines der vielen eigenartigen kleinen Zusammentreffen, die wir in der Getrenntheit erlebten: Ich mußte in letzter Zeit viel an Neugebauers denken – und nun schreibst Du einige Male von ihnen. Von Marias [Neugebauer] geheimer Verlobung hab ich schon irgendwann mal was dunkles läuten hören. Ich wage freilich nicht, ihr da eine besonders gute Hand zuzutrauen. Aber jeder muß da ja seine eigene Suppe ausessen, und so gut wie die unsere schmeckt ja doch keine mehr, oder?

Sehr gern würde ich von Dir noch mehr über die Grabrede für Walter Ranke hören.[1] Magst Du da noch was sagen? Vergiß bitte nicht, sie auch nach München zu schicken!

Warum der Teufel Gott sei bei uns heißt? Soll Dein gebildeter Mann eigentlich Deine Denkfaulheit unterstützen? Das ist doch ganz klar: Es ist ein Euphemismus. Ach so, dazu reicht Deine Systemzeit[2]-Schulbildung auch nicht aus. Also dann: Ein Euphemismus ist eine absichtlich umkehrende positive Bezeichnung für etwas Negatives, das klar zu nennen man sich scheut. (Zeitgemäße Anmerkung: V 1 ist aber kein Euphemismus!)[3]

«Räuber»! Warst Du drin? Ist Uffz. [Unteroffizier] Gründgens denn nun für immer dem deutschen Theater wiedergeschenkt?[4] Wieso hat er denn den Pastor Moser weggelassen? Das finde ich gar nicht schön. Hat er wenigstens die Szenen am Schluß mit der Vision des Jüngsten Gerichts richtig rausgebracht?[5]

---

[1] Vgl. Brief von Helmut Gollwitzer vom 14. Juni 1944.
[2] NS-Jargon für die Zeit der Weimarer Republik.
[3] Im Juni 1944 begann die Bombardierung Londons durch die Flügelbombe V 1 («Vergeltungswaffe» bzw. «Wunderwaffe»).
[4] Nach dem Ausrufen des totalen Krieges am 18. Februar 1943 meldete sich Gustaf Gründgens freiwillig an die Front, wurde aber im Frühjahr 1944 nach Berlin zurückgeholt.
[5] «Die Räuber» von Friedrich Schiller.

Wie steht es mit dem Cornet?[1] Arbeitest Du dran? Wie gehts Dir damit? Wenn ichs nur auch erleben könnte! Sicher wäre mirs eine ganz große Überraschung. Später in unserem Zusammenleben wird es ja so gehen: Ab und zu preßte ich Dich, irgendetwas zu tönen, was ich längst gern hören möchte, und Du bist ja eine liebe Frau und tust das auch und machst es auch sehr schön, – dann aber tönst Du etwas, was *Du* willst, und ich bin zunächst verwundert und frage: Wieso gerade das? – und wenn ichs dann höre, dann bin ich ganz überzeugt und habe etwas ganz Neues erlebt.

Während ich dies schreibe, erhebt sich lautes Gebrüll: Bernhard Kliemt kommt zur Tür herein! Somit ist auch diese Sorge überstanden. Aber daß Du ihn nicht angetroffen hast und nicht[s] von ihm erzählt bekamst, ist ewig schade. – Er spuckt Gift und Galle auf die Süddeutschen mit ihren separatistischen Erwartungen und schildert begeistert die Stimmung in Berlin, die rosig und humoristisch-wurstisch sei.

Jetzt muß ich ihn erzählen lassen. Drum gute Nacht! Nun hab ich wenigstens den Stoß Deiner Briefe im Notwendigsten beantwortet. Hab noch einmal für jede Zeile einen innigen Kuß! Ich habs schon sehr notwendig, daß Du mir schreibst. Wie hat es nur einmal ein Leben ohne Dich gegeben? – Grüße die geliebten Eltern und mach ihnen Hoffnung, daß sie doch endlich noch einen Brief von mir bekommen. Zeesen ist doch nur schwierig für sie, nicht wahr? Den Park genießen sie sicher sehr. Ist denn die Marianne auch *wirklich* nett zu ihnen, und weiß sie auch, was sie an ihnen hat?[2]

Grüß alle, alle Freunde, das Dahlemer Pfarrhaus (so eine Übervölkerung wie dort kann ja nichts anderes werden als ein täglicher Roman!), Anna Helene [von Bodenhausen], Gertrud, Denstaedt, den Dietrichschen Kreis (kommst Du manchmal hin?), Fr. Beckmann, Vera Hinz und Deinen Singkreis!

Und Dich, Liebste, umarme ich in soviel Sehnsucht und Liebe, wie nur Du es wissen kannst.

Dein Helmut

---

[1] «Die Weise von Liebe und Tod des Cornets Christoph Rilke» von Rainer Maria Rilke.

[2] Marianne Hoppe (1909–2002), Schauspielerin und Ehefrau von Gustaf Gründgens.

Auch die beiliegenden Briefe kannst Du lesen, – es sind gute Sachen drin. Bitte schreib mir noch mal die Anschrift von Kurt Stapenhorst![1] Ich hab sie verloren.

Das Scheitern des Attentats auf Hitler und der Tod von General Beck erschütterten Helmut Gollwitzer sehr. Er war mit einigen Widerstandskämpfern des 20. Juli beziehungsweise Personen, die er dazu rechnete, bekannt und machte sich große Sorgen um deren Familienangehörigen. Bei der Frage nach dem «Vater unser seligen Sabine» handelt es sich um das Mitglied der Bekennenden Gemeinde Dahlem, den Ministerialdirektor Ernst Brandenburg, dessen 1940 verstorbene Tochter Sabine mit Gollwitzer bekannt war. Brandenburg, der zwar gute Beziehungen zu einer der Hauptpersonen des 20. Juli, dem ehemaligen Oberbürgermeister von Leipzig, Carl Friedrich Goerdeler (1884–1945), hatte, war nicht in die Verschwörung einbezogen und wurde auch nicht verhaftet. Darüber hinaus bat Gollwitzer seine Braut, bei der Mutter von Hildur von Hammerstein vorbeizugehen. Auch fragte er nach Generalfeldmarschall Georg von Küchler, dem Mann von Charlotte Bildts Freundin aus Nidden. Nachdem er von der Verhaftung Paul Graf Yorck von Wartenburgs (1902–2002), des «gräflichen Freundes aus Schlesien», und vom Tod dessen Bruders Peter gehört hatte, stellte er am 9. August gegenüber seiner Freundin Elsie Steck fest: «Was ist das für eine Zeit, voll der fürchterlichsten Schicksale!» Über Eva Bildts Reaktion auf das Attentat gibt es nur Andeutungen. Am 21. Juli schrieb sie an eine Freundin, daß «inmitten der sich türmenden Wellen und schwellenden Stürme dieser Tage» die Gemeindearbeit besonders schön sei. Im Brief an Elsie Steck vom 9. August war Gollwitzer beruhigt: «Eva hat alles bisher innen und außen so wunderbar überstanden.»

Meine liebste Eva!   22. Juli 1944

Du weißt sicher schon seit gestern, was ich soeben erst durch einen Zufall erfahren habe: Daß der Vater jener jungen Frau, die Dir kürzlich bei Deinem Besuch aus Anlaß meines Briefes so gut gefallen hat,

[1] Konfirmand von Helmut Gollwitzer in Berlin-Dahlem.

nun das Letzte gewagt hat und wahrscheinlich nicht mehr lebt. Kannst Du Dir vorstellen, wie es in mir aussieht? Mir ist, als wäre mir mein Vater gestorben. Das ist ein Verlust, wie er schwerer kaum gedacht werden kann. So ein Mann, Liebe, vornehm nicht nur im wahrsten Sinne, sondern auch wahrhaft selbstlos, ein Vorbild des Altpreußentums, mit jener Verbindung straffster Selbstzucht, wahrhaftiger Einfachheit und herzlicher Güte, wie Du sie von Moltke her kennst. Und die arme Tochter? Wie mag es ihr nur gehen? Wie mag sie es überstanden haben? Wenn Du irgendetwas dazu erfahren kannst, so hoffe ich, daß Du die tauglichen Worte finden mögest, um auch mich es wissen zu lassen, der ich hier ohne Näheres zu wissen in großer innerer Anspannung durch diese Dinge leben muß. – Wie mag es nur dem Vater unser seligen Sabine gehen? – Geh doch mal bei der Mutter von Hildur, von der ich kürzlich einen Brief beilegte, vorbei und laß Dir von ihr erzählen und sage ihr, wie sehr ich an sie und unsere gemeinsamen Freunde denke. Wie mag es auch dem Mann von Mutters Niddener Freundin gehen? Man muß nun ja für jeden fürchten. – Zur Sache selbst geht mir immer *Dan[iel] 8,25* durch den Kopf: *«ohne Hand»*![1] Darum konnten diese Versuche nicht anders als unglücklich ausgehen.

23.7. In meiner Not konnte ich gestern Abend nicht weiterschreiben, sondern ging zu Hanßler, der an einem Kniegelenkserguß liegt, und konnte mich bei ihm auch wirklich aussprechen, fast ausweinen, und er hat die besten Worte gefunden, mich auf Gottes verborgenen Sinn hinzuweisen. Ich ging sehr getröstet weg. Daß ich diese beiden trefflichen Männer, ihn und Backhaus, hier habe, in einem täglichen freundschaftlichen Umgang und großem Einverständnis, ist mir unbezahlbar.

Sag Gertrud, daß ich jetzt gerade viel an sie denke. Sie soll mir doch, wenn sie Zeit und Kraft dazu hat, darüber schreiben, auch wenn ich ihr immer noch nicht auf ihren lieben letzten Brief antworten konnte.

Wir haben heute Vormittag Gottesdienst gehabt, bei dem Thiel über Paulus u. Silas im Gefängnis predigte u. ich das Abendmahl aus-

---

[1] «Und durch seine Klugheit wird ihm der Betrug geraten, und er wird sich in seinem Herzen erheben, und mitten im Frieden wird er viele verderben und wird sich auflehnen wider den Fürsten aller Fürsten; aber er wird ohne Hand zerbrochen werden.»

teilte, umgeben von sommergrünen Büschen und einer Unmenge brauner Libellen. Gleichzeitig ging an der Front unser lang erwarteter Angriff gegen den Brückenkopf los.[1] Jetzt haben wir das Ergebnis zu bearbeiten! Backhaus hat sich mit meiner Gruppe in ein Nebenhaus zurückgezogen, um die schweren Fälle zu behandeln, z. B. an die 20 Lungenschüsse! Das wird uns nun die Nacht hindurch beschäftigen. Und alles umsonst! Die unsrigen stehen wieder in ihren Ausgangsstellungen. (– Bitte schreibe mir, wo und unter welcher Konto-Nr. Du mein Geld eingezahlt hast! –) Und zu allen Sorgen die Gedanken an Mama, Gerda u. Inge bei diesen dauernden Angriffen und an Herbert! Schreibe mir jede, auch die kleinste Nachricht, bitte!

Innigst Dich liebhabend

Dein Helmut

Aus den Monaten August und September 1944 sind von Helmut Gollwitzer – wie auch seit Anfang Mai von Eva Bildt – keine Briefe erhalten. Er war mit seiner Truppe auf dem Rückzug und am 8. Oktober in einem polnischen Nest gelandet», wie seine Braut an Elsie Steck schrieb. Eva Bildt verbrachte in der ersten Augusthälfte in Zeesen, dem Zufluchtsort der Eltern, ihren Urlaub. Am 19. August war die kurze Ruhezeit vorbei. Hanns Lilje wurde im Zusammenhang mit dem Hitler-Attentat wegen «Landesverrats» verhaftet. Eva Bildt verlor damit ihre Arbeitsstelle und wurde zur Zwangsarbeit verpflichtet. Nach einem Erlaß des Reichsführers der SS vom 6. Oktober 1944, der sich auf vorhergehende Weisungen bezog, sollten weibliche «Mischlinge 1. Grades» in geschlossenen Gruppen zu körperlicher Arbeit und Männer dieser NS-Kategorie «zum geschlossenen Arbeitseinsatz in Baubataillonen» herangezogen werden.[2] Im Gegensatz zu anderen Frauen in ihrer Situation mußte Eva Bildt aber keine körperlich schwere Arbeit leisten. Ihre Bekanntschaft mit einem Abteilungschef der Firma Siemens und die Berühmtheit ihres Vaters

---

[1] Brückenkopf der Roten Armee südwestlich von Tirasopol am südlichen Dnjestr.

[2] Beate Meyer: «Jüdische Mischlinge». Rassenpolitik und Verfolgungserfahrung 1933–1945. Hamburg 1999, S. 238 f.

halfen ihr, eine Stelle als Sekretärin zu erhalten. Zwei Tage nach ihrem Arbeitsbeginn bei Siemens & Halske am 20. September berichtete sie Elsie Steck: «Dies Leben in der Ameisenstadt bei Siemens im Schreibzimmer, mit 10 Stunden intensiven Schreibmaschineschreibens, Vervielfältigen von Erlassen und Stenogrammaufnehmen [...] hat für mich Reize, Freuden, kurz, viel mehr Positives als Negatives.»

Die wenige erhaltene Korrespondenz vom Oktober 1944 stammt ausschließlich von Gollwitzer und erstreckt sich nur auf einige kurze Nachrichten auf Feldpostkarten. Erst ab November 1944 sind wieder ausführliche Briefe von beiden Brautleuten erhalten. Am 1. November antwortete Gollwitzer auf Nachrichten aus Berlin.

Justus Perels und der Unternehmer Walter Bauer waren im Zusammenhang mit dem Attentat vom 20. Juli verhaftet worden. Auch machte sich Gollwitzer Sorgen um Charlotte Bildt, die seit dem Spätsommer an einer zunächst als Gelbsucht, später aber als Krebs diagnostizierten Krankheit litt. In den Briefen an ihren Verlobten berichtete Eva Bildt in den nächsten Monaten regelmäßig über den Gesundheitszustand ihrer Mutter. Eine Krankenhausbehandlung war ihr als Jüdin verwehrt und konnte auch nicht riskiert werden. Seit dem Herbst 1944 wurden immer häufiger Juden aus privilegierten Mischehen aufgegriffen und deportiert.

1. November 1944

Du bist wieder mal ganz falsch belichtet, meine Allerliebste Eva, wenn Du mich für einen Idealisten hältst, der sich die Konservenbüchsen von seinem hungrigen Mund abspart. Hättest uns nur sehen müssen, wie uns gestern Abend das Hühnerfett vom Munde troff! Die Verpflegung ist gewiß nicht übermäßig reichlich, aber es gibt immer Mittel und Wege, sie zu ergänzen, und ich wollte nur, das ließe sich ebenso leicht verschicken wie so eine Büchse. Also bitte, bitte, bittschön keine Bestrafung mit 3tägigem Schreibestreik. Soll ich 3 Tage lang nicht leben? Viel nötiger als alle Konserven der Welt sind mir Deine Briefe zum Leben. Tus nicht! Laß mich schicken, und Du iß und schreibe!

Dies als Antwort auf Deinen Brief vom 28. 10., der soeben ankam. Es ist wirklich ein Strahlen in Deinen Briefen, ein nicht vorgemachtes, sondern wahres, mit dem Du auch mein Leben erfüllst. Als ich heute zum Allerheiligenfest, das die Leute hier mit unaufhörlichen Gottesdiensten feierten, wiederholt in die Kirche hinüberging, war dafür mein besonderer Dank. Wo ich ging und stand, ließ ich heute eine lange Reihe von Heiligen vor mein inneres Auge treten und sah sie um den himmlischen Thron leuchtend stehen, wie die Kerzen drüben am Altar ums Kreuz. Was für wunderbare Gestalten, die an den *Menschen* glauben lehren, an seine hohe Herkunft und Bestimmung, von der doch sonst *nichts* zu sehen wäre, – die allein den Geruch des Lebens verbreiten gegenüber dem Geruch des Todes, der sonst um die großen Namen der Geschichte webt. Das heutige Fest ist besonders schön, weil es so umfassend an *alle* denken läßt, auch an die unbekannten, ungenannten, unernannten, da ja keine feste Grenze die Heiligen wie eine Rangklasse von der übrigen Kirche abhebt, sondern sie nichts sind als die hohen weithin sichtbaren Kerzen, auf denen kein anderes Licht brennt als auf den vielen kleinen, verborgenen, Gott allein sichtbaren auch – und ebenso auf denen, die außerhalb des römischen Kreises unanerkannt vom Heiligen Geist entzündet sind, den Blumhardt[1], Bodelschwingh[2], Löhe[3] und vielen anderen. Sie stehen und leuchten in des Himmels Glanz unvergänglich – und machen gewiß, wie recht wir haben, an dieser armen Menschheit nicht zu verzweifeln – in Christo.

Dafür bin ich besonders dankbar in der Bekümmerung um die immer neuen Namen, die in unsere Gebete treten. Perels und Bauer (doch wohl mein Bekannter, nicht der Dichter?) – nun auch. Und eine neue Bedrängnis für die, die in Mutters Lage sind? Dagegen ist das, was Du von L[ilje] schreibst, eine große Erleichterung. Ich dachte ihn mir in Ketten, statt dessen liest er Biographien. Daß Du sonst die Fragen die ich schreibe, schwer beantworten kannst, begreife ich wohl; aber bedenk auch, daß sich vieles andeuten und umschreiben läßt und daß mir auch damit meist schon geholfen ist!

Vorgestern Abend lag ein Inselbüchlein da, eine Claudius-Auswahl, über die sich dann ein langes, schönes Gespräch mit Gustav Schweppe entspann, dem Besten unserer Op[erationssaal]-Gruppe,

---

[1] Johann Christoph Blumhardt (1805–1880), evangelischer Pfarrer des württembergischen Pietismus.
[2] Friedrich von Bodelschwingh (1831–1910), evangelischer Pfarrer und Gründer der diakonischen Anstalten in Bethel.
[3] Wilhelm Löhe (1808–1872), Pfarrer, Verfechter des Luthertums in der evangelischen Kirche und Gründer der diakonischen Einrichtung Neudettelsau.

Walter Rankes bestem Freund; es ist ein Westfale – bei Westfalen und Niederrheinischen, so aus der Gegend der Grafschaft Bentheim, bin ich geneigt, an die Rassenlehre zu glauben: Es sind abstammungs- mäßig prächtige Leute! Zum Schluß – als Antwort auf die Frage, ob das, was wir heute leben, denn noch ein wirkliches Leben sei, das sich lohne, – las ich dann ein paar Stellen aus Deinen letzten Briefen vor – und Du bist mir wohl nicht böse deswegen!

Sei innig liebgehabt, Du Liebste!

Dein Helmut

Wenn Dir der November aufs Gemüt fällt, dann erinnere Dich immer dran, daß er mit Allerheiligen anfängt!

Auf dem Rückzug der Ostfront gingen große Teile von Helmut Goll- witzers Korrespondenz verloren. In den noch erhaltenen Briefen von ihm fragte er immer wieder seine Verlobte, ob die Päckchen, in denen er seine Post nach Hause zurückgeschickt hat, angekommen seien. Manches ist wohl auch einfach im Rückzugschaos liegengeblieben. Für einige Dinge wünschte er Ersatz. Auch stellte er wieder viele Fra- gen. Er erkundigte sich nach dem von beiden viel gelesenen Schrift- steller Reinhold Schneider (1903–1958), von dem es zeitweise das Gerücht gab, er sei nicht mehr am Leben. Erschüttert war er vom Tod Georg Hamburgers, der 1943 in das KZ Theresienstadt deportiert wurde und dort umkam. Noch im Dezember 1942 hatte Georg Ham- burger ihm ahnungsvoll geschrieben: «... hoffentlich komme ich nach Theresienstadt und nicht nach dem Osten.»

Meine Liebste!   8. November 1944

Zwei Tage habe ich nicht an Dich geschrieben. Es ist beschämend, daß es nicht ein Übermaß von Arbeit ist – davon kann z. Zt. nicht die Rede sein, – sondern nur die kläglichen äußeren Umstände, unter denen wir hier hausen: daß man nie allein ist, nie einen Tisch für sich hat, daß alles kalt und naß ist, daß es an Kerzen und Heizung fehlt, -- da kann sich kein Gebild gestalten und auch kein Brief. Man legt sich eher rasch mal hin aufs Stroh, wickelt sich in seine Decke, plaudert mehr oder weniger Belangloses oder liest – entweder «Krach im Hinterhaus» (mit langen erheiternden Diskussionen über das Berlinische)[1] oder einen amüsanten Kriminalroman von Frank Heller «Drei Mörder treten ein» (nennenswert, weil er wirklich Witz hat und außerdem treffende Bemerkungen über Napoleon und anderes)[2] – oder (als eigentliche Lektüre) ganz neu, aufgeschlossen aufmerksam und mit großer Sehnsucht nach konzentriertem und gemeinsamem Lesen mit Dir: Goethe- und Hölderlin-Gedichte – und schließlich einen im Alsatia-Verlag erschienen Aufsatzband «Vom Wesen und Walten christl. Liebe»[3] mit einem ganz ausgezeichneten Essay Reinhold Schneiders über Franz von Sales (– Du mußt sehen, ihn zu lesen, vielleicht über Pinsk, und mir eine Meinung darüber schreiben), – ach ja, und heute Mittag las ich, nachdem ich auf dem Transport wiedermal mich an «Gockel, Hinkel und Gakeleia» ergötzt hatte, ein mir bisher unbekanntes Brentano-Märchen vom «Schulmeister Klopstock und seinen 5 Söhnen», das noch viel schöner ist und das ich mal von Dir hören möchte. Aber dieses Lesen ist wie das begierige Schnuppern eines Hungrigen, wenn er an einer duftenden Küche vorübergeht und nicht hineindarf!

Jetzt muß ich aber vor allem anderen eine Frage und eine Bitte schreiben, damit ich sie nicht wieder vergesse:

1.) Hast Du eigentlich meinen Bericht über den Rückzug und den Transport bekommen? Ich schickte ihn vor dem 19.10. ab, in einem großen blauen Umschlag, mit einem Päckchen Deiner Briefe, Du hast ihn nie erwähnt; deshalb bin ich in Sorge, ob Du ihn überhaupt erhalten hast.

2.) Siegbert Stehmann (ja, es ist der vom «Eckart», und er ist ganz bei der Div[ision], als Ordonanzoffizier beim Div[isions-]Stab z. Zt., und wir sind uns gegenseitig ein Trost in diesem Sachsenhaufen, wenn wir uns auch nur wenig sehen können, er hat auch das Haupt-Verdienst – oder die Hauptschuld daran, daß ich zu meiner jetzigen Einheit versetzt wurde) gab mir das neue Weihnachtsheft für die Internierten, diesmal von einem P[astor] Pompe herausgegeben[4] (ist

---

[1] 1936 verfilmtes Volksstück von Maximilian Böttcher (1872–1950).
[2] Frank Heller: Drei Mörder treten ein. Berlin 1940.
[3] Karl Borgmann (Hrsg.): Vom Wesen und Walten christlicher Liebe. Kolmar 1944.
[4] Glocken der Heimat: Weihnacht 1944. Berlin 1944.

P[astor] Bachmann noch nicht frei?[1]), mit 2 guten Gedichten von Stehmann. Hier hat meins nun ein Kamerad, dem ichs zum Lesen gab, verschlampt. Kannst Du es, bitte, noch einmal auftreiben und mir hierherschicken, sobald wie möglich, damit ichs Stehmann zurückgeben kann?

3.) Gustav Schweppe, Rankes Freund, hat die Grabrede für W. Ranke verloren auf dem Rückzug und möchte sie wiederhaben. Hast Du noch ein Exemplar zur Verfügung und kannst Du mirs schicken?

4.) Auf dem Rückzug verlor ich u. a. auch einen Überblick über die französ.-kath. Literatur. Wenn Du noch 1 oder mehrere Exemplare hast, dann heb sie bitte sorgfältig auf; denn es liegt mir viel daran und ich hoffe, einst noch einmal daran arbeiten zu können.

5.) Ruf bitte Frau Grützner an und sag ihr, ich würde ihr bald schreiben, und danke ihr für ihre 2 letzten großen Briefe, und denke sehr an ihren geplagten Mann.

Sie legte mir einige Dinge bei, einen Rundbrief von Martin *Fischer,* durch Überlastung wohl etwas zu weitschweifend geworden; dazu Fischers Brief ans Konsistorium und schließlich den Brief eines unserer brandenburgischen B[ekennenden] K[irche]-Pfarrer über theologische Fragen, sehr mit dem alten Klischee lutherisch-reformiert arbeitend, an dem ich wiedermal mit Schrecken sah, wie unverständlich mir das alles geworden ist. Früher hätte ich mich mit Eifer darangemacht, solche Irrtümer zu bekämpfen; jetzt sehe ich nur staunend, wie sie trotz aller aufgewendeten Mühe fröhlich weiterleben und wie manche ihre heilige Pflicht darin sehen, die traditionellen Scheidewände zu stützen gerade da, wo es nichts Sinnvolleres geben könnte als sie in Frage zu stellen. Und das heute mitten in der zusammenbrechenden Welt. Was soll man da noch tun als sich abwenden, beten und gleichgültig gegen diesen ganzen Intellektualismus sich freuen, wie Gottes Wort und Christi Leben nicht von unseren Scheidungen sich aufhalten lassen. – Aber vielleicht schwinge ich mich doch auf und schreibe noch etwas dazu.

---

[1] Der Geschäftsführer des Evangelischen Hilfswerks für Zivil-Internierte und Kriegsgefangene, Pastor Wilhelm Bachmann, war im Kirchlichen Außenamt ein enger Freund von Eugen Gerstenmaier (1906–1986), der zur Widerstandsgruppe des Kreisauer Kreises gehörte, und wurde offenbar wegen dieser Bekanntschaft im Juni 1944 von der Gestapo verhaftet und war bis Februar 1945 im Polizeigefängnis am Alexanderplatz in «Schutzhaft». (Mitteilung des Sohnes Michael Bachmann vom 18. April 2008.)

Freilich müßte da erst mein Briefberg mehr abgetragen sein: Von wem jene 97 Briefe waren, fragst Du? Nun ein großer Teil kam ja von Dir, von München, von Gerhard. Dann einige von der Gemeinde her (Fr. Grüner, Bohner, Voget, Köster, Grützner), einige von verschiedenen Gliedern der Fam. Niemöller, ein paar Briefe alter Konfirmanden und Kameraden, welche von theol[ogischen] Freunden (Asmussen, Obendiek,[1] Niesel,[2] württemberg. Sozietät[3]), von Dahlemern (Dr. Schmid, Dietrichs), von Elsie ein schöner, von Ricarda Huch und dann noch so allerlei. Das also ist so mein Korrespondenzkreis, gegen früher zusammengeschrumpft und einseitiger geworden, aber für meine freie Zeit immer noch viel genug, Du wirst sie ja so nach und nach bekommen.

Auch ein paar Andachten von Dir waren darunter. Unerklärlicherweise vergaß ich immer, Dir dafür zu danken. Denn sie waren alle ganz besonders schön; ich habe sie ganz als Hörer gelesen, dankbar und froh, weil sie eine wirkliche Stärkung bringen und ganz Verkündigung sind.

Stehmann sagte mir, Reinhold Schneider *lebt*. Darf mans glauben? Was weißt Du von ihm.

Lang habe ich nichts mehr von Hildegard Sch[aeder] gehört, und man muß plötzlich viel an sie denken. Wo ist sie, was weiß man von ihr?

Nun schreibt mir Gertrud, daß unser Freund Georg H[amburger] nach langem Leidensweg heimgegangen ist. Es hat mich schwer erschüttert und mich wieder mehr in die Anfechtung des Höllischen unserer Zeit gestürzt als viele andere schwere Nachrichten. Und wieder ist es quälend, nichts Näheres darüber zu wissen und nicht mit Euch davon sprechen zu können.

Deinen Schmerz über die Verlegung der Annengottesdienste kann ich ermessen, wenn ich täglich erfahre, wie viel Trost und Hilfe mir

---

[1] Hermannus Anton Obendiek (1894–1954), Pfarrer der Bekennenden Kirche in Wuppertal-Barmen und während des Krieges und nach 1950 Stellvertreter des Moderators des Reformierten Bundes in Deutschland.

[2] Wilhelm Niesel (1903–1988), Pfarrer der Bekennenden Kirche und Mitglied des Rates der Ev. Kirche der altpreußischen Union, nach 1945 u. a. Professor an der Kirchlichen Hochschule in Wuppertal und Präsident des Reformierten Weltbundes.

[3] Die Kirchlich-theologische Sozietät war ein Arbeitskreis vor allem von Pfarrern des radikalen Flügels der Bekennenden Kirche in Württemberg.

allein schon die jetzige Nähe der hiesigen Kirche ist, obwohl ich da doch nur als armer ausgestoßener Zöllner und Sünder ganz «von ferne» stehe und bete und, wenn gerade Messe ist, andächtig aus dem Dunkel auf das Leuchten am Altar sehe und an den paar lateinischen Worten, die ich aufschnappe, froh werde: Dominus vobiscum – Sursum corda – Gratias agamus Domino Deo nostro.[1]

Gut eingelebt habe ich mich unter den Kameraden meiner Gruppe. In der Freizeit nimmt freilich das Kochen viel Zeit weg. Fast jeden zweiten Abend wird eifrig gebrutzelt. 2 von ihnen erweisen sich als hervorragende Köche. Und wenn sie dann mit vollgeschlagenem Bauch auf dem Stroh liegen, und ich noch etwas lesend bei der Kerze sitze, dann heißt es, Helmut lies noch etwas Schönes vor. Und dann lese ich Claudius oder Goethe (gestern abend «Die Legende vom Hufeisen» und «Mahadöh …»)[2] oder das Lied von der Krummen Lanke[3] oder was eben gerade da ist. Für kleine Sachen – Gedichte, Balladen, Hebel-Geschichten[4] etc. wäre ich sehr dankbar!

Eine Idee fürs Weihnachtsgeschenk: So etwas wie Trude Wieneckes[5] Luftschutz-Buch mit schönen Gedichten, Sprüchen, Geschichten usw. wäre sehr brauchbar. Es braucht ja nicht unbedingt bis Weihnachten fertig werden!

So, nun müssen andere Menschen auch noch etwas von mir hören. Daß ich Dich liebe, weißt Du ja. Soll ich dies noch oft sagen? O ja, oft und oft, mit tausend Küssen, die Dir gibt

Dein Helmut

Bitte schreib mir gleich, was eigentlich mit dem Film geworden ist, den ich Dir im letzten Urlaub gab mit der Bitte, ihn entwickeln zu lassen und ihn dann an Frau Flascha[6] nach Gleiwitz, Bahnhofstr. 33, zu schicken.

---

[1] Der Herr sei mit euch. – Erhebet die Herzen. – Lasset uns danken dem Herrn, unsern Gott. (Aus den Eingangsworten zur Messe).
[2] «Die Legende vom Hufeisen» und «Der Gott und die Bajadere» («Mahadöh»), Balladen von Johann Wolfgang von Goethe.
[3] Berliner Couplet des Kabarettisten Fredy Sieg (1878–1962).
[4] Johann Peter Hebel (1760–1828), schwäbischer Dichter.
[5] Gertrud Wienecke, verh. Schneider (1908–1990), Tanzlehrerin.
[6] Frau eines Kriegskameraden von Helmut Gollwitzer.

Zur Unterstützung der regulären Truppen der deutschen Wehrmacht
verfügte das NS-Regime am 18. Oktober 1944 die Totalmobilisierung
aller noch nicht kämpfenden, waffenfähigen sechzehn- bis sechzig-
jährigen Männer im Volkssturm. Paul Bildt wurde im November
erfaßt, aber vorläufig wegen noch laufender Filmaufnahmen nicht
eingezogen. Den engen Freund der Eltern, Rudolf Horstmeyer, traf es
zunächst härter, aber «nach einem Tag voll Schreiens und Bettelns
und Flehens hat Gott wieder ein Wunder getan», und er mußte sich
statt beim Volkssturm nur beim Arbeitsamt melden. Zwei Tage später,
nachdem Eva Bildt ihrem Verlobten zum ersten Mal davon berichtet
hatte, war sie immer noch voller Dankbarkeit.

Mein liebes, geliebtes Herz!   24. November 1944

Habe ich Dich eigentlich die letzten Tage schlecht behandelt mit
Post?! Ich weiß es gar nicht, weil ich so ganz bei Dir war mit allem
und bei allem. Gestern abend (erfüllt von Dankbarkeit für die erhör-
ten Gebete für die Freunde der Eltern und alles, alles) machte und
tippte ich meine Andacht für den Adventsnachmittag bei Gertrud
Schneider. Du sollst sie im Weihnachtspäckchen bekommen, damit
Du wenigstens was (soweit kam ich – da wurde das Licht ausgemacht
– ich fing den Brief an in der U-Bahn während Alarms) Überraschendes hast.
    Heute ist eine Luft draußen wie Frühling – ich bin ganz torkelig
und leiste es mir, statt Schmargendorf Hohenzollerndamm auszustei-
gen, die Treppe heraufzugehen, aus dem Bahnhof herauszugehen –
und dort (!) zu merken, daß es der falsche Bahnhof ist. Da nahm ich
es als Schicksal und besuchte Achi [Kiehne]. Kriegte daselbst echten
Kaffee und kam dadurch unterwegs in den Alarm, was ich wegen der
Ungebundenheit von Sachen, gerne mag. Im übrigen war es überhaupt ein Tag, wo was Schönes, Leichtes, Heiteres in der Luft lag (ja
eben in der Luft). Nichts bedrückte mich und alles freute mich. Morgens verlor ich bei strömendem Regen meine Schuhsohle – aber völlig erst bei Siemens, wo solch Schaden gleich in irgendeiner Werkstatt
kuriert werden kann. Dann bekam ich die erste Rüge bei Siemens,
weil ich während der Arbeit sang (ist auch unglaublich was?!), worauf ich etwas tat, was langsam in mir gereift war (ab gestern abend!)
und mich ungefähr soviel Zittern und Zagen kostete wie das Klauen

silberner Löffel mich kosten würde («ich tät es nicht»!): Ich zog für Euch da draußen bei Siemensens die Weihnachtsgeschichte ab, da ich sonst keine Beschaffungsmöglichkeit sah. O, was bin ich stolz! Und froh. Gleichzeitig schicke ich zum Verschenken noch 6 Hefte «Glokken der Heimat» mit, die mir Pompe für Dich schickte.[1] Seinen Brief schicke ich mit, ich hab' ihm geantwortet, daß ich glaube, es wäre nur noch der Bibelvortrag zu haben, er solle mal Frau Oberin Zarnack anrufen. – Höfle habe ich wegen kleiner Quempashefte angekriegt, hoffentlich klappts![2] Hast Du mich eigentlich lieb? Ich meine so grundlos und richtig. Ja? Na, dann ist's gut!

Deine Eva

Zur militärischen Ausbildung gehörten seit dem Ersten Weltkrieg auch Übungen zum Schutz vor einem Gaskrieg. Helmut Gollwitzer wurde zum Gasschutzbeauftragten seiner Kompanie auserkoren und ab Mitte November 1944 zu einem Lehrgang in Tschenstochau abkommandiert. Der Ort nordwestlich von Krakau ist bis heute der wichtigste polnische Wallfahrtsort. Für den Gruß an seine Geliebte wählt er eine Kunstpostkarte mit einer Abbildung der dort besonders verehrten Schwarzen Madonna.

Du Liebste,   26. November 1944

laß Dir rasch zum Abend wenigstens einen Sonntagsgruß schicken, nach einem ganz für mich schön verbrachten Sonntag (Fürsichsein – was ist das eine Erholung). Der Tag begann mit einer polit[ischen] Schulung durch e[inen] Leutnant über «Unsere Gegner», in der wir gegen den Hauptgegner scharf gemacht wurden. Nach so sonntäglicher Einleitung ½ Stunde Schanzdienst. Dann eilte ich in die evg. Wehrmachtskirche, um dort eine mit großem Pathos vorgetragene, wenig inhaltslose [eigentlich: inhaltsreiche] Totensonntagspredigt zu hören, – es war nicht ums Warmwerden. So mußte ich noch in die kleine orthodoxe Kirche gehen, um da inmitten einer wirklich beten-

[1] Vgl. Brief von Helmut Gollwitzer vom 8. November 1944.
[2] Das Quempas-Heft. Kassel 1930; eine Sammlung alter Weihnachtslieder.

den Gemeinde zu beten (und ein herrlicher Chor sang, ich bekam richtig Sehnsucht nach der Ukraine!). Nach dem Essen gemütliches Lesen eines harmlosen Ringelnatzschmarrens («Aus der Seemannskiste») und herrlicher Jack London-Geschichten. Dann zur «Schwarzen Madonna», die, in einer Kapelle neben einer prächtigen Barock-Klosterkirche, belagert von einer dichten Menge betender u. singender Gläubiger war. Danach saß ich im Musikzimmer des Soldatenheims, hörte einen Leutnant mit gutem Gesicht ausgezeichnet Schubert und Beethoven spielen (– ein weißer Rabe! –) und dann im Radio das D-Dur-Konzert von Brahms, dann lesen – und nun, freilich ohne die Brieflast verringert zu haben, befriedigt vom Tag und angefüllt mit vielen Gedanken, für die ich keinen Partner zur Aussprache habe, denk ich an Dich und sehne mich nach Dir.

Mögs Dir gut, gut, gut gehen! Willst Du ein Küßchen? Hier: [Zeichnung eines Herzens] !

Dein Helmut

Im November und Dezember 1944 war der Briefwechsel zwischen den Verlobten besonders rege und die Post nur wenige Tage unterwegs.

Liebster Liebster! 29. November 1944

Siehst Du, etwas Gutes hatte Dein Gasbeauftragten-Sein doch schon: Daß nämlich aus Tschenstochau (ich hab mir's noch nicht auf der Karte angeschaut, die ich mir nun gekauft und aufgehängt habe, um Deinen Weg zu finden – weiß nur, daß es da die berühmte Madonna, die schwarze, gab – oder noch? oder wieder? oder wieder nicht mehr? – gibt) die Post so schön schnell kam: Gestern war Dein Brief vom 24. schon da, als ich von Achi [Kiehne] nach Hause kam. – Wie gut verstehe ich ansonsten Deinen Kummer über den neuen Auftrag: das böse, heimlich böse Gas, dem man so ohnmächtig ausgeliefert ist. Aber Du wirst ja vermutlich eingesetzt, um all das zu lernen, was zum Schutz möglich ist – und da ich glaube, daß in Deiner Hand – und in der Hand jedes Beters – so etwas Böses nicht unbekämpft bleibt, so wollen wir versuchen, auch damit an die Stelle zu kommen, wo wir so richtig stehen, daß uns alles zum Besten dienen muß.

Ach Du mein Liebster! Daß ich nicht ganz schnell zu Dir kommen kann. So wie ich Montag zu den Eltern fuhr! Dich in die Arme nehmen kann und Dir von meinem mich wirklich (im November) fast schreckenden innerem Gut-Gehen abgeben kann, weil sich's geteilt verdoppeln würde – und weil ich es ja los werden muß, wenn ich es überhaupt verstehen soll. Dazu habe ich es doch wohl. Bei den Eltern ist es jetzt etwas angelangt – aber sonst. Wo immer: in Zeesen, gestern bei Achi, in den Briefen (gestern Elisabeth [Voss], Gerhard, der 4 Tage in der Woche in Selb sein muß und 2 in Karlsbad, und Lalita schafft's doch nimmer so ganz – die Überlast von Arbeit) – und auch bei Dir, Du mein Geliebter ist eigentlich die eine Melodie: «Ach, ich bin des Treibens müde, was soll all der Schmerz und Lust?»[1] – Und was soll man auch dagegen sagen? Daß mir der Mondweg durch Zeesen, die Weihnachtslieder, gutes Verstehen mit den Menschen bei Siemens (schön ist's mit Melanie [Steinmetz]!), ach und so vielen, das Herz weit macht vor Glück – manchmal komme ich mir eklig vor, daß ich's zu sagen wage. Und es ist ja nicht das: Es ist die – zerbrechliche! – Gabe des fröhlichen Herzens. Könnt ich abgeben! Mehr, Richtiges, von mir Wegweisendes! Dir, Dir, Dir abgeben! Geliebter Du! Gertrud [Wienecke] und Siegmar[2] möchten sich, wenn Du kommst, von Dir trauen lassen. Komm bald!

Ich bin

Deine Eva

Wie jedes Jahr verfaßte Helmut Gollwitzer auch 1944 einen Weihnachtsbrief und schickte ihn am 29. November nach Berlin. Er hatte ihn bereits Tage vorher angekündigt und seine Verlobte gefragt, ob sie ihn für den Versand an Freunde und Dahlemer Gemeindemitglieder vervielfältigen kann. Im Mittelpunkt seines Predigtbriefes stand die Verständigung und Einheit der Menschen beim gemeinsamen Lob Gottes. Es sei «der einzige Weg, wie [die] zerrissene Gemeinschaft wieder neu werden kann». Gollwitzer bezog dies sowohl auf die Völker als auch auf die verschiedenen Konfessionen.

[1] Aus «Wandrers Nachtlied» von Johann Wolfgang von Goethe.
[2] Siegmar Schneider (1916–1995), Schauspieler.

Du müßtest bei mir sein, so nahe, wie ich Dich manchmal bei mir fühle – und dann doch nicht dahabe, – ich würde dann noch lange mit Dir spazieren gehen und Dir soviel erzählen, was mir vielleicht durch den Kopf geht jetzt. Er ist so angefüllt, mein armer Kopf, so bewegt von Vielerlei – und sehnt sich nach einem Menschen, nicht irgendeinem, nur nach zweien gerade, nach Dir, der Liebsten und dem anderen besseren Ich, und nach dem Freund Karl Gerhard, den ich lange nicht sehr vermißte und jetzt sehr entbehre.

Aber ich will Dir nicht vorjammern, obzwar zum Jammern auch in anderer Hinsicht mancher Grund vorhanden wäre, z. B. wegen der heutigen Bibelstunde beim hiesigen Kriegspfarrer, ein «adventliches Beisammensein», bei dem *nichts* geschah, als daß er einen Vortrag über die Religion Friedrichs des Großen vorlas. Kein Lied, kein Bibelwort, nur der aaronitische Segen zum Schluß als einziges geistliches Anhängsel.[1] Ich war so entmutigt, daß ich mich nicht entschließen konnte, meinen Mund aufzumachen.

Hier bekommst Du nun – hoffentlich für Dich leserlich, – meinen Weihnachtsbrief, um den bes[onders] Gertrud sehr gebeten hat. Er ist unter zerrissenen Verhältnissen entstanden und scheint mir deshalb nicht so aus einem Guß wie der vorjährige zu sein. Aber vielleicht kann er doch seinen Dienst tun. Es wäre nur sehr schön, wenn Ihr ihn vervielfältigen könntet. Ich möchte dann auch ein paar Exemplare haben. Eine Abschriftenliste für ihn geht Dir in den nächsten Tagen zu.

Jetzt ist mein geliebtes Freiburg auch zerstört.

Grüß alle Freunde, küß die Eltern, hab mich lieb! Ich Dich sehr, sehr!

Dein Helmut

Bevor Eva Bildt zum Gottesdienst von Pfarrer Möller in die Berliner
Stadtmission ging, begann sie den Ersten Advent zusammen mit ihrer

---

[1] Aaronitischer Segen: «Der Herr segne dich und behüte dich; der Herr lasse sein Angesicht leuchten über dir und sei dir gnädig; der Herr hebe sein Angesicht über dich und gebe dir Frieden.»

Nachbarin Frau Mollenkopf feierlich «zu Hause» in ihrem Zimmer bei Frau Wölffing. Als Übung für die geplante Feier zu Helmut Gollwitzers Geburtstag am 29. Dezember wollte sie Mitbewohnern im Gutshaus Zeesen die Erzählung «Das Triptychon von den Heiligen drei Königen» des flämischen Schriftstellers Felix Timmermans (1886–1947) vorlesen. Die «Trutzens» (der Schauspieler Wolf Trutz und seine Frau) lebten wie die Eltern in einer «privilegierten Mischehe» und genossen ebenfalls die Gastfreundschaft und den Schutz von Gustaf Gründgens.

Mein Liebster! 3. Dezember 1944

Die junge Dame, für die ich gerade arbeite, hat sich gerade beschwert, ich würde zu tüchtig sein und zu schnell arbeiten – sie käme nicht mit. So was läßt man sich doch nicht zweimal sagen!

Helmut, ob wir mal eine Adventszeit miteinander haben werden? Ach, liebster Helmut, ich wünsche es mir so sehr! Das ist doch die wunderbarste Zeit (natürlich gibt es viele wunderbare Zeiten – also: eine der wunderbarsten Zeiten) im Jahr. Wieder erfahre ich's, wie da wirklich etwas geschieht – wie wirklich Licht in das Grau des November einbricht und ein Band der Liebe sich um alle die schlingt, die man im Herzen trägt, als wäre man sich viel näher, geheimnisvoll nah. Denn ich hatte diesmal (wenn ich denke: im vorigen Jahr noch Kerzen und Transparente und Kranz und Tiere und Englein – – – und Eltern und Gerhard!!!!) weder Zeit noch Mittel, was vorzubereiten – es wäre ja auch nur für mich gewesen – – und dennoch wurde es eben adventlich.

Sonnabend bei Trude [Wienecke] und Siegmar [Schneider] (er ist inzwischen in Berlin gelandet bzw. in Gatow auf der Fliegerschule oder so was) mit dem Freundeskreis von den beiden, der sehr bunt und zum Teil sehr nett war – vor allem ein junges Ehepaar von Kügelgen, das traf so lustig mit Deinem Hinweis auf den guten alten Kügelgen[1] zusammen – der natürlich mit verbrannt ist – und wer hat jetzt Bücher, wer noch welche besitzt, hat sie in Kleinkleckersdorf geluftschutzt, war's schön. Beim Licht einer langen weißen Kerze vor einem Christstern saßen wir, sangen, flöteten, ich durfte meine Andacht

---

[1] Wilhelm von Kügelgen: Jugenderinnerungen eines alten Mannes.

halten, sprachen alte Weihnachtsgedichte. Ich war deshalb sehr froh, die Andacht halten zu dürfen, weil gerade in solchem Kreis sonst doch leicht eine Stunde schöne «Stimmung» herauskommt. Dagegen ist ja nicht das mindeste zu sagen, und es ist weit besser als schlechte Stimmung oder gar keine – aber es hilft halt nichts und da es um die einzige wahre Hilfe, die es gibt, dabei geht, ist es schon schön, wenn der Hinweis darauf da ist, daß es sich hier nicht so sehr um die schönste Geschichte handelt, die es gibt, sondern um die Botschaft von der wahrsten aller Geschehnisse. Von daher ist mir letztlich so was wie der Timmermans und der Dickens[1] und all solche Weihnachtserzählungen, gleich welchen künstlerischen Niveaus, ein Problem (nur von daher müßte einem auch jede bildliche Darstellung problematisch werden, die das Weihnachtsgeschehen idyllisch und lieblich schildert und auch immer in Gefahr steht ein Märchen daraus zu machen). Ich denke halt, wir dürfen drauf vertrauen, daß, wenn solche Kunst im Wissen weitergegeben wird, daß hier Menschen mit ihren schönen edlen künstlerischen Kräften das zu gestalten versucht haben, daß Wahrheit und Wirklichkeit ist, auch eben diese Wahrheit und Wirklichkeit dahinter aufleuchtet und gespürt und Sehnsucht nach ihr geweckt wird.

Der Sonntag fing dann ganz wunderschön an. Durch das Kränzlein von der Gerda war bei mir «zu Hause» nun auch Advent – es fand sich dazu eine schöne Karte, ein Leuchter (bitte, mein eigener) mit einem Stück Kerze, einen Tannenzweig holte ich mir aus dem Garten. Und dann stand ich früh auf, um es Fräulein Mollenkopf, die vom Luftschutz morgens nach Haus kam, hübsch zu machen, deckte den Tisch mit einer schönen Engelkarte für sie und Tanne und einem Büchlein, und dann hatten wir bei Kerzenlicht einen wunderschönen Adventsbeginn mit dem 24. Psalm.[2]

---

[1] Charles Dickens: Eine Weihnachtsgeschichte.

[2] «Ein Psalm Davids. Die Erde ist des HERRN und was darinnen ist, der Erdboden und was darauf wohnt. Denn er hat ihn an die Meere gegründet und an den Wassern bereitet. Wer wird auf des HERRN Berg gehen, und wer wird stehen an seiner heiligen Stätte? Der unschuldige Hände hat und reines Herzens ist; der nicht Lust hat zu loser Lehre und schwört nicht fälschlich: der wird den Segen vom HERRN empfangen und Gerechtigkeit von dem Gott seines Heils. ... Machet die Tore weit und die Türen in der Welt hoch, daß der König der Ehren einziehe! ...»

Danach Singen beim Gottesdienst zu einer besonders guten Möllerpredigt. Vorher hatte mich noch in der Bahn Maria Neugebauer erwischt und mich – natürlich – rumgekriegt, am 23. zum Gottesdienst mit ihr den zweiten Sopran in der Weihnachtskantate von Vincent Lübeck zu singen. Also Weihnachten auch wieder zweigeteilt. Aber es läßt sich halt nur so als «Wanderer zwischen zwei Welten» leben – und ich bin ja für beides so froh!

Maria war strahlend glücklich (und das Glück macht doch gut und hübsch!), sie kam gerade von ihrem Verlobten [Carl Otto Bartning] aus Glücksburg; er ist dort als Adjutant und Offizier und kann künstlerisch sehr viel wirken (innerhalb des Dienstes: 2 Stunden täglich Geige üben, Stücke einstudieren und den Faust mit Kameraden lesen). Sie haben Heiratserlaubnis (!) und planen nun, in einem halben Jahr zu heiraten (wir würden kein halbes Jahr mehr warten, wie?!) und sich in Glücksburg eine kleine Wohnung zu nehmen, da er dort 1 ½ Jahre noch bleiben soll. Märchenhaft alles, nicht wahr? Hier ist sie auch jetzt in einem sehr erträglichen 48-Stunden-Einsatz beim Verpacken von Kunstschätzen in Dahlem – also alles ideal. Es war richtig nett mit ihr – ist ja überhaupt so schön, glückliche Menschen zu treffen – leider nicht eben häufig.

Mittags fuhr ich dann nach Zeesen, der Mutti ging es innerlich viel besser (ist ja auch Advent!), körperlich leider unverändert schlecht – dem Vater besser. Für Trutzens und einen jungen Malerfreund von Gustaf las ich dann noch mal den Timmermans und sang für uns Weihnachtslieder zum Spinett und fuhr dann abends sehr glücklich und zufrieden (sogar im geheizten Zug) nach Hause.

Zu Hause.

Liebster! Jetzt kann ich's doch nicht mehr erwarten, daß Du an Weihnachten meine Andacht liest. Als ich Deinen Weihnachtsbrief zu lesen begann – kam ich aus dem Lachen nicht heraus – einem strahlenden Lachen, nein, ich verrate nicht, weshalb. Du wirst's schon sehen.

Man könnte schon auf die Idee kommen, daß es richtig ist mit uns beiden. Schön ist Dein Weihnachtsbrief, sehr schön – natürlich ein wenig zu reich: angestaute Erfahrungen und Erkenntnisse, von langer, partnerloser Zeit –, aber es ist ja ein Brief und gerade so – mit der Fülle der Anregungen zu dem zentralen geistlichen Wort zur Weihnacht, wird den Freunden viel bedeuten. Ich hoffe, daß der «Versand» klappt.

Ach Guter Liebster – zu Deinem Partner-sehnsüchtigen Dasein – was soll ich sagen? Nein, lieber nichts. Zwei jammernde Hühner! Wo doch ein gewisser Gollwitzer sagt, daß wir loben sollen. Dabei fürchte ich, daß sich bei Lichte besehen Abgründe zwischen uns auftun. Denn Du willst mit Deiner dummen Frau über die Welt reden, und sie will von Dir geliebt werden und dich lieben. Das willst Du auch? Na, dann ist's ja gut.

Laß Dich küssen!

Deine Eva

Nach drei Wochen war Helmut Gollwitzers Lehrgang in Tschensto-chau beendet. Auf der Rückreise wollte er einige Weihnachtsgeschenke einkaufen.

9. Dezember 1944

Auf der Rückreise, Liebste, rasch einen abendlichen Gruß aus einem Soldatenheim hinter der Front. Um mich das übliche Treiben von bepackten Landsern aller Art, Biergläsern, Suppenschüsseln, verdrossenen und lachenden Gesichtern. Nachmittags machte ich noch den Versuch, in der hübschen Mittelstadt (mit einem schönen Bischofssitz) etwas zu Weihnachten einzukaufen, – aber es war vergeblich. Soweit es noch etwas gibt, sind die Preise sagenhaft. Nun hab ich für alle eine Kleinigkeit (für Vater ist ja der Tabak bestimmt, den Du ihm hoffentlich noch nicht gegeben hast, – und die Hälfte davon für Gerhard, – nur für Mutter hab ich noch gar nichts und zerbrech mir vergeblich den Kopf!).

Schließlich landete ich wieder im Kino, diesmal in einem netten Unterhaltungsfilm, in dem in dem Augenblick, als Siegfried Breuer sich, als berühmter Professor auf Besuch, in einen Sessel niederläßt und eine Zigarre anzündet, mich ein brennendes Heimweh nach meiner Wohnung auf dem Grat überfiel.[1] Wie wenig bin ich innerlich noch zum Verzicht geläutert!

[1] Auf dem Grat 14 in Berlin-Dahlem.

in der Großstadt keine feste Bindung finden konnten, blieben Paul Bildt unbekannt. Einer der ganz seltenen Fälle, daß ein Schauspieler sich in der Zeit des Anfangs in der Großstadt durchsetzen — und sich dann später auch behaupten konnte.

Und heute? Paul Bildt spielt im Staatlichen Schauspielhaus in Berlin, inszeniert dort Stücke und filmt.

Noch einige Worte vom Film. Die lange Kette der Filme, in denen er mitwirkte, läßt sich unmöglich Titel für Titel aufzählen. Die ersten an, in denen er Henny Portens Partner war. Aber eine klare, konsequent eingehaltene Linie ist zu erkennen. Paul Bildt sagt selbst: „Es kommt mir nicht darauf an, im Film große Rollen

Oben rechts und Mitte: Paul Bildt mit seiner Tochter Eva

zu spielen. Es ist mir auch nie darauf angekommen. Es kommt mir allein auf Rollen an, die zu spielen es sich lohnt. Es können Rollen sein, für die mir nur ein einziger Drehtag im Atelier nötig ist." — Denken wir an Paul Bildts Rolle im „Herrscher", an den „Mann der lacht", in dem Film „Der Mann, der Sherlock Holmes war", denken wir an diese Worte, wenn wir die Aufführung des Zarah-Leander-Films „Zu neuen Ufern" erleben. Schon Monate vorher hatte die Filmproduktion bei Bildt angerufen lassen: Nur er käme in Frage, es sei zwar nur eine ganz kurze Einstellung, aber diese Einstellung trüge den Abschluß des ganzen Films. Und wirklich, Paul Bildt war an dem verabredeten Tag pünktlich da, hatte, wie üblich, das Manuskript durchgearbeitet, und in einigen Stunden schon war die Einstellung gedreht. „Es hatte sich gelohnt." —

Der Hausherr sitzt vor uns am Schreibtisch. Während er erzählt, hat unser neugieriges Auge neben Schriftstücken und anderen Büchern einen Band mit Werken Platons entdeckt — mit einem Lesezeichen darin.

„Privatarbeit oder Liebhabereien?" Bildts gütiges Gesicht ist von einem Lächeln überstrahlt. „Dazu ist wenig Zeit. Neben den Büchern ist Kammermusik wohl meine erste Liebhaberei; aber leider komme ich kaum noch in einen Konzertsaal. Als Ersatz hierfür hat für mich die Schallplatte den Rang eines unentbehrlichen Kulturträgers eingenommen. Die Konzerte der Philharmoniker werden laufend ergänzt, aber auch Caruso und viele andere alte Platten sind in meinem Archiv. Ich interessiere mich für Graphik, habe auch selbst ein wenig zu zeichnen angefangen während meines Urlaubs, im vorigen Jahr in Prerow und dieses Jahr in Nidden. Dazu habe ich Freude an kleinen Kunstgegenständen wie dieser silbernen Betel-Büchse hier, aber ich habe auch jedes einzelne Einrichtungsstück meiner Wohnung für mich eigens herstellen lassen. Man kann getrost von den Möbeln gewisse Rückschlüsse auf den Besitzer ziehen: Es ist in ihnen mein Sinn für absolute Geradlinigkeit im Handeln und in der Auffassung.

Privatarbeit? — Nun, meine Tochter Eva ist Schauspielschülerin. Sie besucht die Theaterschule. Wir musizieren zusammen, und ich versuche oft, sie in das Wesen der Dinge um das Theater einzuführen. Natürlich sprechen wir auch über Rollen, mit denen sie sich gerade beschäftigt. Sie sehen, ob privat oder nicht, ob Arbeit oder „Liebhaberei" — ich freue mich des Schönen und bin Sklave der Kunst. Und daß ich es bin, darüber bin ich glücklich. Sehr glücklich sogar."

Als Schnellrichter in „Glückskinder"   Aufnahme Ufa

Im September 1937 brachte das im August Scherl Verlag erscheinende Film- und Photomagazin «Filmwelt» unter der Überschrift «Zu Besuch bei Paul Bildt» einen zweiseitigen Artikel über den Künstler und Privatmann Bildt. Auf den Photos wird auch Eva Bildt gezeigt. Zu dieser Zeit hatte sie als Schauspielschülerin noch eine Sondergenehmigung der Reichstheaterkammer für Auftritte als Rezitatorin. Die jüdische Ehefrau und Mutter mußte jedoch verschwiegen werden.

Dafür weiß ich nun aber endgültig, wie Dus machen mußt, um zur Bühne zu kommen, nachdem ich vorgestern auch noch «Maske in Blau»[1] gesehen habe, ein mit dem Schwenken hübscher Beine unterstützter Schwindel ist der normale Weg: Entweder Du gibst Dich als Witwe eines vermeintlich verstorbenen Revuesängers aus («Glück bei Frauen»[2]) oder als japanische («Das Lied der Nachtigall»[3]) oder ungarische («Maske in Blau») Primadonna. Der Erfolg ist Dir dann sicher, und alle sonst so bärbeißigen Theaterdirektoren fallen Dir mit der Hauptrolle zu Füßen und bieten Dir einen Bombenvertrag, – während mir als Liebhaber die Erfindung einer Kriminalgeschichte empfohlen wird, um damit ohne weiteres Herz und Hand der Tochter meines schwerreichen Chefs zu erringen (gestern in «Sieben Briefe»[4]). In jedem Fall müheloser Aufschwung in plutokratische Verhältnisse.

Bitte frag Wambo [Marie-Luise Blankenburg] oder sonst wen nach der jetzigen Heimatanschrift von Edo *Osterloh*[5] und schreib sie mir gleich!

Abend-und-Nacht-Küsse und viel Liebe!

Dein Helmut

Zwischen anderen Nachrichten teilte Eva Bildt ihrem Verlobten mit, daß die gesamte Familie von Hildur von Hammerstein verhaftet worden war. Das NS-Regime hatte sie wie andere Familienmitglieder der Widerstandskämpfer des 20. Juli in «Sippenhaft» genommen.

Geliebter Liebster!   14. Dezember 1944

Daß ich die schönen Briefe von Dir habe aus den letzten Tschenstochauer Tagen! Wenn ich sie bei mir fühle, geht es mir gleich viel bes-

---

[1] Regisseur: Paul Martin, 1943 uraufgeführt.
[2] Regisseur: Peter Paul Brauer, 1944 uraufgeführt.
[3] Regisseur: Theo Lingen, 1944 uraufgeführt.
[4] Regisseur: Otto Pittermann, 1944 uraufgeführt.
[5] Edo Osterloh (1909–1964), Pfarrer, Dozent an der Kirchlichen Hochschule in Berlin-Dahlem und nach 1945 Politiker (u. a. Kultusminister von Schleswig-Holstein).

ser und gut. Sonst ist's ein Auf und Ab, in dem ich mir oft die Worte Deines Weihnachtsbriefes vorsagen muß, um bei der Stange zu bleiben. Ich komme mit dem «weg Phantasie» nicht weiter, weil die Bilder, die ja nicht Phantasie sind, immer vor mich kommen – aber es ist nicht nur so. Zwischen welche Möglichkeiten nach oben und nach unten der Mensch gespannt ist, habe ich selten so empfunden. Daß die Schuld aus ihm Bestie werden lassen kann, ist schon grauenhaft genug zu denken, aber daß ihn jäh Leid zum Vieh machen kann, das verfolgt mich eben nun. Ich glaube, daß die Hoffnung bleiben kann, daß die Seele eines Menschen über gewisse Drangsal triumphieren kann, aber über Hunger, Kälte, Mißhandlung, Demütigung und namenlose Widrigkeiten gehäuft – nein, das glaube ich nicht. Sicher gilt das «Ich bin bei Euch alle Tage bis an der Welt Ende»[1] aber ganz anders, geheimnisvoll und vielleicht dann doch erst sichtbar und spürbar drüben, wo Lazarus getröstet wird. Es hat mich bei den Karamasoffs,[2] als ich sie in diesem Jahr eigentlich zum ersten Mal mit Verständnis las, tief beeindruckt, wie Aljoscha auf die Erzählungen Iwans (von denen mich die von den mißhandelten Kindern viel mehr umtreibt als die vom Großinquisitor) *nichts* erwidert, keine «Sinngebung», kein Trost – nur der – scheinbar beziehungslose Hinweis darauf, daß Christus auferstanden sei. Das ist sicher richtig (und sehr protestantisch – oder?!), aber die Hilfe ist doch erst da, wo beides zusammenkommt, der trostlose Mensch und der allmächtige Heiland.

Aber nun wirklich genug davon. Es kommt bei mir nun auch eine geradezu lächerliche Verhetztheit dazu. – – – Doch nun zu dem Schönen im Leben – – – da ist zuerst und zuzweit und immer wieder Dein Brief und Deine Briefe und die Schumannehe und die Humboldtehe und die Eltern und wir (na, und sollte das nicht für ein ganzes Leben ausreichen?!).

Gestern wurde mir bei Buchholz,[3] wo ich noch nach Dienstschluß für Gerhard 2 Marcks-Holzschnitte abholte, [gesagt], daß nun auch Hildurs Mutter (wird sie «Puppe» genannt? dann auch sie selbst, es hieß – «alle»)[4] nun dort sind, wo der jüngste Bruder ist. Aber ich

---

[1] Matthäus 28,20.
[2] Fjodor M. Dostojewskij: Die Brüder Karamasow.
[3] Karl Buchholz, Berliner Buch- und Kunsthändler.
[4] «Puppe» war der Spitzname von Hildur von Hammerstein.

wollte ja eigentlich Schönes erzählen. Heute lese ich zur Adventsfeier des Bibelkreises den schönen kleinen Kramp: die «Zuversicht»[1] – und mit der rührenden Frl. Mollenkopf, die dann mir ab und zu, wenn ich am Weinen bin, Wera Hinz, der es nicht gegeben ist, unter einer Stunde zu telefonieren, oder ähnliche Erscheinungen vom Halse hält, schließe ich dann doch auch immer, wenn es nur Minuten sind, den Tag adventlich und friedlich.

Der Adventsabend drüben war wunderschön. (Frau Pfarrer Mochalski hatte alles entzückend hergerichtet, und ich dachte so mit Wehmut an meine Siemens-Mädchen, von denen eine solche Angst vor Weihnachten hat, daß sie es verschlafen möchte und so – die werde ich nun, ehe ich nach Zeesen fahre, zu mir holen und sie mit zum Vincent Lübeck[2] schleppen. Denn: Ich kann mitmachen!! Wir haben alle Tage frei.) Da mich gestern noch dazu Dein Brief vom 9. erwartete, wäre ich ganz glücklich, wenn es nicht der Mutter so schlecht ginge und viele sagten, sie *müsse* in ein Krankenhaus. Aber wo bei Galle das Seelische solche Rolle spielt – selbst wenn wir sie wo unterbrächten, was schon aufregungsreich wäre – die Trennung vom Vater – wir sind ziemlich ratlos. Ich halte mich fest an die heutige Losung[3] und kann bei Mutti wirklich vorbehaltlos sprechen: Dein Wille geschehe. Um den Vati bin ich in gewisserweise besorgter – aber er ist im Augenblick wieder heiterer. Einen ganz lieben, unverdienten Brief schrieb mir der Vater Traub auf einen Gruß von mir und von Frau Albertz,[4] die mich anrief, soll ich Dich grüßen. Dann von Frau Beckmann; all die Liebe tut so wohl. – Jetzt bin ich eine Station zu weit gefahren – hoffentlich komme ich nicht zu spät.

Bisher ist ja der einzige Entlassungsgrund, den ich Siemens biete, mein Singen während der Arbeit. Ich wurde schon wieder deshalb verwarnt. Gestern abend blieben die Steinmetz-Schwestern und Frl. Mollenkopf noch etwas länger bei Mochs [Mochalskis] – da mußten wir von Siemens erzählen. Ob ich nun Elsie + K. G. sehe? Hoffent-

---

[1] Offenbar eine frühe, aber bibliographisch nicht zu ermittelnde Ausgabe der 1957 erschienen Schrift «Der Radfahrer oder Von der Zuversicht» von Willy Kramp.
[2] Vincent Lübeck (1654–1740), norddeutscher Barockkomponist.
[3] Psalm 104,24: «Herr, wie sind deine Werke so groß und viel! Du hast sie alle weislich geordnet, und die Erde ist voll deiner Güter.»
[4] Marianne Albertz, Ehefrau von Martin Albertz.

lich! Weißt Du, wieso er hier ist?! Auf *Bomben*urlaub wegen Elsies
Zimmer. Allerhand Begabung, was?!

Lebe wohl!

Deine Eva

Nach der Rückkehr vom Lehrgang erlebte Helmut Gollwitzer eine
freudige Überraschung. Am 14. Dezember teilte er seiner Braut kurz
mit, daß er «bis 22. 12. den Div[isions]-Pf[arrer] vertreten, herumfah-
ren und viele Weihnachtsgottesdienste halten [muß]. Darum jetzt,
heute, gar keine Zeit zum Schreiben. Danke mit mir für diese herr-
liche, unverdiente Gnade!» Und an seine Familie schrieb er einige
Tage später: «… wie schön ist es, daß ich nun zum 1. Mal seit meiner
Ausweisung wieder in der Verkündigung des Evangeliums stehen
darf.» Erstmals seit dem 3. September 1940, dem Tag seiner Auswei-
sung aus Berlin und dem Verdikt des «Reichsredeverbotes», durfte er
jetzt wieder offiziell als Pfarrer amtieren. Am 16. und 17. Dezember
muß er etwas Zeit gefunden haben, um ausführlich seiner Verlobten
zu berichten und auch wieder viele Fragen zu stellen. Er wollte wis-
sen, wie es den inhaftierten Frauen aus der Dahlemer Gemeinde geht.
Vermutlich hatte Eva Bildt ihm noch nichts Neues von Helene Jacobs,
die im Zuchthaus saß, und Hildegard Schaeder, die im KZ Ravens-
brück war, schreiben können. Melanie Steinmetz, die ebenfalls wegen
«Judenhilfe» verurteilt worden war, war bereits entlassen worden und
arbeitete mit Eva Bildt bei Siemens.

Mein liebstes Herz! 16. Dezember 1944

Wie unendlich viel hätte ich Dir zu schreiben, – und kanns doch nicht,
weil das doppelte Amt alle Zeit frißt. Der Ope[rations]saal hat ziem-
lichen Betrieb – und von meinem Grundsatz, möglichst nie die gleiche Predigt 2mal zu halten, möchte ich nicht abgehen und muß also
jede freie Minute benützen, mich auf den nächsten Gottesdienst vorzubereiten. Im Brief nach München werde ich mehr davon erzählen.
Nicht einmal so viel Zeit habe ich, um an Mutter 1 Kilo weiße Bohnen zu verpacken, – nicht mein Weihnachtsgeschenk, sondern die

Andeutung eines Geschenks, der Hauch, das Häuchchen eines Gru-
ßes, aber immerhin nahrhaft!

Eben kam Dein Brief vom 12.12. Außerdem muß ich Dir ja die
Ankunft all der Briefe bestätigen, die ich bei der Rückkehr von
Tschenstochau hier vorfand. Sie waren alle eine große Freude, aber
sie haben mir Egoisten endlich auch eine Vorstellung gegeben, wie
Deine Zeit bis zum letzten ausgefüllt ist. Wieder Anlaß, Sorge um
Dich zu haben?! Hältst Du diesen Betrieb aus? Noch dazu bei dieser
Verpflegung, bei kaltem Zimmer usw.! So schön es ist, von Dir über
Begegnungen mit guten Leuten zu hören.

Die Nachrichten über Melanie sind am schönsten. Grüß sie sehr!
Was aber ist mit Helene? Neues von Hildegard? Von Vater Traub
kam ein ergreifender Brief, den Du bald bekommst.

17. 12.: Gestern Abend gab es ein großes Hühneressen – Frucht der
Privatpraxis. Die Folge aber war, daß ich den Brief gestern nicht fertig brachte – und heute überfällt mich mit Schrecken die Erkenntnis,
daß es ja schon der Weihnachtsbrief sein muß, denn morgen und
übermorgen bin ich wieder auf Reisen zu Gottesdiensten bei der
Artillerie und Infanterie – und wenn ich zurückkomm, ist es zu spät.
Es ist anstrengend genug, – aber auch welche Freude. Zwar waren die
Besucherzahlen bis jetzt nur klein, woran freilich auch viele ungün-
stige Umstände schuld waren. Aber bei denen, die da waren, war die
innere Beteiligung deutlich zu spüren. Ich hielt Weihnachtsgottesdienste mit Luc[as] 2 als Text, und die Predigt bestand eigentlich nur
in einer Anleitung zur selbständigen Betrachtung von Weihnachtsgeschichte und Weihnachtsliedern am Heiligen Abend.[1] Nur heute habe
ich hier für unsere eigene Komp[anie] einen Gottesdienst mit Ad-
ventstext gehalten (die letzten Verse der Off[en]b[arung] Joh[anne]s[2]).

---

[1] «Es begab sich aber zu der Zeit, daß ein Gebot von dem Kaiser Augustus ausging, daß alle Welt geschätzt würde. Und diese Schätzung war die allererste
und geschah zu der Zeit, da Cyrenius Landpfleger von Syrien war. Und jeder-
mann ging, daß er sich schätzen ließe, ein jeglicher in seine Stadt. Da machte
sich auch auf Joseph aus Galiläa, aus der Stadt Nazareth, ...»

[2] «Ich bin das A und das O, der Anfang und das Ende, der Erste und der Letzte.
Selig sind, die seine Gebote halten, auf daß sie Macht haben an dem Holz des
Lebens und zu den Toren eingehen in die Stadt. ... Und so jemand davontut
von den Worten des Buchs dieser Weissagung, so wird Gott abtun sein Teil
von Holz des Lebens und von der heiligen Stadt, davon in diesem Buch geschrieben ist. Es spricht, der solches bezeugt: Ja, ich komme bald. Amen, ja

Bei allen Gottesdiensten hab ich das Abendmahl ganz in den Gottesdienst mit hereingenommen (was die Kriegspfarrer nicht wagen), und es hat sich mir aufs Stärkste bestätigt. Ohne Abendmahl fallen sie sofort nach der Predigt wieder in die Zuschauerhaltung zurück, – ganz sichtbar wirkt das Sakrament als auf den Leib rückende Versiegelung. Natürlich kündige ich es vorher so an, daß jeder die Freiheit hat, sitzen zu bleiben und nicht vorzutreten, wovon aber nur wenige Gebrauch machen.

Leider kann ich Dir die Predigten nicht schicken. Ich schaffe es bei der wenigen Zeit nicht, sie wörtlich aufzuschreiben. – Mir selbst war es der gnädig geschenkte Weg, aus einer geistlichen Trockenheit der letzten Zeit in Tschenstochau herauszukommen. Es ist wirklich Advent und Weihnachten in mir geworden. Was für ein Beweis der Liebe Gottes ist mir das wieder. Wie man denn doch überhaupt sein Leben, wenn mans unter Gott weiß, nur staunend betrachten kann, wie da bis ins Kleinste alles «weislich geordnet» ist; auch wenn das lange Zeit dunkel bleibt, dann glänzt es auf einmal umso deutlicher auf. So denke ich nun mit inniger Freude auch an Dich, denn ich bin gewiß, daß Gott das, was er mir gibt, auch Dir gibt.

Weihnachten – Liebste, wir sind doch mitten drin in dieser Geschichte. Unser ganzes Leben, unsere Liebe, unser Getrenntsein, unser Zusammensein mit unseren Lieben, unsere Stellung zur Zeit, unsere Zuversicht, – ach, gar nichts davon wäre möglich oder doch gerade so möglich, wenn nicht die Heilige Nacht von Bethlehem gewesen wäre und bis heute und alle Zeit uns bestimmte. Welch ein Licht liegt über den Zeugnissen der Bibel! Wieder bin ich in einer Zeit, in der ich es so zu sehen meine wie noch nie. Die Losungen dieser Tage samt den dazugesetzten Liederversen (der schöne vorgestern von Zinzendorf![1]) – das glänzt und verheißt, und blind muß man sein, wenn mans nicht sieht. Dieser so lebendig an uns wirkende und sich uns verkündigende Jesus ist doch mit allem viel mehr als alles, was wir von ihm sagen können. Unsere theol[ogischen] Formulierungen müßten eine ungemeine Leichtigkeit haben, gar keine Schwere in sich selbst, um ganz nur Hinweis zu sein auf Ihn. Das wird mir an Ger-

komm, Herr Jesu! Die Gnade unsers Herrn Jesu Christi sei mit euch allen! Amen.»

[1] Kirchenlied «Lieber Herr, bleib in der Nähe, daß dein Licht im Geist entsteht und die Finsternis vergehe und wir schmecken deine Kraft» von Nikolaus Ludwig Graf von Zinzendorf (1700–1760).

hards Grönbech-Begeisterung so klar, die ich gar nicht teile und bei der ich doch vergeblich nach Worten suche, die in sich so unfestgelegt wären, daß sie ihn ganz auf das eigene, unvergleichliche, göttlich-menschliche Leben Christi weisen könnten, aber auf bessere Weise, weniger verwischend und eben doch willkürlich begrenzend, als es anscheinend doch Grönbech tut.[1] Es hat seinen guten Grund, daß die kirchlichen Worte doch immer, entgegen allen Erwartungen, die man anfangs sagen könnte, sich als die bewährtesten und treffendsten beweisen.

«Er ist auf Erden kommen *arm*»[2] – so soll uns unser Armwerden auch nicht drücken. Wir werden dadurch Ihm wieder ein Stück mehr gleich – und einen besseren Fortschritt im Leben kann es doch nicht geben als ihm gleich werden. Daß wir selbst Ja dazu sagen, ist die Voraussetzung, daß wir anderen in ihrem Armwerden helfen. Ich danke unserem Herrn, daß er Dir geholfen hat, dieses Jahr so zu bestehen, und den Eltern auch. Er wird uns auch weiterhin «nicht Waisen lassen».[3]

Nun sag den lieben Eltern, wie sehr ich an Weihnachten an sie denke! Ich will ihnen noch selber schreiben, aber das wird ja wohl erst nach dem Fest ankommen. Sing ihnen vor und sing mit ihnen und ersetz ihnen den Gottesdienst, der da draußen fehlen wird! Meinen heißen Wunsch, mit Euch allen zusammen endlich Weihnachten erleben zu dürfen, wird Christus sich in seiner Güte gefallen lassen und anhören und auf seine Weise erhören.

Dich liebend und mit Dir vor unserem Herrn vereint grüßt Dich und küßt Dich

Dein Helmut

Bewegt und freudig schrieb Eva Bildt am 1. Feiertag ihrem Geliebten von Weihnachten und wie sie diese Stunden verbracht hat. An die Aufführung der Lübeck-Kantate konnte sich Edith Abraham, die ebenfalls Mitwirkende war, zwölf Jahre später in einem Brief an Helmut Gollwitzer noch gut erinnern: «Fräulein Bildt sang die Solopar-

[1] Vilhelm Grönbech: Jesus der Menschensohn. Stuttgart 1941.
[2] Aus «Gelobt seist du, Jesu Christ» von Martin Luther.
[3] Johannes 14,18.

tien.» Edith Abraham hatte ein ähnliches Schicksal wie Eva Bildt. Als
«Mischling 1. Grades» durfte sie nach ihrer Verlobung 1939 ihren
Bräutigam nicht heiraten und wurde entsprechend der Verfügung
vom 6. Oktober 1944 zu körperlicher Arbeit verpflichtet.

Gott wurde Mensch, auf daß der Mensch Gott werde. (Augustin)

Geliebtes Herz!   1. Weihnachtsfeiertag [25. Dezember] 1944

Mit dem Rücken an der Heizung (ach, wunderbar!), meinen einem
Rotwein (von freundlicher Hand gespendet) huldigenden Vater neben mir, und im Bett die Mutti, der es ganz langsam, aber doch besser
geht – und mein Herz fliegt zu Dir, um sich mit Dir zu vereinen und
mit Dir zusammen an die Krippe zu treten, von der uns beide das
Licht des Lebens trifft. Du hast in der letzten Zeit von mir ebenso
schlechte Briefe bekommen wie ich von Dir gute; es ist schwer, über
das nicht sprechen zu können, was einen bewegt. Aber es soll wohl so
sein. Und, wenngleich mein Dank dafür, daß Weihnachten so ganz
wahr und leuchtend wurde, zutiefst mit dem zusammenhängt, was
wieder die Frage aufwarf: Auch da noch Sieg Christi? – So soll es
wohl genügen, wenn ich das verschweigend nur sage: Ja, Sieg Christi:
«Und die Herrschaft liegt auf seiner Schulter»[1], mitten in der grauenvollen Herrschaft der widergöttlichen Mächte, denen sich nichts ent-
gegenzustellen scheint.

Wie war das bei Deinen Briefen herrlich – wie klar, wie gewiß, wie
herrschend war da das Lob, und Dein Weihnachtsbrief an mich war
das größte Geschenk, das es geben konnte. Ja, und es [ist] so, wie Du
sagst, daß alles, was Du erfährst, auch mir mit gilt. Wenn Du allerdings schreibst, daß Du Dir Sorge machst, ob ich's mit meinem «Sie-
mensleben» zu schwer habe, so laß Dir nur sagen, *wie* dankbar wir
sein müssen, daß ich's noch habe – es ist äußerste Vergünstigung und
Gnade, kaum zu tragen angesichts dessen, wovor ich noch bewahrt
sein darf.

Aber ich will springen von dieser Ebene auf die «weihnachtliche»,
wo es unentscheidend wird, ob sinnvoller Beruf, Ostfront, Siemens
oder niedrigster Dienst, – wo Sein Reich mitten unter uns und wir in

[1] Jesaja 9,5.

ihm sind, wo wir geführt werden zu und in einem Sinn, der quer durch alles geht, durch «leicht» oder «schwer», «sinnvoll» oder «sinnlos». Du wirst verstehen, wenn ich Dir sage, daß es zu meinen größten Geschenken der Weihnacht gehört, daß 3 von meinen 5 Schreibzimmerkolleginnen mir sagten, sie wollten dieses Jahr an Weihnachten in die Kirche gehen, und sich von mir beraten ließen. Ob sie's getan haben, weiß ich nicht, nur von einer, die mit mir in Dahlem war. Denn ich konnte beim Vincent Lübeck mitsingen, denk nur! Der kleine Chor, mit Bärbel [Denstaedt] und Frl. Schlichting, zwei Töchtern von Verschuer, einer mir unbekannten Dame und Mutter und Tochter Neugebauer, der kleine Hansi [Neugebauer] an der Orgel und Edith Abraham (seit einigen Tagen Straßenkehrerin und strahlend, dankbar und von reinem Glauben leuchtend) und Frau Beckmann geigend – und der Sonnabend-Gottesdienst wurde dann wirklich der schönste Weihnachtsgottesdienst, den man sich denken kann: ganz einheitlich, strahlend, einfältig, lobend. Herrlich hatte Moch [Mochalski] die Lieder ausgesucht (Gott sei Dank durch alle Welt, Gelobet seist Du, Jesu Christ, Kommt und laßt uns Christum ehren, Nun singet und seid froh und «Ich steh an deiner Krippen hier»), und unser Singen war wohl von allen von dem Wunsch getragen: «Ich will Dein Lob vermehren.»[1] Und dieser Wunsch wurde uns erfüllt. Und Mochs kurze, ganz herrliche Predigt über Jes[aja] 9[2] – danach traten wir hinaus ins Mondlicht über dem stillen Dahlem und hatten alle das Gefühl, ohne Geschenke, ohne Tanne, ohne Lichter nun schon ein Weihnachten gehabt zu haben, mit dem wir reicher waren als alle Könige der Erde. Und alles andere konnte dann genommen werden als Zeichen der großen Freude, die uns in dem Jesuskind zuteil geworden ist.

Der Abend mit Frl. Mollenkopf, die das Zimmer entzückend ausgeschmückt hatte, viele liebe Briefe und Grüße von Freunden und der Familie (Inge schrieb mir, warum ich nicht auch ihren Weg gewählt hätte – ist doch schön, wie jeder den eigenen so für sinnvoll hält, daß er so nach dem Weg vom anderen fragt – ihren verstehe ich nun für sie natürlich ganz, nachdem ich weiß, daß sie vor eine

[1] Aus «Brich an Du schönes Morgenlicht» von Johann Rist.
[2] «… Denn uns ist ein Kind geboren, ein Sohn ist uns gegeben, und die Herrschaft ist auf seiner Schulter; er heißt Wunderbar, Rat, Held, Ewig-Vater Friedefürst …»

entscheidende Veränderung gestellt war, die sie für sich auf keinen Falle hätte anders positiver lösen können als so.) Es war wunderschön.

Am Sonntag morgen kam die größte Freude: Dein Brief (Helmut, wenn wir denken, daß wir 1944 drei Wochen zusammen waren, es ist doch einfach lächerlich – womit ich die Sehnsucht gar nicht kleiner machen will), dann fuhr ich noch bei Horstmeyers vorbei und dann zu den Eltern. Ein herrlicher Winter ist's: glasklar, zartblauer Himmel, Sonne, Raureif, das knisternde Eis auf dem See, die Jubellaute der schlittschuhlaufenden Kinder durch die Stille, ein blasser Mond auf der einen Seite, auf der anderen der feurige Sonnenball – könnten wir's zusammen erleben!

Am Heiligen Abend waren Trutzens und die Anna [Müller] da, als wir feierten: Weihnachtslieder singend, die Weihnachtsgeschichte lesend und Deine Predigt über Jes[aja] 9. – Da ist schon alles gesagt – und doch: Heute ist's leuchtender und einfacher geworden. Das Geheimnis als Wirklichkeit erkennend in Staunen und Anbetung. Der Vati übrigens hatte eine entscheidende innere Wandlung zum inneren Gesundwerden durch eine Predigt, die Denni [Denstaedt] ihm neulich schickte, als Antwort auf das Gespräch. (Jetzt denkst Du, daß es ein bißchen gemein von mir ist, daß ich Dir das schreibe – aber es ist nur so gemeint, daß ich wirklich weiß, wenn Du hier lebtest, daß Du wüßtest, für wie viele derer, die von dem verwundet sind, was am tiefsten verwundet: dem versehrten Menschenbild – gerade durch seine Predigten Hilfe haben.)

Die geliebte Familie war in Briefen von der Gerda, von Lalita und Gerhard (denke Dir, ich darf den schönen Grünewald auch haben,[1] den die Gerda Dir auch schickte, davor stehen bei mir die Bilder von Dir, Michael und Rohtraut ganz mit uns verbunden. Und wie wir alle zu Herbert hingedacht haben, das war etwas, was nicht leer zurückkam, von wo auch immer es sei. Wir sprachen, wie schon in den Vorjahren, ein Gebet, in dem wir namentlich alle geliebten Menschen vor Gott brachten, und erfuhren wieder, wie es zu den Geheimnissen der Weihnacht gehört, daß sie wirklich Trennung mehr zu überwinden erlaubt, als es so schon durch Geist und Gebet möglich ist. Einen Baum haben wir nicht, aber schöne Tannenzweige, auf meinem Tisch steht das Väschen aus Le Croisic, das ich so liebe, und hat in jedem

---

[1] Kunstdruck eines Werkes von Matthias Grünewald (1475/80–1528).

Hälschen ein Tannenzweiglein. Elisabeth [Voss] hat mir extra ein Lied komponiert, das ist nach Deinem Brief mein Liebstes! Morgen fahre ich nach Berlin zur Singkreisfeier – dann wieder hierher. Dann kommt unser 28. und der 29. und am 30. Timmermans: Ich kanns gar nicht alles verkraften, fürcht' ich – aber das Schöne ist, es ist immer alles zusammen da. Und schade ist nur, daß ich so gar nicht Worte finde dafür, wie lieb ich Dich habe. Dafür müßten erst neue erfunden werden. Aber Worte tun's ja auch nicht! Wann wird Gott uns erlauben, daß wir uns wiedersehen? Ich glaube, diesmal sterbe ich vor Glück – und das wäre ein herrlicher Tod.

Ich bin

Deine Eva

Auch Helmut Gollwitzer konnte von Weihnachten berichten. Er sollte eine Art indirekter Weihnachtspredigt halten, die auch für Nichtchristen annehmbar und nicht religiös sein sollte. Er widmete sich dieser Aufgabe, denn «es ließe sich auch auf so indirekte Weise etwas Nützliches sagen».

Meine geliebteste Eva!   26. Dezember 1944

Der 2. Feiertag, – der traditionelle Berichtstag über Weihnachten. Er ist zwar fast schon vorüber, gleich muß ich auch weg zu Stehmann, und bisher hab ich, erschöpft von den Anstrengungen des Festes, auf dem Verwundetenlager wie ein Stein geschlafen. So ist keine Aussicht, daß der Brief heute noch fertig wird, – aber angefangen soll er sein, Dir zum Gruß und Dank, Du Liebste, die Du in diesen Tagen mir so nahe warst.

Es war eben doch wieder ein Weihnachten, das wir *zusammen* verlebt haben, – Du siehst, wie machtlos Teufel und Menschen sind mit ihren Versuchen, uns zu trennen! Als ich Dein Päckchen, das lange schon dalag, am Heiligen Abend endlich öffnete und Deine Weihnachtsandacht las, mußte ich – wie unangebracht bei einer Andacht! – laut herauslachen. Aber es war ein Lachen vor Glück. Wie soll mans nicht empfinden bei so einem Gleichklang! Da sind zwei Menschen, die sich doch erst als ziemlich ausgewachsen kennengelernt haben, aus verschiedenstem Lebenskreis herkommend, und die sich doch eigentlich nur sehr kurze Zeit gesehen haben – und welcher Gleichklang! Als Gustav Schweppe Deinen Erzählbrief las, meinte er auch, der könne dem Stil nach ebenso gut von mir sein. So wird uns unser Zusammengehören so deutlich bewiesen, daß wir doch gar nicht anders können – als eben zusammenbleiben!

Wie immer, so kündigte sich das Fest auch dies Jahr damit an, daß der Chef mit mir konferierte, wie man den Abend ausgestalten könne. Unser Stabsarzt, der als Chirurg den vorgeschob[enen] H.V.Pl. [Hauptverbandsplatz] leitet, ist ein guter Arzt, ein grundanständiger Mensch, aber rednerisch gänzlich unbegabt und in geistigen Dingen so primitiv und ahnungslos, wie es Mediziner so oft zu sein pflegen. Daß es nicht ohne die alten Weihnachtslieder ginge, sah er von selbst, trotz der diesjährigen, wieder sehr nachdrücklichen Propaganda für ein entchristlichtes Weihnachten, ein. So hatten wir uns bald auf ein Programm geeinigt, das zu meiner Überraschung mit einer Ansprache von mir, nach dem Eingangslied «Es ist ein Ros entsprungen», begann. Dies Lied sollte die Op[erationssaal]-Gruppe nach einem hübschen Satz 3-stimmig singen; aber trotz gröblichster Beschimpfungen brachte ich das nicht mit ihnen zustande; man merkte daran übrigens schlagend, wie wenig das übliche Gesangsvereinstraining, das sie fast alle haben, zum Singenkönnen verhilft; so fiel der Chor weg, und wir sangens als Gemeinschaftslied. Der Raum – eine Baracke, in der wir auch die Gottesdienste abhalten, – war mit Liebe und viel wattebeschneitem Tannengrün geschmückt. Die Wehrmacht hatte sich auch nicht lumpen lassen; auf jedem Platz lag ein sehr wohlschmeckender Weizenmehlstollen, ein Teller Gebäck, Zigaretten und reichlich Tee mit Rum. Das Essen kam aber erst nachher; vorerst stehen wir noch beim ersten Teil, nämlich bei meiner Ansprache. In den vorhergehenden Tagen hatte ich mir eine zurechtgelegt, die eine Art indirekte Weihnachtspredigt war; indirekt mußte sie ja sein, da das ja die mir gestellte Bedingung war, so zu sprechen, daß es auch für Nichtchristen annehmbar sei; das Politische allerdings war der Ansprache des Stabsarztes reserviert; ich hatte sozusagen vom religiösen Sinn zu sprechen. Ohne christlich zu werden? – «Wasch mir den Pelz und mach mir ihn nicht naß!» Immerhin, ich hatte es übernommen, weil ich glaubte, es ließe sich auch auf so indirekte Weise etwas Nützliches sagen.

Nun war ich am Sonntag Abend nach einem schönen langen Zusammensein mit Stehmann noch in den Ope[rationssaal] gegangen
und hatte da Gustav Schweppe als Nachtwache vorgefunden; wir kamen auf die Weihnachtsfeier zu sprechen.

[...]¹

Die drei bisherigen Blätter dieses Briefes kannst Du ja gleich
nach München weiterschicken, weil der Festbericht auch für die
Familie bestimmt ist; dann kannst Du Dir das Abschreiben sparen.

Daß es Mutter besser geht, ist ein besonders gutes Weihnachtsgeschenk. Gerüchte wollen von neuheraufziehenden Schatten wissen:
– Gott gebe uns allen ein festes Herz, daß wir uns keinen Augenblick
als wehrlose Opfer in der Hand von Teufel und Menschen, sondern
immer als ganz persönlich von Gott geliebte und geführte Bürger seines Reiches wissen; es kann uns gar nichts geschehen, als was er hat
ersehen und was uns selig ist,² – das hat er uns nun doch reichlich
versprochen. Liebe, Liebe, wie bitte ich für Dich, daß Dir Gnade gegeben wird, die lieben Eltern zu stärken, vor allem Vater, und selbst
in Seiner Hut ruhig zu bleiben!

Daß der «Fibel» so eine schöne Entdeckung für Dich ist, ist
auch was Schönes.³ Was für einen Timmermans hast Du denn gelesen?

Heute, Liebste, ist nun der *28. 12.* – unser Tag, unser Tag! Vier Jahre
sind wir zusammen *einen* Weg gegangen und immer glücklicher dabei
geworden. Was wären es ohne diesen 28. 12. 40 für Jahre geworden?
Wir könnens nicht anders denken, als daß es doch sehr viel ärmere,
mattere Jahre gewesen wären. Unser Dank trifft sich vor Gottes
Thron, und er segnet täglich unseren Bund, den wir von Anfang an
Ihm und seinem mutmachenden, freimachenden Wort verdanken. So
dank ich nun aber auch Dir für alle Liebe dieser Jahre und für das
schöne Zeichen, das Dein Weihnachtspäckchen war, dazu: die Zigarren, die Kerzlein, der «Hebel»,⁴ das Briefpapier – und das Schönste:
die Gedichte von Abschied und Wiedersehen, deren jedes Du zu mir

---

¹ Blatt 3 des Briefes ist nicht überliefert.
² Aus dem Kirchenlied «In allen meinen Taten» von Paul Fleming (1609–1640).
³ Jean Paul: Leben Fibels. Des Verfassers der Bienrodschen Fibel.
⁴ Welches Werk oder welche Biographie gemeint ist, konnte nicht ermittelt
werden. In der Bibliothek von Helmut Gollwitzer befanden sich später mehrere Werke von Johann Peter Hebel.

und ich zu Dir sage. Sei umarmt, meine Liebste, sei geliebt, alle Tag und Stunden, von ganzem Herzen

Deines Helmut

Auch in diesem Jahr gab es wieder eine Geburtstagsfeier für Helmut Gollwitzer mit einer Lesung («Tönen») seiner Braut. Sie fand im Niemöllerschen Pfarrhaus in Berlin-Dahlem statt.

Geliebter Helmut – im alten und
im neuen Jahr Geliebter!   31. Dezember 1944

Und wieder eine Geburtstagsfeier mit Tönen für Dich ohne Dich. Seltsam (wegweisend ins Neue Jahr?), wer kam und wer nicht da war: Alle alten Freunde versetzten mich. Da waren: Dennis [Bärbel und Karl-Albrecht Denstaedt], Kühnes,[1] Höfle, Nathi[2] (Gertrud gings so schlecht, daß sie nicht kommen konnte), Frl. Mollenkopf, Frl. Rabow (ein Mädchen, das ich vom Bu[rckhardt]haus kenne und mag, in derselben Situation wie ich), Frau Gelan mit Tochter (eine Buchbindermeisterin, die ich durch Lilje kenne und der ich die Bekanntschaft mit dem einen netten Siemenschef und damit indirekt meine Schreibzimmerstellung dort verdanke), Horstmeyers, vier vom Singkreis, darunter Gretel Gutekunst aus Reutlingen, die mit nicht leichtem Herzen das zweite Kind erwartet (bei dem sich's entscheiden wird, ob die Blindheit erblich ist oder nicht) – und als große Freuden, weil tatsächlich vor allem zu meinem Deinem Fest gekommen: Käthe Himmelreich aus Prag und (verbotenermaßen und mit 17 Stunden Fahrt!) Elisabeth [Voss] aus Selb. Der Timmermans war schön, wir waren alle fröhlich, als wir gingen, fiel dichter Schnee, noch abends fuhr ich wieder mit Helene [Pursche] (aus dem Singkreis, die jetzt Schwester in Königs Wusterhausen ist) heraus zu den Eltern und ging durch die Mond-Schneenacht sehr, sehr dankbar. Wann Du wohl mal bei Deiner Geburtstagsfeier dabei sein wirst?!

[1] Wolfgang Kühne (1905–1969), Schauspieler, und Henriette Kühne, geb. Braun, Pianistin.
[2] Renate Staewen, Tochter von Gertrud Staewen.

Heute gedachten wir Deiner ganz besonders beim Lesen der Ricarda-Huch-Gedichte, die mir Gerhard zu Weihnachten schenkte, ein jetzt erschienenes Inselbändchen mit zum großen Teil neuen, tief bewegenden und wunderschönen Gedichten.[1] Komm, dann töne ich sie Dir.

Und nun leg ich Dich und uns dem treuen Gott in die Vaterarme. «Er wird's wohl machen.»[2] Laß uns lobend und in Liebe ganz geeint in und durch das neue Jahr gehen!

Immer

Deine Eva

---

[1] Ricarda Huch: Herbstfeuer. Gedichte. Leipzig 1944.
[2] Psalm 37,5.

Briefe 1945

Geliebtes Herz! 1. Januar 1945

Du bekommst von mir in diesen Tagen einen strahlenden Weihnachtsbrief, – indes ein neuer Druck auf Euch allen liegt und Deine Briefe wieder den Hintergrund grausiger Ereignisse andeuten, von denen ich keine Ahnung hatte, bis gestern ein Brief von Frau Neugebauer mich unterrichtete. So laufe ich nun herum wie in einem engen Käfig und stoße mich an allen Seiten mit meinen Gedanken. Nun sehe ich diese herrliche Edith A[braham] vor mir, eine meiner liebsten Mädel aus dem alten Kreis, – was für eine Erleichterung ist es, daß Du so von ihrer Haltung erzählen kannst. Du mußt sie sehr herzlich von mir grüßen.

Aber, ach Liebste, wenn ich denke, daß es Dir ebenso gehen soll, – – es schnürt mir den Hals zu, irgendetwas Befreiendes möchte ich tun und bin gefesselt, ohnmächtig, kann Dich nicht schützen, es niemandem vergelten, – wahnsinnig ist das. Was kann ich nur machen? So beginnt nun das Neue Jahr! – Du wirst mir sagen, daß es mit mehr beginnt, mit Gottes Güte, der uns so gut geführt hat, mit Christi Sterben für uns, mit unserem Danken- und Bittendürfen. Gott sei Dank, daß Du mirs sagst und daß ich es gerade auch von Dir hören darf!

Dein, ganz und immer

Dein Helmut

Im Gegensatz zu Helmut Gollwitzers Brief wirken Eva Bildts erste Zeilen aus dem neuen Jahr zunächst ausgeglichen und zuversichtlich. Sie vergaß allerdings, dem maschinenschriftlichen Brief eine handschriftliche Anrede und einen abschließenden Gruß beizufügen, wie sie das sonst gemacht hat. Sie war aufgewühlt durch die Sorge um den Vater, der nun seinen Dienst im Volkssturm antreten und sich gegen die irrtümliche Einstufung vom Herbst 1944 wehren mußte. Das «Aufgebot I» war für Kampfeinsätze vorgesehen, während im «Aufge-

bot IV» die eigentlich wehruntauglichen Männer mit Wach- und Si-
cherungsaufgaben beschäftigt wurden. Beeindruckt war Eva Bildt
von den neuen Gedichten der Ricarda Huch: «Es verband mich so mit
Dir.» Die Beziehung von Helmut Gollwitzer zu der Schriftstellerin,
die er aus seiner Thüringer Zeit kannte, riß auch in Berlin und im
Krieg nicht ab. In seinem Nachlaß sind mehrere Briefe aus dieser Zeit
erhalten. Bemerkenswert ist dabei ein Abschnitt eines Geldüber-
weisungsformulars der Reichspost von 1940, auf dem Ricarda Huch
vermerkte: «Für Ihre Schützlinge!» Sie hatte ihm 50 Reichsmark zur
Unterstützung von Juden überwiesen.

2. Januar 1945

Laß mich den Versuch machen, mir das Wieder-Anfangenmüssen bei
Siemensens (gleich mit Fußweg durch die ziemlich grimmige Kälte,
da die Strecke kaputt war – was ich aber wirklich sehr genoß; nie hätte
ich denken können, daß ich mich noch einmal so mit dem Winter an-
freunden könnte, und nie, daß ich jeden kleinen Weg zu Fuß so genießen würde, wie ich's jetzt tue) dadurch zu versüßen, daß ich Dir einen
Gruß schicke. Ich lauere auf Post von Dir – ob Du das Päckchen von
mir auch bekamst??? Wie Dein Weihnachten war!?! Hoffentlich
brauche ich nicht mehr allzu lange zu warten und Du kannst mir lauter gute Dinge berichten. Ins Neue Jahr kam ich traditionsgemäß
schlafend (wir hatten vorher ein Gespräch, wie man's – und ob man's
eigentlich schön feiern könne den Jahresschluß und woher und wohin und wozu – – ich fände es am schönsten – nach einem Jahres-
schlußgottesdienst mit Abendmahl im kleinen Kreis wirklich festlich
beisammen zu sein, aber nicht so sehr in Richtung auf das Kommende
als in dankbarer Richtung auf das vergangene Jahr. So richtig mit vielem: Weißt Du noch? – Übrigens wäre es von daher ja auch sehr schön
zu zweit. Aber es müßte schon festlich und vorbereitet sein, anderen-
falls halte ich meine Form, nämlich zu schlafen für recht gut, jedenfalls für besser als alle Arten alkoholischer und sonstiger Besäufnisse,
die so schrecklich deutlich machen, wie ein Jahr wieder verspielt ist
und man in ein neues hineintaumelt, angeblich hoffnungsvoll und in
Wirklichkeit angstvoll bis oben hin.). Am Neujahrstag begleitete mich
der Vater noch ein Stück, als ich von Zeesen fortging, da zogen wir
noch mal über dieses Jahr die Bilanz – sehr dankbar für die vielen Be-

weise von Gottes Gegenwart, Güte und Gnade, und doch ohne uns zu verheimlichen, daß es ein Jahr war, das viel Kräfte gekostet hat mit seinen schwerwiegenden und doch verzichtreichen Umstellungen. Aber es ist ja tatsächlich so, daß wenn wir durch Schweres *hindurch* geführt werden, dann ist uns mit dem Schweren ein kostbarer Besitz geschenkt, an Erfahrungen ungeahnter Möglichkeiten, an Freiheit. Gestern hat sich übrigens entschieden, daß der Vater beim Volkssturm vom 1. ins 4. Aufgebot gekommen ist – eine große Erleichterung für uns alle –, er hätte das andere körperlich einfach nicht geschafft, andererseits aber mit seinem Bestreben, sich überall voll einzusetzen, zugrunde gerichtet. Das 1. Aufgebot wurde für ihn als irrtümlich anerkannt. (Es beruhte auf seiner k[riegs]v[erwendungsfähig]-Stellung, die ihm als 59jährigem mit zugegebener Angina Pectoris und Anlage zu Leistenbruch von einem Mann zugesprochen war mit dem Bemerken, er würde ja doch vom Theater u[nab]k[ömmlich] gestellt, da könne er ihn trotz aller Gegengründe k[riegs]v[erwendungsfähig] schreiben! Und mein geduldiger Vater hat natürlich damals nicht gleich was dagegen unternommen – jetzt ist nun alles in Ordnung gekommen, und wir sind froh!) Der Mutter geht es langsam, langsam etwas besser – sie hat mit ihrer durch die Krankheit bedingen Reizbarkeit und Betrübtheit über diese Reizbarkeit in dem Vater einen Krankenpfleger, wie es ihn bestimmt auf dieser armen Erde nicht noch einmal gibt. Ich habe nie für möglich gehalten, daß seine Liebe zur Mutti wirklich noch von Tag zu Tag wächst – es ist einfach wunderbar. Nach dem Gespräch mit dem Vater über das vergangene Jahr und durch die Tage jetzt draußen ist so ein schöner Abschluß da gewesen, Klarheit und ein zur Ruhe kommen, daß jetzt ein Neues beginnen kann, dem ich mit mir selber unbegreiflicher Ruhe, ja, Freudigkeit entgegengehe. Möge sie auch Dir zuteil werden, Liebster! Ein ganz besonderes Geschenk waren die Ricarda-Gedichte! Welche Kunst und welche menschliche Fülle, Reife und dabei Glut! Und es verband mich so mit Dir.

[Eva]

Seit einigen Wochen war Gollwitzer mit seiner Kompanie in dem Dorf Strozyska in den Karpaten im Südosten Polens stationiert. Auf der Sylvesterfeier hatte er Gelegenheit, sein komödiantisches Talent unter

Beweis zu stellen. Noch in seinen späteren Jahren gehörten die Dar-
bietungen von kleineren bayerischen Mundartstücken, Gesangseinla-
gen mit Gitarre und Jodlern zu Höhepunkten seiner Geburtstagsfei-
ern und wurden von den Gästen mit viel Beifall bedacht.

Meine geliebteste Liebste!   3. Januar 1945

In was für Spannungen geht unser Leben! Gleichzeitig laufe ich hier
von großer Sorge um Dich gequält herum, bin dankbar bewegt, wenn
ich nur an der Kirche hier vorbeikomme, und bin froh, daß sie so
im räumlichen Mittel meines hiesigen Lebensbereiches steht, – und
außerdem führe ich als Regisseur und Conferencier die vergnügtesten
Sylvesterabende durch, genieße ein großes Festmahl und erfreue
mich dazu an dem entzückenden Roman «Die Glasharmonika» von
H. W. Geißler, dem Verfasser des «Lieben Augustin».[1] Jetzt hatte ich
soeben noch ein langes Nachtgespräch mit Gustav Schweppe, für
dessen Anwesenheit ich nur dankbar sein kann – das Vorbild eines
ernsthaften, soliden und an sich arbeitenden, für alles Gute empfäng-
lichen Menschen. Nun Dir wenigstens noch einen Gruß, da ich
Dir heute für Deinen lieben, ach so sehnsüchtigen Brief zu danken
habe.

   4. 1. Der Chronistentreue wegen muß ich nun endlich berichten,
wie wir den Jahreswechsel begangen haben. Die Vorbereitungen begannen damit, daß unser Internist, der Oberarzt Schumann, der nicht
nur ein äußerst lebenslustiger Sachse, sondern auch einer meiner
eifrigsten Kirchgänger ist, die einzelnen Abteilungen des H.V.Pl.
[Hauptverbandsplatzes] aufforderte, in Szenen etwas aus ihrem Leben darzustellen. Ich setzte mich also nach Besprechung mit der
Gruppe hin und schrieb eine im Schattenspiel aufzuführende Ope[ra-
tionssaal]-Szene, des Inhalts, daß ein Zivilist mit einem riesigen Fu-
runkel auf der Nase in den Ope[rationssaal] kommt, von Ope[rations-
saal]-Feldwebel Liesenberg zunächst höchst ungnädig angefahren,
dann aber, als dieser aus der Handtasche des Polen das Gackern eines
Huhnes vernommen hat, umso liebenswürdiger behandelt wird, –
eine Umwandlung, die sich anschließend ebenso überraschend beim
Stabsarzt wie beim Feldunterarzt vollzieht. Der Letztere – ein ah-

---

[1] Horst Wolfram Geißler (1893–1983), Schriftsteller.

nungsloser Medizinstudent – nimmt dann auch, nach eingehender Belehrung über die einzuschlagende Therapie durch die Ope[rations-saal]-Gruppe, die Inzision vor, der Pole enteilt beglückt mit bescheinigter Arbeitsunfähigkeit und unter Zurücklassung des Huhnes, – die Ope[rationssaal]-Gruppe berät, allein im Ope[rationssaal], in ausschweifender Phantasie, wie sich mit diesem Huhn ein Abendessen zubereiten läßt, – da platzt der Stabsarzt noch einmal herein und befiehlt, das Huhn in der Küche für die Verwundeten kochen zu lassen: Allgemeine Ruhe tiefster Enttäuschung – Vorhang fällt. – Die Gruppe hat das dann auch köstlich gespielt, und so wurde es, da jedes Wort aus dem Leben gegriffen war, ein Bombenerfolg.

Schließlich bekam ich aber in den Vorbesprechungen noch die Aufgabe des Ansagens übertragen und damit eigentlich die Regie der ganzen Vorführungen. Ich mußte also in eine Rolle schlüpfen, die ich seit vielen Jahren nicht mehr gespielt habe und zu der ich eigentlich auch nicht sehr aufgelegt war. Der Abend lief, nach einer tollen Rede des Komp[anie]-Chefs, der zwar von Pflicht redete, aber nicht so viel Pflichtgefühl gehabt hatte, seine Rede etwas vorzubereiten, und unter dem Druck der Anwesenheit des Div[isions]-Arztes zuerst ziemlich steif an, aber schließlich lösten sich doch die Gemüter, die Darbietungen gingen lückenlos von 9–12 h, selbst meine berühmte Zirkusrede mußte noch einmal steigen, und am unerwartetsten war, daß ein alter bayerischer Scherz in Form eines angeblichen Trauerspiels in 3 Akten und einem Nachspiel, den ich mit zwei anderen spielte, der größte Erfolg des Abends wurde.

Ich hatte mich für diese heitere Art, Sylvester zu feiern, bewußt ganz zur Verfügung gestellt. Eine Schar von Landsern ist kein kirchlicher Jugendkreis; sie haben ein Recht darauf, an Sylvester das tun zu können, was beim Kommis vielfach aus Mangel an anderen Feiermöglichkeiten an Weihnachten gemacht wird: sich in Lachen auszutoben. Es war ganz das Gegebene, daß auf das besinnliche Weihnachten nun die Entspannung in einem heiteren Abend erfolgte. Zudem erreichten wir durch die Fülle von Darbietungen, daß bis Mitternacht ziemlich wenig getrunken wurde und der Abend dadurch ohne Mißklang ausging. Es war dann auch alles restlos begeistert.

Die Ope[rationssaal]-Gruppe mußte freilich früher weg, weil gleich nach Mitternacht zwei Verwundete, darunter ein schwerer Bauchschuß, kamen. Bis 6 h früh standen wir im Ope[rationssaal], ich spendete noch Blut für den Armen, was ihm freilich auch nichts mehr helfen konnte; todmüde torkelte ich den Tag über herum, ging nicht einmal zum Neujahrsgottesdienst, den der Div[isions]-Pf[arre]r in der Nähe bei einer anderen Einheit hielt und kam am Abend zum 1. Mal seit 8 Tagen eine ganze Nacht richtig zum Schlafen.

Blutspenden ist eine begehrte Tätigkeit, weil man für diese Abzapfung Zusatzkost erhält. Ein Teil davon geht morgen in einem Päckchen nebst anderen Dingen an Dich ab. Wir hatten schon seit einiger Zeit den dabei abfallenden Alkohol gesammelt, die Privatpraxis hatte auch einiges ergeben, – so holten wir den privaten Neujahrsfestabend am 2.1. nach und luden dazu den Stabsarzt und den Feldunterarzt ein. Im festlich geschmückten Zimmer, das mit Kunst in Schlafraum, Küche, Anrichte und Speisesaal geteilt war (man bedenke: die Stube einer Panjehütte![1]), stand ein geschmückter Tisch mit blütenweißer Decke und Porzellangeschirr und darauf auch eine Speisekarte, die ich grausam Euch armen Hungerleidern nicht vorenthalten will, zumal sie ganz der Wahrheit entsprach:

Klare Hühnerbrühe mit Einlauf.
Polnische Gans mit Sauce à la Strozyska und frischen Kartoffeln.
Junges Huhn mit Sauce und frischen Kartoffeln.
Altes Huhn mit Sauce und alten Kartoffeln.
Aprikosen à la Italie.
Div. Liköre.
Schwedenpunsch.
Vermouth.

Gustav [Schweppe] kochte meisterlich. Der feierlichste Augenblick aber war, als nach der Begrüßung und dem Platznehmen Liesenberg an den Teller pengte und «Johann!» rief, worauf August Wegener, unser Friseur – ein immer lustiger Ostpreuße, ebenso leidenschaftlicher Fußballer wie treuer Katholik, – eintrat, in blendend weißer Jacke mit einer roten Kordel über der Brust (aus alten Binden gedreht und mit Prontosil-Tabletten gefärbt), und mit höchster Eleganz und steinerner Würde auf porzellanener Fleischplatte zu servieren begann, – ein Augenblick, in dem sich die Welt auf den Kopf zu stellen schien und jeder sich ins Adlon versetzt fühlte!

So gut also leben wir bedauerten Landser an der Ostfront! Auch dieser Abend ging aufs Gelungenste zu Ende, obwohl wir auch dies-

[1] Pferdestall.

mal, zum Glück aber nur zu «kleinen Fischen», noch einmal hinauf in den Ope[rationssaal] mußten.

Seither verging die Zeit ruhig. Heute schrieb ich an Gerhard noch einen langen Brief, bes[onders] über den Grönbech,[1] von dem er mir Auszüge schickte, die Schönes enthalten, ohne mich ganz überzeugen zu können.

Anbei schick ich Dir Weihnachtskarten zurück. Heb sie doch auf für nächstes Jahr, – wer weiß, ob man dann noch das Geringste von der Art bekommen kann!

Vor einigen Tagen ging ein Päckchen an Dich ab mit 1.) einem franz. Buch, das Du bitte in mein Zimmer tun magst, 2.) Gedichten von Siegbert Stehmann und 3.) alten Briefen zum Aufheben (erst nachdem es weg war, merkte ich, daß auch Briefe von Frau Grützner dabei waren, die sehr persönlich sind, weil sie ihre Ehe betreffen; bitte nimm sie heraus und verbrenne sie ungelesen!).

Ist nun eigentlich der *Tabak* angekommen?

Leb wohl, Allerliebste, grüß die Eltern, dank Vater für seine Geburtstagskarte, die heute kam (schön schnell geht jetzt die Post), und sag Mutter, wie sehr ich mich freue, daß es mit ihr besser geht, und sie soll nur ja bald ganz gesund sein, – ich bin so dankbar!

> Sie umarmt, geküßt, liebgehabt von Deinem
> Helmut

Wär es eigentlich möglich, mir mal den 1. Teil meines Lukas hierher zu schicken?[2]

«Von seiner Fülle haben wir alle genommen Gnade um Gnade» – diesen Vers aus dem Johannes-Evangelium zog sich Eva Bildt bei einer Feier in ihrem Singkreis als persönliche Losung für das Jahr 1945.[3] Es ist ein Vers, der auch für Helmut Gollwitzer bedeutungsvoll werden sollte: Er wählte ihn 1951 als Trauspruch für seine Hochzeit mit Brigitte Freudenberg sowie 1986 als Predigttext zu ihrer Beerdigung. Er

---

[1] Vgl. Brief von Helmut Gollwitzer vom 17. Dezember 1944.
[2] Helmut Gollwitzer: Die Freude Gottes. Einführung in das Lukas-Evangelium. Berlin 1940.
[3] Johannes 1,16.

steht auch auf dem gemeinsamen Grabstein des Ehepaares auf dem St.-Annen-Friedhof in Berlin-Dahlem.

Geliebtes Herz!   5. Januar 1945

Unsere jetzt wieder häufigeren kleinen Angriffe sind doch der Korrespondenz sehr zuträglich. «Kein Schaden, bei dem ...», wie ein gewisser Helmut Gollwitzer zu sagen pflegt. Was bin ich nun froh über die gute Weihnachtspost von Dir – wir können wirklich nur danken, daß es wieder so ging. Übrigens waren der Hebel und die Zigarren von den Eltern – die Geschichte, die Du vorgelesen hast, gehört wohl zu den schönsten. In der letzten Zeit war mir alle große Kunst, der Jean Paul, die Ricarda-Gedichte, vorgestern im Radio die Toccata in d-moll von Bach (Gerhards Lieblingstoccata) und der Schlußchor von der Kantate: «Ein feste Burg»,[1] so erhebend, beglückend und stärkend – ich kann's kaum sagen. Sicher ist es wahr, was Maritain[2] in einem wundervollen Brief an Cocteau,[3] den Kühne den Eltern abtippte, schreibt, daß so wie der Heilige an der Erlösung mitwirken dürfe, so dürfe der Künstler an der Schöpfung mitwirken. Die Erlösung des Stoffes in die Form, die Erhebung des Ungestalten zur Gestalt – darin liegt Seligkeit, Freiheit, Hinweis auf: «Es gibt was Beßres in der Welt als all ihr Schmerz und Lust.»[4]

Ich habe das Gefühl, daß in letzter Zeit Post verloren gegangen ist zwischen uns, aber ich kann ja nie böse sein, wenn der letzte Brief da ist und lieb ist. Darin bin ich ein lächerlich primitives Huhn. So kam heute Dein Brief von Deinem Geburtstag. Liebster – keine Sorge machen um mich! Für mich darfst Du keine Angst haben, denn Gott hat mir die große Gnade geschenkt, daß ich nach den Erfahrungen des letzten Jahres sehr viel Angst verlor. Wer dürfte sagen, alle? – aber sehr viel. Daß ich für die Eltern und mich auch wohl äußerlich ruhig sein darf – das ist ein unbegreiflich großes Geschenk. Meine persönliche Jahreslosung, die in geheimnisvoller Weise immer für jeden ein Wort fürs Jahr war (vom Singkreis, diesmal von Werner Göritz ge-

---

[1] Kantate von Johann Sebastian Bach.
[2] Jacques Maritain (1882–1973), französischer Philosoph.
[3] Jean Cocteau (1889–1963), französischer Schriftsteller.
[4] Aus «Die Sterseherin Lise» von Matthias Claudius.

schrieben und eben ausgelost): «Von Seiner Fülle haben wir alle genommen Gnade um Gnade» – wie sollte ich da furchtsam sein? Gestern Abend nach dem ersten Angriff abends (doch der zweite folgte
sogleich, nämlich als ich von ihr kam) war ich bei der lieben, lieben,
lieben Gertrud, von der ich Dich ganz doll grüßen soll. Wir hatten
nicht allzu viel Zeit allein, weil Melanie [Steinmetz] dann kam, aber es
war doch wieder wie immer: Ich öffne mich ihr wie kaum einem
Menschen gegenüber, irgendwie fast unbewußt – deshalb bin ich immer aufgeregt, wenn ich von ihr komme – aber doch ist's herrlich, daß
ich so einen Menschen habe. Ich fand, daß sie nicht schlecht aussah,
verhältnismäßig, nur der eine mit Nerven- und Schleimbeutelent-
zündung behaftete Arm wirkte schrecklich und macht ihr wohl gräßliche Schmerzen. Dazu ist sie nun immer unter Einfluß starker Be-
ruhigungstabletten, aber ihr Arzt muß ein ausgezeichneter Mann
sein. Sie ist ja wirklich ein Mensch, der immerfort unter Schmerzen
und Qualen wächst im Glauben – hätten nur ihre Gebete für Christoph[1] Erhörung, der sich neulich dem Vater Werner[2] gegenüber öffnete (auch doch ein Schmerz für Gertrud) und in dem Sinne sprach:
«Gottes Gerechtigkeit könne ihm gestohlen bleiben» … wie schwer,
wenn ein Kind so reden muß. Gott hört doch aber ihre Gebete bestimmt!

Heute hatte ich ein ganz tolles Glück – entschuldige, daß ich wieder so was Materielles anhänge (von Jean Paul ermutigt – kostbar die
Stelle, wo er darüber spricht, wie jede Rührung so krampfhaft beibe-
halten würde u. s. w.). Ich bekam von Siemensens eine elektrische
Kochplatte!! Kannst Du ermessen, was das heute heißt?!! Vor allem
ist es jetzt für die Mutti prachtvoll, die sich nun im Zimmer Wasser
warm machen kann. Sie war heute bei der Ärztin zu einer Behandlung, hatte zwar gestern Fieber, es geht ihr aber heute verhältnismäßig gut, wie mir der Vater vorhin am Telefon sagte. – Von einer
Annemarie Aschenheim[3] soll ich Dich grüßen; ihre Schwester (wohl
auch jetzt sehr bedrängt) brachte mir Grüße von Ammanns mit. Sie
wollte heute Abend zu mir kommen, aber der Angriff kam dazwischen. – Jetzt ist er aus – wieder dürfen wir im ganzen Zimmer sitzen,

[1] Christoph Staewen, Sohn von Gertrud Staewen.
[2] Werner Staewen, geschiedener Ehemann von Gertrud Staewen.
[3] Mitglied der Bekennenden Gemeinde in Berlin-Dahlem, deren Mann nach
der Reichspogromnacht 1938 verhaftet wurde.

welch Geschenk! Moch [Mochalski] ist zur Beerdigung von Jutta [Niemöller] gefahren, die in den Armen ihrer Mutter [Else Niemöller] nach nur 48 Stunden schwerer Krankheit eingeschlafen ist; ich muß wieder und wieder dran denken.

Welchen Timmermans ich las? «Das Triptychon von den Heiligen drei Königen». Wenn auch der letzte von Deinen Kameraden und Bekannten die Zirkusrede von Dir gehört haben wird – nur ich nicht – und auch der letzte meiner Freunde bei meinem Deinem Geburtstagtönabend war, nur Du nicht – ob's dann geschieht, daß wir zusammen bleiben dürfen? Daß es einmal sein wird, daran zweifle ich keinen Augenblick – wenn Gott uns leben lassen will –, und über das Wie mache ich mir gar keine Gedanken. *Er kann's!*

Sei innig, innig geküßt von

Deiner Eva

Die militärische Lage in Helmut Gollwitzers Frontabschnitt war unverändert. Wie seine Verlobte fand auch er Gefallen am «Tönen» und hatte damit bei seinen Kriegskameraden großen Erfolg.

Du meine geliebteste Eva!   7. Januar 1945

Mit diesen 2 schönen Karten des alten Kobell,[1] die mir Gerda kürzlich schickte, sollst Du wenigstens einen, freilich gar nicht jahreszeitgemäßen, aber doch so anheimelnden Sonntagsgruß haben. Es gibt ja viele Leute, die das Leben in so einem weltabgeschiedenen Dorf für langweilig halten und nur gähnend davon sprechen. Mir aber geschieht an jedem Tag so viel, daß ich gar nicht nachkomme und die Tage dahinfliegen wie im Zeitraffer. Ists Abend, so ist nicht ein Bruchteil vom Geplanten ausgeführt, und ich könnte Dir lange vom Erlebten erzählen, hätt ich Dich nur dann an meiner Seite!

Gestern Abend mußte ich zu dem jetzt ein paar Kilometer entfernteren Stehmann, um einen plötzlich verrückt und tobsüchtig gewordenen ukrainischen Freiwilligen zu bändigen, ihm eine Spritze einzujagen, zu fesseln und ins Lazarett abzutransportieren, – eine tolle und

[1] Wilhelm von Kobell (1766–1853), Maler und Radierer.

erschütternde Szene wie aus Dostojewskij. Anschließend saß ich noch bei Stehmann, und er las mir einen in der Sylvesternacht geschriebenen Entwurf zu einem Essay über das magische Wort in Carossas Gedichten vor, mit sehr schönen Entdeckungen, so daß ich nun davon träume, er könnte ihn uns einmal in einem guten Kreis vortragen und Du würdest anschließend Carossa tönen!

Heute machte ich mit Liesenberg einen Sonntagsspaziergang in ein benachbartes Dorf zu Bauern, die unsere Patienten sind, reichlich derb bewirtet mit Schnaps, Kuchen und Bergen von Tabak. Jetzt hab ich der schon auf dem Stroh liegenden Gruppe aus Hebel vorgelesen und dann mit immer neuen Zugaben und großer Dramatik Balladen; der «Handschuh», «Pidder Lüng» und «Die Füße im Feuer»[1] erregten besondere Begeisterung. Ist das nicht schön! Nun sitze ich beim Nachtdienst und werde gleich einen Striem Schlaf ausprobieren.

Ganz bei Dir

Dein Helmut

Zum Abschluß ihres verzweifelten Briefes an ihren Geliebten zitiert Eva Bildt – leicht verändert – die letzten Worte aus dem Gedicht «An M.» von Joachim Ringelnatz: «Lebe gut, lache gut – mache Deine Sache gut.» Sie teilt aber nicht mit, wie die vorangehenden Zeilen im Abschiedsgedicht des schwerkranken Ringelnatz an seine Frau lauten: «Wenn ich tot bin, darfst du gar nicht trauern./Meine Liebe wird mich überdauern/Und in fremden Kleidern dir begegnen/Und dich segnen.»

Liebster Helmut!   8. Januar 1945

Deine guten sorgenden Grüße – und ich bin ganz sorglos. Aber Du weißt nun, wie es in Deiner dummen Frau Jahre lang immer aussah in Gedanken an den liebsten Menschen, an die Mutter. Vielleicht sollst Du es darum erfahren müssen, damit Du mich darin verstehst – denn

---

[1] «Handschuh» von Friedrich Schiller, «Pidder Lüng» von Detlev von Liliencron (1844–1909) und «Die Füße im Feuer» von Conrad Ferdinand Meyer (1825–1998).

was das heißt, kann man niemandem je in Worten sagen, und da ich augenblicklich sehr, sehr stark (wie noch nie) unter der Einsamkeit leide, die ich wie einen Eispanzer um mich fühle, ist es mir eine Hilfe, wenn ich wissen darf, daß Du etwas von dem kennst und verstehst, das als Entscheidendes an meinem Leben gebaut hat in diesen Jahren, ohne sich mitteilen zu können. Aber dann möge Gott schnell, schnell diesen Druck von Dir nehmen! Um mich sollst Du Dich nie sorgen, es sei denn, Du müßtest um meinen inneren Menschen bangen, wie er besteht. Aber das ist ja die Erfahrung: Er besteht nicht – ganz gewiß besteht er nicht. Und dennoch steht über ihm als Letztes das «Gerettet», das über Gretchen ausgerufen wird.[1] Was ist das doch für eine wunderbare Gestalt (immer, immer wieder komme ich in der letzten Zeit drauf, daß die Kunst – vielleicht über ihr Bewußtes hinaus – Zeugnis von der Wahrheit gibt): Wie sie aus Liebe schuldig wird, fällt, sinkt, mordet, ein armes wahnsinniges Stück Geschöpf – und dann im Himmel, weil sie gerettet ward, gereinigt und erhöht. Täglich fällt eine Illusion von mir ab – ich habe eine schlechte, schlechte Zeit in vieler Hinsicht innerlich, bin stumm, wo ich loben sollte, hochmütig, wo ich demütig, erregt, wo ich gelassen sein sollte, vergiftet von dem Gefühl, außer von den Eltern von niemandem wirklich geliebt zu werden, das heißt ohne jedes «weil» – aber es geht doch Schritt für Schritt weiter mit dem Gebet: «Ertöt uns durch dein Güte, erweck uns durch dein Gnad'».[2] Ja, die Ohnmacht, das Leid zu mindern und – schlimmer – das geheime Wissen, daß es, wenn wir ganz in Ihm wären, nicht so wäre – das ist auch für mich die tägliche Anfechtung. Aber es gibt bestimmt nur eins: beten. Und lieben, Helmut, wo wir stehen und sind. Nichts von Vergelten, Lieber – bitte! «Lebe gut, lache gut – mache Deine Sache gut» sagt unser Ringelnatz. Was hat uns Gott alles geschenkt, wie uns geführt und geholfen! Wenn unser Leben kein Dank ist, in Glauben, in Zuversicht, in Liebe – da muß er doch traurig werden. Ja, über mich muß er das schon.

Ach Liebster – es ist doch so: Allein auf der Welt (ich meine ohne geliebte Menschen) wäre es alles leicht zu tragen – und wäre doch erst dann eigentlich unerträglich. Schreiben fällt mir immer schwerer

---

[1] Schlußszene aus «Faust. Erster Teil» von Johann Wolfgang von Goethe.
[2] Aus «Herr Christ, der einig Gotts Sohn» von Elisabeth Cruciger (1500–1535).

(reden auch) – wärst Du einmal wieder bei mir! Gott weiß die Stunde.
«Er hat die Gnade»![1]

    Sei geküßt von

                Deiner Eva

*Für den folgenden Brief benutzte Eva Bildt die Schreibmaschine, auf
der sie jahrelang im Dienst getippt hat. Sie war zu Besuch bei Frau
Lilje in Lichterfelde und erfuhr dabei, daß Hanns Lilje Mitte Januar
vor den Volksgerichtshof gestellt werden sollte. Er wurde von dem be-
rüchtigten Präsidenten des Volksgerichtshofs, Roland Freisler, wegen
«Feindbegünstigung» zu vier Jahren Gefängnis verurteilt.*

Mein Liebster!   11. Januar 1945

Auf «meiner» alten Maschine, nämlich bei der Chefin, die Dich herzlich grüßen läßt (ihrem Mann geht es gut, in der kommenden Woche
wird die Entscheidung fallen), sollst Du heute einen späten Gruß haben. Meine Gedanken sind immerfort bei Dir. Es ist so schlimm, daß
Du Dir Sorgen um mich machst – ich Dich also traurig mache, Liebster Du! Und es ist so, daß es wirklich nicht nötig ist, denn es wurde
uns ja zugesagt, daß uns nichts geschähe. Wir dürfen und sollen also
nur dankbar und froh sein, nicht wahr?! Diese irdische Zusage ist ein
Echo von Gottes Zusage, die immer gilt. Und über Güte und Freundlichkeit ist's ja so schön sich freuen zu dürfen, weil's was Gutes ist,
das niemand weh tut. Liebster Du – wenn Du wüßtest, wie scheußlich das ist – – Dich in sorgenden und dunklen Gedanken zu wissen
(und ich weiß ja, wie schwer es ist, um den liebsten Menschen in der
Art zu bangen, und wie leicht dagegen, selber drin zu stehen – aber
nun stehe ich ja nicht drin, Liebster Du!) und die Mutter so krank
und den Vater so bange um sie. Sie fühlt sich eigentlich nicht einmal
so schlecht, hat aber jetzt dauernd schlimme Untertemperatur, nur
35,2 – das deutet eben auf große Schwäche. So also die Liebsten in
Dunkel zu wissen und nicht zu ihnen zu können, ihnen nicht helfen
zu können, ihnen keine Liebe erzeigen zu dürfen, nicht zu wissen,

---

[1] Aus der Volksweise «Kein schöner Land».

was die nächste Stunde ihnen an Kraft abfordert – das ist wirklich zum Heulen, was ich dann auch zuweilen muß – und wenn's auf dem zugigen Klo bei Siemens ist. Gestern rief mich – das war eine gute Nachricht! – ein Chef von Siemens an, um mir zu sagen, daß bei den beiden schlimmen Nachtangriffen auf München die Gegend um die Borstei[1] verschont geblieben sei! Wir werden ja vermutlich lange auf direkte Post warten müssen, da war ich so dankbar für diesen Bescheid.

Eigentlich solltest du noch als besonderen erhebenden und stärkenden Gruß ein paar Ricarda-Gedichte bekommen – aber ich habe ein Blatt schlankweg verloren und das zweite ist zu Hause. Na, vielleicht sollst du sie eben erst von mir hören – die sollst Du, so Gott will und wir dürfen uns wiedersehen – von mir hören!

Nun Schluß für heute – ich muß noch schlafen, sonst bin ich morgen nicht zu gebrauchen für den Siemenskampf des Lebens. Ab nächste Woche bei uns wieder nur 48 Stunden im Kampf gegen Kohlenklau.[2]

Laß Dich grüßen und küssen!

Deine Eva

Mit dem Hinweis auf die Herrnhuter Losung des vorangegangenen Tages beginnt Eva Bildt ahnungsvoll ihren Brief vom 14. Januar: «Sehet ihr nun, daß ich's allein bin, und ist kein Gott neben mir! Ich kann töten und lebendig machen, ich kann schlagen und kann heilen, und ist niemand, der aus meiner Hand errette.» (5. Mose 32,39) Bedeutungsvoll für die Zukunft war für sie auch der «ungeheure alttestamentliche Text» der Herrnhuter Bibellese des 14. Januar, in dem unter anderem stand: «Sie werden die alten Wüstungen bauen, und was vorzeiten zerstört ist, aufrichten; sie werden die verwüsteten Städte ... erneuern. Fremde werden stehen und eure Herde weiden, und Ausländer werden eure Ackerleute und Weingärtner sein ...»

[1] Die Wohnsiedlung «Borstei» liegt in der Nähe der Homerstraße, wo Gollwitzers Mutter und seine Schwester Gerda wohnten.
[2] NS-Propagandafigur für den sparsamen Umgang mit Energie.

Die Losung gestern – wie ein Signal: Und nun müssen doch wohl ganz in Deiner Nähe die Russen durchgebrochen sein – – Liebster!

Aber nun heute die Losung «Er wird's wohl machen»[1] und dazu der ungeheure alttestamentliche Text Jes[aja] 61,1–6 – mit ihm habe ich mich erfüllen lassen. Möge meine Sorge um Dich so grundlos sein wie die Deine um mich: Ich bin ganz geschützt und ungefährdet mit meinen Lieben hier – es wurde uns ausdrücklich so gesagt. Wir hatten hier in Zeesen wieder ein wundervolles Wochenende, trotz der starken Untertemperatur (sie ist auch nicht mehr so schlimm) geht es der Mutter besser, draußen gurgelndes und träumendes Eis mit blauen Schatten, daß es scheint, als bäumte es sich in Wellenbergen, Sonnenaufgang und Abendröte, Ricarda-Gedichte und von der Inge geliehen eine wunderbare Le Fort: «Die ewige Frau»,[2] die mich segensvoll aus der Trivialität des Lebens mit meinen Siemensmädchen herausgerissen [hat], das für mich gefährlich zu werden drohte – und heute hier ein Bücherregal ins Zeesener Zimmer, vor dem ich im Geiste mit Dir sitze und mich freue, daß es Schritt um Schritt heimatlicher hier wird – «unser Schlößchen» – ob's nicht hier den nächsten Urlaub geben wird? Ich bin – denk Dir – nicht nur getrost, sondern voller Hoffnung für uns: «Er wird's wohl machen!» In Dahlem wartet ein Päckchen von Dir auf mich, nach Frl. Mollenkopfs Schilderung wohl die Briefe (Frau Grützners werde ich natürlich so behandeln, wie Du mir gesagt hast), Tabak kam an (welch schöner Duft und Anblick) und wanderte weiter nach Zeesen und Langenaltheim (von Gerhard kam ein strahlender Weihnachtsbericht). Lukas 1 schicke ich im Augenblick nicht, ich hab' ja nur mein Exemplar als einziges, da warte ich zumindest auf die nächste Ruhepause für Dich.[3] Wie froh bin ich, daß Du jetzt so gute Zeit hattest (herrlich, Euer «Johann» mit Prontosil gefärbter Binde!). – Von Wera und Kurt Hinz Grüße! Er liegt wieder mal mit Angina-Verdacht etwas hinten, na ja. Als Extragrüße meine Lieblings-Ricarda und einen Jean-Paul-Satz, den ich auch meinem Weihnachtsrundbrief an die

[1] Psalm 37,5.
[2] Gertrud von Le Fort: Die ewige Frau. München 1934.
[3] Vgl. Brief von Helmut Gollwitzer vom 3. Januar 1945.

Familie beilegte.[1] Nach München gehn meine Gedanken auch immer wieder!

Sei von allen guten Gedanken sanft umschlossen und von den Engeln Gottes geleitet!

Ich bin

Deine Eva

Inzwischen hat das Chaos des bevorstehenden Kriegsendes auch Helmut Gollwitzers Kompanie erfaßt. Die gefährliche Lage umschreibt er in einem Wortspiel.

Geliebteste Herzallerliebste! 15. Januar 1945

Laß Dir von Deinem gebildeteren Vater sagen, was das lateinische Wort turris auf deutsch heißt,[2] nimm dann den Plural davon, streich den Artikel weg und setze ein Ausrufezeichen dahinter, – dann hast Du das Motto für unser Leben seit 2 Tagen. Es ist wieder alles ganz anders gekommen, als es angekündigt war. Unser liebes Strozyska, trotz dieses stacheligen Namens ein so behaglicher Ort, ist ein Scheiterhaufen, samt der Kirche, die mir so zum Segen gewesen war, – und Gott allein weiß, was aus den Einwohnern geworden ist. Wir wechseln zwischen Arbeit und Bewegung. Es scheint aber, daß uns wieder einmal das Schlimmste erspart bleiben soll, – unsere eigene Lage hier ist günstiger als in den vergangenen Bewegungen. Mach Dir drum keine Sorge, sondern denk an die wunderbare Losung des gestrigen Sonntags.[3]

Euch alle grüß ich und umarme Dich.

Helmut

[1] Die Blätter mit dem Gedicht von Ricarda Huch und dem Satz von Jean Paul sind nicht erhalten.
[2] Turm.
[3] Psalm 37,5: «Befiehl dem HERRN deine Wege und hoffe auf ihn; er wird's wohl machen.»

In ihrer Verlassenheit erbittet Eva Bildt die Hilfe des Erzengels Raphael aus der alttestamentlichen Geschichte von Tobias. Dort wird erzählt, wie Menschen sich auch durch schwerste Schicksalsschläge nicht in ihrem Gottvertrauen erschüttern lassen und Lohn für ihre Frömmigkeit erhalten.

Mein Liebster! 16. Januar 1945

Gestern kam Dein so sehr friedlicher Gruß vom 7. Januar (herrlich ist der Kobell! so was anzuschauen, erwärmt das Herz – – – ich bin überhaupt im letzten Monat so aufgerissen offen für alles, und das ist schrecklich – und manchmal auch herrlich, vor allem wenn etwas aus künstlerischen Bereichen mir begegnet). Ja, ich will mitträumen an dem Traum des kleinen Kreises guter Menschen, denen wir Stehmanns Aufsatz über Carossa vorlesen und seine geliebten Gedichte dazu. Und Du? Wie fern mag Dir das alles scheinen! «Keiner kann Keinem Gefährte hier sein» – das ist ein vom Vater so oft zitierter Satz, daß er mir von Kindheit an schmerzlich vertraut ist.[1] Wie müssen wir ihn doch durchkonjugieren! Aber wir wollen nicht klagen oder gar uns beklagen. Loben wir den, der tiefer reicht als unsere Einsamkeiten und Bitternisse, die Richtungslosigkeit unserer Hoffnungen und die Bodenlosigkeit unserer Ängste. Gott lasse Dich wieder reich erfahren, daß Er Herr ist über alle Gewalten, segne Dich und setze Dich zum Segen! Die Grützner-Briefe habe ich sofort verbrannt – durch Hanßlers Brief erfuhr ich erst, daß ihr nicht mehr zusammen [seid] und seine liebe Frau obdachlos ist. (Die haben ja auch wieder eine drollige Schrift-Ehepaarsähnlichkeit!) Ach über unsere Ohnmacht und Kraftlosigkeit der Liebe!

Einen sehr, sehr lieben Gruß bekam ich von Frau Ranke. Mein Helmut, was durftest Du immer Menschen Gutes tun! Das muß Dich doch fröhlich machen, gerade weil Du weißt, daß Du es nicht allein bist! Liebster!

Voriges Jahr – da lebten wir um diese Zeit in dem Himmel unserer zweisamen Einheit. Dies Jahr hat zwischen uns Erlebnisse gelegt, die – bei mir jedenfalls – unaussagbar sind, mir aber in vielem noch nicht

[1] Aus «Schlaflied für Mirjam» des österreichischen Schriftstellers Richard Beer-Hofmann (1866–1945).

305

auszudeuten, mich mit vielen bösen Geistern in mir bekannt machend, die ich vorher nicht kannte, und auch mit Kräften, die genutzt werden sollten. – Und Du bist durch unvorstellbare Strapazen und Schrecknisse gegangen und, was sicherlich nicht weniger bedeutsam ist, durch das Wissen von Geschehnissen hier in Fragen, die Dich weit mehr umtreiben, als wir es hier wissen. So wissen wir wenig mehr voneinander, als daß uns Gott hält und trägt und auch unser Miteinander schützen und führen wird wie bisher.

Die Photos, die Du mir geschickt hattest, sind hübsch geworden. Die sind ja noch aus Rumänien (also uralt!).

Und – paradox nicht nur zu allem äußeren Geschehen, sondern auch zu mancherlei inneren Anfechtungen – ich habe das Gefühl, daß dieses Jahr uns reich beschenken und beglücken wird miteinander.

Von Gertrud Schneider bekam ich zu Weihnachten ein Photo von einem modernen «Tobias und der Engel». Das steht bei mir auf dem Tisch, davor ein Immortellen-Kranz aus (nicht Nidden) – Zeesen: der Engel Raphael soll unsere Gebete vor Gott klingen lassen als einen Lobgesang – als eine Bitte.

Deine Eva

Nach dem qualvoll großartigen Georg Heym[1] lese ich jetzt den «Maler Nolten» – mal sehn, ob er mir Mörike näher bringt.[2]

Beim Rückzug der Wehrmacht blieb für ausführliche Briefe keine Zeit. Helmut Gollwitzer kann nur grüßen und auf die Losung im Buch der Richter 6,23–24 verweisen: «Der Herr sprach zu Gideon: Friede sei mit dir! Fürchte dich nicht; du wirst nicht sterben. Da baute Gideon daselbst dem Herrn einen Altar und hieß ihn: Der Herr ist Friede.»

[1] Georg Heym (1887–1912), expressionistischer Dichter.
[2] Roman von Eduard Mörike (1804–1875)

Meine Allerliebste! 21. Januar 1945

Du siehst, ich lebe! Sei getrost und ruhig, – wunderbar sind wir durch alle Gefahren bisher hindurchgeführt worden! Jetzt weichen wir auf Böhmen hin aus. Aber Siegbert Stehmann ist gefallen, bei einem Gegenangriff an der Spitze seines zusammengeschrumpften Bataillons, durch Herzschuß. Ich trauere sehr um ihn, er wurde mir zu einem sehr nahen Freund, und für die Kirche ist es ein sehr schwerer Verlust. – Der Tod hat eine unheimliche Ernte hier bei uns gehalten.

Leb wohl, Liebste, ich grüße Dich, die Eltern, Gertrud, Hellmut [Traub] und alle Freunde! Halte Dich an die wunderbaren Losungen dieser Tage, besonders auch des heutigen.

In ganzer, inniger Liebe

Dein Helmut

Wegen der näherrückenden Front wurden Berliner Betriebe, so auch Teile von Siemens & Halske, in den Westen und Süden Deutschlands verlagert. Es war geplant, daß Eva Bildt mit ihrer Abteilung nach München gehen soll. Das hätte bedeutet, daß sie die schwerkranke Mutter und den Vater verlassen mußte. Mit den Worten «Mein Herze geht in Sprüngen» aus einem Kirchenlied von Paul Gerhardt kommentiert sie am Schluß ihres folgenden Briefes das Eintreffen von Post ihres Geliebten. Es sind die letzten Zeilen an Helmut Gollwitzer, die von ihr erhalten sind.

Liebster Helmut! 5. Februar 1945

Zu mehr als [einem] Lebenszeichen will es nicht reichen. Wann werde ich von Dir eins haben dürfen! Den schweren Angriff am Sonnabend habe ich bei den Eltern in Zeesen erlebt und blieb also von seinen Schrecken bewahrt. Gestern fuhr ich in die Stadt, um im Gottesdienst in der Lenaustraße zu singen – es gab kein Licht, alles mußte sowohl von uns wie von der Gemeinde auswendig gesungen werden («Befiehl Du Deine Wege», alle Verse),[1] Abendmahl – es war wie eine Illu-

[1] Kirchenlied von Paul Gerhardt.

stration zu dem Wort: «Es ist noch eine Ruhe vorhanden dem Volk Gottes.»[1] Denn draußen gingen die Züge der Geschädigten und Rückwanderer vorbei – heimatlos und elend. Gott stärke uns alle, damit wir ihn weiter loben und unseren Nächsten helfen können. Frl. Mollenkopf ist fort (Betrieb verlagert), und ich gedenke ganz zu den Eltern herauszuziehen. Mal sehn.

Noch gehen meine Gedanken hin und her. Wir werden es jetzt wirklich lernen müssen, völlig frei zu werden und nur daran zu halten, daß in Ihm alles ins Leben und Bleiben gerettet ist, das dem Leben zugehört.

   Immer

       Deine Eva

Dein Gruß vom 25. (das 3. Lebenszeichen, das als erstes bei mir anlangte) ist da. Liebster – ich bin ja so froh!

Eben meldet die alte Martha, die ich anrief, daß Post von Dir da sei. «Mein Herze geht in Sprüngen».[2]

Die Lage an der Front entspannte sich wieder, so daß Helmut Gollwitzer wieder einmal ins Kino gehen konnte. Er sah den 1944 uraufgeführten Film «Opfergang» von Veit Harlan, in dem Harlans Frau Kristina Söderbaum eine Hauptrolle spielt und Paul Bildt in einer Nebenrolle zu sehen ist. Außerdem fand er Zeit, Friedrich Schillers Wallenstein-Drama aus der Zeit des Dreißigjährigen Krieges zu lesen. Wallensteins Feldzüge erstreckten sich auch auf das Gebiet um Gollwitzers damaligen Standort Pleß.

Meine liebste, liebste Eva!   8. Februar 1945

So verändert ist unsere Lage jetzt: wir ziehen nicht mehr gehetzt durchs Land, sondern einer unserer Ärzte fährt sogar einige Tage in Urlaub und nimmt diesen Brief mit; die Front bei Pleß ist stabilisiert, wir hausen in einem feudalen Krankenhaus mit Dampfheizung, Was-

---

[1] Hebräer 4,9.
[2] Aus «Ist Gott für mich, so trete» von Paul Gerhardt.

Autogrammphoto von
Paul Bildt, um 1940

serspülung und Nonnen, sogar im Kino war ich schon («Opfergang»
– Farben mäßig, einiges kitschig, Kristina großartig und der Notar –
war das nicht Vater??) –, aber dennoch kann ich Dir noch nicht richtig schreiben; denn wir haben hier keine Ablösung und arbeiten Tag
und Nacht fast ohne Pause, dazwischen nur wie tot aufs Bett sinkend.
Vorgestern verirrte sich sogar *Post* zu uns – ich bekam Deine Briefe
vom 6. 1., 15. 1., 20. 1., 22. 1. und 30. 1. Wie gut, daß Du ins Blaue hinein weiter geschrieben hast! Hast Du eines meiner Lebenszeichen inzwischen bekommen?

Sollte Berlin noch Frontstadt werden – ich denke mit Schrecken
dran, weiß aber nichts zu raten, so sehr es mir eine Erleichterung
wäre, Euch dann im Süden zu wissen. Ihr werdet das Richtige dann
wohl finden und schon daran denken, daß Ihr Euch auch *mir* erhalten
müßt. – Ein Strom von Liebe geht von mir zu Dir. Die Frühlingsluft
draußen, von der ich zwar nur wenig abbekomme, macht ihn nicht
geringer! – Lies das Mörike-Gedicht in Deinem Weihnachtsheft

(«Früh im Wagen») und überzeuge Dich davon gegen den «Maler Nolten», was das für ein wunderbarer Dichter ist.

Ich fülle gerade in den Operationspausen eine Bildungslücke aus und lese (zum 1. Mal!) Schillers Wallenstein, – mit Spannung, wie ein kleines Mädchen!

Grüß alle, besonders Gertrud, Hellmut (ist er erreichbar?), Fr. Wölffing samt Fr. Jungfer, die Dahlemer, – – – die geliebten Eltern. Bald mehr! Ich küsse Dich innig und lang! – –

Dein Helmut

Für Helmut Gollwitzer stand nun fest, daß Berlin Kriegsschauplatz werden würde: «Nun geht alles seinen Gang. Die Gerichte Gottes wollen nicht angstvoll weggebetet, sondern erlitten und erkannt sein, dann werden sie zu Gnadenwegen.» Er hoffte, daß diese Einsicht auch die Menschen aus dem Umkreis der Bekennenden Gemeinde Berlin-Dahlem erreicht und grüßte einige von ihnen namentlich.

Meine geliebteste Eva!   25. Februar 1945

Post geht äußerst spärlich ein. Das letzte Lebenszeichen von Dir ist immer noch das vom 6. 2. Du kannst Dir denken, wie sehr ich harre und alle schuldigen Umstände verwünsche. Inzwischen schrieb mir Mama, daß auch die Eltern dafür wären, wenn Du nach dem Süden des Reiches gingest. Ich wäre natürlich sehr froh, wenn Du Dich dazu entschließen könntest, obwohl ich weiß, wie schwer es Dir wäre, Dich von den Eltern zu trennen (aber warum können sie eigentlich nicht mit? Sicher ließe sich doch für sie auch noch Platz finden?!) Wenn es einmal soweit kommt – und es wird soweit kommen! – dann bist Du von Gewalttat mehr bedroht als sie. – – Aber ich weiß, wie viel praktische Probleme damit verbunden sind und daß Du schon alles ernst überlegst. So bleibt mir nichts übrig, als alle Entschlüsse vertrauensvoll in Deine Hand zu legen. Wir wollen nur anhaltend unseren Herrn um die rechte Erkenntnis auch in diesen Fragen bitten. Ich weiß fest, daß er uns nicht unberaten lassen wird und daß er in jedem Fall uns so zur Seite ist, daß wir nichts zu bereuen haben werden, wenn wir nur ganz im Vertrauen auf ihn, ohne Furcht und ohne

Leichtsinn, handeln. So bin ich im Gebet bei Dir und gebe Dich und die Eltern und unsere Wiedersehenshoffnung ganz in Seine gute Hand.

Hier bin ich immer noch in unserem Schloß und sehe den Vorfrühling unter Regen und Windschauern zögernd erwachen und heranwachsen. Zum Schreiben komme ich wenig, die Tage zerbröseln etwas. Auch ist der Gedanke, daß möglicherweise, während so ein Brief noch auf dem Wege ist, die Ereignisse seine Ankunft verhindern, so entmutigend, daß ich ihn immer erst wie eine Lähmung überwinden muß. Ich wäre Dir sehr dankbar, wenn Du einige Leute, die mir geschrieben haben, einstweilen dankend grüßen würdest, damit sie wenigstens wissen, daß ihre Briefe angekommen sind. Das ist vor allem Frau Grützner, Fr. Beckmann, Frl. Köster, Melanie [Steinmetz], Frau Glum, Fr. Albertz, Frau Dietrich, Frau Neugebauer, Dr. Weidhaas (bei ihm freilich schon ein uralter Brief), Frau Saring, Frau Grüner, Frau Löwenberg (es scheinen nur noch die Frauen Zeit und Kraft zum Briefe schreiben zu haben, wie Ihr ja überhaupt das stärkere Geschlecht seid!)

Kennst Du von der Agnes Miegel die Ballade vom Ritter Manuel?[1] Wenn ja, dann schreib sie mir doch bitte mal ab! Und von irgendjemand eine Ballade, die anfängt: «Herr Aage, wie der reiten kann ...»?![2]

Weißt Du denn, wie ich Dich liebe, meine Liebste? Fühlst Dus auch? Ja, Du mußt es fühlen und auch in Deinen Anfechtungen Dich umfangen wissen von meiner Liebe. Ich bin Gott so dankbar für jede Minute, die wir zusammen sein durften. Er weiß es am besten, wie sehr wir einander noch nötig haben.

Nun geht alles seinen Gang. Die Gerichte Gottes wollen nicht angstvoll weggebetet, sondern erlitten und erkannt sein, dann werden sie zu Gnadenwegen. Nicht viele erkennen das, – wenn es nur wenigstens die Gemeinde erkennt und ihn aus der Tiefe lobt. – Grüße alle Freunde, besonders auch Aenne [Schümer] und Hellmut [Traub], Möller, Denstaedt, Mochs [Mochalskis], Frl. Mollenk[opf] (unbekannterweise), Frau Wölffing, Gertrud, Anna Helene [von Bodenhausen] (wo ist sie jetzt?), Schwester Bohner, Vater Arndt, Jannasch; hörst Du was von Frau Blanck und der Gräfin Pfeil? Von Frau v. Borsig?

[1] «Die Mär vom Ritter Manuel» von Agnes Miegel (1879–1964).
[2] Gedicht des österreichischen Schriftstellers Moritz Hartmann (1821–1872).

Die Eltern umarme – und hab mich lieb Tag und Nacht! Leb wohl, mein liebes Leben!

Dein Helmut

Nachtrag!

1.) Sag bitte P[astor] Pompe, daß bei meinen Verlagen garantiert *nichts* mehr von meinen Schriften aufzutreiben sei.

2.) Ruf doch bitte Frau Dr. Backhaus, N 65, Lothringer Str. 50, an und frage sie nach dem Schicksal ihres Mannes und schreib mirs gleich!

Vor der heranrückenden Roten Armee mußte der Standort Pleß geräumt werden. Helmut Gollwitzer war nun mit seiner Kompanie in Moschen, einer Kleinstadt bei Teplitz im Sudetengebiet. Mitte Februar 1945 war die Entscheidung gefallen, daß Eva Bildt mit der ausgelagerten Siemens-Abteilung nach München gehen sollte.

Meine geliebte Eva!   1. März 1945

Die schöne Zeit im Schloß ist vorüber. Gestern Morgen sind wir von dort aufgebrochen und spät nachts in einem kleinen Sudetendeutschen Städtchen gelandet. Es ist, soviel ich heute bei einem Spaziergang sah, ein niedliches kleines Nest, mit dem schönen geschlossenen rechteckigen Marktplatz, der alle Städte hier schmückt, hügelig gelegen mitten in weitgestreckten, vom Vorfrühling überhauchten Getreidehügeln, in der Ferne wellige Wälder.

Heute Abend aber war ich im Kino – und kannst Du Dir meine Freude vorstellen, daß ich da in dem Film («Kollege kommt gleich») Vater sah, ganz so wie er ist, in einer lieben, heiteren, väterlichen Rolle – und so *schön* spielend![1] Nun ist meine Sehnsucht nach einem Zusammensein mit den Eltern wieder riesengroß, – von der Sehnsucht nach Dir gar nicht zu reden. Es muß doch sein. Liebste, nicht wahr, es muß doch sein!

2.3. Die Kameraden rebellierten, daß das Licht noch brannte, so mußte ich gestern mit dem Schreiben aufhören. Heute kommen nun

---

[1] Regisseur: Karl Anton, uraufgeführt 1943.

Deine Karte vom 16. 2. – Ick liebe Dir und Dich in sämtlichen Fällen und Mund-Arten, komm in meine Arme, ich halts schon auch nimmer aus, und es ist überhaupt ganz blöd, was geht uns schließlich die Weltgeschichte an, solln uns doch zusammenlassen, ich hat kein Mädchen und Du keinen Mann, ist ja alles eine Viecherei – – – und Dein Brief vom 20. 2. Was soll ich sagen, mein Herz, da ich nun neben dem Schrecken, daß es mit Mutter immer noch so bös steht, Deine Verlagerung nach Berlin [eigentlich: München] doch mit einer Erleichterung höre. Es ist auch, aber nicht nur, egoistisch. Dein Schmerz über die Trennung von den Eltern ist auch mein Schmerz. Aber das kann nicht ändern, daß durch diese Verlagerung ohne unser Zutun eine Antwort auf die Frage, die wir selbst – auch Du selbst – nicht mit Sicherheit zu geben wußten, gegeben ist. Und das abzulehnen wäre, glaube ich, etwas anderes als sich *ohne* solche Weisung zum Bleiben zu entscheiden. Die Eltern denken sicher auch so wie ich und meinen, daß Du Dich dagegen jetzt nicht wehren sollst, zumal es München ist! – Denke ich freilich daran, daß Du sie in der jetzigen persönlichen und allgemeinen Situation verlassen sollst, so drückt es mir auch die Kehle zu, und ich tröste mich menschlich mit der Hoffnung, daß das alles vielleicht ein doch nur kurzer Übergang ist und die Dinge nicht mehr so lange brauchen, um sich endgültig zu klären, – und göttlich mit dem Gedanken an Mutters Glauben und Gebete und an das Dir und ihnen gegenwärtige Gnadenwirken, das so kräftig sein will, daß wir noch beschämt sein werden.

Bete es durch, Liebste, und höre auf Gottes Stimme, die Dich beraten wird! Sie wird Dich nicht allein lassen, wenn es jetzt in Dir tot oder zweifelnd aussieht. Sie will aber auch kein ungläubiges Sträuben gegen eine Trennung von den Eltern, als bringe das nur Angst und Verlassenheit. Gib Dich Gott anheim, er wird Dich führen!

Morgen mehr. Ich bin ganz bei Dir und bete mit Dir um Klarheit.

Voll Liebe und Dankbarkeit und Liebe, Liebe, Liebe

Dein Helmut

An Mutter gingen im Laufe der letzten 2 Monate einige Päckchen ab, mit Erbsen, weißen Bohnen, Konservenbüchsen. Ob sie ankamen?

Inzwischen hatte sich die Krankheit von Charlotte Bildt als Krebs herausgestellt. In dieser Situation wurde Eva Bildt gezwungen, die Eltern zu verlassen. Ein gemeinsames Weggehen war nicht möglich, weil der Vater wegen laufender Dreharbeiten am Film «Der Puppenspieler» nach einer Novelle von Theodor Storm an Berlin gebunden war. Der Film blieb unvollendet. Helmut Gollwitzer versuchte, seine Geliebte mit Hinweisen auf die Frömmigkeit der Eva von Tiele-Winckler (1866–1930) zu ermutigen. Die Stadt Pleß in Oberschlesien, in der er im Februar stationiert war, lag ganz in der Nähe ihres Wirkungsortes Miechowitz. Eva von Tiele-Winckler hatte hier zusammen mit einer von ihr gegründeten evangelischen Schwesternschaft im Haus Friedenshort eine Sozialeinrichtung für heimatlose Kinder geschaffen. 1946 kam eine Gruppe der Diakonissen aus Miechowitz im Kloster Stift zum Heiligengrabe in der Mark Brandenburg nordwestlich von Berlin unter und setzte hier den Dienst in der Kinder- und Jugendhilfe fort.

Geliebteste Eva!   5. März 1945

Vom Abendspaziergang nach Hause, – da liegt Dein trostloser Brief vom 23. 2. Schauerliches Getrenntsein – ich ahnungslos in Moschen – und Du inzwischen in den schlimmsten Verzweiflungen und Widrigkeiten. Und ich kann Dir nicht raten, – alles, was ich sagen könnte, ist ohne Kenntnis Eurer Möglichkeiten und vielleicht auch längst schon wieder überholt. Nur eine Frage: Warum nimmst Du Mutter nicht mit nach München?? Für Vater wäre es hart, allein zu sein, aber vielleicht dauert das nicht gar so lange, und mit Mutter zusammen kann es eines Tages für ihn noch schwieriger sein; wenn er allein ist, kommt er leichter, wenn es dann so weit ist, von Berlin weg und kann inzwischen sich in der Nähe von Babelsberg einmieten und erspart sich diese anstrengenden Fahrten und weiten Entfernungen. Ich sehe wohl, was dagegen spricht, vor allem auch die böse Diagnose für Mutter (ist sie denn wirklich sicher?). Aber selbst die kaum zu ertragende Aussicht, daß der Abschied dann ein Abschied auf immer ist, [ist] vielleicht erträglicher als das, was er mit der kranken Mutter zusammen, ohne ihr helfen zu können, ertragen müßte. Meine Gedanken stoßen überall auf Mauern und sehen keinen Rat als diesen, die Mutter jetzt gleich nach München mitzunehmen.

Charlotte und Paul Bildt
um 1914

Und doch, und doch, Liebste, – in jenen Tagen, als Du Deinen Brief
schriebst, lebte ich in den Berichten der Eva von Tiele-Winckler und
sah ein Leben, von Gott geleitet und im Zutrauen zu Ihm bis in die
kleinsten Dinge geführt. Jetzt weiß ich, warum ich das gerade damals
lesen mußte. Er, der Herr, wird uns mitten hindurchführen, – wenn
Du noch so trostlos schreist und alles um Dich stumm ist, auch Bibel
und Losungen, Er hat Dich längst gehört, bevor Du noch zu schreien
anfingst. Trau ihm nur Großes zu, Liebste, Liebste, trau es ihm zu, so
wie Dus schon erfahren hast, – vor allem aber, daß er Vater und Mutter mit Kräften speist, die durch *alles* hindurchhelfen! Er kann ja un-
erforschliche Dinge tun, sagt die heutige Losung, – ohne Zweifel, und
will es auch.[1] Furchtbar schwer ist mir der Gedanke an Mutters
Krankheit, aber auch da bitte ich Ihn gemeinsam mit ihr, daß er es auf

[1] Hiob 9,10: «Gott tut große Dinge, die nicht zu erforschen sind, und Wunder,
deren keine Zahl ist.»

Seine Weise gut machen möge und uns nur nicht in Unglauben fallen läßt. So steh ich neben Dir, Liebste, und halte Deine Hände und bete mit Dir – und Christus wird sich an uns kräftig und herrlich beweisen.

Dein Helmut

Was hast Du bisher von meinen Briefen und Lebenszeichen seit dem 12. 1. bekommen?

Als Helmut Gollwitzer am 5. März seinen Brief schrieb, wohnte Eva Bildt schon seit zwei Tagen bei seiner Familie in München. Dort erfuhr sie nach 3 Wochen vom Tod ihrer Mutter. Sie erkämpfte sich die Rückfahrt nach Berlin und vertraute am 3. April ihrer Schwiegermutter und Schwägerin an:

Ihr Lieben! So wollen wir alle aneinander denken in der kommenden Zeit, wo wir vielleicht auf Längeres nichts voneinander hören können. Unsere Lieben droben helfen uns, zur wahrhaften Verbundenheit zu finden, die wir in unseren Gebeten und liebenden Gedanken immer spüren werden. – Heute hat sich nun für mich entschieden, daß ich zunächst hier bei Siemens Berlin bleibe – und es wagen will, dabei in Zeesen zu wohnen. Zwar bedeutet das gut 6 Stunden Weg am Tag, aber noch haben wir wegen Kohlenmangel nur 8 Std.-Tag, und vor allem erspare ich mir in Zeesen das allnächtliche Aufstehen und in den Keller gehen beim Angriff … Ihr Lieben! Von Helmut noch nichts – ich bin sehr sehnsuchtsvoll nach Post von ihm! Ob Ihr nun doch so lieb seid und mal alle Post an mich zu Siemens bringt … Die von dort mit Kurier beförderte Post für den Vater kam doch hier sehr gut an … Ihr Lieben! Gott befohlen, wir bleiben zusammen, was immer uns trennen will. Aber Ihr wißt ja: Eines Abends vor der Tür in der Homerstraße – aber dann muß Helmut kommen und öffnen. Bis dahin dürft Ihr alle nicht vergessen

Eure Eva, die Euch lieb hat.

Das letzte gemeinsame Photo von Eva Bildt und Helmut Gollwitzer wurde im Januar 1944 aufgenommen.

Am 26. April 1945 besetzte die Rote Armee ohne Kampfhandlungen Zeesen. «Die schreckliche Nacht voller Angst. Christus hat geholfen!» schrieb Eva Bildt am folgenden Tag in ihren kleinen Taschenkalender. In der Nacht darauf starb sie. Gemeinsam mit ihrem Vater nahm sie eine Überdosis Veronal, um «aus diesem Leben in Gottes Arme» zu flüchten.[1] Helmut Gollwitzer geriet wenige Tage später in sowjetische Kriegsgefangenschaft und erfuhr ein Jahr später in Zentralrußland durch die erste Post aus der Heimat vom Tod Eva Bildts.

---

[1] Aus der Beerdigungsansprache von Helmut Gollwitzer für Paul Bildt im März 1957.

Erinnerungen an Helmut Gollwitzer

Von Antje Vollmer

Im Jahre 1962 kam ich als junge Theologiestudentin nach Berlin an die kirchliche Hochschule. Und schon damals war es so, daß sonntags alle, die etwas suchten oder etwas mehr hören wollten, in Scharen nach Dahlem pilgerten, wenn Helmut Gollwitzer (liebevoll «Golli» genannt) in der Jesus-Christus-Kirche oder der Annen-Kirche predigte. Das muß ganz ähnlich gewesen sein, als Eva Bildt 1939 den Schüler Karl Barths, der die Nachfolge des verhafteten Martin Niemöller als Gemeindepfarrer in Dahlem übernommen hatte und gleichzeitig Dozent an der Kirchlichen Hochschule der Bekennenden Kirche in Berlin war, zum ersten Mal predigen hörte. Und das blieb auch so bis in seine letzten Lebenstage. Selbst wenn ihm eine Assistentin oder ein Kollege die Liturgie, die ihm mühsam wurde, abnahm, wenn «Golli» predigte, standen die Kirchenbesucher bis hinaus auf die Straße. Wenn ich heute seine Briefe an Eva Bildt lese, dann leben auch sie von dieser ungewöhnlichen Sprachkraft, der Entschlossenheit, sich ganz und gar auf diese Texte zu verlassen, einer fast pietistischen Frömmigkeit und einer großen Liebe zu allen wie zu diesem besonderen Menschen. In Eva Bildt aber hatte er eine kongeniale Partnerin, die ihm auch über Trennung und Kriegszeiten hinweg den Draht zu seiner Gemeinde und damit zum Ort der Bewährung vibrierend lebendig hielt. Was auffällt, was schon damals zu spüren war: Helmut Gollwitzer war entschlossen, aber nicht radikal, mutig, aber nicht zum Märtyrertum neigend, konservativ verwurzelt, aber mit größtem Freimut. Er war ein begnadeter Zuhörer und Interpret von Worten anderer – seien es nun Bibeltexte oder Gesprächspartner – und gleichzeitig immer auf der Suche nach der eigenen originellen, textgenauen Deutung, weswegen er auch ganz offensichtlich jede Predigt völlig neu entwarf. Solche Prediger sind selten geworden, auch im heutigen Protestantismus. Manchmal muß man sich da auf die Reise in andere Kontinente machen.

Helmut Gollwitzer hatte immer einen Kreis von Studenten (und vielen Studentinnen) um sich, die ihn verehrten, sämtliche Vorlesungen und Auftritte besuchten und sich oft auch in seinem Haus trafen, das seine Frau Brigitte und er grundsätzlich immer und für jeden offen hielten. Das war eine Selbstverständlichkeit, entsprach ihrer beider Neugier auf Menschen und bedeutete doch auch in vielen Einzelfällen Fürsorge und Sich-Kümmern – das war eben ihre Familie (Jürgen Treulieb, Gretchen Dutschke, Marianne Regensburger seien hier genannt). Ich war selten dabei und habe in diesen munteren Redekaskaden wenig gesagt. Noch später, als ich schon im Bundestag war, hat Helmut Gollwitzer gelegentlich bemerkt: «Sie waren doch immer eine der Schüchternsten!»

Aber als dann sein Assistent Friedrich Wilhelm Marquardt mit seiner Habilitation größere politische oder kirchenpolitische Schwierigkeiten an der eher konservativen Kirchlichen Hochschule in Zehlendorf bekam und die Prüfung deswegen an der Freien Universität Berlin ablegen mußte, wo Helmut Gollwitzer seinen Lehrstuhl hatte, da war es selbstverständlich, daß auch für mich das Angebot galt, mit meiner Dissertation über die «Neuwerk-Bewegung» (eine sozialistisch-pazifistische christliche Gruppe der Jugendbewegung, die 1935 verboten wurde) zu ihm zu kommen.

In dieser Zeit war er längst einer der wichtigsten Fürsprecher und Bezugspersonen für die Studenten der 68er Bewegung geworden. Als Benno Ohnesorg starb, als Rudi Dutschke Ostern 1968 in einem Attentat schwer verletzt wurde, da waren Brigitte und Helmut Gollwitzer immer die ersten, die ihr Haus zum Schutz und zum Bleiben anboten, bei denen die langen Gespräche des Zorns und der Trauer stattfanden. Er diskutierte am 13. Mai 1968 mit Herbert Marcuse, er hörte bei vielen Studentenversammlungen zu, oft mit besorgt-verknittertem Gesicht, gelegentlich mit seiner metallisch-durchsetzungsfähigen Stimme eingreifend oder nachfragend. Er besuchte Ulrike Meinhof und Gudrun Ensslin im Gefängnis, die beide aus protestantischem Milieu kamen und deswegen für ihn irritierend nah und verständnisbedürftig waren. Er hielt auf dem Höhepunkt des Deutschen Herbstes, als es viel Zivilcourage brauchte, auf eine Begräbnisfeier zu gehen, die Traueransprachen für Gudrun Ensslin, Andreas Baader und Jan-Carl Raspe in Stuttgart und später dann auch für den persönlichen Freund Rudi Dutschke in Dahlem. Er saß mit seiner Frau Brigitte und Heinrich Böll und Petra

Kelly inmitten der Friedensbewegung bei der Blockade in Mutlangen.

Zur Jahreswende 1984/85 hatte ich mit meiner Fraktionskollegin Christa Nickels einen Brief an die Inhaftierten aus dem Kreis der Rote Armee Fraktion geschickt, als diese sich auf dem Höhepunkt eines lebensbedrohlichen Hungerstreiks befanden und die Lage zu eskalieren drohte. In diesem hatten wir den Inhaftierten Gespräche und einen Besuch angeboten. Unser Brief wurde einige Wochen später – unmittelbar vor einer Landtagswahl, vermittelt durch eine Regierungsstelle – illegal im Fernsehen veröffentlicht. Es folgte eine wütende Medienkampagne gegen uns beide, die wir eines «Sympathisantentums mit Terroristen» verdächtigt wurden. Wir waren damals im Fraktionsvorstand, dem berühmten «Feminat», und hatten auch innerhalb der eigenen Reihen manche Kritik zu hören. Auf dem Höhepunkt dieses medialen Hexenkessels erreichte uns eine öffentliche Stellungnahme von Heinrich Albertz, Heinrich Böll, Helmut Gollwitzer und Kurt Scharf. Darin standen so schöne klare Sätze wie: «Jeder Mensch, der wegen Straftaten einsitzt, hat Anspruch auf Mitgefühl mit seinem Lebensschicksal; Anspruch auf Beachtung seiner Menschenwürde, auch Anspruch darauf, daß seine Beschwerden über Haftbedingungen ernsthaft geprüft werden, und das gilt auch für Menschen, die wegen terroristischer Straftaten in Haft sind, auch dann, wenn sie mit ihrem Hungerstreik nicht nur Haftbeschwerden, sondern auch politische Absichten verbinden.» «Die Unzulänglichkeiten unseres Strafvollzugs gehören in die Verantwortung unserer Parlamente. Deshalb muß verlangt werden, daß jeder Parlamentarier das Recht hat, jeden Insassen unserer Haftanstalten jederzeit zu besuchen, und daß das Parlament ihn dabei vor der Verdächtigung, Sympathisant von Straftätern zu sein, schützt.» Außerdem: «Unser Herr Jesus Christus wurde zwischen zwei Verbrechern hingerichtet und hat mit ihnen gesprochen.»

Diese eindeutige öffentliche Stellungnahme von den wichtigsten politischen und moralischen Autoritäten des Landes hat uns damals sehr geholfen. Was nicht bekannt wurde, ist, daß mir Helmut Gollwitzer außerdem einen ausführlichen persönlichen Brief geschrieben hat, der außer großer Herzlichkeit und der Bitte, sich von all den Turbulenzen nicht niederdrücken zu lassen, nicht mit Kritik an manchen unbedarften und leichtfertigen Formulierungen unseres Briefes hinter dem Berge hielt. Vor allem schrieb er sich so den Kummer über die Grünen vom Leibe, mit denen er doch so gerne von Herzen einig sein wollte. «Wie lange soll die Schonfrist des Lernprozesses eigentlich dauern? Ihr Grünen seid zu wichtig für uns alle, als daß ihr auf unbegrenzte Zeit Anspruch auf mildernde Umstände erheben könnt.»

Da war sie wieder, die engagierte Menschenliebe von Helmut Gollwitzer, dem die Menschen zu wichtig waren, als daß er ihnen nicht die ganze Wahrheit in großer freundschaftlicher Nähe zugemutet hätte!

Wenn ich heute seine Briefe an Eva Bildt lese, die mir damals nicht bekannt waren, dann spüre und verstehe ich noch etwas mehr: Helmut Gollwitzer hat früh und schmerzlich und dann lebenslang gelernt, daß man die Menschen nicht allein lassen darf. Daß man bei ihnen bleiben muß, wenigstens mit Worten, die die Situation genau erfassen und deswegen helfen, sie zu bewältigen. Daß man nicht allen helfen kann, daß man manche gehen lassen muß, die man lieber bei sich behielte, daß jeder sein eigenes Schicksal erfüllt, das steht auf einem anderen Blatt. In diesen Fragen lebte er aus einem anderen Grund und mit einem anderen Trost, der ihn nie verlassen hat.

Zeittafel

29. Dez. 1908	Helmut Gollwitzer wird als Sohn des evangelischen Pfarrers Wilhelm Gollwitzer (1867–1939) und der Barbara (Babette) Gollwitzer, geb. Löffler (1883–1977), in Pappenheim im Altmühltal/Bayern geboren. Seine Geschwister sind: *Inge Meyer,* geb. Gollwitzer (1905–1951), Gymnasiallehrerin, verheiratet mit dem Altphilologen Hans Meyer (gest. 1941); *Gerhard Gollwitzer* (1906–1973), Kunstlehrer und Kunstgestalter, verheiratet mit der Schauspielerin Lalita, geb. Schrader (1913–1998). Ihre Kinder sind: Michael, Christiane, Rohtraut und Uwe Gollwitzer; *Gerda Gollwitzer* (1907–1996), Gartenbauarchitektin; *Herbert Gollwitzer* (1912, 1944 als Soldat vermißt), Jurist; *Uwe Gollwitzer* (1920–1941).
29. Jan. 1916	Eva Bildt wird als Tochter des Schauspielerehepaars Paul Bildt (1885–1957) und Charlotte Bildt, geb. Friedländer (1885–1945), in Berlin geboren.
1928	Gollwitzer legt die Reifeprüfung am Gymnasium bei St. Anna in Augsburg ab.
1928–1932	Gollwitzer studiert in München, Erlangen, Jena und in Bonn (bei Karl Barth) evangelische Theologie und Philosophie und legt im Frühjahr 1932 sein Erstes Theologisches Examen in Erlangen ab.
Mai – Okt. 1932	Gollwitzer ist Vikar in der Evangelisch-Lutherischen Landeskirche Bayern.
Nov. 1932 – Dez. 1933	«Privatstudium zum Zwecke der Promotion» (Angabe von Gollwitzer in einem Fragebogen 1950).
30. Jan. 1933	*Hitler wird Reichskanzler.*
März 1933	Eva Bildt verläßt die von Schulreformern als Gesamtschule konzipierte Karl-Marx-Schule, «um Sängerin zu werden».
1933–1936	Eva Bildt erhält privaten Gesangsunterricht.
1934–1936	Helmut Gollwitzer ist Schloßprediger und Prinzenerzieher bei der Familie eines prominenten Laien der Bekennenden Kirche, des Prinzen Heinrich XXXIX. Reuß j. L., in Ernstbrunn bei Wien und in Thüringen.
29. – 31. Mai 1934	*Erste Synode der Bekennenden Kirche in Wuppertal-Barmen und Verkündung der Barmer Theologischen Erklärung, in der u. a. der Totalitätsanspruch des Staates und die Vereinnahmung des Evangeliums für politische Zwecke verurteilt werden.*
ab Febr. 1935	*Ausschluß jüdischer und «jüdisch versippter» Mitglieder aus der Reichskulturkammer.*
1935	Eva Bildt wird als «jüdischer Mischling» aus der Reichsmusikkammer ausgeschlossen.

1935	*Gründung der Kirchlichen Hochschule für reformatorische Theologie, Abteilung Dahlem.*
15. Sept. 1935	*Erlaß der «Nürnberger Gesetze» (Reichsbürgergesetz und Gesetz zum Schutz des deutschen Blutes und der deutschen Ehre) zur Entrechtung der deutschen Juden.*
23. Dez. 1935	*1. Verordnung zum «Gesetz zum Schutze des deutschen Blutes und der deutschen Ehre». Danach durften sogenannte «Halbjuden» nur mit Genehmigung sogenannte «Deutschblütige» heiraten.*
16. Juli 1936	Eva Bildt wird in der Seemannskirche in Prerow auf dem Darß in Pommern evangelisch getauft.
1936–1940	Gollwitzer ist zunächst Vikar und Pfarrer im Dienst der lutherischen Bekenntnisgemeinschaft in Thüringen (Gotha). Ab 1. Mai 1937 ist er Pfarrer im Dienst des Bruderrates der Bekennenden Kirche der Altpreußischen Union, u. a. in Berlin-Dahlem als Vertreter des verhafteten Martin Niemöller, und ab 1. Nov. 1938 gleichzeitig auch Dozent an der Kirchlichen Hochschule der Bekennenden Kirche in Berlin.
1936–1939	Eva Bildt nimmt Schauspielunterricht und erhält 1939 in einem Zeugnis ihrer Lehrerin Lyda Wegener die «Bühnenreife» bestätigt.
1936–1939	Eva Bildt darf mit einer Sondergenehmigung der Reichstheaterkammer als Rezitatorin auftreten.
1. März 1937	Helmut Gollwitzer wird von Karl Barth in Basel mit der Arbeit «Coena Domini. Die altlutherische Abendmahlslehre in ihrer Auseinandersetzung mit dem Calvinismus» promoviert.
10. Nov. 1938	Eva Bildt legt mit Erfolg vor der Reichstheaterkammer die Abschlußprüfung für die Kunstgattung «Schauspiel» ab.
27. Febr. 1939	Eva Bildt wird die Sondergenehmigung der Reichstheaterkammer entzogen.
1. Sept. 1939	*Beginn des Zweiten Weltkriegs.*
Sept.1939 – Juli 1940	Eva Bildt absolviert das «Pflichtjahr», ein von den NS-Behörden 1938 eingeführtes Arbeitsjahr für Frauen unter 25 Jahren, zunächst im Kinderhort der Berliner Stadtmission in Berlin-Neukölln und nach dessen Schließung im evangelischen Kinderheim in Berlin-Mariendorf.
1940	Gollwitzer wohnt bei Irmgard und Albert Dietrich in Berlin-Dahlem, Auf dem Grat 14. Seine Schrift «Die Freude Gottes. Einführung in das Lukas-Evangelium» wird vom Burckhardthaus-Verlag in Berlin publiziert. Seine Predigten «Wir dürfen hören …» erscheinen in 2. und 3. Auflage im Chr. Kaiser Verlag in München (4. Auflage 1941).
25. Aug. 1940	Eva Bildt und Helmut Gollwitzer lernen sich im Haus des Schriftstellers Jochen Klepper in Berlin-Nikolassee kennen.
3. Sept. 1940	Helmut Gollwitzer erhält «Reichsredeverbot» und wird aus Berlin ausgewiesen.
4. Sept. – Dez. 1940	Eva Bildt arbeitet als Bürohilfskraft im Burckhardthaus, einem Zentrum für evangelische Frauen- und Mädchenbildung.
Nov. 1940	*Erlaß des Reichsarbeitsministeriums zur Arbeitsverpflichtung von Kandidaten, Vikaren und Hilfspredigern der Bekennenden Kirche.*

5. Dez. 1940	Gollwitzer wird als Infanterist zur Wehrmacht nach Potsdam einberufen.
28. Dez. 1940	Helmut Gollwitzer besucht Eva Bildt in ihrer Wohnung in Berlin-Tempelhof («Unser Tag»).
1941	Gollwitzers Schrift «Jesu Tod und Auferstehung nach dem Bericht des Lukas» erscheint im Chr. Kaiser Verlag.
1. Jan. 1941 – 15. Sept. 1944	Eva Bildt arbeitet als Sekretärin im Büro des Generalsekretärs des Lutherischen Weltbundes Hanns Lilje in Berlin-Lichterfelde.
25. Jan. 1941	Eva Bildt und Helmut Gollwitzer verloben sich.
ab Febr. 1941	Paul Bildt bemüht sich über seine ehemalige Theaterpartnerin Emmy Göring bei Hermann Göring um Unterstützung für die Heiratserlaubnis seiner Tochter mit Gollwitzer.
1. Febr. 1941	Gollwitzer wird zum Infanterie-Regiment 679 nach Pritzwalk versetzt.
7. März 1941	*Einführung der Zwangsarbeit für deutsche Juden.*
Mai 1941	Gollwitzer ist in Paris.
14. Juni 1941	Abgabe des Antrags auf Genehmigung der Eheschließung von Eva Bildt und Helmut Gollwitzer im Standesamt Berlin-Tempelhof.
Juni 1941 – Jan. 1943	Gollwitzer ist mit seiner Kompanie in der Bretagne stationiert.
22. Juni 1941	*Überfall der deutschen Wehrmacht auf die Sowjetunion.*
24. Juli – 12. Aug. 1941	Eva Bildt verbringt mit ihren Eltern Urlaub in Nidden auf der Kurischen Nehrung.
26. Juli 1941	Helmut Gollwitzer wird zum Gefreiten befördert.
1. Sept. 1941	*Polizeiverordnung über das Tragen des Judensterns ab 19. Sept. 1941.*
	Eva Bildts Mutter, Charlotte Bildt, ist vom Tragen des Sterns befreit, weil sie in einer sogenannten «privilegierten Mischehe» lebt.
7. – 21. Sept. 1941	Gollwitzer verbringt seinen Heimaturlaub gemeinsam mit Eva Bildt in München.
1. Okt. 1941	*Verbot der Auswanderung von Juden aus Deutschland.*
14. Okt. 1941	*Beginn der planmäßigen Massendeportation von Juden aus Deutschland in den Osten.*
6. Nov. 1941	*Der populäre Schauspieler Joachim Gottschalk begeht zusammen mit seiner jüdischen Frau und seinem Sohn Selbstmord.*
22. Dez. 1941	*Der Vizepräsident der Kirchenkanzlei der Deutschen Evangelischen Kirche fordert in einem Rundschreiben an die evangelischen Kirchenbehörden den Ausschluß «nichtarischer» Christen aus dem kirchlichen Leben. Die Reaktionen der evangelischen Landeskirchen und Gemeinden sind unterschiedlich. Im Februar 1942 protestieren führende Vertreter der Bekennenden Kirche und der württembergische Landesbischof Theophil Wurm gegen diese Aufforderung.*
20. Jan. 1942	*In einer Villa am Wannsee in Berlin berät der Leiter des Reichssicherheitshauptamtes mit SS Reinhard Heydrich mit Staatssekretären verschiedener Reichsministerien die Organisation der Ermordung der europäischen Juden («Wannseekonferenz»). Die Beteiligten können sich nicht über eine gesetzliche Vorgabe*

	zur Scheidung von «Mischehen» und über das Vorgehen gegen sogenannte «jüdische Mischlinge» einigen.
3. März 1942	*In einem Runderlaß des Reichsministeriums des Innern wird verfügt, daß die Gesuche «jüdischer Mischlinge» zur Heiratserlaubnis für die Dauer des Krieges nicht mehr bearbeitet werden.*
6. *März 1942*	*Konferenz von Ministerialbeamten im Reichssicherheitshauptamt (RSHA) über die Zwangsscheidung von «Mischehen» und die Sterilisierung von «jüdischen Mischlingen». Es gibt keine Einigung über ein gemeinsames Vorgehen.*
5.–18 März 1942	Gollwitzer hat Heimaturlaub. Gemeinsam mit seiner Braut verbringt er die Tage in München und Süddeutschland.
6.–17. Juli 1942	Eva Bildt verbringt mit ihren Eltern Urlaub in Nidden auf der Kurischen Nehrung.
Aug./Sept. 1942	*Verhaftung von Mitgliedern der Widerstandsgruppe «Rote Kapelle» (Schulze-Boysen-Harnack-Gruppe).*
18. Sept. 1942	Paul Bildt erhält von Görings Stabsamt die Auskunft, daß Gollwitzers Gestapo-Akten aufgetaucht sind und eine Revision des Genehmigungsverfahrens für die Heirat nötig ist.
2.–16. Okt. 1942	Gollwitzer hat Heimaturlaub. Eva Bildt und er verleben die Tage in München, Süddeutschland und zuletzt in Halle bei Ernst Wolf und dessen Familie.
24. Okt. 1942	Eva Bildt erhält den ablehnenden Bescheid auf ihr Heiratsgesuch. Göring hat seine Befürwortung zurückgezogen. Das Gesuch wird nicht weiter bearbeitet.
27. Okt. 1942	*Auf einer erneuten Konferenz von Ministerialbeamten im Reichssicherheitshauptamt (RSHA) gibt es wiederum keine Einigung über ein gemeinsames Vorgehen hinsichtlich der Sterilisation von «jüdischen Mischlingen».*
Nov. 1942	Gollwitzer wird als Sanitätssoldat nach Mont-de-Marsan am Golf von Biskaya in Südfrankreich abkommandiert.
10./11. Dez. 1942	*Familie Klepper begeht in der Nacht Selbstmord.*
25. Dez. 1942	Helmut Gollwitzer verbringt Weihnachten in Le Croisic in der Bretagne an der Atlantikküste.
Anf. Febr. 1943	Gollwitzer wird mit der 2. Sanitäts-Kompanie 333 an die Ostfront versetzt und im Osten der Ukraine stationiert.
2. Febr. 1943	*Kapitulation der letzten im Nordkessel eingeschlossenen Wehrmachtsverbände in Stalingrad.*
26. Febr. 1943	*«Deutschblütige» Hausangestellte dürfen nicht mehr in Haushalten von «Mischehen» und von «Mischlingen ersten Grades» beschäftigt werden.*
Febr. 1943	Gollwitzer wird mit der 2. Sanitäts-Kompanie 333 zum Bereich der 1. Panzer-Armee (Heeresgruppe Süd) in das Donez-Gebiet umgesetzt.
Febr./März 1943	*Der Protest nichtjüdischer Ehepartner und Eltern in der Rosenstraße in Berlin-Mitte gegen die Verhaftung und drohende Deportation ihrer jüdischen Ehepartner und Kinder ist erfolgreich. Die Verhafteten kehren bis 6. März zu ihren Familien zurück.*
Juli/Aug. 1943	Eva Bildt verbringt mit ihren Eltern Ferien in Nidden auf der Kurischen Nehrung. Sie wohnen bei Fischern und nicht mehr im Hotel Blode.

23. Aug. 1943	*Die Rote Armee befreit Charkow und erobert in den folgenden Wochen das Donezbecken und die Ukraine rechts des Dnjepr zurück.*
13. Sept. 1943	Familie Bildt erhält die endgültige Ablehnung ihrer Übersiedlung in die Schweiz.
Okt./Nov. 1943	Gollwitzer befindet sich mit der 2. Sanitätskompanie 333 in Saporoschje am südlichen Dnjepr.
24. Okt. 1943	*Befreiung von Dnjepropetrowsk nördlich von Saporoschje durch die Rote Armee.*
16./17. Okt. 1943	*Tagung der 12. Synode der Bekennenden Kirche der Altpreußischen Union in Breslau. Die Synodalen wenden sich gegen den Ausschluß der «Nichtarier» aus den Gemeinden und protestieren mit dem Hinweis auf das fünfte Gebot («Du sollst nicht töten») gegen die Ermordung von Menschen, «nur weil sie für lebensunwert gelten oder einer anderen Rasse angehören».*
8.–29. Jan. 1944	Gollwitzer hat Heimaturlaub, den er mit Eva Bildt in München, in Süddeutschland und in Berlin bzw. Klein-Machnow verbringt.
30. Jan. 1944	Die Wohnung der Familie Bildt in der Berliner Straße 37 in Berlin-Tempelhof wird durch alliierte Fliegerbomben zerstört. Auf Einladung von Gustaf Gründgens zieht das Ehepaar Bildt am 1. Februar in dessen Gutshaus in Zeesen südöstlich von Berlin. Eva Bildt kommt zunächst bei dem Schauspieler Otto Graf unter. Nachdem auch dessen Wohnung zerstört wurde, wohnt sie ab 15. Februar 1944 als Untermieterin bei Lucie Wölffing in Berlin-Dahlem, Arnimallee 9.
April – Aug. 1944	Eva Bildt hält Morgenandachten («Morgenwachen») in Berlin-Dahlem.
Anf. April 1944	Gollwitzer befindet sich mit der 2. Sanitäts-Kompanie 304 bis kurz vor der Räumung der Stadt am 10. April 1944 in Odessa.
15. April 1944	Gollwitzer erreicht mit seiner Truppe rumänischen Boden.
18. Mai 1944	Helmut Gollwitzer wird zum Sanitätsunteroffizier befördert.
6. Juni 1944	*Landung der alliierten Truppen in der Normandie in Frankreich.*
20. Juli 1944	*Attentat auf Hitler.*
Aug. 1944	Gollwitzer ist mit der 1. und 2. Sanitäts-Kompanie 304 Anfang August in Bessarabien.
19. Aug. 1944	*Hanns Lilje wird im Zusammenhang mit dem Hitler-Attentat wegen «Landesverrats» verhaftet.*
20. Sept. 1944	Eva Bildt wird zur Zwangsarbeit verpflichtet und beginnt bei Siemens & Halske zu arbeiten.
Okt. 1944 – Mitte Jan. 1945	Gollwitzer ist mit seiner Einheit in Südostpolen.
6. Okt. 1944	*Erlaß des Reichsführers der SS zur Erfassung aller männlichen «jüdischen Mischlinge» zum «geschlossenen Arbeitseinsatz». Weibliche «Mischlinge» sollen körperliche Tätigkeiten verrichten.*
21. Okt. 1944	*Beginn der Deportation von jüdischen Ehepartnern aus «Mischehen» in Deutschland.*
Febr. 1945	Gollwitzer ist mit der 1. Sanitäts-Kompanie 304 in Pleß in Oberschlesien.

2. März 1945	Eva Bildt wird in den Münchner Betrieb von Siemens & Halske versetzt und meldet am 5. März 1945 ihren Wohnsitz bei ihrer Schwiegermutter in der Homerstraße 12 an.
6. März 1945	Charlotte Bildt, geb. Friedländer, stirbt an Krebs und wird auf dem kommunalen Friedhof in Zeesen beerdigt.
ab 1. März 1945	Gollwitzer ist mit seiner Einheit in Moschen, einer Kleinstadt bei Teplitz im Sudetengebiet.
26. März 1945	Eva Bildt reist mit Genehmigung ihres Arbeitgebers nach Berlin zurück. Sie meldet sich am 1. April 1945 polizeilich in Zeesen an und arbeitet weiter bei Siemens in Berlin.
27. April 1945	Eva und Paul Bildt begehen einen Tag nach dem Einmarsch der Roten Armee in Zeesen gemeinsam Selbstmord. Paul Bildt kann nach 72 Stunden ins Leben zurückgeholt werden. Eva Bildt wird neben ihrer Mutter auf dem kommunalen Friedhof in Zeesen bei Berlin bestattet. Die Doppelgrabstätte der beiden Frauen ist heute ein Ehrengrab der Gemeinde.
8. Mai 1945	*Befreiung und Kapitulation Deutschlands.*
11. Mai 1945	Gollwitzer gerät in der Tschechoslowakei in sowjetische Kriegsgefangenschaft.
Mai 1946	Helmut Gollwitzer erfährt mit der ersten Post aus der Heimat vom Tod Eva Bildts.
31. Dez. 1949	Gollwitzer kehrt aus sowjetischer Kriegsgefangenschaft nach München zurück.
1950–1957	Gollwitzer lehrt als Professor für Systematische Theologie an der Universität Bonn.
31. März 1951	Helmut Gollwitzer heiratet Brigitte Freudenberg (1922–1986).
1957–1975	Gollwitzer lehrt als Professor für Evangelische Theologie an der Freien Universität Berlin.
17. Okt. 1993	Tod von Helmut Gollwitzer. Er wird auf dem Kirchhof der St.-Annen-Kirche in Berlin-Dahlem bestattet und erhält ein Ehrengrab.

Quellen und Literatur

Quellen

Evangelisches Zentralarchiv in Berlin, Nachlaß Helmut Gollwitzer (Bestand 686)
Evangelisches Zentralarchiv in Berlin, Evangelischer Oberkirchenrat (Bestand 7)
Gollwitzer-Haus, Mühlheim, Familiennachlaß Gollwitzer
Deutsches Theatermuseum, München, Nachlaß Paul Bildt
Archiv der Evangelischen Kirchengemeinde Berlin-Dahlem
Bundesarchiv, Berlin, Abteilung Deutsches Reich
Landesarchiv Berlin, Bestand Stadtpräsident
Karl-Barth-Archiv, Basel
Evangelisches Landeskirchliches Archiv in Berlin, Pfarrer Berlin West (Bestand 1.4)
Archiv des Berliner Missionswerks, Berlin
Deutsche Dienststelle (WASt), Berlin
Gedenkstätte Deutscher Widerstand, Berlin
Deutsches Literaturarchiv Marbach, Nachlaß Jochen Klepper
Landeskirchliches Archiv Hannover, Nachlaß Hanns Lilje
Landeskirchliches Archiv der Evangelischen Kirche von Westfalen, Bielefeld, Personalakte Wilhelm Bachmann
Stadtarchiv Zürich, Bestand Schauspielhaus Zürich
Gerhard-Marcks-Haus, Bremen

Literatur (Auswahl)

Andresen, Gertje: Die Tänzerin, Bildhauerin und Nazigegnerin Oda Schottmüller 1905–1943. Berlin 2005
Begegnungen mit Helmut Gollwitzer. Hrsg. von Ulrich Kabitz und Friedrich Wilhelm Marquardt. München 1984
Flesch-Thebesius, Marlies: Zu den Außenseitern gestellt. Die Geschichte der Gertrud Staewen 1894–1987. Berlin 2004
Gedenkbuch Berlins der jüdischen Opfer des Nationalsozialismus. Hrsg. von der Freien Universität Berlin, Zentralinstitut für sozialwissenschaftliche Forschung im Auftrag des Senators für kulturelle Angelegenheiten. Berlin 1995
Helmut Gollwitzer. Skizzen eines Lebens. Aus verstreuten Selbstzeugnissen gefunden und verbunden von Friedrich-Wilhelm Marquardt, Wolfgang Brinkel und Manfred Weber. Gütersloh 1998
Hillgruber, Andreas/Gerhard Hümmelchen: Chronik des Zweiten Weltkrieges. Kalendarium militärischer und politischer Ereignisse 1939–1945
Meier, Kurt: Der evangelische Kirchenkampf. 3 Bde. Halle (Saale) 1976–1984
Meyer, Beate: «Jüdische Mischlinge». Rassenpolitik und Verfolgungserfahrung 1933–1945. Hamburg 1999
Röhm, Eberhard/Jörg Thierfelder: Juden, Christen, Deutsche 1933–1945. 4 Bde. Stuttgart 1990–2007

Schäberle-Königs, Gerhard: Und sie waren täglich einmütig beieinander. Der Weg der Bekennenden Gemeinde Berlin/Dahlem 1937–1943 mit Helmut Gollwitzer. Gütersloh 1998

Das Sonderrecht für die Juden im NS-Staat. Eine Sammlung von gesetzlichen Maßnahmen und Richtlinien – Inhalt und Bedeutung. Hrsg. von Joseph Walk. Heidelberg 1996

Unter dem Schatten deiner Flügel. Aus den Tagebüchern der Jahre 1932 bis 1942 von Jochen Klepper. Hrsg. von Hildegard Klepper. Berlin (Ost) 1972

Wecht, Martin Johannes: Jochen Klepper – ein christlicher Schriftsteller im jüdischen Schicksal. Düsseldorf 1998

Bildnachweis

Personenregister